陕西高校人文社会科学青年英才支持计划（2015）
陕西省重点学科——理论经济学建设项目
西北大学哲学社会科学繁荣发展计划重点项目

中国灾害经济研究报告

何爱平　贾　倩　李雪娇　赵仁杰等　著

科学出版社

北　京

内 容 简 介

本书研究了中国灾害经济的整体特征、发展趋势及其应对体系。作者在对灾害经济问题进行理论解释的基础上，总结了中国自然灾害、人为灾害和自然–人为灾害的经济特征及发展趋势；进而通过对中国东部、中部、西部三个地区及城市与乡村灾害经济特征和成因进行分析，详细梳理中国区域灾害经济现实；最后本书对中国现行的灾害制度体系、救助体系和政策体系进行研究，为避灾减灾工作提供现实依据。

本书适合资源环境经济学的高年级学生学习，也可供从事灾害学、经济学研究的学者和政府灾害管理部门的相关工作人员参考。

图书在版编目（CIP）数据

中国灾害经济研究报告/何爱平等著. —北京：科学出版社，2017.3
ISBN 978-7-03-052156-9

Ⅰ. ①中… Ⅱ. ①何… Ⅲ. ①灾害经济–研究报告–中国
Ⅳ. ①F124.5

中国版本图书馆 CIP 数据核字（2017）第 044631 号

责任编辑：魏如萍 陶 璇/责任校对：彭珍珍
责任印制：张 伟/封面设计：无极书装

科学出版社 出版
北京东黄城根北街 16 号
邮政编码：100717
http://www.sciencep.com

北京京华虎彩印刷有限公司 印刷
科学出版社发行 各地新华书店经销
*
2017 年 3 月第 一 版 开本：B5（720 × 1000）
2017 年 3 月第一次印刷 印张：20
字数：403 000
定价：128.00 元
（如有印装质量问题，我社负责调换）

前　言

　　灾害问题是全球性的重大而持久的问题，如何最大限度地减轻灾害造成的损失和威胁，已成为当今世界面临的一个极为紧迫和严峻的问题。联合国国际减灾署 2016 年 10 月 13 日发布的研究报告称，过去 20 年全球约 135 万人死于自然灾害，人类每年创造的财富约有 10%被各种自然灾害所吞噬。我国是世界上自然灾害最严重的少数几个国家之一，灾害种类多，发生频率高，分布地域广，造成损失大。百年来发生的大灾多达 15 次，接近世界大灾的 1/3，已远超我国在世界上的陆地面积与人口的百分比。近年来，随着经济社会快速发展，各种灾害的发生呈现不断恶化的趋势，对社会经济发展构成了日益严重的威胁。从世界范围看，发达国家在灾害领域的研究开始较早且处于领先地位。我国灾害经济的研究是在著名经济学家于光远先生的倡导下于 20 世纪 80 年代开始的，经过不断发展，逐渐成为研究我国灾害问题的重要领域。但是，从当前学术界灾害问题的研究现状来看，灾害经济的研究成果仍比较欠缺，学术界也尚未对中国灾害经济的整体现状开展研究。因此，结合中国近年来各类型灾害发生现状，总结中国灾害经济的演进趋势和一般特征，从经济学角度研究中国灾害的经济社会影响及应对机制和制度体系建设，具有重要的实践价值和理论价值。

　　本书首次对中国灾害经济的整体特征、发展趋势及其应对体系开展研究。从灾害经济学角度分析中国经济社会发展中的防灾减灾问题，在对灾害经济问题进行理论解释的基础上，研究中国灾害经济的现状和总体趋势，总结区域灾害经济的特点，并结合当前中国灾害应对的具体实践，分析中国灾害应对体系的现状、问题和改进方向，为避灾减灾工作提供现实依据。本书共分为四大部分，主要内容如下。

　　第一部分为基础理论篇，系统梳理灾害经济的研究现状，界定灾害经济的范围，探讨灾害经济问题的实质及其基本原理，为灾害经济研究提供理论基础。第二部分为中国灾害经济的总体特征篇，从整体上考察中国灾害经济的基本特征和发展趋势，并分别研究中国的自然灾害、人为灾害及自然-人为灾害的特征、形成机理及其对中国经济发展造成的短期和长期影响。第三部分为区域灾害经济篇，根据自然资源禀赋和经济发展水平分别对中国东部、中部、西部三大区域及城市与农村的灾害经济进行研究，分析三种不同类型的灾害给地区经济社会发展带来的短期冲击和长期影响。第四部分为中国灾害经济的应对篇，重点研究中国现行的灾害制度体系、救助体系和政策体系，在比较分析的基础上提出进一步完善中国灾害应对体系的政策方向。

　　本人对灾害经济的研究始于 20 世纪 90 年代，围绕发展中国家的灾害经济应对、西部大开发中的环境灾害、灾害与区域可持续发展和环境灾害风险转移等理论及现实问题在《中国软科学》《经济学动态》《经济地理》《人文杂志》《灾害学》等期刊发表了灾害经济研究的系列论文，2000 年出版《灾害经济学》一书，被列入著名经济学家何炼成教授主编的"中国发展经济学系列丛书"，2006 年出版专著《区域灾害经济研究》，逐渐形成了灾害经济研究的基本框架，产生了系列关于中国灾害经济问题的研究成果。长期的研究积累为本书的写作提供了理论基础和条件支撑。

　　2015 年开始，在陕西高校人文社会科学青年英才支持计划（2015）、陕西省重点学科——理论经济学建设项目和西北大学哲学社会科学繁荣发展计划重点项目的支持下，本研究团队经过两年的研究形成了这本《中国灾害经济研究报告》。本书由何爱平主持，在分工基础上合作完成，具体分工如下：第 1 章、第 2 章由何爱平、贾倩撰写，第 3 章由田雪航撰写，第 4 章由贾倩、许雯撰写，第 5 章由答珂璐、邓金钱撰写，第 6 章由贾倩、马秋月撰写，第 7 章由贾倩、宫于兰撰写，第 8 章由李雪娇、金靖壹撰写，第 9 章由晁早撰写，第 10 章由贾倩、刘雨撰写，第 11 章由李雪娇撰写，第 12 章、第 13 章由赵仁杰撰写，第 14 章由蔡菲撰写。初稿完成后，贾倩、李雪娇、赵仁杰又参加了修订工作，最后由何爱平对全书进行统稿。在本书的写作过程中，西北大学经济管理学院院长任保平教授、高煜教授、宋宇教授、师博副教授给予大力支持，科学出版社魏如萍女士付出了辛勤劳动，在此表示衷心感谢！本书参考了国内外有关的研究成果，凡直接引用思想、观点、数据的文献均在文中注明并列入参考文献，在此表示感谢，如有遗漏之处，敬请谅解。

　　通过本书的出版，我们期望为读者认识中国灾害经济的总体状况、一般特征、发展趋势及其应对状况提供帮助，提高灾害学科和经济学科对灾害经济研究的重视，不足之处希望得到读者的批评指正。

何爱平

2017 年 2 月于西北大学新区

目　　录

第一篇　导　　论

第二篇　中国灾害经济的总体特征

第一篇 导 论

  灾害频发造成大量的人员伤亡、巨额物质财富的损耗及自然生态环境的破坏，是经济长期可持续发展的重要阻碍。梳理灾害经济的研究现状，界定灾害经济的范围，分析灾害对经济发展的影响是防灾减灾的理论基础。本篇阐述灾害经济研究的背景意义，探讨灾害经济问题的实质及其基本原理。

第1章　灾害经济研究的背景及意义

广泛分布又频繁发生的灾害是人类社会经济发展的重大障碍。因此，在社会经济发展的进程中，如何最大限度地减轻灾害造成的损失和威胁，已成为当今世界面临的一个极为紧迫和严峻的问题。本章在分析灾害经济研究背景和研究现状的基础上，梳理灾害经济研究的重要意义。

1.1　研　究　背　景

地球上的灾害既广泛而又频繁，对人类社会经济的发展产生了重大阻碍。据紧急灾害数据库（Emergency Events Database，EM-DAT）统计，20 世纪以来全世界约有 3200 万人死于自然灾害，1.7 亿人无家可归，人类每年创造的财富约有 10%被各种自然灾害所吞噬。随着社会经济发展和科技进步，人类的防灾抗灾能力在逐步提高，但世界的灾害问题在总体上仍不断恶化，主要表现在以下几个方面。

第一，人口膨胀导致资源过度消耗，使得各种致灾因素不断强化。1900 年，世界人口只有 16 亿人，2015 年年初世界人口增加到约 72 亿人，人口数量约增加了 3.5 倍。与此同时，资源消耗数量增长了 10 倍以上。人口急剧膨胀导致人类加快了对自然资源的消耗速度，加剧了地震、干旱、暴雨、冰雹、泥石流等自然灾害，在一些贫穷的发展中国家，过多的人口还带来了社会动乱、战争、犯罪率上升等严重的人为灾害等，自然灾害与人为灾害混合在一起使灾害发生的频率越来越高，损失也越来越大（图 1-1 和图 1-2）。

第二，高新技术的发展和大规模应用，孕育着巨大的风险和新灾变。高新技术是一种高风险产业，缺乏高可靠度保障措施的高新技术系统往往具有更高的孕灾潜势和事故风险，一旦技术失控或者发生超标准灾害，将有可能对社会经济产生更为沉重的打击。从世界范围看，技术灾害的数量和带来的死亡人数也呈现增长的趋势（图 1-3 和图 1-4）。

第三，土地资源日益贫瘠化甚至衰竭。据联合国统计，全球超过 20%的耕地面积、30%的天然森林和 25%的草地正在经受不同程度的退化，由于农田遭侵蚀，每年有大约 240 亿吨肥沃土壤流失，全世界有 15 亿人直接受到沙漠化、土地退化和干旱影响，土地退化带来的损失占全球农业国内生产总值（gross domestic product，GDP）的 5%，约合每年 4900 亿美元。

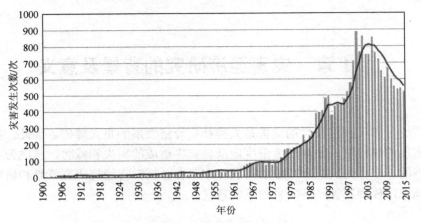

图 1-1　1900～2015 年世界范围的灾害发生次数

资料来源：紧急灾害数据库

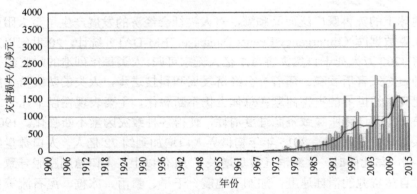

图 1-2　1900～2015 年世界范围内的灾害损失

资料来源：紧急灾害数据库

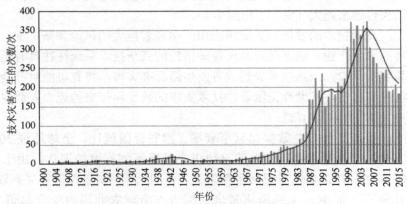

图 1-3　1900～2015 年世界范围内的技术灾害次数

资料来源：紧急灾害数据库

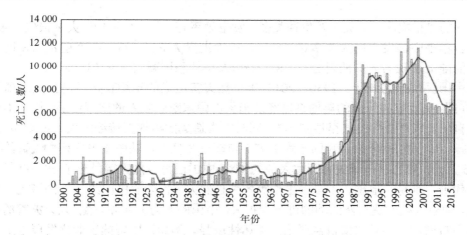

图 1-4　1900～2015 年世界范围内的技术灾害死亡人数

资料来源：紧急灾害数据库

从全球范围来看，发展中国家是自然灾害多发地区，灾害对社会经济发展的危害和制约作用远比发达国家严重，各种自然灾害造成的受灾人口绝大部分在发展中国家。发展中国家主要集中在亚洲、非洲和拉丁美洲地区，其中亚洲受灾程度最为严重。从 1950～2015 年各大洲自然灾害影响人数来看，亚洲受灾人数占世界的 87.9%，其次为非洲（6.9%）和美洲（4.2%）（图 1-5）；从经济损失来看，亚洲亦占全世界的 46% 左右。

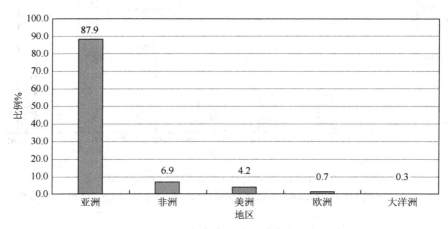

图 1-5　1950～2015 年灾害影响人数在各洲的分布比例

资料来源：紧急灾害数据库

我国是最大的发展中国家，也是世界上自然灾害最严重的少数几个国家之一。在世界范围内不论是从自然灾害的发生频次还是从灾情程度方面看，中国无疑是世界的"重灾区"。灾害发生种类多,发生频率高,分布地域广,灾害损失严重。近百年来中国发生的大灾多达 15 次,接近世界大灾的 1/3,已远超我国在世界上的陆地面积与人口的百分比。据《中华人民共和国减灾规划(1998—2010 年)》和中国民政部的统计,1950~2015 年自然灾害造成的年均直接经济损失逐渐增加(图 1-6)。灾害造成的年均直接经济损失占国家财政收入的比例由 1/6 增至 1/4,在自然灾害严重年份甚至达到 1/3,同时灾害造成的年均直接经济损失占 GDP 的3%~6%。近 60 年来,我国年均受灾人口超过 3 亿人,其中年平均死亡人数约为1.6 万人,相当于全球灾害死亡人数的 1/8。中国已为自然灾害付出了 69 000 亿元的代价,洪涝、地震、干旱、生物等各种自然灾害侵袭着中国约 1/3 的国土。同时,随着人类改造自然活动的进一步扩大,中国的人为灾害和自然-人为灾害的种类不断增加,并且灾情日益严重,破坏性增强。例如,中国的工业化发展导致雾霾事件、松花江重大水污染事件、苹果公司中国代工厂的污染环境事件等重大环境污染及事故频频发生。随着我国经济的快速发展,灾害造成的经济损失呈上升趋势,已成为影响经济发展和社会安定的重要因素。

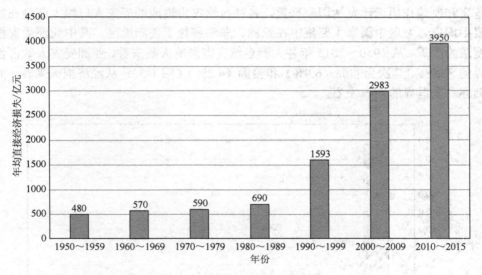

图 1-6　中国自然灾害年均直接经济损失(1950~2015 年)

资料来源:《中华人民共和国减灾规划(1998—2010 年)》和中国民政部

可以看出,无论是国外还是国内,灾害均对社会经济的发展产生严重的影响。因此,在社会经济发展的进程中,如何最大限度地减轻灾害造成的损失和威胁,已成为当今世界面临的一个极为紧迫和严峻的问题。发达国家对灾害的研究和防治开展得较早,研究成果相对于发展中国家而言也较为成熟,防灾减灾的投入也较充分，所以其灾损率比发展中国家要低很多。联合国早在 1987 年把 1990～2000 年的 10 年定义为"国际减轻自然灾害十年"，旨在通过一致的国际行动，特别是在发展中国家，减轻自然灾害所造成的生命财产损失。随后，2005 年联合国在第二届世界减灾大会上通过了《兵库宣言》和《兵库行动框架》，为 2005～2015 年全球减灾工作确立了战略目标和行动重点。2015 年 3 月，联合国在第三届世界减灾大会通过了《2015—2030 年仙台减灾框架》，提出了切实的减灾目标和优先行动事项，这将有助于大量减少灾害风险及生命健康的损失，翻开了减轻灾害实现可持续发展的新篇章。这表明减轻各种灾害及其危害成果，已经成为国际社会的一个共同主题。

1.2　灾害问题的研究现状

1.2.1　灾害科学的研究

　　人类自诞生之日起，即开始承受各种各样的灾害打击。人类的历史在一定意义上就是同各种各样的灾害进行不屈不挠的斗争的历史。随着近代科学的发展及生产力的巨大进步，人类对灾害的认识和研究进一步深化。进入 20 世纪后，人类对灾害的认识已有很大的提高，并可以主动地预防灾害，减少灾害的影响。第二次世界大战后，灾害的研究在全球范围内得以普遍重视和广泛开展。50 年代以美国为中心，60 年代以日本为中心，世界上许多国家，诸如澳大利亚、比利时、加拿大、法国等，也包括中国，陆续开展了灾害调查和研究。70 年代和 80 年代灾害调查研究在许多国家继续得到大力推进。直到 1987 年 42 届联合国大会通过决议确定 20 世纪 90 年代为"国际减轻自然灾害十年"，灾害调查研究形成广泛的国际合作。

　　从世界范围看，发达国家在灾害领域的研究开始较早且处于领先地位，如美国、日本，在 20 世纪 50 年代开始投入大量人力、物力，对自然灾害进行研究。1976 年，美国创刊了《自然灾害观测者》杂志，报道地震、洪涝等自然灾害的研究计划与活动，后来又创刊了报道世界各地火山喷发、地震、野生生物变化及其他灾害的《科学事件快报》，美国还是世界上最早建立国家强制性洪水保险体制的国家。日本是多种自然灾害严重的国家，特别重视灾害的研究。1960 年成立了自然灾害科学综合研究班，自然灾害科学研究项目已被列为国家特别研究项目，每年都确定近百个研究课题。对于发生的重大灾害事件，有关部门会立即组织专门研究组进行调查研究，积累灾害资料和研究报告，并送有关防灾机关，供灾后恢复、制订新的防灾计划使用。日本在灾害科学自然与人文综合研究、灾害立法、预警应急机制等方面也处于领先水平。目前，许多发达国家都十分重视对地震、洪涝、风灾和地质灾害等自然灾害的基础性研究，特别在近 20 年来有了迅速发展。在自然灾害的危险性评估方面，先进国家多从工程角度出发研究各类灾害危险性的评估方法，建立了相应的信息库与地图册，对于防灾研究，美国、日本、加拿大、英国、澳大利亚等国走在前面。

灾害研究最初只是关于地震等地质现象和洪涝、干旱等气象现象的研究，且着重于灾害的调查，多属于灾害资料的收集、整理、汇编、出版。灾害研究的人员也只是地震和气象研究人员。后来，随着环境和资源问题的出现，对环境和资源保护的研究日益增多，这一领域的研究者也加入灾害研究的行列。目前，面对灾害的威胁和挑战，国际社会对灾害研究越来越重视，许多学科领域的科学家都积极投入了灾害研究，国际上关于灾害研究的学术交流也日趋活跃，灾害科学论著陆续发表。灾害研究的领域也逐步扩展，不仅涉及天文、地理、水文、气象地质、生物等众多自然科学，而且涉及政治、经济、人口等众多社会科学，灾害研究已经成为现代科学研究中的热点。

目前，灾害科学研究的趋势呈现以下特征：第一，灾害研究的国际协作日趋密切。灾害没有国界，广泛的国际协作有助于掌握灾害发生发展规律。基于这一道理，国际关于灾害研究的协作将日益密切化，此外，国家与国家之间的区域性协作也在日益扩大。第二，灾害研究走向综合化和系统化。由于灾害是地球、天文、生物、人类几大体系综合运动的产物，随着研究的深入，灾害问题已成为各个领域自然科学家及社会科学家共同参与的重大研究课题，灾害研究正向综合化和系统化方面发展。第三，对灾害系统性的认识从理论上推动了单类与综合的灾害研究不断发展。逐步认识到自然灾害不是孤立的，特别是巨大的自然灾害常诱导出一系列的次生灾害和衍生灾害形成灾害链；许多自然灾害常同时或同地出现构成灾害群；灾害链、灾害群交织在一起构成自然灾害系统。在研究单个灾害现象的同时，对多种灾害初步进行总体研究，进一步发展综合减灾、联合减灾思想。在发展减灾工程技术、信息技术，完善灾害管理系统的同时，推进减灾工程的社会化、全球化。第四，灾害社会科学方面的研究方兴未艾。积极开展灾害与受灾主体——人类社会的相互联系及相互作用的研究，更加全面地揭示灾害的社会经济属性特征。把灾害研究同人口、资源、环境更加紧密地结合起来，从更广泛的领域探讨人口、资源、环境、灾害及其与人类可持续发展的关系，使减灾不仅为保护人类生命财产发挥直接作用，而且成为保护资源环境、促进人类可持续发展的基本保障。

我国是一个自然灾害高发的国家，对自然灾害的记载历史悠久，在与自然灾害的斗争中，逐渐产生并推动了灾害科学的发展，在灾害预测、工程减灾、灾害管理及灾害立法等方面取得了许多成就。新中国成立后，针对灾害的挑战，首先建立了一批研究灾害与灾害有关问题的研究机构和社会组织。例如，在中国科学院、地质矿产部、国家地震局、国家海洋局、国家气象局和民政部等部委下面建立了一批研究所：水土保持所、沙漠研究所、大气物理所、地球物理所、地质所、地震研究所、环境化学所等。并逐步建立了中国环境学会、中国地震学会、中国生态经济学会、中国灾害防御协会等社会组织。其次，相关的专业和学科如气象学、生态学、地震学、环境科学、灾害学及植物保护等逐渐建立并发展起来，自然灾害科学的研究方法也在不断创新并与各个相关学科进行交流和融合。现代物理学、现代数学等新进展迅速地应用于灾害研究问题，现代空间技术、遥感遥测技术及计算机网络技术也日益得到广泛应用。最后，在气象、地震、海洋、洪水、地质、农林等灾害的减灾工作方面，已形成了自成一体的检测、预报、防灾、抗灾、救灾、援建的工作管理系统。但是由于我国关于灾害研究起步相对较晚，在灾害方面的水平比发达国家低，灾害防治和减灾措施方面的步伐也比发达国家落后。

近年来，我国的灾害研究取得的进展主要有以下几个方面：一是利用先进的科学技术推动减轻灾害系统工程。目前，我国在灾害预报体系建设方面，已经形成了由地面气象站、高空探测站和新一代天气雷达组成的气象监测预报网络；建成了由国家地震台网和 31 个区域地震台网组成的覆盖全国的地震监测台网，全国测震运行台站达到 1021 个，其中包括国家台站 148 个，区域台站 821 个，火山台站 33 个，2 个台阵 19 个台点；另外，由 18 个国家农田生态站、17 个国家森林生态站、9 个国家草地与荒漠生态站、7 个国家水体与湿地生态站、国家土壤肥力站网、国家种质资源圃网和国家生态系统综合研究中心共同组成国家生态系统观测研究网络，监测防护我国的生态功能及环境效益，为我国及时准确地对灾害进行预警、预报提供了科学依据。二是加强自然灾害社会属性的研究，促进了灾害科学体系的发展。自然灾害具有自然与社会的双重属性。长期以来，适应全国减灾形势的需要，开始对自然灾害的双重属性的特点、演进和未来趋势进行研究，出版了《灾害管理学》《灾害经济学》《灾害社会学》《灾害统计学》《灾害保障学》《灾害历史学》等方面的著作。对灾害管理体制、灾害文化与灾害社会对策，城市和地区灾害应急方案的制订和组织，灾害统计标准、灾害等级划分标准、评估模式、灾害保险等问题开展研究并取得初步进展。三是研究人口-资源-环境-灾害的关系，寻求减灾与社会经济协调发展。认识到减轻自然灾害应着重调动人类的积极性和发挥社会功能，减少人为致灾因素；采取人为的工程性与非工程性措施，保护受灾体减少灾害损失；提出了减灾是社会发展事业，是全社会方方面面和所有成员的社会责任，减灾工作要走向社会化等观点。四是将自然灾害研究由单类推向综合，进行了自然灾害综合预报的初步探索。开展了自然灾害形成综合机制的研究和综合预报及综合减灾的理论方法研究。目前全国各省（自治区、直辖市）进行年度灾害总结和汇报，为当地减灾工作做出积极贡献。

1.2.2　灾害经济问题的研究

1. 西方灾害经济问题的研究

西方灾害经济问题的研究始于 20 世纪 50 年代，1954 年 Brannen 的 "Economic aspects of the Waco，Texas disaster of May11，1953" 是最早研究自然灾害经济影响的文献。由于 20 世纪发生了两次世界大战，关于人为灾害的经济学研究，特别是战争灾害的研究则更早一些。在文献中较早使用 "灾害经济学" 一词的是 Kunreuther 和 Fiore（1966），当时发表的文章题目为 "The Alaskan earthquake：a case study in the economics of disaster"。通过近 50 多年的研究，灾害与经济发展相互影响的大多数方面都已有文献论及，研究方法也在不断更新和发展中。西方灾害经济学的研究内容主要包括以下几个方面。

第一，灾害对经济社会的影响，重点从宏观经济运行和微观个体行为选择两个方面进行分析。

一是灾害对宏观经济效率的影响，主要涉及以下三方面内容：其一，灾后的投资效应。灾害事件过后引起的投资收益效应是学者们研究的一个热点，一些学者（Albala-Bertland，1993；Aghion et al.，1998；Skidmore and Toya，2002；Hallegatte and Dumas，2009）通过实证研究在总体上验证了灾害通过投资效应对经济增长的推动作用；另外一些学者（Rasmussen，2004；Cavallo and Noy，2010；Leiter et al.，2009；Strobl，2011）对于灾害过后的投资收益效应持怀疑态度，认为并不存在明显的灾后投资收益。其二，人力资本积累效应。自然灾害不仅会通过物质资本投资影响经济增长，同时也对人力资本积累有着重要作用，其中一些学者（Beegle et al.，2005；Heylen and Pozzi，2007；Kim，2008）强调灾害的人力资本积累效应对经济增长的推动作用；另外一些学者（Levhari and Weiss，1974；Fitzsimons，2007；Cuaresma，2010）在研究自然灾害和人力资本投资间的关系时认为这两者之间并非简单的线性关系，自然灾害对人力资本积累的作用体现出条件性和不确定性的特点。其三，技术进步效应。灾后技术进步引发的产出效应被认为是灾害推动经济效率提升的又一途径（Stewart and Fitzgerald，2001；Benson and Clay，2004；Fischer and Newell，2008）；另外一些学者（Cohen，1995；Hallegatte and Dumas，2009）认为技术变革对灾后经济发展的作用是很有限的，这取决于技术变革的动机。

二是灾害对微观个体行为选择的影响，主要涉及以下三方面内容：其一，居民消费决策。自然灾害作为一种外部冲击，会导致灾后家庭收入状况恶化，受收入变动影响，个人的消费行为也会发生变化。消费平滑和消费保险的程度会导致家庭在面临灾害时做出不同的消费选择（Townsend，1994；Jalan and Ravallion，1999，2001；Chetty and Looney，2006；Naoi et al.，2012）。其二，人口迁移。人口迁移是人类在外部生存环境变化时应对风险冲击的重要举措，人口迁移带来的技术交流和市场变化效应在家庭生产和经济增长中发挥着重要的作用（Thomas，1954）。一些学者（Gottschang，1987；Donner and Rodríguez，2008）对受灾地人口变动的研究认为自然灾害确实导致了受灾地的人口向外迁移，并影响着两地的人口结构和人口质量；自然灾害影响人口迁移的另外一方面体现在其性别选择上，男性在面临灾害冲击时更容易通过外向迁移降低灾害风险（Neumayer and Plümper，2007；Hines，2007）。其三，种族冲突。一些学者（Drury and Olson，1998；Bhavnani，2006；Brancati，2007）进一步研究了不同种类的灾害与社会冲突间的关系，对中低收入的国家，从短期和中期来看自然灾害引发社会冲突的种类更多，社会冲突风险的可能性更大。关于气候灾害加剧种族冲突的观点还有部分学者（Buhaug，2010；Koubi et al.，2012）存在质疑，他们认为自然灾害与种族冲突不存在明显的正相关。

第二，在研究灾害对经济系统的影响中所采用的主流研究方法是通过建立各种经济学模型进行灾害经济学分析。较为常用的模型分析有投入产出与线性规划相结合的模型、投入产出与生产函数相结合的模型、一般均衡模型、社会核算矩阵模型等。其中，投入产出与线性规划相结合的模型主要用于评估灾害对经济系统生产活动的影响，通过设定不同的目标函数找到经济恢复中的瓶颈产业，在此基础上讨论灾前预防政策对灾后经济运行的影响。投入产出与生产函数相结合的模型将资本使用和就业问题一同考虑。一般均衡模型广泛应用于灾害对区域经济的影响、各类经济援助对福利的影响等方面。在研究区域灾害经济问题时，除采用经济学模型外，西方学者还通过分析区域内短期或长期就业和零售商品时间序列数据，来确定灾害对区域经济的影响。

第三，灾害应对的制度分析，包括正式制度、非正式制度方面。

一是灾害应对的正式制度体系，主要涉及以下四方面：其一，保险和证券市场。保险和证券市场在应对灾害冲击中发挥的作用一直备受重视，一些学者（Krutilla，1966；Lewis and Nickerson，1989；Browne and Hoyt，2000；Alex，2013）认为，保险和灾害证券产品有助于帮助个体应对灾害冲击，在改善灾害地区灾后恢复和经济效率方面有重要作用。另外一些学者（Kunreuther，1996；Chivers and Flores，2002；Lakdawalla and Zanjani，2012）认为正式保险帮助居民应对灾害冲击需要借助其他条件，外部条件的差异会影响正式制度作用的发挥，其中主要包括收入约束和信息约束。其二，法律制度。一些学者（Raschky，2008）认为，灾害的法律制度建设促进灾害信息的透明化和公开化，起到预防和应对灾害的作用。其三，财政制度和货币制度。财政制度主要是研究灾后税收政策的体系，关于这方面的争论很多，一个综合的一致的灾后税收体系还没有完全建立起来。货币制度的研究包括紧急阶段发行新型货币代替原有货币的可行性研究及实行什么样的货币政策（Brown and Yokelson，1980）。如一些学者建议通过采取审慎的通货膨胀政策以提高私人经济的偿付能力，通过适当提高利息率吸引储蓄以保证投资资金的来源等。其四，灾害损失补偿，包括战争损失补偿和一般自然灾害补偿（Dacy and Kunreuther，1969）等。

二是灾害应对的非正式制度体系。Besley（1995）认为，在低收入国家非正式制度存在的空间要远大于正式保险制度，无论灾害冲击出现在什么地方，只要存在社会群体，非正式制度都能发挥作用；非正式制度影响个体行为的深度要大于市场制度，人们长期处于同一网络中，相互了解和信任促进了在面临风险冲击时帮助别人的预期比正式制度更容易实行。国外学者较早地发现了在发展中国家居民应对灾害风险的多元化手段，并形成了以社会资本和社会网络关系为主要对象的研究成果。社会资本和社会网络对居民应对灾害风险具有积极作用，通过影响正式制度对灾害应对发挥作用，是发展中国家个体应对灾害风险的重要手段（Rosenzweig，1988；Besley，1995；Carter and Castillo，2011）；部分学者（Griffin，2009；Ganapati and Iuchi，2012）还关注了社会资本在帮助受灾者获得灾后帮助上的性别差异。

总的来讲，西方灾害经济研究具有三个特点：其一是研究范围的广泛性。灾害经济学的研究几乎涉及经济学的各种领域，包括宏观和微观经济学、区域经济学、数理经济学、产业经济学、福利经济学等。因此，对灾害经济学的深入讨论具有研究者具备的经济学素养。其二是研究方法的演进性。由于灾害经济学是一门应用经济学科，经济学方法的不断创新必然导致灾害经济学研究方法的更替，每次方法的更新都导致了对灾害经济行为理解的深入。其三是研究问题的实用性。西方灾害经济学的研究大部分是针对可能发生的灾害，通过研究常提出可操作性的建议，为减灾防灾管理提供帮助。

2. 中国灾害经济问题研究状况

鉴于灾害问题的日趋严重性与普遍性，在中国，人们已经开始对灾害经济问题进行思考与研究。迄今为止中国理论界对灾害经济问题的研究可以划分为三个阶段。

第一，倡议阶段（20 世纪 80 年代）。著名经济学家于光远先生是中国灾害经济学研究的首倡者，他首先提出建立灾害经济学的观点，并发表多篇论及灾害经济问题的文章，较为系统地阐述了对灾害经济问题的看法，为灾害经济问题的研究奠定了基本的理论基础。1985 年 9 月 25 日在北京举行了中国有史以来"第一次灾害经济学座谈会"，并且于光远先生倡议建立灾害经济学这门学科，揭开了中国研究灾害经济学研究的序幕。1986 年 8 月，全国第一家专门研究灾害问题的科学季刊《灾害学》杂志在西安创办，1987 年 5 月 15～18 日，中国国土经济学研究会在北京举行第一次全国性的灾害经济学学术讨论会。此阶段国内学者对灾害经济学的研究主要集中在灾害经济学研究的理论根据和特点，以及基本原理、方法等定性分析方面。

第二，初步研究阶段（20 世纪 90 年代～20 世纪末）。进入 20 世纪 90 年代以后，灾害经济方面的研究成果不断出现，如杜一的《灾害与灾害经济》（论文集）、申曙光的《灾害生态经济研究》、胡鞍钢的《中国自然灾害与经济发展》、郑功成的《灾害经济学》等。内容涉及灾害经济的基本规律、灾害经济的微观与宏观解析、灾害经济损失评估等方面。此外，国内学者还在以各种灾害问题为研究对象的灾害统计学、灾害管理学及灾害的社会保障领域的研究方面取得多方面的成果，它们亦为灾害经济理论研究的发展打下了良好的基础。

第三，进一步发展阶段（21 世纪初至今）。进入 21 世纪，重大的自然灾害、人为灾害不断出现，不仅预示着一个高风险社会的来临，也促使人们需要对灾害经济开展进一步深入研究。我国学者此阶段对灾害经济学的研究领域更加广泛，并开展了灾害对经济的影响的实证分析，从宏观灾害的经济影响到微观的经济分析及灾害的应对研究，如张晓等的《中国水旱灾害的经济学分析》、谢永刚的《水灾害经济学》等显示了国内学者开始关注某一灾种的经济分析，何爱平的《区域灾害经济研究》探讨了区域灾害经济研究的理论架构和方法论体系。有些学者将国外灾害经济研究模型应用到中国灾害经济损失评估中，分析灾害造成的产值损失对整个经济系统的影响。此阶段在灾害应对上，学者发现非正式制度层面所发挥的作用可能比正式制度要大，开始关注社会资本对灾害预防的作用分析。

综上可见，中国灾害经济理论研究工作已经起步，一些成果已经为灾害经济学科的建立与发展奠定了基础，但灾害经济的研究仍存在一些问题，主要表现在：一是作为独立的灾害经济学科的特色并不明显，且灾害经济研究似乎尚未纳入主流经济学家的视野和研究范畴。二是灾害经济的研究领域仍有较大局限性。首先，系统的灾害经济学基础理论研究比较缺乏；其次，在研究中，重自然灾害、轻人为或社会灾害的经济问题研究，表现出灾害经济问题研究的失衡。三是对区域的灾害经济研究比较少见。因此，目前的关键是需要将灾害经济理论纳入主流经济学的研究范畴，把灾害经济学作为一门独特的经济学科加以建设。

1.3　灾害经济问题研究的重大意义

1.3.1　开展灾害经济研究是当代经济发展与减灾实践的必然要求

综观世界，尽管灾害问题在局部地区、局部领域已经得到较好的解决，但全球灾害问题仍表现为恶化型。尤其是广大发展中国家正在成为全球环境恶化的日益严重的重要污染源，并成为全球生态环境灾害的重灾区，经济与社会的持续发展正在受到日益严峻的挑战。在发展经济的过程中，如何最大限度减轻灾害造成的损失及经济发展对环境、灾害产生的负面效应，已成为当今世界共同面临的一个极为紧迫和严峻的现实问题。减灾防灾是人类对待自然灾害冲击最主要的应对方式和策略选择，也是投入产出效益最高的事业。减灾即意味着增加 GDP，有助于实现经济增长，有效利用资源、保护环境，增加持续发展的能力，应把防灾减灾事业作为政府优先投资领域之一。灾害问题的实质是经济问题，基于灾害问题的严重性、普遍性和特殊性，迫切需要从经济学的角度对其进行系统研究。

具体来讲，开展灾害经济研究，一是能够深刻揭示灾害与经济增长和经济发展之间的内在的、复杂的互馈关系，指导人们选择合理的经济增长或经济发展模式，有助于人们在适度获取生态、社会经济效益的同时，更有效地保护已有劳动成果和改善生态环境条件。二是能够对灾害造成的损失进行准确的统计和计量，从而为减灾防灾决策提供科学依据。三是有助于政府与社会乃至家庭或个人对包括防灾、救灾、抗灾、保险等在内的各种减灾措施的投资效应进行科学评价，强化减灾防灾观点，提高减灾的经济效益。四是用灾害经济学的新理论、新方法来系统研究各种灾害问题，有利于提高全社会预测、控制和抵御各种灾害的能力。

1.3.2　开展灾害经济研究是发展与完善当代经济学的客观需要

经济学界对类似于灾害引起的经济负增长或负发展等"减值现象"尚缺乏深入系统的研究，是当代经济学发展的一个重大现实缺陷。开展灾害经济研究时，建立灾害经济学的学科体系是弥补这一缺陷，发展与完善当代经济学的客观需要。

首先，灾害经济学修正了经济学的经济增长与经济发展观。长期以来，经济学界的理论与实际部门都是从财富创造与积累的创业增值角度来研究经济增长和经济发展的，忽视了在经济要素与社会财富密集程度不断提高和灾害危害日益剧烈的双重背景下，减灾就是增产增值，是促进经济发展的积极而有效的基本措施。灾害经济学从已有资源及其创造价值的经济角度研究经济增长，其经济效益体现在避免、减少可能造成已有物质资源、人力资源和物化劳动的损失上，融合于国民经济的总体效益中。由此可见，灾害经济学克服了传统经济增长理论的狭隘性和不足之处。

其次，灾害经济学完善了经济学的研究目标，为绿色发展理论提供了佐证。传统经济增长模式忽略了如何减轻灾害才能保证人们现有的生活水平和生活质量不被损害的问题，更忽视了一味追求生活水平和生活质量而引发的环境与灾害问题，这显然不符合绿色发展所追求的目标。灾害经济学的主要研究目标是寻求经济发展中灾害损失的最小化，因此它既关注如何保证人们现有的生活水平和生活质量不被损害的问题，也更重视如何尽可能降低人类经济活动对环境资源的负面效应，而维持经济—生态—减灾的协调发展，即绿色发展问题。

最后，灾害经济学丰富了经济学的学科体系。作为一门交叉的、边缘的新兴经济学科，灾害经济学在扩展了经济学与灾害学等学科研究内容的同时，逐步形成了相对独立的学科体系，从而丰富了当代经济学的学科体系。

1.3.3　开展灾害经济研究减轻灾害是实现绿色发展的重要内容

"绿色发展"是我国共产党的十八届五中全会提出的指导我国"十三五"时期发展甚至是更为长远发展的科学的发展理念和发展方式，是在传统发展基础上的一种模式创新，是建立在生态环境容量和资源承载力的约束条件下，将环境保护作为实现可持续发展重要支柱的一种新型发展模式。绿色发展强调的是：要将环境资源作为社会经济发展的内在要素；要把实现经济、社会和环境的可持续发展作为绿色发展的目标；要把经济活动过程和结果的"绿色化""生态化"作为绿色发展的主要内容和途径。

首先，灾害恶化了人的生存环境及经济发展的基本条件，是实现绿色发展的重大障碍。我国是一个多灾大国，从中国近代经济社会发展史，特别是近代灾害史看，我国灾害情况愈演愈烈，多种灾害频繁发生，主要原因之一就是社会资源生态环境严重失衡，自然灾害与生态破坏相交织，互为因果。生态环境的破坏缩短了自然灾害发生的周期，强化了灾害的危害，并诱发新的灾害；另外，不断发生的自然灾害又促使生态环境进一步恶化。我国经济增长过快，加上技术和管理水平较低，导致环境污染和生态破坏问题持续加重，并由城市向农村进行蔓延。目前新的环境问题已经凸显，环境污染呈现复合性、压缩性，增加了解决难度。我国江河湖海有机污染依然严重，同时湖泊和海域又出现以氮、磷为主要污染物的富营养化问题。有资料显示，我国水资源总量的 1/3 是地下水，全国 90% 的地下水遭受不同程度污染，60% 污染严重。不少城市饮用水源地已检测到许多微量的有毒有害化合物，直接影响人的健康，雾霾天气污染依然严重。废旧汽车、家电造成的污染也成为新的环境问题。环境污染一方面降低了生态系统的稳定性，从而降低了对灾害的缓冲力和恢复力；另一方面使次生灾害或衍生灾害发生的可能性大大增加。这些问题与自然灾害相互促进，同步增长，构成绿色发展的重大障碍。

其次，实施防灾减灾策略是解决环境污染和生态破坏问题实现绿色发展的重要途径。发展绿色经济强调"科技含量高、资源消耗低、环境污染少的生产方式"，绿色发展蕴涵着经济与生态的良性循环，意味着人与自然的和谐平衡，其最终目标是提高人们的生活质量。但由于各种自然灾害及人为灾害的共同影响，资源环境遭受严重污染，生态平衡遭受严重破坏，其结果是人的身心健康受到严重威胁。减灾防灾就是要针对科技进步和经济发展态势下环境污染、资源破坏、灾害频生的状况，促使人类生存的环境向好的方面变化。因此，研究灾害与经济发展的相互关系，尽可能降低人类经济活动对环境资源的负面效应，减少人为因素造成的灾害，将减灾与整个经济绿色发展目标协调起来，提高综合减灾能力，寻求经济发展进程中灾害损失的最小化，是实现绿色发展的有效途径。

1.3.4　开展区域灾害经济研究减轻灾害是区域经济协调发展的重要保证

经济发展具有区域的性质，灾害的发生也具有区域的性质。灾害与区域经济发展密切相关：一方面，灾害总是在一定区域内发生，灾害直接破坏和阻碍区域社会经济经济的发展，是影响区域整体协调发展的一个重要因素。随着区域经济整体的发展，灾害发生的风险及其所造成的损失都在加剧增加。另一方面，不合理的经济活动与生产力布局又加剧了灾害的发生和发展。如果在制订区域绿色发展战略规划时不考虑灾害的影响作用，区域经济就不可能得到持续发展。因此，研究灾害与区域经济发展的相互关系，必须将减灾与整个地区的绿色发展目标协调起来，提高区域的综合减灾能力，寻求经济发展进程中灾害损失的最小化，实现区域社会—经济—生态的协调发展。

区域经济协调发展是目前我国经济发展中的重大问题，统筹区域发展，就是需要促进东部、中部、西部地区良性互动，形成区域协调发展的机制。由于存在制度缺陷，在经济利益的诱导下，出现了环境灾害的区域转移现象，最终导致区域之间的相互负向影响加大。因此，认真研究中国灾害的基本特征和发展趋势，在经济发展中有效控制灾害的转移与扩散，才能最大限度地减轻灾害造成的损失与威胁，从而最终实现中国经济协调发展。

总之，开展灾害经济研究，不仅科学地从经济学的角度总结出各种灾害问题的发生与发展规律，阐明灾害问题与经济发展关系的基本理论；而且可以从宏观和微观两个层面寻求灾害损失最小化的对策与方法，为社会经济的可持续发展提供科学依据，丰富当代经济学的内容，有助于绿色发展。因此，研究灾害经济问题，无疑具有现实和长远的实践及理论意义。

第2章 灾害经济问题的理论阐释

对灾害经济现象进行理论阐释是进一步研究灾害经济问题的基础，本章界定了灾害及灾害经济的概念，分析了灾害及其社会经济特性。在此基础上，进一步分析灾害经济的基本原理。

2.1 灾害及其社会经济特性

2.1.1 灾害的含义及分类

1. 灾害的含义

在众多现代文献中，对灾害的定义和解释千差万别。根据灾害产生发展的特征，我们把灾害定义为：由于某种不可控制或未能预料的破坏性因素的作用，人类赖以生存的环境产生突发性或累积性的破坏或恶化，并超越当地社会经济系统容忍限度而引起人群伤亡和社会财富损失的现象和过程。这个定义包含了以下几层含义：首先，就其本质而言，灾害是一种威胁人类生存和发展的现象与过程，其发生的后果为社会财富的灭失或人员伤亡。因此，衡量是否成灾，仅以灾害的强度或级别而论是不够的，必须强调灾害的最终结果，具体到某一地区，即是否对该地区造成损失和危害是判断某种现象是否成灾的最终依据。其次，对于灾害产生的原因，早期的研究着重强调自然因素，而当代学者认为灾害的产生源于自然因素、人为因素或二者的叠加。这些因素的出现可能无法控制，如自然力的作用导致的火山喷发、地震等；而另一些因素的产生则是由于人们事先未能充分预料到其后果，如人力与自然力共同影响的土地沙化、水土流失等灾害。因此，灾害是一种自然-社会现象。再次，灾害的发生发展具有一定规律性，可能是突发性的，也可能是缓慢累积性的，前者如地震、暴雨、洪水、火灾等，它们在人们未曾预料到或难以预料的情况下突然发生；后者如干旱、环境污染灾害，其发生过程比较缓慢，需要一定时间。最后，灾害的最终结果与发生地区的社会经济系统的承灾能力有关，如果该地区社会经济系统的承灾能力较强，某事件的发生对当地未造成危害，则该事件就不构成灾害，因此，灾害又是一个相对的概念。例如，由于某城市建立了完备的排水系统及有效的暴雨预警应急机制，其承灾能力较强，同样强度的特大暴雨给一些地区带来洪涝、泥石流等灾害，而对该城市可能并不构成危害，因此，在该城市也就不称其为灾害。

灾害一般由灾害体和承灾体两部分组成：灾害体是指灾害动力活动及其参与灾害活动的物质，承灾体是指遭受灾害破坏或威胁的人类社会经济系统。在一般情况下，灾害体作用于承灾体，产生各种灾害后果。但随着社会经济的发展，人类活动对多种灾害及其产生的基础条件产生着日益广泛的影响。不当的人类活动可能强化灾害的后果或诱发新的灾害，此时人类活动既是承灾体，同时又构成了灾害体组成部分甚至灾害体的影响因素；另外，人类合理的行为则会在很大程度上减轻灾害造成的损失或避免其发生。可见，灾害体与承灾体相互作用，从而使灾害具有自然和社会的双重属性。

2. 灾害经济

无论什么灾害，一旦发生，必然会给人们的生命财产带来程度不同的损失。而且灾后的恢复、重建还要投入大量的人力、物力、财力。所谓的灾害经济，是指在灾害系统与经济系统的相互联系及相互作用中，灾害给人类社会造成的可以计量的经济损失及人类减灾防灾的经济活动，如防灾的投入与产出、灾害的损失与补偿等。可见，灾害经济包括两方面：一方面是灾害对经济的影响，通常表现为可以计量的经济损失，其中既包括直接影响和间接影响，也包括即期影响和对经济发展的长远影响；另一方面是经济对灾害的影响，包括积极影响和消极影响。积极影响可以减轻灾害，成为灾害发生的有效制约因素，如植树造林不仅能够生产木材，而且可以防止水土流失和土壤沙化，进而有效地遏制水、旱、风灾；消极影响则会加重灾害，成为灾害恶化的助长因素，如不考虑灾害因子的经济增长方式，它虽然能够产生短期的经济效益，却带来严重的灾难后果。灾害经济研究的目的就是寻求减少损失的经济规律与方法，其着眼点是"灾害损失的最小化"。

3. 灾害分类

有关灾害分类的依据与方法很多，由于侧重面不同，分类的目的不同，很难达成统一。最基本的划分方式是按照灾害的基本成因将其分为：纯自然型灾害、纯人为型灾害和自然-人为复合型灾害。所谓纯自然型灾害，是指人力不能支配操纵的各种自然力在一定时间内积聚暴发所致的灾害。包括气象灾害，指大气的各种物理现象和运动变化引起的灾害，如暴雨、雹灾、风灾、旱灾、酷热、寒流等；地质地貌灾害，指地壳内部或地表上的各种自然物的变化引起的灾害，如破坏性地震、火山爆发、洪水、海啸、泥石流、滑坡、地陷、地裂等；生物灾害，指自然界中的有害生物或生物的有害排泄物大量繁殖、扩散对人畜和植物造成破坏，如病害、虫害、鼠害等；天文灾害，指天文系统中发生的现象对人类产生的有害影响，如太阳辐射能源灾害、电磁异爆、新星爆炸、小行星碰撞地球等。纯人为型灾害是指主要或者完全是由经济活动中的人为因素造成的灾害，包括战争，生产性事故如爆炸、毒气泄漏、桥梁垮塌等，交通事故如沉船、翻车、飞机失事等。自然-人为复合型灾害（以下简称自然-人为灾害），又称人为自然灾害或环境灾害，指在一定的自然环境背景下由人类社会活动引起的灾害，如乱砍滥伐、盲目开荒造成植被破坏、水土流失、沙漠化、环境污染等灾害。

2.1.2　灾害的社会经济特性与实质

灾害是在一定的自然地理背景及环境、人口等社会经济背景下发生的，因而具有自然和社会的双重属性，其中自然环境的不稳定性及脆弱性，在很大程度上决定了灾害的易发性和致灾力源的强弱；而社会经济背景，不仅是人为灾害发生的条件因素，同时也影响到社会经济系统的承灾能力，决定了灾害成灾损失的大小。灾害作为影响经济资源和生产的重要外部因素，概括起来具有以下一些经济特性。

一是非稀缺性。从客观上讲，自然灾害是一种自然灾变过程，是自然力的一种运动形式，具有发生的必然性和永久性；从社会意义上讲，灾害又是相对于人类社会特有的异常现象，它不仅与人类社会的产生与发展进程相始终，而且随着人类社会活动范围的扩展而发展。因此，灾害作为影响人类社会系统正常运行的重大负面因素，与促进经济社会发展的各种稀缺性要素相比，具有非稀缺性。

二是减值性。任何灾害都是以破坏人类社会经济系统并造成社会生产力和环境资源的损失为后果，因此，从经济意义上讲，灾害是可以计量的经济损失；从社会政治意义上来说，灾害的影响是负面的。因为灾害的社会后果是造成既得社会经济效益的破坏和损失，所以从社会财富增长的角度来看，灾害起的是消极或负作用，具减值（负值）性。

三是风险性。自然界的孕灾过程是一个非线性过程，蕴涵着突变与混沌，特别是当各种社会因素掺杂其中之后，其发生就更加具有不确定性（或多或少意外性），从而增加了人类对灾害预报和预防的难度。灾害的危害性和发生的不确定性构成了人类生存和社会经济发展的风险。

四是区域性。自然灾害的发生具有显著的地域性规律，而社会经济的发展也具有区域性质，二者交互作用就形成了灾害-社会经济系统的区域性。灾害-社会经济系统的区域性是制定区域社会经济发展战略和进行综合经济区划的重要依据。

五是动态性。自然灾害是一个动态系统，具有各种尺度的准周期性和非周期性变化规律，随着自然灾害的变化，各项人类经济活动也相对呈现出各种尺度的时间变化过程，并渗透在人类社会经济活动的各个方面，从而形成灾害-社会经济系统的动态演变。

六是可防救性。各种灾害事故是不可避免的客观现象，但随着科学技术的进步，各类灾害是可以预见和预防的；而且灾害发生后，通过及时合理的救援和补偿，可以挽回一定损失并有效控制灾害链扩展。防灾、救灾均需要一定量的经济投入，因此，一个国家或地区防灾抗灾能力的大小主要取决于其经济实力的强弱。

综上分析，从社会意义上讲，灾害是相对于人类社会特有的异常现象，它随人类社会的发展而不断扩展演变，是人类面临的重大减值因素；从经济意义上讲，灾害是可以计量的经济损失，是各种自然资源的破坏、各种社会财富的毁灭、人员的伤亡、生产的中断和生活秩序的失常，它与经济发展存在着密切的互馈关系；从解决灾害问题的角度讲，目标是尽可能地降低灾害造成的经济损失，基本手段则是经济手段，其效果在很大程度上取决于经济因素。因此，从经济学角度来说：灾害问题的实质即经济问题。

2.2　灾害经济的基本原理

2.2.1　灾害经济系统具有阶段性发展和准周期性演变特征

灾害是一个动态系统，具有各种尺度的准周期性和非周期性变化规律，随着自然灾害的变化，各项人类经济活动也相对呈现出各种尺度的时间变化过程，并渗透在人类社会经济活动的各个方面，从而形成灾害经济系统的动态演变。

1. 灾害经济的阶段性演变

依据人类社会发展过程中占主导地位的经济发展形式及在此基础上产生的人类社会的结构形态、人类活动范围和人地关系，可将人类社会经济发展划分为采猎时代、农业经济时代、工业经济时代、知识经济时代四个阶段。这四个阶段对于不同地域、不同性质、不同背景的国家而言，具有很大的相似性，其中每个发展阶段由于其经济活动模式和社会经济系统抑制灾害能力的差别，其灾害经济关系也表现出不同的特征（表2-1）。

表 2-1　灾害经济系统的阶段演变

项目		特征			
		采猎时代	农业经济时代	工业经济时代	知识经济时代
时间尺度		约 1 万年以前	公元前 1 万年～公元 1700 年	1700 年至今	未来
社会经济结构	社会结构	个体、部落	区域或国家	国家或洲际	洲际或全球
	经济水平	融于天然食物链中	初级水平（农业为主）	高级水平（工业为主）	优化水平（决策、管理为主）
	经济形式	采食渔猎个体延续	自给型经济（简单再生产）	商品型经济（复杂再生产）	协调型经济（高效、协调、再生）
	生产模式	从手到口	简单技术和工具	复杂技术及其体系	智力转化与再循环体系
灾害经济关系	人地关系	依附自然	靠天吃饭	改天换地	人地和谐
	抗灾能力	无	较低	较低～较高	很高
	易损性	强	强	强	弱
	环境效应	无污染无干扰	缓慢退化	环境大污染资源大破坏	环境进化，资源再生
	制约机制	灾害对社会经济发展影响很小	灾害对社会经济发展影响较大	灾害严重制约社会经济发展，而且灾害与经济发展形成不良循环	灾害仍然是制约社会经济发展的因素之一，灾害与经济发展逐步形成良性循环

灾害-社会经济系统的阶段性演变规律表明：人类社会各历史发展阶段由于其社会经济活动方式和社会经济系统抑制灾害能力的差别，其灾害社会关系也各具有不同的特点。社会经济系统最脆弱的社会既不是最落后的原始社会，也不是最发达的知识经济社会，而是处于迅速过渡或现代化过程中的前工业文明时代。就地域分布而言，处于二元经济时代的广大发展中国家的承灾能力最为脆弱，灾害对社会经济发展的制约作用巨大。因此，深入研究发展中国家社会经济发展过程中的灾害问题更具有重大的理论和实践意义。

2. 灾害经济的准周期性波动

自然灾害的发生一般都存在着不同尺度的准周期性的变化规律，伴随着灾害的准周期性变化，各项人类经济活动也相对呈现出准周期性的变化过程，并渗透在人类社会、经济、政治生活及社会心理的各个方面，从而形成灾害经济的准周期性变化。

第一，灾害经济的中短周期性波动。在中短时间尺度上，自然灾害一般都具有由集聚、爆发、扩展、消散和再集聚等组成的四位相变化，作为对灾害的响应，社会经济活动也相对呈现出四位相的准周期性变化过程，形成灾害经济系统的准周期性振荡。这种中短周期性的振荡无论是对应于突发性灾害（如地震、暴雨洪水等），还是对应于渐变性灾害（如水土流失、荒漠化等），都极为显著。

由于人们对待灾害的态度和采取的措施不一，灾害经济系统又形成了两类不同性质的变化。其中，第一类为相互强化型，即灾前灾患意识淡薄，侥幸思想严重，防灾投入不足，开发建设缺乏减灾战略；灾害爆发时惊慌失措，然后是各种救济措施；恢复平静后灾害的印象逐渐淡化，又重新产生麻痹现象。这种类型的准周期变化中，灾害系统与社会系统之间存在着相互放大和强化的致灾机制，扩大了灾害的影响。第二类可视为相互抑制型，即灾前积极预防，监测预报，消除隐患；灾害发生时组织有力，迅速地开展救灾活动；灾害发生后采取各种有效措施开展恢复生产和重建家园活动；灾害过后认真总结经验教训，制订更为切合实际的防灾减灾规划，实施标本兼治的减灾措施。这种类型的准周期变化中，灾害系统与社会系统之间存在着相互一致的减灾机制，有效地减小灾害可能造成的损失。

第二，灾害经济的长周期性波动。在较长时间尺度上，灾害的变化多表现为灾害群发期和少灾稳定期交替出现的准周期性，作为对这种自然周期的响应，人类社会的发展则呈现出朝代衰兴更替的周期性波动，灾害与社会、政治、经济等因素互为因果、互相强化，是造成这种周期性振荡的根本原因，其演变的模式大致可概括为兴盛期—衰退期—消亡期的长周期波动。

王朝兴盛期：政局相对稳定，生产力得以发展，逐步形成百业兴盛的局面，社会矛盾基本处于超稳定状态；这一时期，当局一般比较重视水利、储粮、赈济，社会拥有较强的抗灾能力，灾害在一定程度上受到抑制，发生频率下降，成灾损失较少，危害较轻。王朝衰退期：经济衰退，社会矛盾日益激化，并逐渐趋于脆弱的极限平衡状态；这一时期统治阶级骄奢淫逸，争权夺利，无力顾及减灾防灾，腐败当局甚至利用灾害鱼肉百姓，社会抗灾能力逐步下降，灾害加频，成灾率上升，危害加剧，日益严重的自然灾害反过来也不断加剧和放大社会矛盾。王朝消亡期：王朝末期政治极端腐败，赋役沉重，民不聊生，社会矛盾空前激化；天灾人祸使社会稳定机制遭到破坏，引发农民起义、外族入侵、军阀混战等大规模的社会动乱，导致经济崩溃，生灵涂炭，这反过来又诱发和加剧了灾害。天灾人祸交互放大的结果是最终导致旧王朝急剧衰亡，然后新王朝诞生，社会经济走向复苏，进入新的一个灾害社会周期。

研究灾害经济系统动态变化的重要意义在于：①灾害经济系统的准周期性振荡是灾害与社会、政治、经济等因素互为因果、互相强化的结果，灾害系统的准周期性变化过程中，灾害系统与社会经济系统之间既有相互放大的作用，也存在着相互抑制的作用。要减轻自然灾害的危害，就必须改变人类社会活动受自然灾害制约的周期性变化，把两种周期性变化的相互强化转变为相互抑制。②严重的自然灾害不仅造成人员伤亡和财富损毁，造成一定时期内政府职能的丧失，更为严重的是可使社会陷入一片混乱的无政府状态，甚至触发或放大社会矛盾，引起社会关系失调，诱发战乱，最终引起社会经济崩溃。在现代中国，总体而言，灾害能够得到及时防救，灾后能够及时恢复和妥善安置，灾害链效应一般不会发展扩大，但灾害仍然程度不等地影响着政局的稳定，值得引起高度重视。

2.2.2　灾害经济具有显著的区域性分布特征

自然灾害分布具有显著的区域性规律，而社会经济的发展也具有区域性质，二者交互作用就形成了灾害经济的区域性。区域性是指灾害的种类、数量、频率及危害程度、危害对象在不同的区域具有不同特点。具体表现在：一是不同地区灾害种类不同，沿海、内陆、边远地区各有不同的主要灾害。例如，地震灾害在全世界主要发生在几个地震带上。在我国，旱灾是北方的主要灾害，台风海潮灾害则发生在沿海地区。而沙漠化灾害主要存在于西北、东北和华北的部分地区。二是同类环境灾害在财富密集程度、经济发展水平和社会经济系统承灾能力不同的地区发生的规模、强度有很大差异。例如，在经济落后地区，由于其抵御灾害的能力较弱，中等程度的灾害往往会造成严重的人员伤亡和财产损失；而在经济发达地区，由于其具有较为完备的减灾设施和预警机制，同等灾害造成的人员伤亡很小，但由于其财富的高度密集，其损失往往表现在经济损失的数额比较巨大。灾害的区域性是多种因素综合作用的结果，因为任何灾害的发生都要求有相应的自然、社会经济等生成条件。考察各种灾害的发生过程，可以发现其影响因素主要有以下三个方面。

第一，自然因素。它包括地理位置、气候条件、地质条件、特殊地形等自然条件。自然因素是自然灾害区域分布的基本制约或影响因素，但也会对人为灾害产生很大的影响。第二，社会经济因素。例如，城市与乡村所受的灾害种类与后果均存在差异：城市一般多环境污染、交通事故、生产事故等人为灾害，农村则多干旱、洪涝等自然灾害；与农村相比，城市减灾防灾的设施一般较为完善，其抗灾能力较强，灾害的危害后果往往有较大差异。经济发展政策取向和经济布局状况的不同，亦会影响到灾害的区域分布，如有的地区走高科技、低污染的经济发展道路；而有的地区却形成了低效益、高污染的经济结构，其灾害种类及其后果都会有很大差别。合理的经济布局会改善环境，相反，不恰当的经济布局与经济活动还可能诱发新的人为次生灾害。第三，灾害之间的关联性和整体性也是影响灾害区域性的重要因素。灾害的关联性与整体性不仅表现在灾害有群发现象，而且表现在许多灾害互为条件，形成一个具有一定结构特征的灾害群或灾害链。此外，灾害意识是否强，社会公德是否好，都会对一些灾种的分类及其危害产生作用。因此，社会经济因素作为制约并影响人为灾害事故的主要因素，同时也对自然灾害的区域分布产生直接影响。

综上可见，灾害的区域性与经济发展布局的区域性往往存在着不可分割的内在联系。强调灾害的区域性规律，有助于准确认识并把握区域内的灾害问题，了解区域内对经济、社会发展造成威胁的主要灾害属性，指导区域内的合理经济布局，为真正有效地开展减灾工作提供科学依据。

2.2.3　灾害与经济具有交互影响的互馈关系

灾害与人类社会经济密切相关：一方面，直接破坏和阻碍社会经济的发展；另一方面，不合理的经济活动与生产力布局又加剧了灾害的发生和发展。灾害对社会经济的影响和人类社会经济活动对灾害的影响具有交互影响的互馈关系。

1. 灾害对社会经济发展的影响

灾害对社会经济系统的影响主要表现以下几个方面：其一，灾害造成严重的社会财富和生命健康损失，对社会经济发展产生直接阻滞和破坏影响。灾害阻碍社会经济的发展，在局部地区，一定时期内甚至使经济、社会发展发生倒退。其二，灾害制约着对资源的开发与增值，加剧了资源短缺，资源短缺又制约着经济的持续发展。一方面，世界的人口还在持续增长，经济的发展和居民生活水平的不断提高，导致对资源需求的持续扩张；另一方面，环境灾变却在持续减少着可用资源，并使资源短缺的危机日益严重。灾害对资源和环境可持续利用的影响在一些区域内更为突出。其三，灾害问题造成经济发展成本上升，收益减少，经济发展速度减缓。在环境、灾害问题不断恶化的背景下实现经济发展迫使国家首先不得不加大减灾和污染治理投入，造成经济发展的成本或代价上升；同时，在社会总投入一定的前提下，防灾减灾投入的扩大，必然导致发展经济直接投入的减少，社会再生产的发展必然受到限制。同时，由于区域经济的非均衡性和聚集性，经济布局往往集中在区域经济的某些"发展极"上，如果灾害发生在这些地区，造成的损失会比其他地区大得多，就会使该区域的经济增长受到严重影响，有时甚至会导致经济的倒退。其四，灾害对社会经济的影响还表现在制约区域间社会经济联系与合作，导致区域产业结构失调，限制经济资源的合理配置。一方面，灾害的发生破坏区域间交通、通信等基础设施，使区域经济联系困难；另一方面，破坏了受灾区域的生产、生活设施，加剧区域间经济发展的不平衡，对区域产业结构的协调发展、分工和专业化生产、规模化造成损害。

2. 社会经济因素对灾害的影响

社会经济因素对灾害的影响主要表现以下几个方面：其一，不合理的经济活动是"一把锋利的双刃剑"。人类的社会经济活动在向大自然攫取各种资源的同时，将各种废料不加处理地还给大自然，污染了环境，破坏了生态平衡，从而给人类自身带来灾难。违反科学规律的不合理的经济活动虽然能给人类带来暂时的可观利益，但同时也对环境资源造成了巨大的破坏，这反过来又破坏和制约了经济建设和经济发展。其二，社会经济系统承灾功能对灾害的影响。灾害的最终承受客体是人类社会经济系统，因而致灾的轻重不仅取决于致灾力源的强弱，而且取决于灾泛区人类社会经济系统对灾变承受和调整能力的高低。其三，社会经济要素的布局与结构对灾害的影响。在同样强度的致灾力源条件下，灾泛区人口越密集，社会财富密度越大，灾害损失就越严重。现代经济社会的社会化程度空前提高，社会分工更加细化，生产与消费、上游产业与下游产业之间的相互联系更加密切。某一区域受灾，就会引起灾害的连锁反应，使灾害更加严重。其四，人类科学、合理的行动能化害为利，产生积极的影响。灾害并非只有害的一面，它也有利的一面，害与利的发展过程不是一成不变的，它们处在对立统一的矛盾运动过程中。政府与社会应当努力追求化害为利，同时尽量避免害上加害、利转化为害的现象。

2.2.4　灾害经济随着人类社会活动范围的扩展而不断增大

从客观意义上讲，作为自然力的一种运动形式，灾害的发生发展有其自身的客观规律，各种灾害自古以来便影响并制约着人类社会的发展，在当代社会，灾害已成为地球自然系统与人类社会经济系统相互作用的产物。作为影响人类社会正常运行的重大减值因素，灾害随着人类社会活动范围扩展而不断增大。

首先，灾害与灾害损失是不可避免的，这一特性有两层含义：一是自然界及社会中各种灾害的发生都是无法完全避免的；二是各种灾害所造成的损失和不良影响也是无法完全避免的。这主要是因为：第一，自然界和社会的演化发展都有其不可抗拒的内在规律性，各种灾害现象是这些演化发展规律的特殊表现形式，它们同其他的自然现象和社会历史现象一样，都具有发生发展的历史必然性。只要自然界和社会还在演化发展，各种自然灾害和人为社会灾害就不会完全消失。第二，人类认识自然、改造自然的能力总是有限的。自然界是浩瀚无穷的，尽管人类关于自然界的认知能力有了极大的提高，可是相对于未知世界来说只能是沧海一粟。而且，我们改造自然的能力远比人类认识能力低。因此，并不存在任何情况下人能去灾、人定胜灾的客观必然性。第三，人类对自身行为进行控制的能力有限。人为灾害起源于人的故意行为或非故意行为。由于人的有限理性、各种信息的不完全性与不对称性及制度缺陷的存在，各种人为灾害难以避免。因而，无论是自然灾害，还是人为灾害或自然-人为灾害，都是不可绝对避免的、客观的自然、社会现象，人类减轻灾害的行为不是要消灭灾害与灾害损失，而是寻求有效减轻灾害与损失的路径和方法。

其次，随着人类社会的发展，社会财富的不断积累，灾害与灾害损失在不断发展，并呈现出日益严重化的趋势。地球是一个十分复杂的开放系统，人类为了自己的生存与发展需要开展各种生产、生活活动，因此，灾害的形成往往是自然变异与人的影响等多种因素交互作用的结果。在自然因素方面，大至天体运行，小至微观世界的物质运动，都有其客观发展规律，都会对各种自然灾害与各种自然-人为灾害产生深刻影响，有时甚至助长着一些人为事故的形成；在人为因素方面，人类社会不合理的生产与生活方式是引起各种人为事故灾害和自然-人为灾害的重要影响因素，人类应当对灾害问题的恶化负主要责任。此外，人口的增长与财富的快速积累也使得灾害后果不断加重。一是人口剧增会导致人类向自然进一步索取，进而造成更为严重的破坏性后果；二是人口剧增与财富的积累使灾害直接威胁的对象倍增，灾害造成的损害后果就会不断扩大，从而使灾害的危害与影响不断发展。可见，灾害的发展受多种因素的影响，有些因素是人类无法控制的，有些因素却是可控制的，但从总体上讲，不断发展规律仍然是灾害问题无法逆转的基本规律。因此，研究灾害经济问题，不仅要研究目前灾害的现状，还必须考虑灾害在未来时期的发展变化，制定相应的对策。

2.2.5　灾害经济具有可控性

各种灾害与灾害损失在总体上都是无法避免的，但人类可采取各种措施对灾害与灾害损失进行适度的控制。与其他经济现象相比，灾害经济具有可控性。人类使灾害与灾害损失得以控制和减轻的行为主要包括：一是在灾害发生前采取有效的预防措施，可以避免灾害发生或减轻灾害损失；二是在灾害发生时或灾害发生后开展及时有效的灾害救助，尽管不能避免灾害的发生，但能够减轻灾害的损失程度；三是开展灾害经济区划，分析区域灾种、差异对工农业生产布置的影响，划分各类灾害不同等级的灾害经济区，据此制订各级防灾规划，能够避免不必要的灾害损失，减轻灾害对经济系统的危害；四是建立行之有效的灾害保障制度，使灾区人们尽快恢复正常的生产和生活秩序，从而可以最大限度地避免灾害的间接损失。

通过上面的分析可知，无论是自然灾害，还是人为灾害或自然-人为灾害，都是不可绝对避免的、客观的自然、社会现象，人类减轻灾害的行为不是要消灭灾害与灾害损失，而是寻求有效控制与减轻灾害及损失的路径和方法，实现减灾与经济的协调发展。

第二篇　中国灾害经济的总体特征

中国属于灾害的高发国家，自古以来不仅饱受自然灾害的侵袭，人为灾害和自然-人为灾害对经济社会发展的威胁也日益加重。灾害类型和发生频率不断增加、灾损绝对量逐渐攀升，灾害对经济的长期影响更加突出，灾害与经济的互动和相互牵制作用日渐明显，尤其是人为灾害和自然-人为灾害对经济社会发展的抑制不断凸显。本篇总体考察中国灾害经济的基本特征和发展趋势，并分别研究中国的自然灾害、人为灾害与自然-人为灾害的特征、形成机理及其经济影响。

第3章 中国灾害经济的基本特征和发展趋势

灾害问题的实质即经济问题,灾害在很大程度上是一种重要的经济现象。通过第 2 章对灾害经济问题的理论阐释,可以看到随着社会发展和经济增长,灾害和经济之间表现出持久性的相互制约的关系。在中国灾害问题的严重性、普遍性基础之上,本章对中国灾害经济的基本特征和发展趋势加以分析。

3.1 中国灾害经济的基本特征

3.1.1 灾害的发生频率随经济发展不断增加

人类在经济发展的不同历史阶段对自然环境的开发力度不同,灾害对人类活动的危害随着经济总量的增加不断上升。在狩猎时代,人类对于未知的自然界保持着崇尚、敬畏的态度,人类活动依赖于自然,在这一时期出现的环境问题也仅在局部小范围内发生,灾害的发生对整个社会经济运行系统所造成的破坏也比较弱。进入农业文明时代,人类已经由完全依赖自然赐予的采集经济过渡到改造自然的生产经济。这一时期开始出现栽培作物、驯养家畜等人类主导性产业活动,人类开始大规模地开发利用自然资源,这一时期的人地关系开始紧张,整个社会的生态环境系统开始出现退化,这一时期灾害的影响逐渐扩散到整个社会经济运行系统之中。在进入工业文明时代之后,人类利用工业技术手段开始试图征服自然,这一时期人地矛盾激化,所引发的环境生态问题及一系列的灾害事故急剧增加,对整个社会经济运行系统造成更强的破坏,灾害种类和灾害风险都急剧增加。除了传统的灾害类型,如地震、火山、洪水、干旱、台风及流行病等灾害外,新的灾害在人类开发自然和掠夺资源的过程中也逐渐增加,如矿山采空塌陷等安全事故,温室效应、海平面上升海水入侵等生态灾害,化工污染等环境灾害,计算机网络等产生的科技灾害等。传统灾害和新的灾害交织在一起,构成更加庞大的灾害系统,对整个社会经济系统产生更加深远的影响。进入知识经济时代,人类逐渐改变经济增长方式使经济发展与生态环境保护相结合,积极采取各种措施预防灾害的发生和减轻灾害发生的损失,但这一时期灾害仍是制约经济发展的重要因素,由于人类活动和自然相互作用范围越来越广,彼此间的影响程度也日益加大，灾害更多地表现出复合型特点，人为和自然-人为灾害的影响程度日益加重。

中国在五千多年的生存与发展历史中，曾遭受了各种各样的自然灾害的侵袭，素有"三岁一饥，六岁一荒"之说。死亡万人以上的洪涝灾害平均每 10～20 年就出现一次，常常是旱涝先后交替或同时、异地出现。在中国历史上，自然灾害的发生频率一直居高不下，而且伴随着人口和资源压力的增加，中国发生自然灾害的频率不断上升，灾害间隔不断缩短，灾害损失逐渐加重。依据历史资料统计计算，历史上各朝代每年平均受灾（指旱涝灾害）频数为：隋朝 0.6 次，唐朝 1.6 次，两宋 1.8 次，元朝 3.2 次，明朝 3.7 次，清朝 3.8 次，呈明显的上升趋势。20 世纪 50 年代出现中灾以上灾害频率为 12.5%，60 年代为 42.9%，70 年代为 60%，80 年代为 70%，90 年代以后上升为 100%。值得注意的是，自然灾害造成的人员伤亡大于财产损失是中国历史上的一个重要特征。根据梁鸿光对中国自然灾害人数的统计，从公元前 180～1949 年由旱灾造成的人员死亡数远远高于现代自然灾害造成的人员死亡数。从灾害-社会经济系统的周期性波动分析，中国从西周幽王到清朝光绪年间，共有 19 个皇帝（不算战国、三国、南北朝、五代、辽、金）在地震灾害发生的当年或连续几年发生地震后发生皇位更迭，有 100 余次地震发生后当年或次年皇帝年号改变。进入近代社会之后，自然-人为灾害和人为灾害类型不断增加，土壤沙化、环境污染、光化学烟雾、交通事故等新兴灾种的不断涌现增加了灾害发生的频率。随着经济发展，灾害给中国经济造成的人员伤亡逐渐缩小，但是灾害发生频率和因灾损失却不断攀升。

3.1.2　灾害造成的经济损失绝对量逐渐上升

现代中国灾害不但种类繁多，分布范围也越来越广，凡是人类社会经济活动所及之处，都会受到灾害的威胁。随着经济社会发展，受灾对象已从传统的农业部门扩展到工业生产和服务业等各个行业中，灾害的受灾范围扩大，其所造成的经济损失也越来越严重。据《中华人民共和国减灾规划（1998—2010 年）》和中国民政部的统计，1950～2015 年自然灾害造成的年均直接经济损失逐渐增加（图 3-1）。1990 年以来我国自然灾害所引起的直接经济损失增长率整体高于 GDP 增速（表 3-1）。以火灾事故损失为例，虽然中国火灾事故伤亡人数自 1990 年以来有所下降，但是火灾事故发生起数与火灾事故所引起的直接经济损失却不断上升，其中火灾事故引起总的直接经济损失从 1990 年的 5.12 亿元上升到 2015 年的 39.5 亿元[①]。

---

① 1990～2014 年数据来自《中国统计年鉴》（1991～2015 年），2015 年数据来自中国公安部消防局。

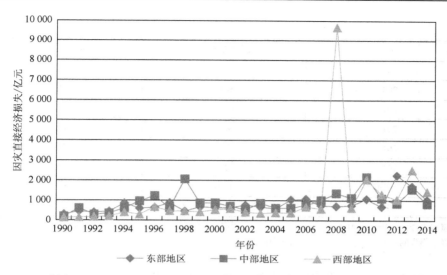

图 3-1　1990～2014 年东部、中部和西部地区因灾直接经济损失

资料来源：由《中国统计年鉴》（1991～2015 年）整理而得；由于数据缺失，省份数据只到 2014 年

表 3-1　1990～2015 年中国 GDP 和因灾直接经济损失增长率对比表　　　单位：%

年份	GDP 增长率	因灾直接经济损失增长率
1990	3.80	17.30
1991	9.20	97.30
1992	14.20	−29.70
1993	14.00	9.30
1994	13.10	101.00
1995	10.90	−0.70
1996	10.00	54.70
1997	9.30	−31.40
1998	7.80	52.30
1999	7.60	−34.70
2000	8.40	4.20
2001	8.30	−5.10
2002	9.10	−11.60
2003	10.00	9.70
2004	10.10	−14.90
2005	11.30	27.50
2006	12.70	23.80
2007	14.20	−6.50

续表

年份	GDP 增长率	因灾直接经济损失增长率
2008	9.60	397.40
2009	9.20	−78.50
2010	10.40	111.60
2011	9.30	−42.00
2012	7.70	35.20
2013	10.10	38.80
2014	8.10	−41.90
2015	6.40	−19.80

资料来源:《中国统计年鉴》(1991～2015 年)、《中国民政统计年鉴》(1991～2015 年),2015 年 GDP 和因灾直接经济损失的数据来自中国统计局网站和中国民政部网站

从整体上来看,我国对灾害的抵御能力有所提升,但同时由于经济规模的扩张,灾害损失的绝对值也不断攀升。灾害所引起的经济损失不断增加并非经济发展直接引起的,而是在经济发展过程中随着人均收入的增加、产业结构变迁及城镇化的发展,灾害的影响范围和损失程度不断扩大和加重。经济发展必然会使得居民收入水平上升,居民收入水平上升拉动消费的增长,消费支出的增加可以改变居民消费结构,为了满足人类追求发展与享乐的需求,人类活动对自然环境所起作用不断加大,如海岸线上宾馆林立、近海浅水处到处都是满足食客用的海鲜养殖场、在地震带建立工业设施和建筑群等,消费需求的驱动促使各种灾害不断走向恶化。随着工业和经济的发展,中国的城镇化取得了巨大的成就,城镇的发展不仅使得城镇周围的生态环境恶化,同时城镇地表结构遭到一定程度的破坏,人口聚集和工业发展加剧城镇生态环境恶化,城镇变成人为、自然-人为灾害的多发区,同时因其人口密度较大所以因灾损失程度加剧,一旦城市中发生灾害,那么其造成的人身伤亡和经济损失是比较严重的。自然灾害多发在第一产业中,人为灾害和自然-人为灾害则多发于第二、第三产业中,在灾害对经济发展的影响趋势中可以看出人为灾害和自然-人为灾害所引起的经济损失不断增加。因此,产业多元化、产业升级趋势的存在与灾害造成的伤亡人数和经济损失增加是必然的。

3.1.3 各区域的灾害对经济发展的影响不一

中国灾害分布具有一定的空间特征,从中国综合自然灾害相对风险等级图可以看出,全国风险等级呈现出"东部高于中部、中部高于西部"的格局。其中,长三角及长江下游沿江地区、淮河流域、华北平原及京津唐地区、两湖地区、汾

渭盆地、四川盆地、下辽河地区成为全国 7 个综合自然灾害高风险地区。[①]灾害的区域性特征使其对经济发展的影响也呈现区域性,主要表现为以下几点。

从地理位置分析,东部地区比中部、西部地区[②]灾害经济损失的绝对量更大（图 3-1）。在 1990～2006 年自然灾害造成的各个区域的经济损失基本上是平稳的,在 2007 年之后的自然灾害对中国的经济影响逐渐严重,自然灾害对西部经济发展的影响更为显著。从经济发展角度分析,东部地区经济发展较快、人均收入上升幅度较大、产业结构变迁和城市化发展迅速、流动人口增加导致人口密度增加,一旦有大的灾害发生会严重影响其经济社会系统的运行,对经济运行造成极大的破坏。同时,从图 3-1 中可以看出:自西部大开发以来,西部地区在经济发展过程中灾害的影响越来越严重,因此,西部地区的经济发展方式需要进行优化调整,应及时改变以资源环境为代价的发展方式,实现西部地区的可持续发展。人为灾害对区域影响的差异研究显示:东部地区的火灾发生率要明显高于中部和西部的火灾发生率。中国自然-人为灾害的发生也存在明显的区域差异,少数的几个省份集中了全国大部分的灾害事故,从总体上呈现出东部、中部、西部的环境污染和破坏事故发生次数均呈一定的下降趋势,但是东部地区较中部地区和西部地区更为明显。

另外,城市和农村由于社会经济结构不同,所面临的灾害结构又各有其侧重点。这一差异受城乡的二元社会经济结构影响,即城市和农村在人均收入水平、产业结构、消费结构等方面存在较大差别使其面临的灾害类型也不同。例如,城市以第二、第三产业为主,农村经济发展则主要依靠农业生产,所以灾害有着很大程度上的差异。因此,城市面临的灾害以人为灾害和突发性的自然灾害为主体,农村面临的灾害结构则以各种自然灾害尤其是大面积的水、旱、风灾为主。

3.1.4　灾害经济的间接损失远超过直接危害

宏观经济发展过程中,生产—交换—分配—消费是一条完整的经济链条。在社会经济系统运行过程中,这四个环节中的任意一环发生问题,都会影响整个系统的运行。如任一环节受到打击和阻碍,会波及整个社会经济系统的运行。同样这四个环节都存在发生灾害的可能性,进而导致灾害对经济发展的影响具有连锁性。假设某一地区遭受地震灾害,地震毁坏了当地的基础电力设施,导致工厂无

---

① 资料来源: http://news.xinhuanet.com/politics/2011-05/10/c_121400520_2.htm[2016-11-20]。
② 东部地区:北京、天津、河北、辽宁、上海、江苏、浙江、福建、山东、广东、海南。中部地区:山西、内蒙古、吉林、黑龙江、安徽、江西、河南、湖北、湖南。西部地区:四川、贵州、云南、西藏、陕西、甘肃、青海、宁夏、新疆、广西（区域划分适用于本书）。

法正常进行生产，工厂停产导致无法向其他企业供货，进而影响了产品的交换、分配和消费等环节。

　　经济系统的脆弱性由经济结构、经济发展阶段和政策环境等一系列的动态影响因素决定。经济系统关联程度随经济发达程度的提升在不断变高，这种关联程度的提升也加剧了经济系统的脆弱性，使灾害发生时造成的直接和间接经济损失不断上升。经济系统前向关联（依赖于地区消费者对生产产品的购买力）和后向关联（依赖于区域提供生产投入的供给能力）的脆弱性是造成灾害间接经济损失的主要原因，即使当地企业未受到灾害的直接破坏，也可能由于产业链中断，后续生产者和消费者连续受到一轮一轮的波及影响。由于当前不同国家、区域之间的经济市场联系日益紧密，人员流动频繁，信息化、网络化发展较快，若某一国家或某一区域发生灾害性、突发性事件，则在短时间内会广泛传播，通过"蝴蝶效应"逐步放大，从而使事态发展和蔓延得更快，会影响到其他地区甚至全球的经济和社会稳定发展。以国际上发生的日本大地震与利比亚战争两大灾害性事件为例，虽然这些事件表面上还未对我国经济增长和社会发展形成较大阻力和障碍，但从深层次和长远来看，它们还是不同程度地影响到我国经济和社会的各个方面，如经济增长的外部环境、宏观调控政策实施、部分商品的供求情况、资源配置等，甚至还影响到与经济社会发展密切相关的社会稳定、生产生活水平、民众心理等。

　　目前中国经济系统之间关联程度不断提高，灾害一旦发生就会通过经济系统本身的联系导致连锁反应，引发更大的间接经济损失。其一，从宏观经济系统运行分析。若自然灾害的发生对农业生产系统造成一定的损失，则农业生产受损必然会波及工业生产的原料提供，同时工业生产受损会很大程度上影响服务业的发展，进而整个经济运行系统的正常运转受到干扰。其二，从微观经济链条分析。如果生产线受到火灾或者其他灾害的影响导致生产无法正常进行，那么后续的交换、分配、消费环节也会不同程度上受到波及。以往经验表明，每当发生灾害性、突发性事件后，人们会自发采取自保自护的防范措施，例如，增加应对灾害性、突发性事件的知识，采购能够防范或产量有可能下降的商品，储备一些涉及民生的粮油肉蛋等生活必需品等。如果这些现象集中爆发的话，就可能改变部分地区、部分商品的供求格局，增大价格波动不确定性，甚至出现"抢购潮""涨价潮"。例如，2003年非典型性肺炎发生后国内许多地区口罩、药品、食品等商品紧缺，价格上涨；2008年汶川大地震发生后食品、生活用品等商品价格上涨等，都是灾害性、突发性事件直接涉及的商品。其三，从灾害链和灾害群分析。中国经济的正常发展需要依赖完整的经济链条，如果经济链条中的某一点发生瘫痪，灾害会在系统内部和之间产生连锁反应，导致次生、衍生灾害频发，容易形成灾害链和灾害群。灾害链造成多种灾害并发，因此增强了灾害的破坏能力，增加了灾害防治难度。最为常见的是自然灾害发生后多伴随着传染病及流行性疾病的传播和扩散，所以历史上有"大灾之后，必有大疫"的说法。以中国多发的地震灾害为例，地震灾害不仅对人民生命和财产造成了不可逆的损失，同时地震灾害也给疾病预防和控制工作带来了巨大的挑战。灾害发生后，居民的饮用水来源受到破坏，大量人畜死亡造成地表水严重污染，幸存居民的饮水安全受到威胁，降低了人们的免疫力和抵抗力。地震破坏了当地的生活条件，从而使得灾民感染平时不会罹患的疾病，造成大规模的疫病流行。灾后疫情的传染度极高，同时灾后产生的疫情很难找到有效的预防和治疗办法，从而进一步加重了灾损。

3.2　中国灾害经济的发展趋势

随着经济社会的不断发展，人口的不断增长和社会财富的不断积累，灾害与灾害损失也在不断发展，即灾害问题在长期表现出不断发展的规律。因此，研究灾害问题，不应只局限于现在，还应考虑灾害在未来时期的发展变化，以便更好地应对灾害所造成的影响。中国灾害经济的未来发展趋势具体表现为：灾害所引发的非传统经济问题日益凸显、灾害对经济发展影响的长期效应不断突出、灾害与经济发展的相互制约作用持续增强、灾害引发经济增长方式的转变。

3.2.1　灾害所引发的非传统问题日益凸显

从灾害的发展史来看，灾害种类不断增加，受灾对象越来越多，由此所引发的非传统社会经济问题也将日益凸显。非传统社会经济问题指人类社会以往很少见过的威胁，主要表现为：信息安全、食品安全和流行疾病问题。

第一，信息安全问题。随着计算机的出现和逐步普及，人类社会已进入信息时代，信息对整个社会的影响提高到一种绝对重要的地位。信息安全的实质是保护信息系统或信息网络中的信息资源免受各种类型的威胁、干扰和破坏，涉及国家和个人的安全问题。从国家层面分析，信息安全直接关系到国家的主权、声誉和未来发展，是一个不容忽视的国家安全战略，加强信息系统的保密管理，防止人为泄密对一国的安全具有战略意义；从个人层面分析，个人信息包括一个人的生理、心理、智力、经济、家庭等方面，涉及个人隐私和人身财产安全，但目前我国缺乏个人信息保护的相关制度，个人信息经常遭到不正当搜集、恶意使用和篡改，使个人正常生活被扰乱，并且近年来威胁人身财产安全的事件频频发生。随着互联网的高速发展，由人为灾害引致的信息安全问题还将持续凸显。

第二，食品安全问题。随着市场经济的发展，食品安全事故频发，包括食物中毒、食源性疾病及食品污染等问题。2005～2015年，从"孔雀石绿"事件开始，消费者经历了苏丹红鸭蛋、三鹿三聚氰胺毒奶、地沟油、瘦肉精、塑化剂、镉大米、毒豆芽、转基因食品、福喜问题肉、僵尸肉、台湾馊水油、草莓乙草胺致癌等食品安全事件。在经济高速发展的今天，人们对生活质量的关注度不断提高，但市场经济的逐利性及食品安全监管不到位导致食品安全事故频发。食品安全问题的主要原因在于人，若政府缺乏相关食品安全的政策安排及较高的政策执行力度，则食品安全问题将会持续凸显。

第三，流行疾病问题。流行疾病本身就是一种灾害。流行病可以在短时间内广泛蔓延，严重威胁人们的身体健康。虽然随着人类医疗水平的提高，类似于天花、流感、肺结核等流行病不断得到突破，但又会出现新的疾病类型，如禽流感、非典型性肺炎、H7N9。据有关报告：一次流行性感冒可能感染15亿人，即全球人口的1/4。[1]2003年爆发的非典型性肺炎事件中，截止到当年4月17日，临床诊断病例累计总数为7761例，死亡623例。其中，中国大陆报告5209例，死亡282例。[2]流行疾病的传播与蔓延，不仅对人们的身体健康造成极大的危害，更会造成严重的社会恐慌和巨大的经济损失。以非典型性肺炎事件为例，事件发生后谣言散播、抢购成风、学生停课，很多人不敢出门，一部分商人取消了所有去疫区的商务计划，很多公司还削减了营销和广告支出计划，对国民经济造成了极大的不利影响。

3.2.2　灾害对经济发展影响的长期效应不断突出

灾害造成资源环境恶化，不仅危害当代人的生存与发展，而且危及子孙后代的生存发展。环境的破坏一旦超出环境的自净能力，往往需要几十年、几百年才能恢复，而且有的是永远无法恢复。空气和水等自然资源是人类赖以生存的基础，由于我国在经济快速增长的过程中对自然资源造成了严重的污染与破坏，空气污染、水污染等问题日益严重，由此引发的疾病也越来越多，严重威胁着人们的健康。人为破坏森林植被、垦荒、采矿、工程等生产活动会造成土地荒漠化，提高滑坡、泥石流等灾害的发生频率，全球气候异常所引发的地质灾害和洪涝灾害对整个社会经济系统产生直接的影响。

灾害对农业、工业、服务业和高新技术产业的影响越来越大。其一，旱灾、水灾、台风、冰雹、霜冻等自然灾害对农业生产部门造成的损失越来越多，化肥、农药等化学物质的大规模使用引发的病害、虫害、草害对农业生产的影响越来越大；另外，由工业生产产生的酸雨、赤潮、水污染等环境灾害正在成为农业生产

---

[1]　http://news.xinhuanet.com/newscenter/2007-08/25/content_6598886.htm[2016-11-20].
[2]　http://www.who.int/csr/media/sars_whach.pdf?ua=1[2016-11-20].

的重要影响因素。其二，工业生产面临的灾害种类比农业部门复杂，人为因素的影响更为突出。对资源的掠夺性使用，不仅加剧了资源的稀缺，也会引发其他灾变；随工业化发展而不断发展起来的各种人为事故，如火灾、各种爆炸事件、电力事故及交通事故等，直接伤害劳动者、危害公众安全、造成物质财富的损失；由人类活动引起的环境污染阻碍了人们享受舒适生活的权利，并严重影响人类社会的长期可持续发展。其三，服务业中食品安全事故、医疗事故等日益成为人们生活中不可避免的现实问题。其四，高新技术是一种高风险产业，缺乏技术安全保证的高新技术系统往往具有更高的孕灾潜势和事故风险，一旦技术失控或者发生超标准灾害，将有可能对社会经济产生更为沉重的打击，技术灾害的数量和带来的死亡人数呈现增长的趋势。

从长期来看，灾害对经济发展的破坏性体现在以下几个方面：首先，不断恶化的自然灾害和人为灾害不利于经济的长期发展。各种灾害不仅造成巨额的经济损失，更重要的是动摇了经济发展的基础，土地不断沙漠化、水资源稀缺严重、农业生产受到制约、劳动力的健康受到威胁等，都将阻碍经济的可持续发展。其次，日益严重的环境污染制约经济的长期发展。环境污染引起的全球温室效应、酸雨、臭氧层破坏、雾霾等破坏着人们赖以生存的生态环境，制约着经济的长期发展。最后，灾害造成经济发展的成本上升。灾害造成的损失越多，范围越大，其用于灾后重建的物质财富就越多。为了降低灾害的破坏力度，政府不得不加大减灾的投入，兴建减灾工程、加大环境治理等。在社会财富一定的条件下，用于减灾和灾后重建的投入越大，用于社会再生产的投入就越少，灾害的持续恶化会使经济发展的速度放缓，对经济长期发展的消极影响会越来越明显。

3.2.3　灾害与经济发展的相互制约作用持续增强

灾害与经济发展的关系是非常复杂的相互制约和相互促进的关联关系。一方面，灾害对经济的发展既有阻碍又有促进的作用；另一方面，经济发展既能导致灾害的发生又能增强对灾害的防御。经济在发展，灾害也在发展，灾害与经济发展的相互制约作用日益增强。

灾害既会破坏发展成果，也会促进社会进步。灾害对经济发展的影响直接表现为对经济的破坏，任何灾害的发生，都不同程度造成人身伤亡和物质财富的损耗。1998 年长江、松花江等流域发生特大洪水，全国 29 个省份遭受了不同程度的影响，受灾面积 3.18 亿亩①，受灾人口 2.23 亿人，死亡 3004 人，直

---

① 1 亩≈666.7 平方米。

接经济损失达 1666 亿元。2008 年 5 月 12 日，四川省汶川县发生新中国成立以来破坏最大的地震，破坏地区超过 10 万平方千米，截止到 2009 年 5 月 25 日，共遇难 69 227 人，受伤 374 643 人，失踪 17 923 人，直接经济损失 8451 亿元。在财产损失中，民房和城市居民住房的损失占总损失的 27.4%，另外还有基础设施，道路、桥梁和其他城市基础设施的损失，占到总损失的 21.9%。2013 年夏季，河南省大面积干旱，全省受旱面积 1842.7 万亩，农作物无水可灌溉，甚至造成 13.04 万人出现临时性饮水困难，多地达到"50 年以上一遇"的重度干旱，其直接经济损失尚无可计量。从另外一种意义上讲，灾害也在促进着经济的发展。人类社会发展的历史间接说明灾害是促进生产力不断提高和生产方式日益现代化的一个动力。农业灾害的肆虐使农作物品种不断更新换代，其产量和抗灾能力都在提升；洪涝灾害的严重化促进水利电力业的发展；旱灾的严重化促进了人工降雨业的发展；火灾频发促进了消防的发展；疾病的突发更是带动了医疗卫生事业的进步。

　　不合理的经济活动也在促进灾害的发生。人类一方面向大自然攫取资源，将各种废弃物不加处理地排放到自然中去，破坏生态平衡，使人们的生存环境不断恶化。人口的增长和生活水平的提高又进一步造成资源被掠夺，造成灾害的日益严重化。工业化发展的过程中人为事故也层出不穷，高新技术产业又带来新的灾害类型，同时社会经济因素加剧灾害链效应，扩大灾害的影响范围。洪涝灾害不仅仅是因为突发洪水、强风暴或风暴潮，还有主输水管线爆裂、泄洪系统堵塞、在原来开阔地面铺设不渗水的地面、河流改道工程等也可能造成洪水的泛滥。在易遭灾的城市地区，一种灾害可触发其他灾害，如地震可以造成输气管道的破裂并引起火灾。经济的快速发展导致灾害的发生概率增大，但同时人类抵御各种灾害的能力也在不断增强，从而一定程度上减轻灾害的损失。灾害的频发，提高了人们的自我防范意识，各地不断开展各种类型的灾害防范培训，进行相关知识宣讲，提高人们的防灾减灾意识，减轻灾害造成的损失。政府救灾的投入不断加大（图 3-2），政府在灾害应对及救助方面不断完善，对灾害响应速度不断提高，灾害管理应急体制及灾后重建工作日益完善。除财政救灾支出外，从 1987 年开始，中国民政部门先后在全国 102 个县进行了救灾保险改革试点，对农作物、养殖业生产、农房、农村劳动力等实行救灾保险。在成熟的市场经济社会，面对风险，防护屏障依次应该是保险、社会援助，最后才是政府。只有在保险也不能弥补损失的情况下，再由社会援助、政府来解决，而不是把政府推到最前端。从长远来看，中国巨灾保险的建立和发育可以改变长期以来巨灾保险发展严重滞后的不利格局，在政府的担当和引导下，把救济机制转变成保险机制，从而成为救济机制的一个重要组成部分。

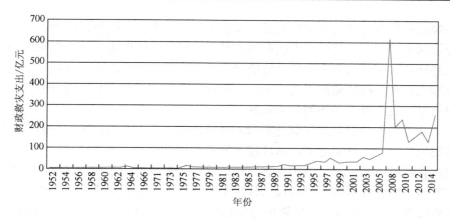

图 3-2　1952～2014 年财政救灾支出

资料来源：1952～2006 年来自中国经网数据库，2007～2014 年数据
来自《中国民政统计年鉴》（2008～2015 年）

3.2.4　灾害引发经济增长方式的转变

经济增长方式是决定社会经济系统易损性的关键因素，直接或间接影响灾害的类型、发生频率、损失等方面。灾害频发破坏社会基础设施，摧毁了社会经济发展成果。灾害尤其是大型自然灾害和自然-人为灾害造成的城市建筑物、道路桥梁和基础设施被大量破坏，摧毁经济建设成果，不利于经济发展方式的顺利转型。同时，灾害频发造成人力资本的损耗，大量的人员伤亡不仅会降低劳动力数量，也会降低劳动力质量，进而降低经济发展速度。另外，灾害频发影响人们对未来的预期，不利于投资和扩大再生产。

改革开放以来，我国经济一直处于高速增长状态，但这种高速度基本上是建立在大量消耗资源的粗放模式之上的。粗放型经济增长方式高投入、高消耗，不顾自然系统的承受能力，盲目追求经济建设规模的不断扩大，表现为对资源的严重依赖和生态环境的破坏，是一种"生态赤字经济"。依靠粗放型经济增长方式所实现的经济增长是对自然资源的掠夺式的开发利用，这种高投入、高消耗的粗放式发展，不仅造成了资源的极大浪费，而且环境污染严重，一些地区正在遭受着自然灾害、人为灾害和自然-人为灾害日益严重的报复。因此，采取粗放型经济增长方式的必然后果是难以实现经济的长期增长和人类生活质量的全面提高，因而，它具有阶段性和过渡性。

经过初期的增长，我国的工农业生产水平和科技水平有所提高，但自然资源与经济增长的矛盾日益突出，资源开发成本上升，单纯依靠资源的大量投入与消耗实现经济增长的方式难以为继，集约型经济增长方式应运而生。集约型经济增长方式的最终目标仍表现为对经济增长的狂热追求，它们都是孤立在经济体系内，从单纯的经济目标来衡量生产发展和社会进步的结果。集约型经济增长也不能解决经济活动对环境的破坏，不能解决人类生产活动导致的灾害频发现象，仍无法实现经济的长期增长及人类与自然的充分和谐。粗放型经济增长方式对生态环境造成极大破坏，间接增加了灾害风险。而我国现行的集约型经济增长方式关注点相对狭窄，也不利于经济的长期发展。

十八届五中全会提出了绿色发展的经济发展理念，是解决发展和自然问题的根本出路，以期实现资源节约和环境友好式的经济增长，通过经济发展的绿色化转型，在经济发展的同时保护生态环境，降低灾害风险，实现经济发展和生态保护的双赢。绿色发展理念一方面以保护生态环境为前提，减少了经济建设破坏环境的可能性，提高了人们对灾害的防范意识，降低了经济发展中灾害的发生风险。另一方面，绿色发展理念将生态重建和环境保护纳入发展的框架之内，将防灾减灾工作作为经济社会发展的重要内容，降低了灾害的破坏力，提高了灾后重建的能力。频繁发生的灾害最终影响了经济发展方式的转型。

第4章 中国自然灾害的特征和经济影响

中国是世界上自然灾害最为严重的少数国家之一，自然灾害种类多，频度高，强度大，影响面广。随着全球气候的变化，中国自然灾害的发生频率和强度都呈不断上升的趋势，经济损失的绝对量不断增加，在国民生产总值中的比重逐渐下降。

4.1 自然灾害的定义和分类

4.1.1 自然灾害的定义

自然灾害是自然变异与人类社会对它的承载力、抗拒力矛盾演化的产物，因此灾害不仅是一种自然现象，更是一种社会现象。经济基础的演化和社会发展阶段的进步导致灾害影响的程度也在不断变化。过去，人们对自然灾害的定义主要强调自然性，一种基本的观点是把自然灾害看作一种单纯的自然现象，如日本学者金子史朗将灾害定义为一种自然现象，与人类关系密切，常会带来危害或损害人类的生活环境。这种观点看到了自然灾害中自然因素自然力的主导地位，但把社会在灾害中的地位看成完全被动的。现实生活中，自然灾害除了受自然规律的约束外，很大程度上是在与人类社会环境相互作用下形成的，许多自然灾害之所以会发生是由人类对自然环境施加过度影响造成的。

本书对自然灾害的定义为：自然灾害是指由自然异常变化造成的人员伤亡、财产损失、社会动乱、资源破坏等现象或一系列事件，强调的是其发生对人类造成的后果及损失。它的形成必须具备两个条件：一是要有人类破坏自然，导致自然异变作为诱因；二是要有受到损害的人、财产、资源作为承受灾害的客体。影响自然灾害灾情大小的因素有三个：一是孕育灾害的环境（孕灾环境）；二是导致灾害发生的因子（致灾因子）；三是承受灾害的客体（受灾体）。

4.1.2 自然灾害的分类

对自然灾害的认识一般有广义和狭义之分，广义的自然灾害既包括渐发性的灾害，如环境灾害（水土流失，土地沙漠化、盐碱化，气候长期性变化，淡水资源减少等），又包括狭义的突发性灾害。本书认定渐发性的环境灾害为自然-人为灾害，后面有专门章节论述。狭义的突发性灾害可按照其成因并考虑灾害管理的特点，分为气象灾害、海洋灾害、洪水灾害、地质灾害、地震灾害、农作物灾害和森林灾害等七大类，每类又包括若干灾种，约近百种自然灾害。表 4-1 显示了我国主要面临的自然灾害类型，气象灾害、洪水灾害、地质灾害和地震灾害给我国造成的经济损失最为严重。其中，生物灾害不仅跟自然系统的异变有关，还和人类活动有关，本书也将其定义为自然-人为灾害。

表 4-1　自然灾害的主要类型

自然灾害类型	包括的主要灾种
气象灾害	热带风暴、龙卷风、雷暴大风、干热风、黑风、暴风雪、暴雨、寒潮、冷害、霜冻、雹灾及干旱等
海洋灾害	风暴潮、海啸、潮灾、海浪、赤潮、海冰、海水入侵、海平面上升和海水回灌
洪水灾害	洪涝灾害、江河泛滥
地质灾害	崩塌、滑坡、泥石流 地裂缝、塌陷、火山、冻融、地面沉降等
地震灾害	地震引起的各种灾害及地震诱发的各种次生灾害，如沙土液化、喷砂冒水、城市大火和河流、水库决口等
农作物灾害	农作物病虫害、鼠害、农业气象灾害等
森林灾害	森林病虫害、鼠害、森林火灾等

资料来源：胡鞍钢，陆中臣，沙万英，等. 1997. 中国自然灾害与经济发展. 武汉：湖北科学技术出版社：15

4.2　中国自然灾害的基本特征

4.2.1　自然灾害种类繁多且发生频繁

我国是自然灾害多发国家，灾害的种类繁多、发生的频率高（图 4-1）、分布广、损失大。我国面临的自然灾害种类如下。

一是气象灾害。在诸多自然灾害中，气象灾害对人民生命财产造成的损失最大，许多自然灾害，也直接或间接与气象原因有关。我国气象灾害包括洪涝、干旱、低温灾害、冰雹、沙尘暴等。中国东临西北太平洋，大气风暴灾害频度很高，是世界上发生台风最多的地区，根据中国气象局、台湾地区气象部门的相关数据，1949～2015 年在我国登陆的台风（8 级及 8 级以上的热带气旋）达到 464 次，年平均约 7 次，高于濒临太平洋地区的其他国家。还有的台风虽然没有登陆，但从近海地区移过，对沿海城市仍可造成重大影响。

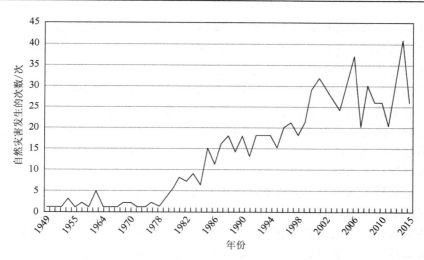

图 4-1　1949～2015 年自然灾害发生的次数

资料来源：紧急灾害数据库

二是地质灾害。我国除火山外，其他地质灾害基本齐全，主要有地震、泥石流、崩塌、滑坡、地面裂缝等。相对于洪涝、干旱等气候性灾害，地震性灾害的影响面积较小，但是，它们对有形物质财产、社会基础设施、工农业生产设备等破坏性较大，且发生不确定，较短时间内自然变异力量集中爆发，产生极强的破坏力，特别是对于经济发达、人口稠密的大城市，被称为"群害之手"。从地震区的分布来看，我国有 60% 的国土、一半以上的大中城市位于地震烈度 6 度以上的地区。大地震造成的强烈地面运动除直接使建筑物破坏之外，还诱发山崩、滑坡、泥石流、地基液化等地质灾害，地震引起的破坏还导致火灾、水灾、爆炸、毒气蔓延及瘟疫等次生灾害的发生。

三是海洋灾害。我国东濒太平洋，有漫长的海岸线，沿海地区是我国经济发达、人口密集地区，所以海洋灾害对我国经济社会影响特别大。我国海洋灾害的种类有很多，主要的有风暴潮、赤潮、海浪、海岸侵蚀、海雾、海冰、海底地质灾害、海水入侵、沿海地面下沉、河口及海湾淤积、外来物种入侵、海上溢油等。

四是天文灾害。随着我国大力发展航空、通信和导航等领域，天文灾害所产生的影响越来越大，据统计中国的卫星故障 40% 来自天文灾害。

4.2.2　自然灾害造成的经济损失巨大

自然灾害对人类社会最直接的影响表现在对居民财产、生产设施、房屋建筑及人类生命健康等有形物质财富的毁损。突发性自然灾害的意外性和影响的广泛性的特点，使得突发性自然灾害的灾害损失具有严重性。一次较大的突发性自然灾害往往会造成巨大的经济损失和人员伤亡。随着生产力水平的提高，分工进一步细化，专业化程度加深，经济运行过程日趋复杂化，灾害通过日益复杂的社会化生产体系，通过社会化生产、交换、消费等经济过程对整个国民经济体系产生全面、深刻的影响。也就是说，灾害的影响对象不再是特定国家或地区，特定产业、人群，而是由原来的直接性影响发展到对其他地区、产业部门的间接影响甚至是关联性影响，进而对居民消费、资本积累、公共财政收支、经济增长、收入分配等产生广泛影响。

一是自然灾害的发生会对家庭造成损失。一般来说，自然灾害的发生不会影响居民的金融财富，而对于真实资本和人力资本来说，自然灾害的发生会导致房屋倒塌或者毁损，生活条件遭破坏，严重的自然灾害还可能导致人员伤亡，使得人力资本质量和数量降低，居民的财富总量减少；另外，自然灾害发生会导致灾区的物资供应紧张，从而物价上涨，也会使得居民的实际财富减少。因而自然灾害的发生会减少居民的财富总量，从而使得当期和未来的消费减少，并影响总需求和产出的增长。

二是自然灾害的发生会对企业造成两种损失：直接财产损失和间接收入损失。直接财产损失主要包括厂房、生产设备等的毁损。由于厂房、生产设备的毁损，企业的生产不能正常进行，间接导致收入损失。对于企业来说，由于生产条件遭破坏，原有的投资计划被打乱，投资不能顺利进行，在当期，必定会减少投资的规模，根据凯恩斯的经济增长理论，投资需求减少，会通过投资乘数效应导致 GDP 成倍减少。

三是自然灾害的发生会影响政府管理。这主要是通过灾后重建来影响的。自然灾害发生造成铁路、公路等基础设施毁损，自然灾害发生后，为使企业、居民的生产生活条件尽快恢复，必然要展开灾后重建，而这些基础设施作为公共产品，由政府部门来提供，因而政府购买需求会增加。另外，自然灾害的发生首先会对经济增长产生制约的作用，会影响政府在未来几年的税收收入。由于救灾防灾需要资金、人力的投入，如果这些支出的资金不属于闲置资金，而属于计划投资的资金，那么救灾行为使得原本应该用于促进经济增长的资源被挤占，转而用于救灾防灾，在一定程度上阻碍经济的正常发展，使得政府治理的经济绩效不明显。

4.2.3　自然灾害的分布具有区域性

我国是一个多自然灾害的国家，自然灾害几乎覆盖中国各个地区。但由于我国地理条件的局限和经济发展水平不平衡，我国不同地区具有不同类型的自然灾害。中国自然灾害类型的区域分布如下。

1. 气象水文灾害

干旱：干旱在我国分布最为广泛，但不同地区受旱程度不一。新中国成立以来，有四个明显的干旱中心，即华北平原、黄土高原西部、广东与福建南部、云南及四川南部，其次为吉林省和黑龙江省南部、湘赣南部。

洪涝灾：我国主要的雨涝区集中分布在大兴安岭—太行山—武陵山一线以东，这个地区又被南岭、大别山—秦岭、阴山分割为 4 个多发区。我国西部少雨，仅四川是雨涝多发区。我国大约 2/3 的国土面积，有着不同类型和不同危害程度的洪水灾害，最严重的地区是七大江河流域的中下游地区。

热带气旋：我国是世界上少数几个受热带气旋影响最严重的国家，其影响范围主要在太行山—武陵山以东，尤其是东南沿海及海域最严重。

暴雨：暴雨是我国东部多见的自然灾害，有两个暴雨集中的地带，一是从辽东半岛—山东半岛至东南沿海地区；二是大兴安岭—太行山—武陵山一带。另外，沿三大纬向山系天山—阴山、昆仑山—秦岭和南岭的南麓，也是暴雨较多的地区。

风雹灾害：风雹灾害的分布大体是沿山系伸展，最多的是青藏高原，其次为大兴安岭至阴山、太行山一带；另外，天山、长白山、祁连山、云贵高原等也是冰雹较多的地区。

寒潮与冷冻灾害：寒潮是严重的气象灾害，由于我国幅员辽阔，寒潮与冷冻灾害一年四季均有发生。春季"倒春寒"主要发生在南方，夏季低温灾害主要发生在东北，秋季"寒露风"主要发生在南方，霜冻在全国大部分地区均有发生。其中，霜冻最严重的地带有两条，走向均为北东向：一条以固原—集宁—大庆一线为轴线，另一条带以湘西南—九江—南通一线为轴线。且一般来说，山地的北坡、西坡、山谷和洼地的霜冻较重，海滨及山地南坡较轻；而雪灾冻害则主要发生在阴山以北和贺兰山—龙门山—横断山以西地区。

2. 地质地震灾害

地震灾害：大致以北纬 35°N 和东经 105°E 这两条线为界，可将我国地震灾害的分布分为 4 个象限。西南、西北地区地震最多，华北地区次之，东南和东北地区地震最少（台湾除外）。地震集中的地带称为地震带，我国西部的地震带有近东西向的北天山地震带、南天山地震带、昆仑山地震带，喜马拉雅山地震带和北西向的阿尔泰山地震带、祁连山地震带、鲜水河地震带、红河地震带等；中国东部最强烈的地震带为东北走向的台湾地震带，向西依次是东南沿海地震带、郯城—庐江地震带、河北平原地震带、汾渭地震带，以及东西向的燕山地震带、秦岭地震带等。

山地地质灾害：包括崩塌、滑坡及泥石流等，主要分布在我国大地貌格局的一、二级阶梯和二、三级阶梯的交接部位。从省际差异来看，又以滇、川、黔、鄂、陕、重庆、北京等省份最严重。

平原地质灾害：包括地面沉降、地裂缝、地面塌陷、土地盐渍化等灾害，主要发生在平原、盆地地区，且尤以华北平原为重。

3. 海洋灾害

海洋灾害包括风暴潮、风暴海浪、海冰、海啸和赤潮等。风暴潮虽遍及沿海，但由北到南主要集中的地段是莱州湾、江苏小洋河口至浙江北部的海门、温州、台州、沙埋及福建的闽江口、广东汕头到珠江口、雷州半岛东岸和海南岛东北部沿海。海冰灾害主要发生于渤海、黄海北部和辽东半岛沿岸海域，以及山东半岛部分海湾。海啸在台湾和海南两岛沿岸偶有出现，风暴海浪遍布各大海域，但以东海、台湾海峡和巴士海峡最为严重。目前赤潮灾害在各主要沿海地区均有出现，且有从近海向远海扩展之势。

4.2.4　自然灾害具有群发性特点

许多灾害之间常常发生一定的联系，它们或者同源同地，或者同源异地，或者因果相应，这些联系使灾害之间形成不同形式的灾害链或灾害群。这种现象虽然是灾害的固有特征且自古有之，但在现代社会表现尤为突出。综合不同灾害之间的成因联系和依存关系，灾害链可大致分为三类：因果链，即由某一种灾害活动进一步引发另一种或几种灾害，如台风—暴雨和风暴潮—洪涝—滑坡、泥石流，地震-地震缝、塌陷、崩塌、滑坡，以及火灾、瘟疫和溃坝洪水等；同源链，即由某一种原因造成多种灾害并发，如持续性降水稀少，除造成旱灾外，还常引起火灾、虫灾、风灾及沙漠化等；互生链，即几种灾害彼此影响、相互促进、共生消长，如水土流失与泥石流等。灾害链造成多种灾害并发，因此增强了灾害的破坏能力，增加了灾害防治难度。

我国大量的自然灾害现象和自然灾害的研究成果表明，自然灾害常常在某一地区某一时间内相对集中或先后出现，形成灾害群和灾害链，使得灾情通过累计放大效应不断加重。2008 年汶川地震后的几个月时间里，受灾地区随着时间推移震区的地貌也不断发生改变，泥石流不断发生，滑坡体迅速扩大，有的地方出现新的堰塞湖，原来的河道变宽加重了灾情。据统计，在此期间地震引发的大型堰塞湖达到 34 个，堰塞湖的产生对于灾后建设的一系列安全性问题埋下了隐患。有研究表明，地震期间由于各类次生灾害之间相互激发、相互转化，形成了以"崩—滑—灾""崩—滑—湖—灾""崩—滑—流—灾"等为主要表现形式的灾害链和灾害网络。随着我国城镇化的不断发展，城市中的气象灾害也愈发严重。对于城市来说，影响最为严重的水灾、旱灾及热浪等无不与气象因素相关。

自然灾害的相互影响作用加强，从而进一步加剧灾害的破坏损失程度，增加防灾减灾难度。如洪水加剧水土流失和崩塌、滑坡、泥石流，这类灾害反过来又加剧了水土流失和洪水灾害；旱灾加剧了风灾、沙尘暴等灾害，风沙反过来又促使旱灾发展。多种自然灾害相互作用，恶性循环，使防灾减灾工作困难加重。

4.3　中国自然灾害的形成因素

自然灾害的发生是人与自然矛盾的一种表现形式，是危及人类财产和生存条件的一种现象和过程。自然灾害具有社会属性，一些自然灾害的致灾因子是由社会引发或者是触动的，因而中国许多自然灾害发生背后具有很多的人为因素，即"天灾"背后有"人祸"。自然灾害的形成及影响一方面取决于灾害源的强弱，另一方面还决定于社会经济的发育程度。社会经济系统是灾害的最终承受客体，社会经济系统的易损性越强，自然灾害造成的损失也就越大。所以，中国自然灾害的形成因素划分为自然因素、经济因素和社会因素。

4.3.1　自然因素

自然灾害发生的原动力并不是来自人类社会，而是来自自然变异等诸多致灾因子。例如，天气的异常变化导致暴雨、洪水、风雹、寒潮等气象灾害；海水的异常运动导致风暴潮、海啸等海洋灾害；地壳内能量的急骤释放和岩石、坡体的位移导致地震、火山、岩崩、滑坡、地陷等地质灾害等。地震的发生是地球内部局部的自我调整，洪灾的泛滥是降水与蒸发平衡被破坏的事件，也是大气圈调整平衡的一种方式。

中国自然灾害的发生与自然结构、地理环境具有密切的关联。中国东濒世界最大的海洋——太平洋，西倚全球最高的高原——青藏高原，南北跨越 50 个纬度，地理上属于典型的季风气候，天气系统复杂多变，气象灾害多发。同时地处最强大的环太平洋构造带与特提斯构造带交汇部位，地质结构复杂，地理和生态环境多变。中国沿海的地区长期面临风暴潮、台风、火山、地震、海啸等气象灾害，如福建和海南；内陆地区面临干旱、龙卷风、沙尘暴等灾害；多雨性山地、丘陵地区常发生泥石流、滑坡之类的灾害，地质断裂带地区和板块与板块交会地带往往是地震多发地带。洪水之所以历来是中国的心腹之患，与中国西高东低的地势特征、大江大河的走向和中国降雨密集型的气候特征相关。

4.3.2　经济因素

我国的自然现象是否成为灾害和成为灾害之后会造成多大程度的损失，并非完全由这种现象本身决定，还取决于人类社会对灾害的抗御能力、社会发展，包括社会结构的变革、生产方式的更替、科学水平的提高、管理制度的完善、社会行为的调节等都可能对灾害的形成演化产生重大影响。

中国快速的经济发展提高自然灾害发生的频率。中国较快的经济发展一方面是向大自然攫取各种资源，另一方面将各种废料不加处理地还给大自然，还污染了环境，破坏了生态平衡，从而给人类自身带来更大的自然灾难。主要表现为：诱发或产生新的自然灾害源；强化了致灾源的强度；加剧了自然灾害链效应，扩大了自然灾害的影响范围；降低了承灾体的承灾能力，强化了经济社会系统的易损性；财富的快速增长和人口在自然灾害频发区的高度集中，加重了致灾风险。我国干旱区和山区面积广阔，森林覆盖率低，生态环境脆弱，而且我国是世界上国土开发最为悠久的国家之一，长期对国土资源不合理地利用，破坏了良性的生态平衡，导致潜在自然灾害的释放或对自然灾害过程的放大。特别是近些年来，由于过热的经济形势和有关部门单纯追求经济利益，许多本来可以避免的自然灾害和自然灾害隐患变得愈加严重。大量的勘察研究表明，我国近年来发生的泥石流、滑坡和水土流失等一系列自然灾害中，50%以上是由人类不合理利用资源及不合理的建设工程所引起的。由于乱砍滥伐，我国长江流域的森林覆盖率降低了一半，水土流失面积增加了好几倍，导致下游地区的湖泊、水库、堰塘严重淤积，河道不断淤高，调洪能力大大降低，洪水灾害频生，危害加剧。不合理的经济活动虽然能给我国带来暂时的可观经济利益，但同时也对环境资源造成了巨大的破坏，使致灾效应变强，导致我国自然灾害发生频率加快，因灾损失增加。

4.3.3　社会因素

我国社会职能部门的职能缺位也是诱发自然灾害发生的一个重要原因。如果我国拥有发达的社会组织功能，实施有效的防灾减灾政策和措施，是可扼制和削弱自然灾害发生的频率及强度，减少自然灾害的损失。但随着社会经济的发展，我国防灾减灾的社会组织结构涣散，缺乏完善的防灾减灾体系，并且政府的政策制定存在缺陷，导致无法强制有效地约束不合理的经济生产活动，使自然灾害的发生频率增加、促使自然灾害蔓延、加重自然灾害的损失程度。

一方面，新中国成立以来的一系列政策失误是我国自然灾害恶化的重要原因。20 世纪 50 年代末开展的"大跃进"运动，由于盲目追求高速度，乱建、乱砍、滥捕、滥牧，对资源和环境造成大规模的冲击和破坏；改革开放后，财政体制发生了变化，中央和地方政府实行"分灶吃饭"，经济欠发达的地区因贫穷而无力应付财政开支，中央也缺乏足够的转移支付，使得欠发达地区为了经济需要，对自然资源进行掠夺式的开采，生态环境遭到严重破坏；政府制定对工业的补贴和工农业产品剪刀差，大量剩余劳动力向林业和采矿业转移，增加了破坏森林和矿产资源的可能性。另一方面，政府缺乏防灾减灾意识和有力的干预手段及强制措施来实现防灾减灾的目标，我国现有的生产和生活工程的抗灾能力普遍较弱，许多人工生态系统在设计建造中没有考虑到防灾要求。现有防灾兴利工程标准较低，风险较多。制定和实施防灾减灾政策的各种制约因素及政府部门之间的防灾减灾协调不足导致政府在预防和减轻自然灾害上不能发挥有效作用，使自然灾害的危害效应放大。

4.4　中国自然灾害对经济社会的影响

中国自然灾害的发生严重制约了中国经济的发展，为了制定有效的防灾减灾策略需要清楚把握自然灾害的发生规律和分布特征，在此基础之上才能实施有效的减灾措施。

4.4.1　自然灾害经济社会影响的时序特征

社会经济不断发展导致灾害的种类不断增加，灾害损失不断扩大，从社会经济发展的纵向脉络来看，中国自然灾害对经济影响具有其独特的时序特征。自然灾害导致的因灾死亡人口不断下降，受灾人口整体也呈现下降的趋势，因灾直接经济损失呈现递增趋势。

（1）人口受灾呈现阶段性波动，整体呈现递减趋势。自然灾害所造成的损失是多方面的，其中最为主要的是自然灾害的发生对人类所造成的影响，自然灾害的发生对人类最直接的影响在于危及人类的生命安全。下面利用中国现有的自然灾害统计资料对自 1949 年新中国成立以来人口受灾情况进行分阶段分析，观察中国自然灾害所导致的死亡人口和受灾人口情况的时序特征（表 4-2）。

表 4-2　1949～2015 年中国自然灾害造成的人口受灾数据

年份	因灾死亡人口/人	受灾人口/万人
1949	8 109	—
1950	22 985	—
1951	9 828	—

年份	因灾死亡人口/人	受灾人口/万人
1952	4 433	—
1953	2 943	—
1954	15 551	—
1955	4 497	—
1956	10 679	—
1957	4 114	—
1958	5 054	—
1959	6 721	—
1960	6 247	—
1961	7 710	—
1962	6 602	—
1963	10 131	—
1964	6 722	—
1965	2 115	—
1966	2 722	—
1967	835	—
1968	—	—
1969	—	—
1970	—	—
1971	—	—
1972	—	—
1973	—	—
1974	—	—
1975	—	—
1976	—	—
1977	—	—
1978	4 965	—
1979	6 962	—
1980	6 821	—
1981	7 422	26 710
1982	7 935	22 900.7
1983	10 952	22 439
1984	6 927	20 894
1985	4 394	26 446
1986	5 410	29 928
1987	5 495	23 512

续表

年份	因灾死亡人口/人	受灾人口/万人
1988	7 306	36 169
1989	5 952	34 569
1990	7 338	29 348
1991	7 315	41 941
1992	5 741	37 174
1993	6 125	37 541
1994	8 549	43 799
1995	5 561	24 215
1996	7 273	32 305
1997	3 212	47 886
1998	5 511	35 216
1999	2 966	3 5319
2000	3 014	45 652.3
2001	2 583	37 255.9
2002	2 840	37 841.8
2003	2 259	49 745.9
2004	2 250	33 920.6
2005	2 475	40 653.7
2006	3 186	43 453.3
2007	2 325	39 777.9
2008	88 928	47 795
2009	1 528	47 933.5
2010	7 844	42 610.2
2011	1 126	43 290
2012	1 530	29 421.7
2013	2 284	38 818.7
2014	1 818	24 353.7
2015	967	18 620.3

资料来源:《中国民政统计年鉴》(1949～2015 年),2015 年数据来自中国民政部,1968～1977 年自然灾害死亡人口数据缺失,1949～1980 年受灾人口数据缺失

　　一是因灾死亡人口呈递减趋势。由于 1968～1977 年自然灾害死亡人口数据可获得性的限制,只可以观察到 1949～1967 年和 1978～2015 年的数据。自然灾害死亡人口根据中国经济发展的时间段分为三个阶段:1949～1967 年、1978～1994 年、1995～2015 年。图 4-2 显示:1949 年以来因灾死亡人口大体呈下降趋势。从图中可以看出 1949～1978 年改革开放之前的这一阶段的因灾死亡人口数略高于

1978～1994 年。这一阶段随着改革开放，社会经济较之前有了一定幅度的提升，医疗、卫生和公共基础设施的改善在一定程度上降低了因灾死亡人口数量。1994 年之后改革进一步深化，社会全面快速发展，除去 2008 年中国发生重大地质灾害导致大量人口受灾致死外，在深化改革阶段自然灾害所导致的死亡人口明显下降。

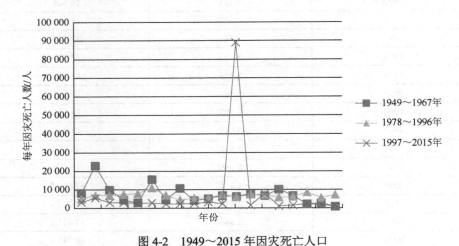

图 4-2　1949～2015 年因灾死亡人口

资料来源：《中国民政统计年鉴》（1949～2015 年），2015 年的数据来自中国民政部

　　二是因灾死亡人口占受灾人口的比重呈现递减趋势。由于 1981 年之前自然灾害受灾人口数据可获得性的限制，只可观察到 1981～2015 年受灾人口的数量。图 4-3 显示：1981～1994 年我国受灾人口数量递增，1995～2015 年受灾人口数量比上一阶段数量增加，随后受灾人口数量逐渐递减。图 4-4 所示：20 世纪 80 年代的因灾死亡人口占受灾人口的比重整体呈现下降趋势，20 世纪 90 年代该比重的下降趋势减缓，但仍然高于 21 世纪十几年间的比重；21 世纪因灾死亡人口占受灾人口的比重在 2008 年明显高于 1981 年以来的各个年份，其余各个年份的比重基本上持平，没有明显的变化趋势。整体而言，1981～2015 年死亡人口占受灾人口的比重是逐渐递减的。

　　（2）因灾直接经济损失呈递增趋势，占 GDP 的比重呈递减趋势。自然灾害的发生除直接危害人类生命安全外，也严重制约了经济的发展。自然灾害对经济发展所造成的损失是可测量的，随着社会经济的不断发展，自然灾害造成的损失也表现出一定的规律性（表 4-3）。随着经济社会的发展，财富的集中度不断提高，因灾直接经济损失绝对量出现递增趋势。但是经济发展的速度远远超过灾害的增长速度，因此因灾直接经济损失在整体国民经济中的比重呈现递减趋势。

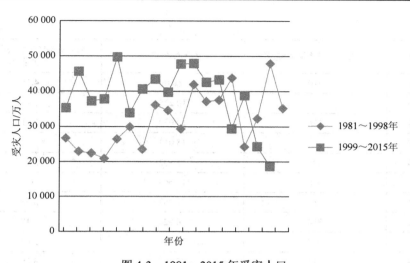

图 4-3 1981～2015 年受灾人口

资料来源:《中国民政统计年鉴》(1949～2015 年),2015 年数据来自中国民政部

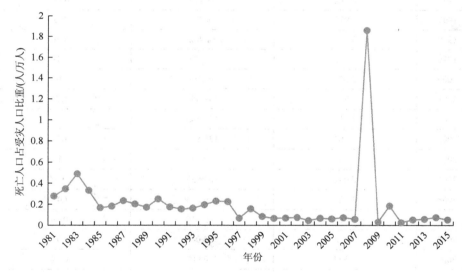

图 4-4 1981～2015 年死亡人口占受灾人口比重

资料来源:《中国民政统计年鉴》(1949～2015 年),2015 年数据来自中国民政部

表 4-3 1983～2015 年中国自然灾害造成的直接经济损失数据

年份	因灾直接经济损失/亿元	GDP 总值/亿元	因灾直接经济损失占 GDP 的比重/%
1983	261	5 963	4.38
1984	—	7 208	—

续表

年份	因灾直接经济损失/亿元	GDP 总值/亿元	因灾直接经济损失占 GDP 的比重/%
1985	410	9 016	4.55
1986	—	10 275	—
1987	326	12 059	2.71
1988	—	15 043	—
1989	525	16 992	3.09
1990	616	18 668	3.3
1991	1 215	21 782	5.58
1992	854	26 924	3.17
1993	933	35 334	2.64
1994	1 876	48 198	3.89
1995	1 863	60 794	3.06
1996	2 882	71 177	4.05
1997	1 975	78 973	2.5
1998	3 007	84 402	3.56
1999	1 962	89 677	2.19
2000	2 045	99 215	2.06
2001	1 942	109 655	1.77
2002	1 717	120 333	1.43
2003	1 884	135 823	1.39
2004	1 602	159 878	1
2005	2 042	184 937	1.1
2006	2 528	216 314	1.17
2007	2 363	265 810	0.89
2008	11 752	314 045	3.74
2009	2 524	340 903	0.74
2010	5 340	401 513	1.33
2011	3 096	473 104	0.65
2012	4 186	518 942	0.81
2013	5 808	588 019	0.99
2014	3 374	635 910	0.53
2015	2 704	676 708	0.4

资料来源：《中国民政统计年鉴》(1949～2015 年)，《中国统计年鉴》(1983～2015 年)，2015 年数据来自中国统计局和中国民政部，1984 年、1986 年和 1988 年数据缺失

如图 4-5 所示，中国自 1983 年以来因灾直接经济损失呈不断上升趋势，其中
1983～1998 年自然灾害所造成的直接经济损失急剧上升；1999～2007 年因灾直接
经济损失变化平稳并无明显趋势；2008 年因特大地质灾害对经济造成严重损害；
2008 年之后几年灾害频发，造成经济损失总体上呈上升趋势。从整体上来看，自然
灾害的发生对经济发展所造成的损失的绝对值不断攀升，从经济损失方面又一次验
证了自然灾害的破坏作用是随着社会经济的不断发展而逐渐加大的。图 4-6 是根

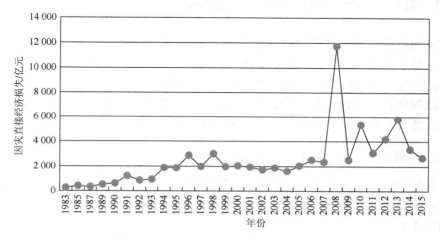

图 4-5 1983～2015 年因灾直接经济损失

资料来源：《中国民政统计年鉴》（1949～2015 年），2015 年数据来自中国民政部，1984 年、
1986 年和 1988 年数据缺失

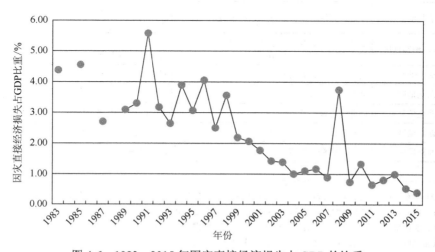

图 4-6 1983～2015 年因灾直接经济损失占 GDP 的比重

资料来源：《中国民政统计年鉴》（1949～2015 年），《中国统计年鉴》（1983～2015 年），2015 年数据来自中国
统计局和中国民政部，1984 年、1986 年和 1988 年数据缺失

据各个年份因灾直接经济损失占相应年份 GDP 比重绘制的，其中，1983～1998 年该项统计数据的占比是在波动中呈缓慢下降趋势；1999～2007 年的因灾经济损失占 GDP 比重则呈线性下降趋势，下降速度显著，说明这一时期自然灾害对整个社会经济发展所造成的损失比较小；2008 年以后这一占比又呈缓慢下降速度。整体上看，中国自然灾害因灾经济损失占 GDP 比重不断下降，灾害对于经济损失的相对量不断缩小。

4.4.2　自然灾害经济社会影响的区域特征

我国疆域辽阔，整体陆地面积约为 960 万平方千米，约占全球陆地面积的 6.5%，位于欧亚大陆东部，面临世界上最大的大洋——太平洋，最北位于黑龙江省漠河附近，最南位于南沙群岛的曾母暗沙。辽阔的疆域导致中国在地质构造、地形地貌分布、气候分布和土壤植被分布及人口密度方面都具有区域差异，所以中国自然灾害在其灾害种类分布及受灾情况分布两方面都具有区域差异性。

1. 中国自然灾害种类的分布具有区域性

各种自然要素如地质、地形、气候等要素对自然灾害的区域分异起决定作用。对于中国自然灾害的空间分布方面，本书将中国分为不同的灾害区域[①]，现将其概括如表 4-4 所示。

表 4-4　中国自然灾害种类的空间分布[②]

区域	省（自治区、直辖市）	区域内主要自然灾害
华北地区	北京、天津、山西、河北、内蒙古	地震、干旱、洪水、冷害、涝灾、酸雨、雪灾等
华东、华南地区	上海、江苏、浙江、安徽、江西、山东、福建、广东、广西、海南	洪涝、台风、风暴潮、干旱、冰雹、龙卷风、病虫害、雷电灾害、赤潮、酸雨等
华中地区	河南、湖北、湖南	洪涝、风雹、旱灾等
东北地区	黑龙江、吉林、辽宁	低温冷害、洪水、旱涝、冰雹、森林火灾等
西北地区	陕西、甘肃、宁夏	干旱、沙漠化、水土流失、风沙尘暴、滑坡等
西南地区	四川、云南、贵州、重庆	地震、滑坡、泥石流、冷冻害、酸雨等
西部地区	西藏、青海、新疆	地震、雪灾、草害、冰雹、风沙、干旱等

① 华东地区：上海市、江苏省、浙江省、安徽省、江西省、山东省、福建省。华北地区：北京市、天津市、山西省、河北省、内蒙古自治区。华中地区：河南省、湖北省、湖南省。华南地区：广东省、广西壮族自治区、海南省。西南地区：重庆市、四川省、贵州省、云南省、西藏自治区。西北地区：陕西省、甘肃省、青海省、宁夏回族自治区、新疆维吾尔自治区。东北地区：黑龙江省、吉林省、辽宁省。此划分不包括台湾省、香港特别行政区、澳门特别行政区，区域划分适用于本书。

② 参见郑功成《灾害经济学》，商务印书馆 2010 年版，第 82-83 页，该书将自然灾害列为八大区域，本章中略做调整，将其归纳为八个自然灾害区域。

表 4-4 反映了中国自然灾害的空间分布特征，从总体上而言，东部灾害多于西部，南方灾害多于北方。中国自然灾害的空间分布差异可从以下三方面解释。

其一，地质构造特征。中国的地质构造特征对中国地貌分布有着深刻的影响，同时对中国的地质灾害起着宏观决定作用。根据板块构造学说，中国西南面是印度板块，印度板块与祁连山、昆仑山之间是特提斯地槽；东南部的扬子地台，也是中国板块的一部分；东面是太平洋板块。在不同时期各个板块之间互相移动和挤压碰撞，或一部分地块俯冲到另一部分地块之下，从而形成山脉和褶皱。所以如表 4-4 所列在西南地区和西部地区，板块的碰撞带、俯冲带、地缝合线，构造运动强烈，因此是地震等地质灾害的频发地区。

其二，地貌特征。中国的地貌分布整体上呈现西高东低的阶梯状分布，有利于暖湿气流流入内陆的同时也使得冬季风可以南下，从而扩大了东部季风区的影响范围。青藏高原阻挡了西部地区南北冷暖气流的交换，加剧了西北地区的干旱灾情。西高东低的阶梯地貌有利于发源于西部的主要河流（如长江、黄河、珠江、淮河、黑龙江等）自西向东流动，但同时这些地带也是滑坡、泥石流、崩塌和水土流失等自然灾害的多发和易发地带。

其三，气候特征。中国气候的基本特征表现为成因复杂的季风气候。我国冬季风寒冷干燥，夏季风温暖湿润，季风在季节上的转换明显。在中国，冬季风和夏季风的势力都很强。这就使得中国与世界同纬度国家气温相比冬季偏低、夏季偏高。中国季风区影响范围很大，其范围是大兴安岭—阴山—贺兰山—乌鞘岭—祁连山东段—巴颜喀拉山—唐古拉山—冈底斯山连线以东以南广大地区，约占中国国土面积的一半。受夏季风的进退影响，中国各地的雨季起止时间都不同。各地区季风来临的迟早、势力的强弱和推进的远近，每年都不相同。所以，在自然灾害分布区域上，常表现为北涝南旱、南涝北旱、南北都干旱或者南北都洪涝。

2. 中国自然灾害造成的受灾人口和直接经济损失分布具有区域性特征

由于中国的经济发展水平、人口密度和自然灾害种类分布的区域差异，自然灾害造成的因灾直接经济损失和受灾人口表现出一定的区域分布特征。

七大区域的受灾人口严重程度不一，且都呈现递减趋势。由于 1981 年之前和 2015 年各省份的自然灾害受灾人口数据可获得性的限制，表 4-5 中的数据是根据《中国民政统计年鉴》中的各省份 1981～2014 年自然灾害受灾人口数计算得出的，其中新疆 1985 年受灾人口数据缺失，海南省 1981～1988 年受灾人口数据缺失，1986 年、1996 年青海省受灾人口缺失，天津 2002 年受灾人口数据缺失。虽有未统计到的数据，但根据已有数据绘制自然灾害受灾人口空间分布图（图 4-7）仍可反映出受灾人口在空间分布上的区域特征。

表 4-5 1981～2014 年受灾人口的区域分布 单位：万人

年份	华北地区	东北地区	华东地区	华中地区	华南地区	西南地区	西北地区
1981	2 801	1 764	7 122	6 648	1 553	3 926	2 887
1982	2 096	2 113	6 054	6 909	981	2 908	1 840
1983	2 557	1 447	6 997	4 621	1 864	2 913	1 932
1984	3 844	1 238	4 169	5 270	1 752	2 779	1 842
1985	1 435	1 516	4 867	5 476	2 636	4 751	1 838
1986	874	2 026	7 431	7 225	3 216	4 837	1 827
1987	3 183	1 375	6 122	4 500	1 707	4 839	1 801
1988	3 203	2 480	9 760	8 209	4 013	6 484	2 020
1989	4 369	3 039	11 642	5 302	2 644	5 899	1 724
1990	2 625	1 242	10 397	5 569	2 858	5 252	1 405
1991	4 578	2 312	16 106	8 114	2 927	5 492	2 412
1992	4 042	1 761	12 561	7 229	2 703	6 697	2 181
1993	4 200	1 718	9 858	7 495	4 261	7 863	2 146
1994	3 594	2 337	13 911	8 416	3 408	8 230	3 903
1995	2 232	1 650	5 087	6 082	1 953	4 122	3 087
1996	3 246	725	8 142	8 657	3 157	6 037	2 343
1997	6 202	3 180	15 333	8 095	3 659	7 307	4 110
1998	1 372	1 480	11 933	6 684	4 015	7 941	1 791
1999	4 418	1 810	10 297	6 477	3 195	5 761	3 362
2000	3 815	4 080	12 553	9 219	3 252	8 787	3 946
2001	4 228	3 507	7 581	6 622	4 063	8 004	3 252
2002	5 611	1 199	9 589	6 456	4 034	7 253	3 701
2003	5 495	2 100	13 461	11 215	5 016	9 190	3 260
2004	3 574	1 829	8 736	5 516	3 515	7 488	3 264
2005	2 946	1 025	13 273	8 866	3 973	8 842	1 728
2006	4 474	1 895	8 826	5 940	5 924	11 985	4 410
2007	4 619	2 836	10 017	6 827	2 838	8 793	3 849
2008	2 345	1 621	10 277	10 064	6 885	12 633	3 970
2009	5 683	4 122	12 092	9 259	3 447	8 555	4 775
2010	4 512	2 110	8 216	6 490	4 086	11 774	5 423
2011	4 177	1 118	10 625	9 620	2 469	11 819	3 462
2012	3 511	2 078	7 810	4 559	1 541	7 454	2 469
2013	3 771	1 664	7 883	8 286	3 595	10 055	3 521
2014	2 872	1 550	3 971	5 183	2 465	5 188	3 045

资料来源：根据《中国民政统计年鉴》（1982～2015 年）的数据整理而得

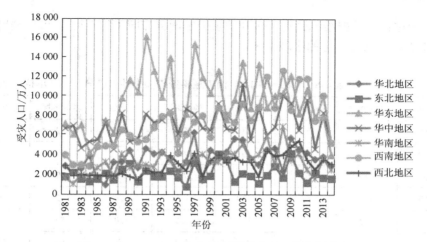

图 4-7　1981～2014 年自然灾害受灾人口的空间分布
资料来源:《中国民政统计年鉴》(1982～2015 年)

　　图 4-7 显示:华东地区、华中地区及西南地区的受灾人口要多于其他四个地区的受灾人口;在受灾人口较多的三个地区中,华东地区的灾情更为严重;在 2001年之前,华东地区的灾情在相当大程度上比华中地区及西南地区都更加严重,2001年之后三地区灾情差异明显缩小,华东地区受灾人口较之前有所下降,而华中地区及西南地区受灾人口出现大幅度上升,尤其是西南地区自 2004 年之后受灾人口不断上升,这一地区灾情持续加重。整体而言,中国南方地区灾情比北方地区严重,东部地区比西部地区严重。除地理位置因素的差异外,人口分布密度不同是导致受灾人口区域差异的另外一个重要因素。

　　我国的净增人口较多,人口存量过大,对生存环境造成压力较大,且我国的人口分布不均,各地区的人口密度存在很大的差异。总的来说,人口密度东南大、西北小,东部密集、西北稀疏。自然灾害的承灾体类型多种多样,如人口、建筑物、农作物、牲畜、财产等,承灾体的分布和状态与灾害损失直接相关,其中人口密度分布对灾情的严重程度起着最为重要的作用。自然灾害常常造成人员伤亡及精神创伤,发生在人口密集区的自然灾害比其他地区的影响更大。所以我国人口受灾情况和人口密度分布一样在空间分布上呈现一定的特征,南方地区灾情比北方地区严重,东部地区灾情比西部地区严重。七大区域的因灾直接经济损失呈现阶段性波动,且都呈递增趋势。由于 1989 年之前和 2015 年各省份的因灾直接经济损失数据可获得性的限制,表 4-6 中的数据是根据《中国民政统计年鉴》中的各省份 1989～2014 年因灾直接经济损失数据计算得出(其中重庆和四川的数据合在一起)。2008 年四川省因特大地震灾害对经济造成严重损害,数值过大使各区域因灾经济损失趋势图不明显,故未放到图 4-8 中。虽未统计 2008 年四川的数据，但根据已有数据绘制因灾直接经济损失空间分布图（图 4-8）仍可反映出直接经济损失在空间分布上的区域特征。

表 4-6　1989～2014 年因灾直接经济损失的区域分布　　单位：亿元

年份	华东地区	华北地区	华中地区	华南地区	西南地区	西北地区	东北地区
1989	195	57	50	50	63	22	88
1990	278	48	101	40	82	34	35
1991	643	66	224	79	91	42	71
1992	421	69	120	47	113	42	42
1993	342	111	187	125	120	50	60
1994	659	83	261	488	69	64	252
1995	398	56	347	181	153	83	645
1996	587	206	782	471	288	150	65
1997	738	225	192	222	229	141	228
1998	931	328	867	175	234	96	364
1999	714	341	268	180	199	140	121
2000	566	256	313	157	296	168	291
2001	415	241	299	277	296	128	270
2002	699	207	238	177	185	121	86
2003	724	211	404	176	146	130	88
2004	551	208	245	89	239	78	184
2005	1008	97	239	272	204	81	135
2006	745	301	330	430	384	189	140
2007	617	351	294	116	311	220	441
2008	906	233	568	619	8347	963	106
2009	587	474	311	140	341	219	442
2010	1118	361	708	419	1087	858	753
2011	672	262	545	220	889	341	168
2012	1081	819	308	623	691	306	329
2013	1239	395	537	590	1579	884	584
2014	308	311	394	706	948	310	343

资料来源：根据《中国民政统计年鉴》（1990～2015 年）整理而得

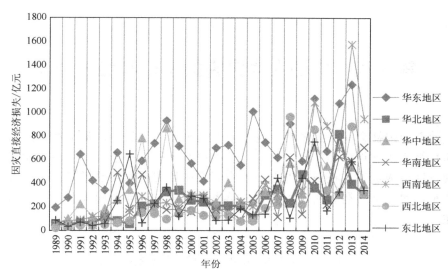

图 4-8　1989～2014 年七大区域的因灾直接经济损失分布图

资料来源：根据《中国民政统计年鉴》（1990～2015 年）整理而得，2008 年四川数据未放到图形中

图 4-8 显示：2010 年之前华东地区的因灾直接经济损失相对最为严重；2005 年之前，西北地区、华北地区、西南地区、华南地区和东北地区的直接经济损失程度相当，2005 年之后这五个地区的因灾直接经济损失大幅度增加，尤其西南地区损失增幅最大；2007 年之前华中地区除了 1996 年和 1998 年因灾直接经济损失大幅度增加外，其他年份经济损失数据相对平稳；2007 年之后华中地区的经济损失数据呈递增趋势。在我国东南沿海地区集聚了我国 70% 以上的城市，背负着大量的经济活动和社会劳动积累。20 世纪 90 年代以来，我国洪灾几乎都发生在经济迅猛发展的长江三角洲、珠江三角洲、淮河下游、海河如海口等地区，每次洪灾都造成了巨额经济损失。例如，1991 年的长江流域洪水，其规模虽小于 1931 年和 1954 年，但因华东地区的财富密度增加，灾损大大加重。整体而言，随着中国经济发展水平的提高，各个区域的社会财富密度增大，在同样强度的自然灾害下，因灾直接经济损失呈现递增趋势。但由于各个区域的地理位置、自然灾害发生频率、严重程度和经济发展程度等因素不同，不同区域的因灾直接经济损失呈现区域性特征。

第 5 章 中国人为灾害的特征和经济影响

随着中国社会经济的发展、科学技术水平的突飞猛进，整个社会的物质文明和精神文明建设快速发展，灾害作为小概率事件给整个国家的经济和社会可持续发展造成危害。在现代灾害中人为因素的致灾比例明显增多，人为事故日益严重，对经济发展和人民生活造成巨大的影响，进而引起社会范围内的广泛关注。

5.1 中国人为灾害的定义和分类

5.1.1 人为灾害的定义

虽然众多学者对人为灾害的定义从不同视角做出了不同的阐述，但普遍认同人为灾害是经由人为因素导致的观点。本书对人为灾害的界定如下：人为灾害指主要或者完全是由经济活动中的人为因素造成的灾害，包括由人类故意行为造成的危害公共安全的事故、人类疏忽行为造成的工程灾害、交通事故、生产事故、医疗事故等灾害。近年来，人为灾害对人类的影响力越来越大，并呈现出人为主导性、可防救性、衍生放大性、认知匮乏性等特征。它在社会、政治、经济、文化和生态等方方面面的作用使得政府、企业、公众和个人都深切意识到了人为灾害的巨大渗透力和破坏力，了解人为灾害的定义是研究我国人为灾害的重要前提。

5.1.2 人为灾害的分类

我国目前发生频率比较高、造成损失比较大的人为灾害主要有特大安全生产事故及突发公共事件，包含火灾、矿难、交通事故、食品安全事故及科学技术使用不当造成的技术灾难等。

（1）特大安全生产事故。安全生产事故是指在生产经营领域中发生的意外突发事件，通常会造成人员伤亡或财产损失，使正常的生产生活活动中断。

其一，矿难。煤炭是我国重要的自然资源和经济资源，在国民经济和生产生活中一直占据着极其重要的地位。然而，煤炭开采过程中的矿难事故一直无法杜绝，每次矿难事故都会导致大量人员死亡和财产损失，进而引发新闻媒体、政府机构的密切关注。矿难已经成为我国突出的热点问题，也是关系到我国经济社会健康发展和社会和谐的焦点问题。

其二，火灾。虽然火灾的实质是燃烧，是一种自然现象，但绝大多数火灾是由人为因素造成的，属于人为灾害，是社会现象。火灾的特点主要表现为普遍性、随机性、必然性和相似性。火灾是最经常、最普遍的威胁我国公众安全和社会发展的主要灾害之一。根据我国国家标准 GB4968-85《火灾分类》的规定，将火灾分为以下六大类。A 类火灾：指固体物质火灾。这种物质通常具有有机物质性质，一般在燃烧时能产生灼热的余烬。如木材、干草、煤炭、棉、毛、麻、纸张等火灾。B 类火灾：指液体或可熔化的固体物质火灾。如煤油、柴油、原油、甲醇、乙醇、沥青、石蜡、塑料等火灾。C 类火灾：指气体火灾。如煤气、天然气、甲烷、乙烷、丙烷、氢气等火灾。D 类火灾：指金属火灾。如钾、钠、镁、铝镁合金等火灾。E 类火灾：指带电火灾。物体带电燃烧的火灾。F 类火灾：指烹饪器具内的烹饪物（如动植物油脂）火灾。其中，我国森林火灾和人类生产生活火灾影响较大。森林火灾烧毁森林的动植物资源，破坏生态环境，导致水土流失等问题，经济损失巨大，甚至造成人员伤亡。人类生产生活火灾更是更大程度上造成巨大的生命和财产损失。

（2）交通事故。交通事故狭义上一般指车辆在道路上由过错或意外造成人身伤亡或者财产损失的事件，一方面可能是由地震、台风、山洪、雷击等不可抗力的自然灾害造成的，另一方面可能是由不特定的人员违反交通管理法规或其他因素等造成的，而后者一般占较大比例，交通事故是我国人为灾害的重要类型之一。交通事故是和平时期造成人员非正常死亡和财产意外损失的重要原因，目前我国每年的交通事故死亡人数高居世界首位，交通安全问题备受全社会的广泛关注。

（3）食品安全事故。食品是人类生存和发展最基本的需要，食品安全关系着国民的身体健康和生命安全，关系着市场经济的有序进行，更关系着社会的稳定与发展。近年来我国的食品安全事故呈现前所未有的严峻性。2001~2015 年，每年都有不同程度的食品安全事故发生，如 2001 年的毒瓜子、毒狗肉事件，2002 年的假鸭血事件，2012 年的红牛添加剂、老酸奶、毒胶囊事件，2013 年人造鱼翅、含铝炒瓜子、百事可乐、沃尔玛事件等诸多食品安全问题严重威胁和伤害了国民的身体健康和生命安全，并逐渐演变成一个民生问题。食品安全事故频发，大大降低了消费者的购买力度，尤其是在乳制品行业表现更为突出，随着国内一些大品牌乳制品的质量问题相继曝光，消费者对国内乳制品产生了"不喝国产奶"的消费心理。这使得国内乳制品行业备受打击，外资企业乘虚而入挤占中国的乳制品市场，导致国内市场不稳定，而昂贵的进口食品更让国内消费者的利益受损。我国发生的食品安全事件大多是人为添加非法添加物或滥用食品添加剂而导致的恶性事件。食品安全事故很大程度是人为原因，是商家为追求高额利润故意偷工减料或用替代的合成品造成食品污染。

（4）高科技灾难。20世纪60年代以来我国科学技术迅速发展，计算机技术、航天技术、自动控制技术等各种高新技术被广泛应用，高新技术产品出现并迅速商品化、市场化使高新技术向产业化方向迅猛发展。但是高新技术迅猛发展的同时也存在着潜在的风险，高新技术产业的灾变多为人为事故，主要由三种原因导致：技术水平有限导致的安全事故、人员失职导致的责任事故、故意人为导致的事故。在高科技领域计算机病毒作为新型的、智力型的灾变引起了多次损失巨大的事故。随着我国技术水平的不断提高，技术对自然及人类本身的影响不断加深，技术因素导致的灾害频繁发生。就我国而言，近年来高科技灾难事故也是频繁发生，如襄汾尾矿库溃坝事故、康菲渤海漏油事故、"7·23"甬温线动车事故及"11·22"青岛中石化输油管道爆炸事故等都属于典型科技人为灾害。

5.2　中国人为灾害的基本特征

人为灾害的总体特征一般被认为包括致灾原因复杂、灾害种类繁多、灾害影响力大。本章将人为灾害的总体特征定义为：人为主导性、认知匮乏性、违规违法性、多样发展性、衍生放大性、可防救性。

（1）人为主导性。人为灾害最大的特征就是呈现出人为性，人为灾害就是由人的原因导致事故发生从而造成灾害，如人的认知错误行为、人的无意识行为、人的违规犯罪行为、人的激烈政治行为等。

（2）认知匮乏性。部分人为灾害表现出决策人的认知匮乏，人为灾害大多是由某种错误的决策或者行为导致的。很多情况下，决策者和执行者本人并非有意或被某种利益引诱而做出了错误的决策和行为，而是出于决策者对某些相关知识的欠缺和匮乏，如前期发展经济时不注重环境保护，由此产生的人为导致的环境污染问题；也有执行者在生产生活时对安全信息的认知匮乏或者不熟练导致的安全生产生活事故，如矿难、交通事故、部分城市火灾等。

（3）违规违法性。除了一部分人为灾害呈现出认知匮乏的特征，还有一部分灾害呈现出违规违法性的特征。在事后追查人为灾害根源时，很多事故都呈现出相关人员违规违法的犯罪行为，这其中又可以分为非政治性和政治性两种。非政治性的违规违法特征可以体现在偷盗、谋杀等人为灾害上；政治性的违规违法特征可以表现在战争、恐怖袭击、民族分裂活动等人为灾害上。

（4）多样发展性。人为灾害呈现出多样发展的特征，随着时代的发展人为灾害的致灾原因变多，灾害种类也会多样发展。比如，随着人类社会的发展，科学技术的日新月异，科技灾害作为人为灾害中重要的一类呈现出了多样发展的特征，任何一项新的发明都存在带来新型灾难的可能性，计算机发展后带来电脑网络病毒；汽车、火车、高铁等带来车祸；飞机造成空难，如 2014 年 3 月 8 日 MH370 马来西亚航班发生空难；核武器带来核污染，如 2013 年 10 月 9 日，日本福岛第一核电站工作人员人为失误导致约 7 吨污水泄漏，从而引发核污染等。其中，核武器会为人类带来灭顶之灾，核武器的应用不仅会直接导致人类的灭亡，更会让人类因其污染的扩散性使得周边地区土地、水资源、空气等生存环境恶化而无法生存。

（5）衍生放大性。人为灾害比自然灾害更具毁灭性，诸多社会人文因素对人为灾害具有效应放大的作用。一个灾害一旦发生，很可能引起其他的人为灾害，从而诱发出一连串的灾害进行扩张、延续、效应放大。当代的灾害已经不是单纯的某一个灾害或者某一种灾害，而是像多米诺骨牌一样，存在衍生效应，例如，一次普通的交通事故如果救助不及时很有可能发生爆炸，爆炸又可能引发火灾，火灾会带来更多的人员伤亡，甚至踩踏事故，这就是衍生放大效应。

（6）可防救性。绝大多数人为灾害是可以提前预防或避免发生的，尤其是人为灾害中的认知性人为灾害、过失性人为灾害。如果决策者能够更多将安全事项纳入考虑范围，执行者能够严格遵守相关规章制度，那么这些人为灾害的损失将大大降低甚至杜绝。

5.3　中国人为灾害的形成机理

人为灾害的形成原因众多且复杂，与自然灾害形成机理不同的是，人为灾害致灾原因大多是人类行为。因此，究其根源，我们将人为灾害的形成机理划分为经济因素、制度因素和人文因素。

5.3.1　经济因素

人为灾害的形成机理中的经济因素主要包括以下两个方面。

（1）经济利益的驱动作用。我国社会的不断发展，生产力和生产水平的提高，以及科学技术的进步，究其根源在于对经济利益的追逐。因为人类在追逐经济利益的过程中以牺牲生态环境为代价，人类行为对灾害的形成和加剧都产生越加严重的影响。例如，早期中国煤矿事故的本质就是煤矿主追求自身利益最大化，违规违法进行开采，故意无视安全保障系统，矿主认为事后对遇难矿工的补偿和赔偿远远小于自己已经获得的利益，因此出于对经济利益的追求造成了煤矿事故；对太空资源的追逐使太空事故成为我国面临的新兴风险；对海洋石油开发则使部分海洋自然现象演变为灾害现象等。

（2）公共地悲剧与外部性。许多环境资源具有公共物品的属性，大气、清洁的水源、生物多样性价值等都是典型的公共产品。公共产品实际上是"没产权"，这往往使得对它的使用超出了合理的限度，造成资源的耗竭和社会福利的损失。例如，中国的雾霾现象、水污染现象就是典型的公共地悲剧。环境资源外部性的存在也是环境恶化的重要原因。我国家庭或企业为了追求自身利益最大化，通过滥用环境来逃避生活和生产成本的时候，就对生态环境资源造成一定的破坏。我国环境资源的公共地悲剧和外部性问题说明市场不仅不能解决灾害问题，而且因为其追逐利益的最大化可能助长灾害，因此，需要政府确定合理的经济制度和经济增长方式来减少公共地悲剧与外部性问题。

5.3.2　制度因素

我国人为灾害的形成机理中的制度因素主要包括四个方面：①防灾法律体系与日常预警机制不健全。尽管中国各省市政府都有应对灾害的机构和相关规章制度，但是在实际的防灾减灾行动中，这些部门机构并不能够起到有效的作用，各机构人员也常常出现各自为政、独立行动的模式，缺少组织性和指挥性，因此人为灾害的形成机理中制度因素主要体现在我国未能建立起完整高效的防灾法律法规体系和日常的预警机制。②政府应对人为灾害的预防和治理职能薄弱。政府管理人员缺乏防灾意识和专业素养、责任感，目前中国政府对人为灾害的预防和治理职能依然薄弱。③应对人为灾害的激励约束机制匮乏。我国在对政府干部进行绩效考察时，往往考虑其经济领域的职能是否发挥得当，而忽视了对防灾减灾职能的考察，缺乏一种应对人为灾害的激励机制和约束机制，导致政府人员都对此不甚重视，也加剧了人为灾害的发生。④企业管理制度不健全。除了政府的制度因素外，企业的制度因素也是加剧人为灾害的重要因素。很多国内企业自身缺乏安全文化、决策者忽视安全生产、企业员工操作不当、监管者不负责任、相关规章形同虚设，这些企业管理制度的缺陷也是人为灾害形成机理中的重要部分。

5.3.3　人文因素

我国人为灾害的形成也有人文因素的影响，这个影响包括两个层面。第一个层面是我国公众对人为灾害的认知不足。对人为灾害的轻视和短见也是引发人为灾害的根源因素之一。例如，企业工作人员在工作过程中对安全文化的缺失和安全保障的忽视，或者个人操作能力有限，甚至故意进行的破坏行为都是促使人为灾害发生和加剧人为灾害损失的人文因素。第二个层面是经济道德的沦丧。当今社会，随着对物质利益的追求愈发激烈，精神文明建设的忽视和经济道德的沦丧却引发着一次又一次的人为灾害。例如，纵火、抢劫、投毒等均会带来严重的灾害后果。

5.4　中国人为灾害的经济社会影响

在现代社会中，我国人为灾害越来越表现出比自然灾害更大的破坏，对经济社会产生较大的负面效应。我国人为灾害的影响在时间上和空间上有其自身特征。本章分析我国五类典型的人为灾害，即安全生产事故（矿难、火灾）、公共卫生事故（食品安全问题）、交通安全事故（道路交通事故）、科技灾害、政治灾害（暴力恐怖事件），并运用数据对这些典型人为灾害的具体特征和发展趋势进行阐释。

5.4.1　人为灾害经济社会影响的时序特征

中国人为灾害的发生越来越频繁，表现出时间上的普遍化，可以说是无年不灾。人为灾害随着经济发展和科学技术的广泛应用而持续迅速上升，对经济发展和人民生活造成巨大的影响。中国人为灾害的发生对人身安全和经济损失的影响随着经济发展呈现出一定的特点。根据国际紧急灾害数据库对中国在 1950～2015 年人为灾害事故的统计，可看出中国这 65 年间最为严重的人为灾害是工伤、交通事故和火灾（表 5-1 和表 5-2）。①已有统计数据显示，从 1993 年至 2014 年当期认定工伤件数不断攀升，从 1993 年的当期认定工伤 27 458 件上升至 2014 年的 1 146 592 件。安全生产事故发生的频率增加，且安全生产事故造成的死亡人数和受伤人数减少的同时，直接经济损失处于递增趋势。

表 5-1　1950～2015 年中国受灾人数最多的十大人为灾害

灾害类型	日期	受灾人数/人
交通事故	1983 年 4 月	2 000
化学品溢漏	1987 年 3 月 2 日	15 455
工业事故（中毒）	1987 年 8 月	3 600
工业事故（中毒）	1991 年 12 月 12 日	4 000

---

① 说明：政治类灾害属于人为灾害中的一种，但由于政治类灾害与一般的经济类人为灾害在致灾原因、过程及灾害影响方面存在很大程度的不同，而本章所研究的是中国灾害的一般特征，旨在研究一般灾害与经济的关系，所以在以下的分析中将政治类灾害排除在外。根据统计数据说明得知，其他事故中包括：倒塌、爆炸、火灾等，其中火灾是引起平均死亡人数最多的灾害，所以火灾是对中国影响比较严重的人为灾害之一。

续表

灾害类型	日期	受灾人数/人
工业事故（倒塌）	1993 年 8 月 27 日	33 136
工业事故（爆炸）	2003 年 12 月 23 日	90 700
工业事故（气体泄漏）	2004 年 4 月 16 日	150 000
化学品溢漏	2005 年 11 月 13 日	10 070
工业事故（辐射）	2006 年 7 月 28 日	7 029
火灾	2014 年 1 月 11 日	2 600

资料来源：紧急灾害数据库

表 5-2　1950～2015 年中国因灾死亡人数最多的十大人为灾害

灾害类型	日期	死亡人数/人
交通事故	1970 年 12 月	300
交通事故	1975 年 8 月	500
交通事故	1983 年 4 月	600
倒塌	1993 年 8 月 27 日	370
火灾	1994 年 11 月 23 日	233
火灾	1994 年 12 月 11 日	325
火灾	2000 年 12 月 25 日	309
爆炸	2003 年 12 月 23 日	234
爆炸	2005 年 2 月 14 日	214
交通事故	2015 年 6 月	442

资料来源：紧急灾害数据库

1. 矿难灾害的时序发展特征

根据各年度《中国煤炭工业年鉴》及《中国矿业报》公布与报道的数据，在 2000～2015 年的 16 年间，我国煤炭生产累计发生事故约 34 225 起，平均每年发生事故约 2139 起（最多为 2002 年，4344 起）。中国煤矿事故的具体特征是矿难频繁、死亡人数众多、经济损失大、社会影响大。

由于数据的可获得性限制，1949～1965 年和 2009～2015 年重点煤矿事故数据缺失，1949～1952 年和 2009～2015 年地方煤炭事故的数据缺失。从图 5-1 数据得出，中国煤矿事故死亡人数和百万吨死亡率整体上呈现先上升后下降的趋势。新中国成立以后煤矿事故死亡人数一直在缓慢增长，体现了我国早期矿难频发、死亡众多的基本特征。1958～1960 年煤矿事故死亡人数激增，这是由于 1958 年中国开始了"大跃进"运动，大炼钢铁使得煤矿开采额大幅增长的同时也导致煤矿事故频发。1960 年后又进入了慢慢下降的过程，直到 1966 年又开始缓慢增长，至 1989 年煤矿事故死亡人数达到 7625 人，随后又进入缓慢下降的阶段。2006 年之后煤矿事故死亡人数趋于稳定，这说明我国煤矿安全政策正在逐步落实，矿产的开采和挖掘安全得到了有效控制。我国煤矿事故百万吨死亡率从 1961 年起呈现整体下降的趋势，这进一步印证我国各职能部门在煤矿安全生产问题所做的努力。同时 1966～2008 年重点煤矿事故百万吨死亡率低于地方煤矿事故百万吨死亡率，说明重点煤矿安全生产要比地方煤矿安全生产进行得更为严格和有效。以上分析说明，由于我国煤矿资源开采和消耗的增加，煤矿事故发生频率加大，尽管煤矿事故死亡人数呈现下降趋势，但依然是对经济社会影响巨大的一种人为灾害，而这项人为灾害多是由过失性的安全生产问题导致的，是本该得以规避的。

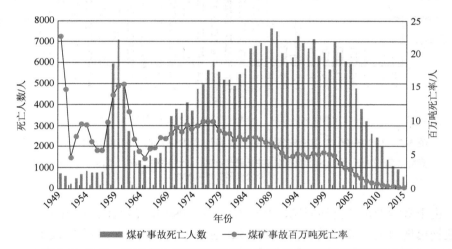

图 5-1 1949～2015 年中国煤矿事故死亡人数与煤矿事故百万吨死亡率

资料来源：1949～2008 年的数据来自 2008 年《中国煤炭工业年鉴》，2009～2015 年来自国家安全生产监督管理总局；由于数据可获得性限制，有些年份数据存在缺失

2. 火灾的时序发展特征

火灾作为我国最经常、最普遍威胁社会和经济发展的人为灾害之一，发生频率高，时空跨度大，造成的经济社会损失较大。火灾事故发生频率降低，造成的死亡人数和受伤人数也呈现递减趋势，但造成的直接经济损失处于递增趋势。统计资料显示，21 世纪初期中国年均发生火灾为 10 万～60 万次（图 5-2），所造成的年平均经济损失约为 13.59 亿元，年平均死亡人数约为 2096 人。生产火灾和森林火灾是对我国生产生活和经济发展影响最大的两种火灾类型。森林火灾一般会带来森林资源的损失、生态结构的破坏和环境污染问题，而人类生产火灾最易造成人员伤亡和财产损失。2014 年 8 月 2 日昆山工厂爆炸事故和 2015 年 8 月 12 日

天津爆炸事故，都是由生产过程中忽视了安全生产的要务而意外发生连锁火灾所导致，暴露了由认知匮乏和违规违法行为导致的人为灾害。

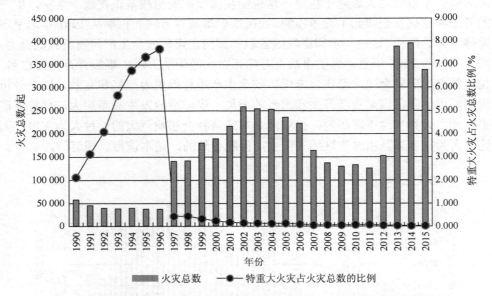

图 5-2 1990～2015 年火灾发生的总数和特重大火灾占火灾总数的比例统计图

资料来源：1990～2012 年的数据来自中国统计年鉴（1991～2013 年），2013～2015 年的数据来自公安部消防局统计

由于数据的可获得性限制，火灾的数据从 1990 年开始且 2014 年和 2015 年个别数据出现缺失，具体见表 5-3。表 5-3 显示：1990～2006 年火灾发生次数逐渐增加，2006 年之后火灾发生次数逐渐减少，到 2012 年数据又呈现增加趋势；1990～2015 年特大火灾和重大火灾的发生次数呈现先增加后下降趋势，特重大火灾占火灾总数的比例呈现下降趋势，说明我国对特大型火灾的预防和监督工作取得了一定进展。而一般火灾发生次数则呈现上升趋势，说明普通火灾事故的防范和管理工作有待进一步提高。

表 5-3 1990～2015 年我国火灾事故统计数据

年份	火灾发生次数/起				火灾导致的直接经济损失/万元			
	合计	特大火灾	重大火灾	一般火灾	合计	特大火灾	重大火灾	一般火灾
1990	57 302	106	1 108	56 088	51 182	17 940	14 214	19 028
1991	45 020	124	1 282	43 614	51 813	16 654	16 809	18 351
1992	39 391	177	1 435	37 779	69 026	28 326	20 553	20 146
1993	38 094	205	1 953	35 936	111 769	58 170	29 580	24 019
1994	39 357	264	2 392	36 701	124 491	59 061	38 454	26 976

续表

年份	火灾发生次数/起				火灾导致的直接经济损失/万元			
	合计	特大火灾	重大火灾	一般火灾	合计	特大火灾	重大火灾	一般火灾
1995	37 136	200	2 522	34 414	107 777	38 618	41 284	27 875
1996	36 856	196	2 630	34 030	102 909	32 089	43 159	27 661
1997	140 280	88	520	139 672	154 141	36 559	22 284	95 297
1998	141 305	78	549	140 678	143 995	28 845	23 920	91 230
1999	179 955	85	501	179 369	143 394	27 321	21 512	94 560
2000	189 185	61	384	188 740	152 217	20 014	16 665	115 539
2001	216 784	35	327	216 422	140 326	8 288	12 673	119 365
2002	258 315	25	344	257 946	154 446	12 188	13 960	128 298
2003	253 932	37	305	253 590	159 089	11 929	13 287	133 873
2004	252 704	27	259	252 418	167 197	29 550	10 367	127 280
2005	235 941	33	250	235 658	136 288	7 790	10 866	117 632
2006	222 702	20	181	222 501	78 447	9 542	8 143	60 762
2007	163 521	1	74	163 446	112 516	30	6 266	106 220
2008	136 835	2	81	136 752	182 203	30 027	20 135	132 040
2009	129 381	1	63	129 317	162 391	15 072	1 130	146 188
2010	132 497	0	81	132 416	195 945	0	23 158	172 787
2011	125 417	0	87	125 330	205 743	0	27 336	178 408
2012	152 157	0	62	152 095	217 716	0	22 505	195 211
2013	388 000	2	121	387 877	485 000	18 000	4 291	462 710
2014	395 000	73	—	—	439 000	—	—	—
2015	338 000	5	63	337 932	395 000	—	25 000	—

　　资料来源：1990~2012 年的数据来自《中国统计年鉴》（1991~2013 年），2013~2015 年的数据来自公安部消防局统计

　　进一步分析火灾造成的人员伤亡（图 5-3）可以发现，20 世纪 90 年代以来，火灾造成的死亡人数明显下降，尤其是 2005 年以后，降幅明显增大，说明我国在火灾发生后的救援能力明显得到提升。对比分析可知，我国由火灾造成的受伤人员数总体也呈现下降趋势，降幅与死亡人数基本保持一致。而 2013 年之后，由火灾造成的受伤和死亡人数均有所回升，说明我国城市和乡村依然存在较大的火灾隐患和救助盲点。值得注意的是，虽从整体上看火灾所引起的伤亡人数不断下降，但这并不意味着火灾灾情程度的减弱，自 2006 年开始，火灾事故引起的死亡人数开始超过受伤人数，火灾造成的人员伤亡灾情越来越严重。

　　1990~2004 年火灾事故引起的经济损失呈小幅度上升，2004 年之后经济损失开始下降，2006~2015 年火灾引起的经济损失开始大幅度上升，远远超过 1990~2004 年上升的幅度。根据图 5-4 分析可知，火灾事故发生次数和死亡人数呈现下降的态势，但火灾事故造成的经济损失却呈上升趋势，火灾引起的经济损失和火灾事故发生数之间呈现负相关趋势，这预示着火灾对社会经济发展

的破坏性进一步增强。

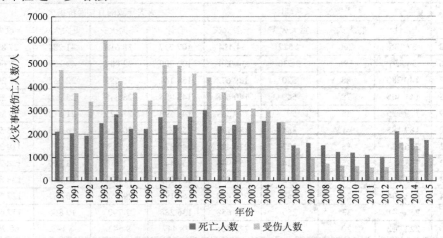

图 5-3　1990～2015 年我国火灾事故人员伤亡数据

资料来源：1990～2012 年的数据来自《中国统计年鉴》（1991～2013 年），2013～2015 年的数据
来自公安部消防局统计

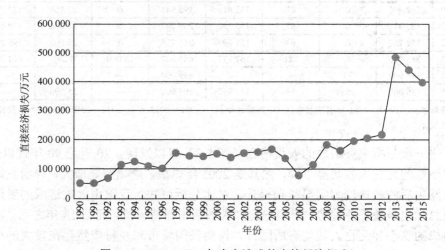

图 5-4　1990～2015 年火灾造成的直接经济损失

资料来源：1990～2012 年的数据来自《中国统计年鉴》（1991～2013 年），2013～2015 年的数据
来自公安部消防局统计

3. 交通事故的时序发展特征分析

我国的交通事故绝大部分是人为过失和错误操作引起的，呈现出了过失性和因果关系明确性的特征，而同时由道路条件引起的交通事故也呈现出突发性、对象的不确定性和偶然性的特点。受数据的可获得性限制，本章利用 1990～2014 年数据

分析交通事故发生起数、交通事故死亡人数、交通事故受伤人数及交通事故直接经济损失情况，具体见图 5-5。

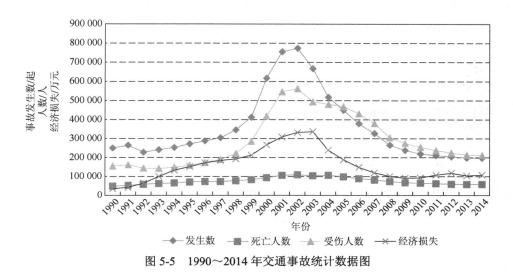

图 5-5　1990～2014 年交通事故统计数据图

资料来源：《中国统计年鉴》（1991～2015 年）

从图 5-5 得出，1990～2002 年，中国的交通事故发生起数、受伤人数、死亡人数及造成的直接经济损失呈逐年增加的趋势；而从 2003 年以后各项数据则呈下降趋势。从总体上可以看出 1990～2014 年中国交通事故造成的伤害损失情况与社会经济发展呈现出倒"U"形关系。2002 年之后交通事故造成的损失呈下降趋势的原因在于：交通安全保障制度的健全，如对酒后驾车的严查；对公众安全驾驶和安全乘车的教育；医疗水平和医疗保障的提高。总之，社会整体环境和制度因素共同对交通事故起到了控制作用。

从图 5-6 的数据可以看出，1990～2014 年中国平均每起交通事故直接经济损失在整体上呈现波浪形周期性，在 1990～1997 年平均每起交通事故造成的直接经济损失呈不断攀升趋势，1998～2007 年又整体上出现大幅度下降趋势，从 2008 年开始又出现上升趋势；平均每起交通事故受伤人数整体上呈现上升趋势，1990～2003 年平均每起交通事故受伤人数逐年以较小幅度上升，2004～2007 年以较快的速度不断攀升，2008 年以后平均每起交通事故受伤人数呈现平稳而略有下降的趋势；平均每起交通事故死亡人数在 1990～2002 年呈现出下降趋势，而在 2003～2014 年又呈现出上升趋势。平均每起交通事故死亡人数与总的交通事故死亡人数呈现出负相关关系，1990～2002 年交通事故死亡人数呈现上升趋势，而平均每起交通事故死亡人数呈现下降趋势，2003～2014 年则呈现出相反的趋势。以上说明，随着社会经济的发展，相应的道路安全法规及人的思想意识不断进步，交通事故的发生数量得到抑制，但是其破坏力度在不断增加。

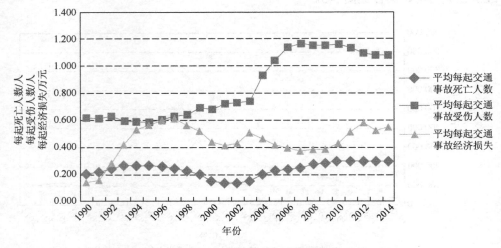

图 5-6　　1990～2014 年平均每起交通事故损失统计图

资料来源：《中国统计年鉴》（1991～2015 年）

4. 食品安全事故的时序发展特征

食品直接进入人体，与人们的生活健康密切相关，而近年来食品安全问题已经成为一个热门话题，如 2008 年中国毒奶制品事件、2014 年 10 万千克毒凉皮事件、2015 年走私"僵尸肉"等。这些食品安全事件无一不降低了中国消费者对国产商品的信任度和购买度，甚至产生了对国产乳制品的抵触心理，扰乱了市场的秩序。在中国知网（CNKI）中输入关键字"食品安全"，可以看到有关食品安全问题的文章在 2011 年一年达到了 8029 篇，2012 年一年达到了 6142 篇，而截至 2015 年 12 月一年内相关文章达到了 5016 篇，由此可见食品安全问题已经是政府、媒体、学者、公众心中的重大问题。这些事件反映出中国食品安全问题呈现出人为性、影响广、伤害深、恐慌性的具体特征。

食物中毒是食品安全的一个严重问题，受数据的可获得性限制，食物中毒数据从 2002 年开始。从图 5-7 可以得出，2002～2005 年食物中毒起数是递增的，食物中毒的死亡人数除 2004 年数据下降外也是处于递增；2005 年之后食物中毒起数、中毒人数和死亡人数除了个别年份增长外，整体处于递减趋势。

图 5-8 显示，微生物性致病因素导致的食物中毒起数所占比例最高，其次是有毒动植物及毒蘑菇致病因素，再次是化学性致病因素，最后是不明原因或尚未查明原因致病因素。其中，化学性致病因素导致的中毒起数所占比例、不明原因或未

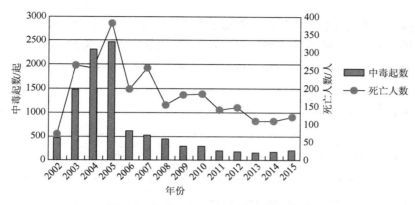

图 5-7　2002～2015 年食物中毒统计图

资料来源：2002～2005 年数据来自《中国卫生和计划生育统计年鉴》（2003～2006 年），2006～2015 年数据来自
中国卫生部办公厅关于 2006～2015 年全国食物中毒事件情况的通报

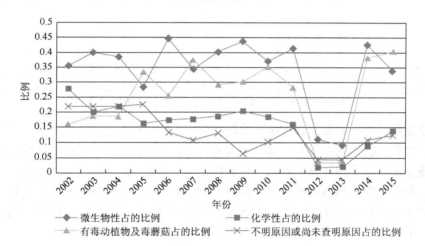

图 5-8　食物中毒致病的各个因素发生起数占食物中毒总起数的比例

资料来源：2002～2005 年数据来自《中国卫生和计划生育统计年鉴》（2003～2006 年），2006～2015 年数据来自
中国卫生部办公厅关于 2006～2015 年全国食物中毒事件情况的通报

查明原因致病因素导致中毒起数所占比例整体呈小幅度下降趋势；有毒动植物及毒蘑菇致病因素导致的中毒起数所占的比例和化学性致病因素导致的中毒起数所占比例除个别年份变动幅度较大外，整体呈上升趋势。从食物中毒的各致病因素死亡人数所占总死亡人数的比例来看（图 5-9），有毒动植物及毒蘑菇致病因素导致的死亡人数所占比例整体最高，其次是化学性致病因素，再次是微生物致病因素、不明原因或未查明原因致病因素。其中，微生物致病因素导致的死亡人数除 2005 年突然增加外，其他年份数值较稳定；不明原因或未查明原因致病因素导致死亡人数所占比例在 2002～2015 年波动幅度较小，整体呈现稳定的状态；有毒动植物及毒蘑

菇致病因素导致的死亡人数所占比例除了在 2011～2013 年急剧下降外，整体呈现上升趋势；化学性致病因素导致的死亡人数所占比例整体呈现下降趋势。

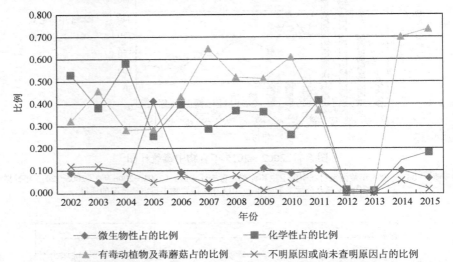

图 5-9　食物中毒致病的各个因素导致的死亡人数占食物中毒总死亡人数的比例

资料来源：2002～2005 年数据来自《中国卫生和计划生育统计年鉴》（2003～2006 年），2006～2015 年数据来自中国卫生部办公厅关于 2006～2015 年全国食物中毒事件情况的通报

通过数据分析发现，食物中毒致病因素导致的中毒起数和死亡人数并不完全成正比，如微生物性致病因素。食品中毒是食品安全问题的一个层面，我国每年都会或多或少地出现不同程度的食品安全事件。近年来政府对食品安全的监管力度逐渐增加，使食品安全问题有所改善，但由于企业缺乏回应食品安全问题的意识，很多食品安全问题亟待解决，如图 5-10 所示，2015 年食品安全问题中仍有 40%未解决。

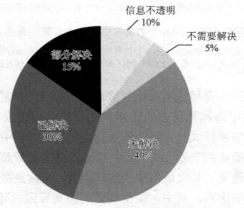

图 5-10　2015 年中国食品行业舆情解决程度

资料来源：红麦舆情研究院发布的《2015 年中国食品行业舆情分析报告》

5. 政治灾害的时序发展特征分析

暴力恐怖事件是中国目前面临的最主要的政治灾害，它的典型特征是政治性、计划性、组织性和残暴性，而中国目前面临的恐怖袭击主要是"东突"分裂势力和境外恐怖组织。具体见表 5-4。

表 5-4　2011～2015 年中国国内暴力恐怖事件　　　　单位：人

时间	地点	死亡群众人数	受伤群众人数	牺牲（武警、特警、消防兵）人数
2011.7.28	新疆和田	3	2	1
2011.7.30	新疆喀什	13	40	0
2012.2.28	新疆叶城	15	14	1
2013.6.26	新疆吐鲁番	22	21	2
2014.5.22	新疆乌鲁木齐	39	94	0
2014.4.30	乌鲁木齐火车站	1	79	0
2014.3.21	云南昆明火车站	29	143	0
2014.2.27	贵州贵阳	6	35	0

资料来源：2011～2015 年中华人民共和国民政部官网新闻

中国国内暴力恐怖事件符合其残暴性的特征，而这些事件大多都是有组织、有计划、有预谋地进行，为人们生命安全和财产损失带来了极大的威胁。尽管中国对暴力恐怖事件都予以非常严格的监控，但由于境外势力的支持，中国境内暴力恐怖事件的发展趋势依然严峻，其危险性不可低估。

6. 科技灾害的时序发展特征分析

我国科学技术随着时代的发展而日新月异，既为人类生活进步做出卓越贡献，同时带来新的人为灾害。科技灾害作为典型人为灾害，究其原因，除去高科技系统和安全文化等主客观因素外，经济因素也是重要因素，甚至是根本因素。近年来我国科技灾害事故也是频繁发生，如襄汾尾矿库溃坝事故、康菲渤海漏油事故、"7·23"甬温线动车事故及"11·22"青岛中石化输油管道爆炸事故等。这些科技灾害体现了企业在利益驱动下对安全文化和社会责任的缺失，由此造成巨大的财产损失和人员伤亡。

本节利用相关数据分析人为灾害的时序特征得出：煤矿事故呈现矿难频繁、死亡人数众多、经济损失大、社会影响大的特征；火灾事故呈现普遍性、随机性、必然性和相似性的特征；食品安全问题呈现出人为性、影响广、伤害深、恐慌性的特征，尽管近年来食品安全总体稳定向好，但这几年来食品安全问题依然频发；交通事故呈现出突发性、对象的不确定性和偶然性的特征，道路交通事故发生数与死亡人数都呈现下降趋势；科技灾害的最主要特点为利益驱动性、突发性、危害深远性，中国目前的科技灾害不多，更需要对科技系统与安全文化严密监管；政治灾害的典型特征是政治性、计划性、组织性和残暴性，中国目前反恐和反暴力事件形势依然严峻。总之，中国人为灾害损失趋势体现在两个方面：一方面，人为灾害所造成的经济损失不断上升；另一方面，人为灾害所造成的人员伤亡却在相应减少。具体见图 5-11。

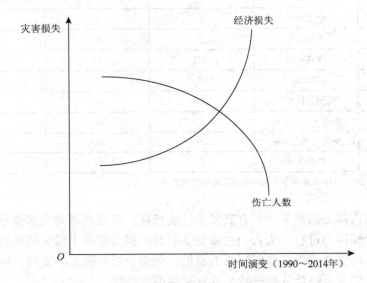

图 5-11　　中国人为灾害损失趋势图

资料来源：根据 1990～2014 年《中国统计年鉴》数据整理而得，2014 年数据来自中国统计局

5.4.2　人为灾害经济社会影响的区域特征

中国人为灾害影响因区域经济布局不同而呈现出一定的区域空间特征。人为灾害由于区域经济发展水平不同而呈现出不同区域组合规律，这种区域组合规律反作用于区域经济发展，成为区域发展的有机组成部分。人为灾害是伴随地区经济发展产生的，人为灾害影响在空间上呈现一定的集中性和局域性。人为灾害（如交通事故、火灾）大多是局限在某一地点或者某一个企业，其影响的范围有限，表现为"点状"分布。人为灾害的影响主要体现在人为灾害的死亡人数、受伤人数和直接经济损失三个方面。受数据的可获得性限制，本节只从火灾和交通事故进行分析。

1. 火灾事故造成的损失在华东地区最为严重

受数据可获得性的限制，火灾的区域数据为 1996～2012 年。从表 5-5 得出，华东地区的火灾损失超过其他六大区域，七大区域的死亡人数和受伤人数整体上呈现递减趋势；华东地区、华北地区、华中地区、华南地区、西南地区、西北地区的直接经济损失整体呈现递增趋势，东北地区的直接经济损失相对平稳；华东地区的死亡人数、受伤人数与其他区域的差距越来越小。虽火灾造成的死亡人数和受伤人数在减少，但直接经济损失却处于递增趋势，这说明我国的火灾对国民财富的影响仍不可忽视。

表 5-5　1996～2012 年各区域火灾造成的损失

年份	死亡人数/人						
	华东地区	华北地区	华中地区	华南地区	西南地区	西北地区	东北地区
1996	695	153	335	340	327	111	259
1997	769	208	364	343	319	163	490
1998	692	177	276	339	329	208	311
1999	861	218	281	436	370	157	341
2000	856	256	679	370	348	184	328
2001	687	212	265	322	386	148	300
2002	692	257	276	293	407	145	323
2003	843	226	274	360	326	145	308
2004	814	241	195	401	368	109	430
2005	630	274	234	431	384	176	367
2006	391	168	125	225	296	102	210
2007	516	181	136	233	304	104	143
2008	411	204	151	295	270	93	97
2009	388	135	109	177	248	92	87
2010	359	161	74	167	217	116	111
2011	335	126	111	183	209	67	77
2012	327	133	84	182	174	76	52
年份	受伤人数/人						
	华东地区	华北地区	华中地区	华南地区	西南地区	西北地区	东北地区
1996	1 002	290	542	555	435	292	305
1997	1 494	443	786	623	667	343	434
1998	1 595	404	616	632	666	469	373
1999	1 581	428	488	643	578	316	391

续表

年份	受伤人数/人						
	华东地区	华北地区	华中地区	华南地区	西南地区	西北地区	东北地区
2000	1 459	453	573	591	596	261	471
2001	1 132	410	480	534	558	283	376
2002	1 003	340	375	512	535	292	357
2003	957	355	306	483	412	265	309
2004	774	325	296	523	427	266	358
2005	582	344	206	487	342	212	333
2006	325	206	119	262	224	140	142
2007	225	119	87	190	134	126	88
2008	189	87	44	195	121	73	34
2009	200	108	45	102	140	30	26
2010	213	58	26	79	117	79	52
2011	194	104	24	78	89	50	32
2012	215	62	46	88	94	53	17

年份	直接经济损失/万元						
	华东地区	华北地区	华中地区	华南地区	西南地区	西北地区	东北地区
1996	33 929	5 431	10 315	21 654	10 793	5 136	15 570
1997	50 332	20 147	17 626	17 071	13 765	10 430	22 005
1998	48 267	11 584	14 654	17 927	15 706	11 148	22 787
1999	47 912	13 224	15 145	19 371	19 118	8 408	16 594
2000	55 076	15 347	17 442	17 611	16 923	10 226	19 593
2001	47 309	13 847	15 414	14 507	15 724	8 644	24 137
2002	54 189	13 633	17 916	18 774	15 350	11 039	23 546
2003	64 486	12 159	17 342	17 791	14 994	8 564	23 752
2004	49 880	13 410	35 236	22 406	14 044	10 320	21 901
2005	40 799	12 698	14 598	18 968	18 832	11 318	19 074
2006	26 916	6 729	7 842	9 085	9 638	9 100	9 136
2007	37 897	10 426	12 541	14 886	14 793	9 137	12 836
2008	59 484	14 324	15 902	19 768	20 809	41 527	10 389
2009	50 370	29 934	17 722	19 857	20 841	11 618	12 050
2010	62 199	22 317	15 991	25 121	37 441	16 547	16 330
2011	57 259	23 470	17 227	28 840	29 060	26 274	23 613
2012	56 745	33 061	27 736	28 735	25 673	32 065	13 701

资料来源：根据《中国统计年鉴》（1997～2013 年）的数据整理而得

2. 交通事故造成的损失在各区域呈现倒"U"形关系

受数据的可获得性限制,各区域交通事故造成的损失数据为 1996～2014 年。从表 5-6 得出,和火灾事故造成的损失一样,华东地区相对于其他六大区域而言,交通事故造成的损失最大;七大区域中交通事故所造成的损失都呈现倒"U"形的变动,损失先增加后减少,不同区域的拐点不同。从死亡人数分析,除华东地区外,另外六大区域的数据相差不大,西北地区和东北地区的死亡人数相对最少。从受伤人数分析,华东地区受伤人数最多,其次是华南地区,西北地区和东北地区的数据相对最少且相差不大。从直接经济损失分析,华东地区的直接经济损失在 1996～2005 年远远超过其他六大区域,从 2005 年之后,和其他六大区域的差距越来越小,另外六大区域直接经济损失的数据相差不大。

表 5-6　1996～2014 年各区域交通事故造成的损失

年份	死亡人数/人						
	华东地区	华北地区	华中地区	华南地区	西南地区	西北地区	东北地区
1996	24 698	7 873	10 359	9 926	7 809	6 297	6 693
1997	25 335	7 557	10 428	9 959	7 184	6 758	6 640
1998	27 150	8 487	10 540	10 743	7 598	6 908	6 641
1999	30 408	9 447	11 329	10 560	8 103	7 315	6 367
2000	33 412	11 951	10 681	10 985	10 670	8 204	7 949
2001	35 708	13 688	12 272	14 728	10 720	8 463	9 205
2002	35 833	14 686	13 052	16 168	11 897	8 785	8 960
2003	35 066	13 285	12 149	15 291	11 679	8 692	8 210
2004	36 943	13 599	11 821	14 818	12 144	9 428	8 324
2005	33 835	12 485	10 836	13 945	10 987	9 139	7 511
2006	31 012	11 024	9 913	12 271	9 974	8 348	6 913
2007	31 012	11 024	9 913	12 271	9 974	8 348	6 913
2008	25 119	9 659	7 374	10 328	8 206	7 155	5 643
2009	23 937	8 905	6 124	9 478	7 555	6 702	5 058
2010	22 992	8 441	5 931	9 016	7 379	6 488	4 978
2011	21 997	8 012	5 618	8 633	6 933	6 378	4 816
2012	21 012	7 765	5 414	8 355	6 722	6 125	4 604
2013	20 359	7 426	5 316	8 312	6 512	6 096	4 518
2014	19 707	7 264	5 208	8 221	7 729	5 906	4 488

续表

年份	受伤人数/人						
	华东地区	华北地区	华中地区	华南地区	西南地区	西北地区	东北地区
1996	51 471	19 121	25 832	33 905	17 205	13 452	13 461
1997	58 247	19 743	26 802	39 344	17 406	14 539	14 047
1998	74 900	24 667	28 880	42 717	21 110	15 712	14 735
1999	106 342	32 286	37 590	52 718	24 683	18 764	13 697
2000	168 991	58 097	52 591	37 970	43 943	28 448	28 679
2001	193 195	69 061	73 054	82 074	45 590	34 883	37 525
2002	186 937	68 539	79 572	92 200	59 990	35 033	39 803
2003	165 967	57 169	65 738	89 142	54 999	31 270	29 889
2004	173 820	50 574	54 734	95 052	52 576	28 686	25 422
2005	170 935	44 851	51 657	92 117	56 910	29 790	23 651
2006	154 544	41 524	47 662	80 934	54 400	28 791	23 284
2007	154 544	41 524	47 662	80 934	54 400	28 791	23 284
2008	102 871	31 467	32 470	56 507	42 674	20 540	18 390
2009	90 853	29 917	28 442	46 975	44 260	18 070	16 608
2010	83 260	27 715	28 215	44 098	35 483	19 958	15 346
2011	82 482	24 117	26 044	38 321	33 260	19 384	13 813
2012	82 883	21 870	25 703	35 775	28 438	17 845	11 813
2013	76 943	22 083	24 215	35 077	26 428	17 847	11 131
2014	73 676	22 695	23 064	36 993	26 578	17 178	11 698

年份	直接经济损失/万元						
	华东地区	华北地区	华中地区	华南地区	西南地区	西北地区	东北地区
1996	64 570	22 498	18 759	30 836	12 010	9 567	13 529
1997	70 103	25 573	18 428	32 053	12 977	11 319	14 164
1998	80 095	28 947	18 233	27 334	13 897	10 293	14 153
1999	97 485	30 525	20 459	25 258	15 402	10 565	12 707
2000	121 480	38 140	24 230	23 262	24 175	13 578	18 425
2001	140 206	34 235	29 896	38 149	25 859	14 028	22 228
2002	155 548	33 261	31 953	43 907	32 702	13 342	21 726
2003	166 567	31 616	35 748	39 610	31 280	13 298	18 794
2004	100 716	26 294	28 731	30 374	22 653	13 597	16 777
2005	71 258	21 585	22 764	25 927	20 231	12 796	13 840
2006	55 889	19 239	17 345	19 792	15 421	9 932	11 338
2007	55 889	19 239	17 345	19 792	15 421	9 932	11 338

续表

年份	直接经济损失/万元						
	华东地区	华北地区	华中地区	华南地区	西南地区	西北地区	东北地区
2008	35 873	14 823	11 442	12 472	11 563	6 583	8 217
2009	32 212	13 792	9 975	10 815	10 989	6 137	7 517
2010	31 657	14 263	10 728	10 280	11 071	6 388	8 248
2011	35 199	12 939	12 818	11 536	13 684	8 421	13 277
2012	41 218	16 844	14 902	10 489	13 955	8 078	12 005
2013	34 766	15 165	13 963	10 687	11 884	7 672	9 759
2014	32 875	16 713	15 445	10 352	14 104	7 912	10 141

资料来源：依据《中国统计年鉴》（1997～2015 年）整理而得

　　以火灾事故和交通事故分析中国人为灾害影响的空间分布特征可以看出：经济发达地区的人为灾害频发，但是人为灾害灾情程度却是经济相对落后地区比较严重。这是因为随着经济的发展，科学技术不断运用到生产生活之中，在为人类带来经济利益的同时也埋下了灾害发生的隐患，火灾、交通事故、高科技灾难的发生都与生产力的发展水平密切相关。经济发达地区在基础设施建设方面比经济落后地区要完善很多，提高了其应对灾害的抵御能力；人口受教育程度的提高，对于灾害的防范和认识起到了促进作用；医疗卫生条件的改善，使灾害发生后受灾人员得到及时合理的救治，减少了受灾死亡人口。

　　在中国区域间产业结构存在很大的不同，随着区域经济发展产业结构发生变迁，作为产业发展的伴随，人为灾害事故因产业部门不同和具体行业差异表现出种类的不同，所以中国人为灾害种类在空间上的分布特征同各个区域的经济发展水平、支柱产业和人口密集度紧密相关。各种人为灾害随着工业化的发展而出现在不同的行业威胁生产过程，直接伤害生产者、造成物质财富的损失，但是这种人为灾害又不能避免，只有掌握其分布和发生规律才有可能制定相应的对策进行事前预防和事后抢救。交通运输业面临的是各种公路、铁路、航空航运等交通事故；在采矿业内部则面临着各种地质灾变和矿难事故；制造业主要受各种工伤事故的威胁；建筑业则为建筑物倒塌安全事故多发行业。服务行业在发展过程中也在一定程度上受人为灾害事故的影响，同工业部门内部不同行业灾种有差异一样，某些特定的服务行业有特有的人为灾害事故种类。例如，由食品安全问题导致的食品安全事故；医疗服务行业由医生失职、技术不良或其他过失等原因导致的医疗事故频发，根据中国红十字会统计显示，中国每年医疗损害事件造成约 40 万人非正常死亡[①]。

---

① 资料来源：http://www.zaobao.com/realtime/china/story20140903-384850[2016-11-20]。

第6章 中国自然-人为灾害的特征及经济影响

自然-人为灾害是人类行为和自然共同作用的结果,是经济发展和社会进步到一定阶段之后才出现的灾害类型。目前,环境污染和生态退化作为主要的自然-人为灾种已经成为制约我国经济社会发展的重要瓶颈,要实现新常态下长期可持续的经济增长,加强自然-人为灾害研究,切实做好自然-人为灾害的避灾减灾工作是必不可少的。本章通过分析自然-人为灾害的现实特征,剖析我国自然-人为灾害的形成机理及自然-人为灾害对经济、社会、生态系统的影响,为自然-人为灾害的预防和治理提供现实支撑。

6.1 中国自然-人为灾害的定义与分类

6.1.1 自然-人为灾害的定义

自然-人为灾害又称复合灾害或者人为自然灾害,指在一定的自然环境背景下由人类活动引起的灾害,常见的自然-人为灾害包括乱砍滥伐造成的森林灾害、盲目开荒造成植被破坏、水土流失、沙漠化、环境污染,也包括对地下水或地下矿产开采过度导致的地面沉陷、人类过度引用河水灌溉导致的河流断流、生态失衡导致的生物多样性锐减等。自然-人为灾害是人类行为和自然系统共同作用的结果,自然界的自我更替本身不会造成灾害,只有自然更替对人类生产和生活造成生命或经济损失,才被称为灾害;人类的生产活动本身就是开发自然、利用自然的过程,自然系统具有一定的自我恢复和再生能力,只有人类对自然的开采行为达到自然系统自我恢复的边界或者超出此边界时,才会发生自然-人为灾害。因此,自然-人为灾害天然包括两个基本属性——人类行为和自然系统。自然-人为灾害由自然系统和人类行为之间的物质和能量交互失灵引起,人类在改造自然的过程中行为不当导致自然生态系统失衡,从而给人类社会带来经济社会损失。

6.1.2 自然-人为灾害的分类

本书根据不同致灾因子,将中国自然-人为灾害分为大气污染引发的自然-人为灾害、水污染引发的自然-人为灾害、土壤污染引发的自然-人为灾害、资源开发导致的地表损害和生态退化引发自然-人为灾害。

1. 大气污染

大气中的污染物浓度高于一定水平，危害人类的正常生存和发展或者破坏了自然生态系统的平衡时，便称为大气污染。大气污染是目前最普遍、危害最严重的自然-人为灾种，常见表现形式有雾霾、城市光化学烟雾和酸雨等。我国经济高速发展，迅速赶超的过程中也付出了巨大代价，2013 年全年，雾霾席卷中华大地，全国三十多个省市被笼罩，北京市仅有 5 天不是雾霾天气，呼吸道疾病在就诊中的比例急速上升。2014 年 1 月 1 日，民政部和国家减灾办开始将雾霾天气纳入灾情通报，标志着雾霾正式定性为灾害性天气。伦敦、洛杉矶和东京光化学烟雾事件惊魂未定，中国兰州又被光化学烟雾覆盖。我国的大气污染程度越来越让人担忧。

大气污染物的来源主要为工业生产、农业生产和汽车尾气。现代社会的动力结构以能源为支撑，煤、石油、天然气等能源的燃烧过程中产生大量烟雾，尤其是燃烧不尽时产生的有害气体不能迅速扩散，在空气中集结成霾。城市中的汽车尾气和石化企业排放气体中含有大量的一氧化碳、氮氢与碳氢化合物，它们在强烈阳光的作用下会产生一系列化学反应，生成臭氧、烟硝酸与醛类化合物，是城市光化学烟雾的主要组成部分。工业生产中向大气排放的二氧化硫、二氧化氮、氟化物及金属等污染物是大气污染主要的来源，农业生产使用的农药向空气中挥发、固体废弃物的燃烧等加剧了对空气质量的破坏。大气中的有害物质遇到水蒸气发生化学反应，并伴随在雨雪天气降到地面，形成酸雨。

2. 水污染

水污染是仅次于大气污染的第二大环境污染公害，是制约我国经济发展的重要因素，长期粗放型的经济增长导致有河皆干、有水皆污。水循环是自然界能量和物质循环的重要组成部分，水分的蒸发和降雨不仅会传递河流、地表水中的污染物，同时也会通过将大气和土壤中的污染物溶解，沉降到地表或蒸发至空气中，引起空气、土壤和水源的交叉污染。20 世纪的泰晤士河污染、莱茵河污染、日本的水俣病、骨痛病以及 21 世纪国内的太湖污染，都是人类社会史上的巨大灾难。我国污水排放总量连年递增，严重破坏了地表和地下水循环系统，超出水源的自我净化能力，引发自然-人为灾害。

我国的水污染主要来源于生活污水和生产污水，生活用水的排放量占到总量的 2/3 以上，是水污染的主要来源。城市居民的生活污水多为洗涤用水、垃圾和粪便等，含有较多的氮、磷等化学元素，是污水排放中氨氮排放的最大贡献者，为水中微生物的繁殖创造了条件。生产污水包括工业废水和农业污水，前者来源于工业生产中的中间产品、副产品等有毒元素，后者主要来源于农业生产中的农药挥发、化肥通过土壤渗透到地下水污染地表和地下水系统，农业源化学需氧量排放在化学需氧量排放总量中占到将近一半。这些污染物通过河流汇集，导致湖泊富营养化或者海洋赤潮，严重威胁水系统的生态平衡。值得一提的是，近海油田和海上游轮的泄漏也是导致海洋污染的重要原因之一。

3. 土壤污染

土壤条件关系到自然系统和人类社会中各类动植物生命安全。作为植物的生长的基本主要载体，而地表植被处在食物链的最底层，土壤中的有机污染物和无机污染物通过食物链逐层传播。土壤的污染程度直接关系到食品安全，土壤污染物通过作物—食品—人体或者植物—家禽或其他动物—食品—人体的方式传播，最终危害人类生命安全。

土壤污染主要由人们在工农业生产活动中形成的废弃物、生活垃圾和其他污染的传导所致。废渣和固体废弃物中的有毒物质、农业生产中过量的化肥和未能及时回收的农用薄膜残存在土壤中会直接破坏土壤结构，造成土壤的保水能力、保肥能力和通气性下降，形成土地板结，降低农业生产力。大气污染造成的酸雨、水污染也会间接造成土壤污染，酸雨不仅会直接破坏地表植物，而且将空气中的污染物直接带入河流或者土壤，加剧土壤污染程度。地表水和地下水的循环经过土壤层，水污染同样会造成土壤污染。

4. 生态退化引发的自然-人为灾害

人们对自然的利用和改造过程中，索求无度或操作不当都会引起自然界本身规律异常并反作用于人类社会，造成巨大经济社会损失。生态退化的原因很多，这里特指由人为因素引起的生态退化，主要包括对地下能源开采引发的地面塌陷、山体滑坡等地表植被破坏和生态资源锐减引起的气候异常。我国是世界上人口压力最大的国家之一，为突破人均资源短缺的掣肘，更大范围、更深层次地开发和利用自然，人类智慧被发挥到淋漓尽致，毁林开荒、围海无所不用其极，海岸线和陆地之间的湿地被填埋，原始森林、草地、湿地面积迅速减少，随之而来的水土流失、沙漠化和生物多样性锐减更加剧了人和资源之间的矛盾。

生态退化表面原因在于人类的贪婪，对资源的无限索取造成环境破坏，引发次生灾害。事实上，土地垦殖、森林砍伐、草地放牧一直是人类满足自身需求的方式，土地资源被过度利用的真正原因在于我国人口的数量超载和结构失衡。新中国成立以来，我国总人口数翻了一番，而国土面积和生态资源总量并没有增加，为保证人们生存质量，必然会加大对自然资源的开发和掠夺。城镇人口增长速度大于农村人口增长速度的现实决定了，耕地面积的单位产出不仅仅要翻一番，农耕生产技术存在瓶颈的情况下，必然要通过扩大耕地面积来解决吃饭问题。同时，以工业为支撑的城市建设必须要有能源保障，煤矿、石油和天然气无节制的开采也就不足为怪了。

6.2　中国自然-人为灾害的特征

与自然灾害和人为灾害类似，我国自然-人为灾害也具有种类多、灾损重、连锁型和区域性的一般特征，而作为经济发展和人类社会进步的产物，自然-人为灾害也有其自身独特的特点。由社会中人类行为引起，却以自然灾害的形式表现，不仅对自然生态系统造成破坏，也会给人类社会系统的运行造成阻碍，由于其独特的孕灾过程，自然-人为灾害的孕灾期长，在区域之间的传播性更强，一旦爆发会危及大面积甚至是覆盖全国人民的生命财产安全，也正是由于自然-人为灾害长期潜伏的特点，其减灾避灾的可能性更大。

6.2.1　自然-人为灾害的因果表现不一

自然-人为灾害的结果表现是自然给人类社会造成的破坏，实质却是人们在利用自然和改造自然的过程的开发行为对自然造成破坏，是"自然界对人类的报复"。自然-人为灾害看似自然灾害，实则是人为的原因引发的，是由于社会的原因，而又以自然的形态表现出来。环境污染和生态破坏的真正原因在于我国在生产和生活中对于经济利润和个人效用的无尽追求，而环境污染造成的雾霾、酸雨、水质下降、土地板结和荒漠化均以自然的形式表现出来。在自然-人为灾害的初级孕灾阶段，是正常的社会生产现象，只有这种生产中积累的"负面影响"达到一定水平，破坏了自然系统的自我代谢，才表现为一种看似自然灾害的形式。

6.2.2　自然-人为灾害的孕灾周期较长

自然-人为灾害的孕灾是一个长期的社会过程，而各区域、各行业、各阶段之间广泛存在的生产资料和产品交换使得致灾因子在全社会范围内迅速流动和传播，因此自然-人为灾害在酝酿阶段是全社会扩散的，一旦爆发就会造成危及各地区、各领域的全面性灾害，灾害救助的难度更大，灾害损失也更加严重。例如，我国近年出现的雾霾灾害，每次爆发都覆盖全国半数以上城市，严重时期甚至笼罩全国；个别的草场放养过度和耕地开垦对自然系统影响很小，过垦过牧的负效应随着时间逐渐累积，再加上各区域之间的综合作用必然会造成的土地沙漠化，不仅会对当地的植被造成破坏，而且会引起沙尘暴，损害其他区域的交通、设施和土地肥力。

6.2.3　生态系统和社会系统的双破坏

　　自然-人为灾害既破坏了自然生态平衡，又破坏了人的生存条件。一方面，自然-人为灾害以自然灾害的形式爆发，必然会损害自然生态资源，大气、水、土壤的污染和生态资源过度开采造成植被流失、森林锐减、土地荒漠化、生物多样性锐减，生态资源的损失不仅会影响自然生态系统的正常演化，从而给人类正常的生产生活造成阻碍，而且生态资源的匮乏也会加剧人们之间的利益冲突。另一方面，酸雨、雾霾等自然-人为灾害还会腐蚀建筑物，破坏城乡基础设施，打断正常的农业和工业生产过程，增加交通压力，激化社会矛盾，不利于经济社会的正常运行。因此，自然生态系统的破坏具有双重作用，危害强度更大。

6.2.4　自然-人为灾害的减灾空间很大

　　自然-人为灾害的作用范围大、危害面积广、治理难度高，而灾害的始发因素是人为原因，人类对自身行为的可控性远远大于自然，因此自然-人为灾害的减灾工作主要在于预防，防治结合，预防优先，防胜于治。环境污染的初期是人们在工业生产和农业生产中的废气、废水和有毒物质的排放导致的，通过技术升级和工艺改造实现清洁生产或循环经济，使生产中的物质和能量流发挥到最大作用，必然能够实现节能减排，降低自然-人为灾害的成灾概率。

6.3　中国自然-人为灾害的形成机理

　　我国自然-人为灾害的形成是多方面因素综合作用的结果，大自然内部的系统稳定性和自我净化能力决定了其对人类活动的承载力，人们在经济社会生活中形成的经济发展方式、社会制度、产业结构、人口数量水平和生产生活方式等都会对自然-人为灾害的孕灾过程产生或轻或重的影响。本节从自然、经济和社会三个方面分析我国自然-人为灾害的形成机理。

6.3.1　自然因素

　　大自然本身具有自我净化和自我修复能力，自然系统这种天然的稳定性是动植物和人类社会存在的基础，只有人类行为打破了这种稳定才有可能造成自然-

人为灾害。自然系统的结构特征和运动特性都会影响自然-人为灾害，一方面，自然界本身的地理结构和气候变迁决定了其对人为改造的承灾能力，生态系统越脆弱承灾能力就越低，更易引发自然-人为灾害；另一方面，自然系统的自我循环和自我净化过程会减轻或加重自然-人为灾害的影响范围和作用力度。

　　作为自然-人为灾害的承灾体，自然的地质地貌、气候变化和水文情况都对自然-人为灾害的形成有着至关重要的作用。我国地处亚洲东部，毗邻太平洋西岸，地市西高东低，横跨 50 个纬度，集高原、盆地和平原于一体，地形地貌变化万千。这些自然因素决定了我国生态系统发育的起点和基本方向，并长期对生态系统进行"打磨"，形成特定自然景观。以黄土高原为例，其土质松软、天然多沙，无论是否有人类活动的干预，水土流失都不可避免。不稳定的地质结构和地形条件也会致使地表植被生命力不足，对外来人为影响的抵抗能力较弱，内蒙古草原土层偏薄，对牧区的承载力低是引发内蒙古草原生态退化的重要原因。另外，气候变迁和水文因素也会造成动植物异常繁殖，破坏原有生物链，引发生物病虫害。

　　自然系统的内部运动是自我净化和自我恢复的基础。自然系统的大气循环系统、水循环和土壤系统系统息息相关，其运行过程中的物质和能量流动不仅是自然-人为灾害减灾的主要渠道，也是自然-人为灾害爆发的重要途径。当环境污染程度较低时，自然界通过大风、水汽的蒸发和沉降、土壤微生物活动等方式将污染物稀释或溶解，弱化了人为破坏的影响，是自然-人为灾害的重要减灾渠道。然而，当环境污染程度较高时，自然的内部运动就变成了引发灾害的"帮凶"，工业废气排放到空气中不仅会污染大气，引发呼吸道疾病，空气中的有害气体还会被水蒸气溶解并与之发生化学反应，通过降雨、降雪、冰雹等方式降落到地面，进而污染河流和土。自然系统的内部循环反而加速了污染物在空间内的蓄积和流动，人为破坏的局部影响逐步演变为全面灾变。

6.3.2　经济因素

　　经济资源的稀缺性决定了经济人之间的竞争关系，生态环境的外部性特征、产业结构不合理和巨大的人口压力是引发我国环境污染和生态破坏的重要因素。

　　产业结构不合理是我国环境污染不断加重的重要原因。农业在国民生产总值中的占比过大且现代化程度不高，小农耕作模式对自然的依赖性和破坏力相对较强。根据第一次全国污染源普查公报，农业面源污染源已经超过工业，成为最主要的污染源。我国单位面积的化肥施用量是世界平均水平的将近三倍。石油业不仅给土壤和地下水造成污染，而且留下了严重的食品安全隐患。制造业和建筑业整体产能过剩，我国工业生产的技术含量低，工业生产中的主要行业均出现产能过剩，不仅是对生产资料和劳动力的巨大浪费，而且会造成工业废气、废水和固体垃圾的过量排放。服务业的集约化和规模化不够，生产资料浪费严重，产业之间的能量流和物资流不能够有效发挥作用。

人口压力会加重生态环境问题，引发自然-人为灾害。我国人口占世界的21%，而土地面积却只有全球的7%，人口压力加剧了人地之间的矛盾，使本来就稀缺的生态资源更加稀缺，加大了人们在资源开采和利用上的竞争。大量人口制造出更多的需求，带动工农业生产规模增加，必然需要更多的生产资料和能源消耗，生态资源从稀缺逐步转变为生态危机。同时，农村大量的过剩劳动力为过垦、过牧和进一步加大对资源的开采提供了条件。可见，人口压力过大是生态退化和环境污染进而引发自然-人为灾害的重要原因。

6.3.3　社会因素

人们在生产生活中的居住条件、卫生状况、风俗习惯和宗教信仰等都会对经济社会系统和自然系统产生直接或间接的影响，资源节约、环境友好的生产方式会降低人类活动给自然造成的损害，而不合理生活方式则会加剧自然-人为灾害的危害程度。

社会组织结构、制度环境、社会生产力水平和公民受教育程度等都会通过影响人们的行为选择从而给生态环境带来隐患。农业型社会和工业型社会与自然的能量交互和破坏力度明显是不同的。环境质量和生态条件涉及每个公民的切身利益，应发动全民参与生态建设和环境治理。然而，我国特殊的制度环境决定了信息自下而上传递的高成本，公众对环境治理的参与度普遍较低。社会主义制度下共有资源的产权不明晰，导致生态环境破坏和治理的权责不清，环境治理效率低下。由于中央政府和地方政府的利益目标不一致，地方政府的短期政绩工程会主动提高环境政策的执行弹性甚至直接干预环境执法，导致环境政策执行和管理工作不能落实，对环境污染的治理不足引发灾变。

社会人文因素通过影响人们的生活习惯和生产方式间接影响生态系统。我国农村焚烧秸秆、城市垃圾堆放、工农业生产中的污水不经处理就直接排放都会给生态环境造成污染和破坏。居住卫生条件和社会医疗水平不足是传染病和流行病肆虐的重要原因。人们对自然的认知不足，人定胜天的理念依然广泛存在，主要表现为对原始森林滥砍滥伐，对藏羚羊、貂鼠等野生动物的捕杀，对冬虫夏草、鹿茸等珍稀药材的毁灭性开采。受经济发展水平和受教育程度的限制，我国广大农户和城市家庭不能准确认识到环境污染和生态退化给自身造成的长期危害，对生态环境保护的重要性认知不足，也是致使污染加重的原因之一。

6.4　中国自然-人为灾害的经济社会影响

自然-人为灾害通过破坏现有经济建设的成就和降低经济发展潜力两个方面对我国经济发展造成影响。一方面，自然-人为灾害会对现有经济建设成果造成不同程度的损害。酸雨、雾霾等会腐蚀城市建筑和基础设施，缩短建筑物的使用寿命，增加设备使用风险；水污染会通过城市饮水系统直接影响或通过灌溉系统间接影响饮水安全和食品安全，从而给人们的经济生活和农业生产造成巨额经济损失。另一方面，自然-人为灾害会损害长期经济发展的潜力。环境污染和生态退化会损害人们身体健康和自然界物质资本的可持续发展，通过人力资本和物质资本影响经济社会长期发展的潜力，降低经济增长速度和经济发展的质量。自然-人为灾害在不同的经济发展阶段和不同区域表现出不同的特征，本节通过对环境污染和生态退化等主要自然-人为灾害的时间特征和区域特征进行分析，考察自然-人为灾害的分布和危害的演进以及发展趋势。

6.4.1　自然-人为灾害经济社会影响的时序特征

随着人类改造自然活动的进一步扩大，自然-人为灾害的总体特征是：灾害的种类不断增加，并且灾情日益严重；灾害造成的损失量开始增加，破坏性增强。本书主要从环境污染和生态破坏两个方面来分析中国自然-人为灾害的时序变化特征。

1. 中国环境污染经济社会影响的时序变化

目前我国已进入环境污染事故多发期，历年来平均每天要发生 4 起左右的环境污染事故，环境污染的加剧威胁着人类的生存和生活。大气污染、水污染、噪声污染、固体废弃物污染等由工业化发展所引起的环境污染给人类的生存带来很大的威胁。本节主要从大气污染和水污染分析环境污染的时序特征。

受数据可获得性限制，环境污染事故的数据只到 2012 年，且个别年份的环境污染造成的直接经济损失数据缺失。依据图 6-1 分析：1991～1995 年环境污染事故发生频次在 2000～3000 次上下波动；1996～2005 年事故发生频次在 1000～2000 次上下波动；2006 年之后中国环境污染和破坏次数的变化趋势下降明显，2009 年是自 20 世纪 90 年代以来发生环境污染事故次数最少的一年，为 418 次，1991～2012 年中国环境污染与破坏事故整体上呈波动中且下降的趋势。然而，环境污染和破坏事故的频次减少并没有使得经济损失呈现显著下降的趋势，1997～2009 年中国环境污染和破坏事故所造成的直接经济损失一直上下波动，2004 年环境污染造成的直接经济损失急剧增加，随后又急剧下降，从 2007 年开始损失又急剧增加；1997～2009 年环境污染的直接经济损失年际差别比较大，后期又呈现上升趋势，这反映了环境污染与破坏事故对经济社会运行的干扰和破坏不断加剧。

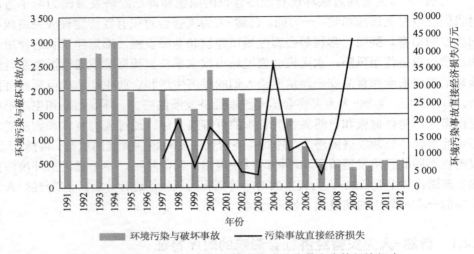

图 6-1　中国 1991～2012 年环境污染事故次数和直接经济损失

资料来源：《中国统计年鉴》（1992～2013 年），其中 2009 年有两次海洋事故；2010 年有三次海洋事故。空格部分为年鉴上未统计数据，视为缺失值

　　从图 6-2 分析：中国环境污染和破坏事故中水污染和大气污染是两种最为严重的环境污染破坏类型。其中水污染频次在 1991～2010 年呈波动中下降趋势，其大致浮动范围在 30%～60%；1991～2010 年大气污染频次也呈波动中略微下降趋势，这一阶段中国大气污染破坏事故发生次数占比在 30%～40% 浮动；固体废物污染事故、噪声与振动污染事故则呈徘徊波动态势，虽然近期内占比略有上升，但从长期来看尚未呈现明显变动趋势。

　　其一，造成大气污染的废气排放量呈现增加趋势。从全国废气排放量分析（图 6-3）：工业废气排放量整体呈现增加趋势；进入 21 世纪的前十年，工业废气排放逐年增加，2010 年工业废气排放量是 2000 年的 3.8 倍；以 2004 年为分界线可以把工业废气排放量的变化分成两部分，2004 年之前趋势平稳，年均增长 14.5%，2004 年之后增幅变大，年均增长达到 16.6%，增速上升 2.1 个百分点；随着环境排放标准的出台和各部门的综合治理，2012 年之后工业废气的排放开始出现明显的下降趋势；与工业废气类似，二氧化硫、烟（粉）尘的排放量在 2004 年之前相对平稳，二氧化硫的排放总量有小幅上升，而在 2004 年之后，这两类对环境危害最大的废气排放均出现不同程度的下降。

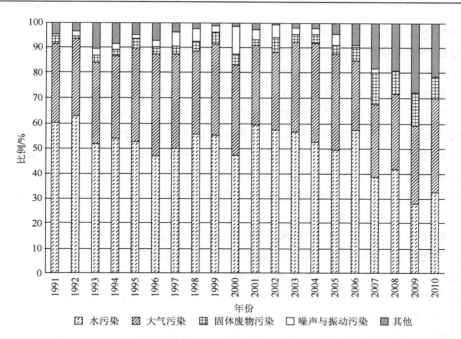

图 6-2 1991～2010 年中国各类环境污染和破坏事故发生比例变化图

资料来源:《中国统计年鉴》(1992～2011 年)

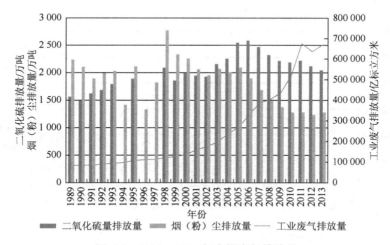

图 6-3 1983～2014 年全国废气排放量

资料来源:《中国统计年鉴》(1984～2011 年)、《中国环境统计年鉴》(2012～2014 年),2014 年的数据
来自中国环境统计年报 (2014 年度)

对于我国重点发展的行业,如煤炭行业和化学行业,它们都是会对大气造成
严重污染的行业,在这类企业进行生产的过程中,其会向大气中排放大量的有毒

有害气体，从而污染我国的大气环境，因此，我国的工矿企业已成为导致我国大气受到严重污染的主力军，在对大气环境污染物的排放量进行监测时，我们发现因工业生产而带来的大气污染物大约能占到大气污染排放总量的20%。

其二，水污染程度逐渐加重。水污染主要表现在污水、废渣、废油、化学品等源源不断地排入江河湖海。水污染包括生活污水、工业废水、农田排水未经处理而大量排入水体所造成的污染。工业废水是水体主要污染源，它面广、量大、含污染物质多、组成复杂。有的毒性大，处理困难，如造纸、纺织、印染、食品加工等轻工业部门，在生产过程中常排出大量废水，而且这些废水中的有机质在降解时消耗大量溶解氧，易引起水质发黑变臭等现象。此外，还常含有大量悬浮物、硫化物、重金属等。

如图6-4所示，1985年以来我国水污染程度逐渐加重，废水排放总量逐年递增，年均增长22.4亿吨左右，年均增长率为4.65%。其中，工业废水排放量年均增长2.25亿吨，年均增速为1.09%；生活废水排放量年均增长20.16亿吨，年均增速为6.36%。工业废水的达标率不断提高，工业废水排放的达标率在2010年已经达到95.3%，比2000年提高了18.4个百分点。其中，工业废水的治理成效显著，自2005年其排放总量开始出现下降趋势，且工业废水排放量在废水排放总量中的比重逐年下降，2012年占比已经不到1/3，可见废水污染的治理工作主要在于生活废水方面。

图6-4　1985～2014年全国废水排放量

资料来源：《中国统计年鉴》（1986～2009年），《中国环境统计年鉴》（2010～2014年），2014年的数据来自中国环境统计年报（2014年度）

我国是一个缺水国家，人均水资源只有世界平均水平的1/4，全国600多个城市目前大约有一半的城市缺水。水污染使水资源日益减少，导致全国水环境形势依然十分严峻，形成影响未来中国发展和安全的多重水危机。

2. 中国生态破坏的时序特征

中国生态退化主要表现为土地的荒漠化和沙化、森林生态系统的退化、水土流失等三个方面。

其一，我国土地的荒漠化和沙化造成每年直接经济损失较严重。我国是一个土地荒漠化和沙化较严重的国家，目前为止，我国已开展五次全国荒漠化和沙化土地监测工作[①]，中国每年因沙漠化造成直接经济损失超 540 亿元。

表 6-1 和表 6-2 列出中国 2004～2014 年不同类型的荒漠化与沙化土地面积和所占比例的动态变化。与 2004 年相比，2014 年干旱区荒漠化土地增加了 2.16 万平方千米，半干旱区荒漠化土地减少了 3.59 万平方千米，亚湿润干旱区荒漠化土地减少了 1.03 万平方千米；与 2004 年相比，2014 年风蚀荒漠化土地减少 1.31 万平方千米，水蚀荒漠化土地减少 0.92 万平方千米，盐渍化土地减少 0.19 万平方千米，冻融荒漠化土地减少 0.04 万平方千米；与 2004 年相比，2014 年轻度荒漠化土地增加 11.82 万平方千米，中度荒漠化土地减少 5.98 万平方千米，重度荒漠化土地减少 3.13 万平方千米，极重度荒漠化减少 5.17 万平方千米；与 2004 年相比，2014 年流动沙丘（地）减少 1.27 万平方千米，半固定沙丘（地）减少 1.45 万平方千米，固定沙丘（地）增加 1.87 万平方千米，戈壁减少 0.11 万平方千米，风蚀劣地（残丘）减少 0.1 万平方千米，沙化耕地增加 0.22 万平方千米。

表 6-1　全国荒漠化土地情况

年份	气候类型区荒漠化类型	土地面积/万平方千米	所占比例/%	荒漠化类型	土地面积/万平方千米	所占比例/%	荒漠化程度	土地面积/万平方千米	所占比例/%
2004	干旱区荒漠化	115	43.62	风蚀荒漠化	183.94	69.77	轻度荒漠化	63.11	23.94
	半干旱区荒漠化	97.18	36.86	水蚀荒漠化	25.93	9.84	中度荒漠化	98.53	37.38
	亚湿润干旱区荒漠化	51.44	19.52	盐渍化	17.38	6.59	重度荒漠化	43.34	16.44
				冻融荒漠化	36.37	13.80	极重度荒漠化	58.64	22.24
2009	干旱区荒漠化	115.86	44.16	风蚀荒漠化	183.02	69.82	轻度荒漠化	66.58	25.38
	半干旱区荒漠化	97.16	37.03	水蚀荒漠化	25.52	9.73	中度荒漠化	96.84	36.91

① 以下数据来自第一次至第五次中国荒漠化和沙化状况公报。

续表

年份	气候类型区荒漠化类型	土地面积/万平方千米	所占比例/%	荒漠化类型	土地面积/万平方千米	所占比例/%	荒漠化程度	土地面积/万平方千米	所占比例/%
2009	亚湿润干旱区荒漠化	49.35	18.81	盐渍化	17.3	6.59	重度荒漠化	42.66	16.26
				冻融荒漠化	36.35	13.86	极重度荒漠化	56.3	21.46
2014	干旱区荒漠化	117.16	44.86	风蚀荒漠化	182.63	69.93	轻度荒漠化	74.93	28.69
	半干旱区荒漠化	93.59	35.84	水蚀荒漠化	25.01	9.58	中度荒漠化	92.55	35.44
	亚湿润干旱区荒漠化	50.41	19.30	盐渍化	17.19	6.58	重度荒漠化	40.21	15.40
				冻融荒漠化	36.33	13.91	极重度荒漠化	53.47	20.47

资料来源：中国第三次、第四次和第五次中国荒漠化和沙化状况公报

表 6-2　全国沙化土地情况

各沙化土地类型	2004 年		2009 年		2014 年	
	土地面积/万平方千米	所占比例/%	土地面积/万平方千米	所占比例/%	土地面积/万平方千米	所占比例/%
流动沙丘（地）	41.16	23.66	40.61	23.46	39.89	23.17
半固定沙丘（地）	17.88	10.28	17.72	10.24	16.43	9.55
固定沙丘（地）	27.47	15.79	27.79	16.06	29.34	17.05
戈壁	66.23	38.07	66.08	38.17	66.12	38.41
风蚀劣地（残丘）	6.48	3.73	6.46	3.73	6.38	3.71
沙化耕地	4.63	2.66	4.46	2.58	4.85	2.82
露沙地	10.11	5.81	9.97	5.76	9.1	5.29
非生物工程治沙地	0.0096	—	0.0066	—	0.0089	0.01
沙化土地总面积	173.97	18.12	173.11	18.03	172.12	17.93

资料来源：中国第三次、第四次和第五次中国荒漠化和沙化状况公报

从以上分析可得：我国荒漠化和沙化的土地面积有所减少，但其中轻度荒漠化的土地面积及沙化耕地的面积却在增加，这说明由人为因素所导致的荒漠化和沙化状况仍十分严峻。土地的荒漠化和沙化造成对土地资源的破坏，导致我国农业生产环境恶化，生态系统失衡，水旱灾害频繁，影响整个社会生产系统的运行。

其二，全国水土流失面积随水土治理强度增加有所减缓，但因此导致的耕地

面积损失仍比较严峻。我国对水土流失的调查是难以获得的，因此本节只列出各阶段的水土流失数据。据 20 世纪 50 年代初期统计，全国水土流失面积为 280 万平方千米，占国土面积的 29.1%；其中，水蚀 150 万平方千米，占国土面积的 15.6%；风蚀 130 万平方千米，占国土面积的 13.5%；年均土壤流失总量 50 余亿吨。到 1990 年，全国水土流失总面积 367 万平方千米，占国土面积的 35.2%。20 世纪 90 年代末全国水土流失面积 356 万平方千米，占国土面积的 37.5%。其中，水蚀 165 万平方千米，占国土面积的 17.4%；风蚀 191 万平方千米，占国土面积的 20.1%。在水蚀和风蚀面积中，水蚀和风蚀交错区水土流失面积为 26 万平方千米。[①]第一次全国水利普查显示：截止到 2011 年年底，我国水土流失面积 294.91 万平方千米，占国土总面积的 30.72%；其中，水蚀 129.32 万平方千米，占国土面积的 13.46%；风蚀 165.59 万平方千米，占国土面积的 17.26%；《2014 中国环境状况公报》显示：截止到 2013 年年底，中国现有水土流失面积仍为 294.91 万平方千米。

　　从图 6-5 分析：20 世纪 50 年代初到 20 世纪 90 年代末，我国的水土流失面积逐渐增加；随着政府对水土流失治理的重视，我国水土流失治理范围的扩大和投入治理资金的增加，从 21 世纪至今水土流失的面积呈递减趋势。但我国水土流失面积基数大、分布广，而且强度大、侵蚀重，再加上成因复杂，区域差异明显，对整个国民经济建设造成的危害更是十分深远。因水土流失，全国年均损失耕地 100 万亩，黄土高原严重区每年流失表土 1 厘米以上，东北黑土地变薄，一些地方的黑土层流失殆尽，东北黑土区侵蚀沟道已达 295 663 条。因此，水土流失目前在中国的形势依然比较严峻，生态系统破坏日益严重，亟待解决。

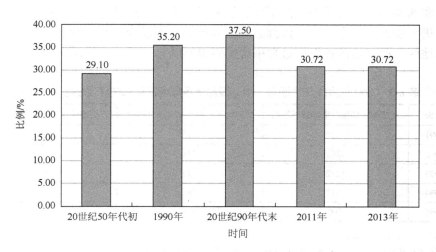

图 6-5　我国水土流失面积占国土面积的比例

---

① 来自 2003 年全国水土保持监测公报。

6.4.2 自然-人为灾害经济社会影响的区域特征

环境污染与生态退化作为中国一直以来影响比较严重的两大自然-人为灾害，在时间序列上呈现出其各自的时序特征，从纵向反映中国自然-人为灾害的演变趋势；在空间分布上，中国的自然-人为灾害也有其自身的规律，结合其分布特征便于制定相应的减灾防灾策略，避免"一刀切"的做法。

1. 中国环境污染致灾的区域分布特征

中国环境污染事故的一大特点是：事故的发生在省际存在显著差异，少数的几个省份集中了全国大部分的污染事故。1991 年至 2012 年，广西、湖南、江苏、浙江、四川、广东、山东、辽宁、江西、云南、安徽及甘肃 12 个地区，共发生 25 994 起环境污染与破坏事故，约占这一时间段同类事故发生数的 75.41%，超过总数的 3/4。[①]环境污染事故的直接经济损失集中程度更为显著，已有的 1997～2009 年环境污染破坏事故造成的直接经济损失数据显示，在 1997～2009 年，江苏、河北、云南、四川和内蒙古 5 个地区所遭受的环境污染的直接经济损失约为 13.13 亿元，占这一时期全部经济损失的 66.53%；再加上浙江、辽宁、山东、广东、广西和安徽等地区，其比例高达 95.69%。[②]

从表 6-3 分析：中国东中西部环境污染事故的变化趋势存在差异。东、中、西部的环境污染和破坏事故发生次数均呈一定的下降趋势，但是东部地区较中部地区和西部地区更为明显。西部地区随着经济发展增速其环境问题相对于其他两地区进一步恶化。东、中、西部之间的差异表明西部地区经济发展的代价远大于其他地区，西部地区在发展过程中更需要提高其自身经济发展质量。

表 6-3　1991～2011 年中国东、中、西部地区环境污染和破坏发生频次　　单位：次

年份	东部地区环境污染和破坏次数	中部地区环境污染和破坏次数	西部地区环境污染和破坏次数
1991	1618	746	674
1992	1307	738	622
1993	1272	735	754
1994	1317	745	939
1995	890	674	402

① 所用数据均根据《中国统计年鉴》（1992～2013 年）环境污染和破坏事故发生次数统计数据计算而得。其中部分省份在某一年为缺失值，但是并不影响整体排序和占比效果。

② 所用数据均根据《中国统计年鉴》（1998～2010 年）环境污染和破坏事故造成的直接经济损失统计数据计算而得。其中部分省份在某一年为缺失值，但是并不影响整体排序和占比效果。

续表

年份	东部地区环境污染和破坏次数	中部地区环境污染和破坏次数	西部地区环境污染和破坏次数
1996	570	326	550
1997	764	352	876
1998	627	281	514
1999	603	236	775
2000	646	599	1166
2001	497	467	878
2002	405	625	893
2003	405	621	817
2004	309	501	631
2005	243	332	831
2006	198	296	348
2007	198	296	348
2008	225	107	142
2009	261	53	104
2010	256	97	67
2011	375	43	124

资料来源：《中国统计年鉴》（1992～2012 年），以各省份当期环境污染和破坏发生次数数据为基础计算所得

中国环保局关于水污染数据显示：东北地区重工业和油田开发区地下水污染严重，松嫩平原的主要污染物为亚硝酸盐氮、氨氮、石油类等，下辽河平原硝酸盐氮、氨氮、挥发性酚、石油类等污染普遍。华北地区地下水污染普遍呈加重趋势，主要污染组分有硝酸盐氮、氰化物、铁、锰、石油类等。西北地区地下水受人类活动影响相对较小，故地下水污染总体较轻，其中，内陆盆地地区的主要污染组分为硝酸盐氮；黄河中游、黄土高原地区的主要污染物有硝酸盐氮、亚硝酸盐氮、铬、铅等，以点状、线状分布于城市和工矿企业周边地区。南方地区地下水局部污染严重。南方地区地下水水质总体较好，但局部地区污染严重。西南地区的主要污染指标有亚硝酸盐氮、氨氮、铁、锰、挥发性酚等，污染组分呈点状分布于城镇、乡村居民点，污染程度较低，范围较小。中南地区主要污染指标有亚硝酸盐氮、氨氮、汞、砷等，污染程度低。东南地区主要污染指标有硝酸盐氮、氨氮、汞、铬、锰等，地下水总体污染轻微，但城市及工矿区局部地域污染较重，特别是长江三角洲地区、珠江三角洲地区经济发达，浅层地下水污染普遍。

2. 中国生态退化致灾的区域分布特征

其一，荒漠化土地主要集中在西部地区，且荒漠化土地面积有所减少。截止

到 1999 年年底，我国荒漠化土地主要分布在新疆、内蒙古、西藏、甘肃、河北、宁夏、陕西、山西等 18 个省份的 471 个县、旗。[①]

截止到 2004 年年底，荒漠化主要分布在新疆、内蒙古、西藏、甘肃、青海、陕西、宁夏、河北 8 个省（自治区）（具体数值见图 6-6），这 8 个省（自治区）荒漠化面积占全国荒漠化总面积的 98.45%；与 1999 年相比，内蒙古、新疆等 16 个省份的荒漠化土地面积都有不同程度的减少（具体数值见图 6-7）。[②]

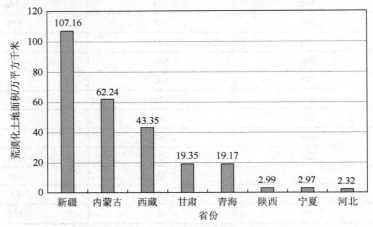

图 6-6　2004 年年底荒漠化土地面积排前八的省份

资料来源：第三次全国荒漠化和沙化状况公报

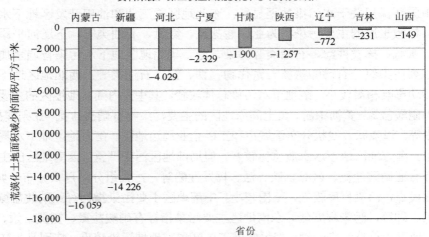

图 6-7　2004 年年底一些省份荒漠化土地面积减少的数量

资料来源：第三次全国荒漠化和沙化状况公报

---

① 第二次全国荒漠化和沙化状况公报。
② 第三次全国荒漠化和沙化状况公报。

　　截止到 2009 年年底，荒漠化主要分布在新疆、内蒙古、西藏、甘肃、青海 5 个省（自治区），这 5 个省（自治区）荒漠化土地面积占全国荒漠土地总面积的 95.48%（具体数值见图 6-8）；与 2004 年相比，18 个荒漠化省（自治区、直辖市）的荒漠化土地面积全部净减少。其中，内蒙古减少 4672 平方千米，河北减少 1802 平方千米，甘肃减少 1349 平方千米，辽宁减少 1153 平方千米，西藏减少 789 平方千米，宁夏减少 757 平方千米，山西减少 490 平方千米，新疆减少 423 平方千米，陕西减少 406 平方千米，青海减少 284 平方千米（图 6-9）。[①]

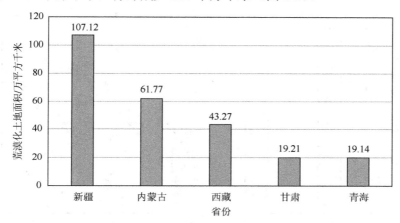

图 6-8　2009 年年底荒漠化土地面积排前五的省份

资料来源：第四次全国荒漠化和沙化状况公报

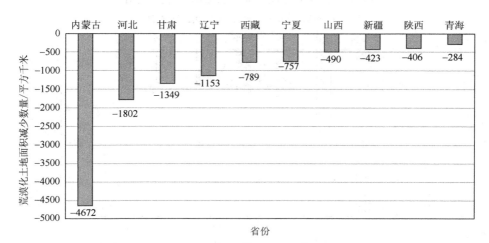

图 6-9　2009 年年底一些省份荒漠化土地面积减少的数量

资料来源：第四次全国荒漠化和沙化状况公报

---

① 第四次全国荒漠化和沙化状况公报。

　　截止到 2014 年年底，荒漠化主要分布在新疆、内蒙古、西藏、甘肃、青海，这 5 个省（自治区）荒漠化土地面积占全国荒漠化土地总面积的 95.64%（具体数值见图 6-10），其他 13 个省（自治区、直辖市）占 4.36%；与 2009 年相比，18 个省（自治区、直辖市）的荒漠化土地面积全部净减少。其中，内蒙古减少 4169 平方千米，甘肃减少 1914 平方千米，陕西减少 1443 平方千米，河北减少 1156 平方千米，宁夏减少 1097 平方千米，山西减少 622 平方千米，新疆减少 589 平方千米，青海减少 507 平方千米（图 6-11）。[①]

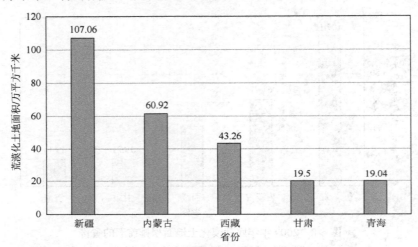

图 6-10　2014 年年底荒漠化土地面积排前五的省份

资料来源：第五次全国荒漠化和沙化状况公报

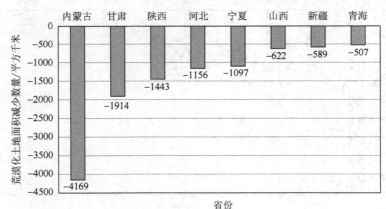

图 6-11　2014 年年底一些省份荒漠化土地面积减少的数量

资料来源：第五次全国荒漠化和沙化状况公报

---

① 注：数据来自第五次全国荒漠化和沙化状况公报。

其二，沙化土地主要集中在西部地区，且沙化土地面积有所减少。

截止到 1999 年年底，沙化土地在我国 30 个省份均有分布，其中沙化土地面积排名前十的省份是新疆、内蒙古、西藏、青海、甘肃、河北、陕西、宁夏、四川、山东（图 6-12），这 10 个省份占全国沙化土地总面积的 97%；与 1994 年第一次沙化土地普查相比，沙化土地面积扩大的省份主要有内蒙古、辽宁、黑龙江、甘肃、青海、新疆、西藏、山东，共扩展 2.29 万平方千米；沙化土地面积减少的省份主要有宁夏、陕西、山西、河北、吉林、天津、福建、江西、河南、湖北、广东、广西、海南、四川、贵州、云南、重庆，共减少了 5700 平方千米。①

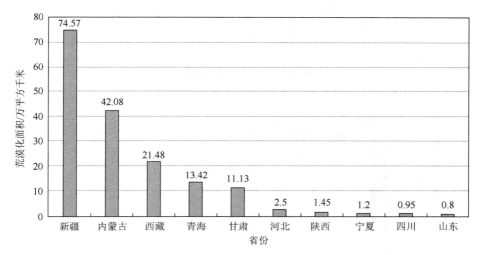

图 6-12　1999 年年底沙化土地面积排名前十的省份

资料来源：第二次全国荒漠化和沙化状况公报

截止到 2004 年年底，沙化土地主要分布在新疆、内蒙古、西藏、青海、甘肃、河北、陕西、宁夏 8 个省（自治区）（具体数值见图 6-13），这 8 个省（自治区）面积占全国沙化土地总面积的 96.28%；与 1999 年相比，内蒙古等 27 个省（自治区、直辖市）沙化土地面积都有不同程度的减少（具体数值见图 6-13）。其中，内蒙古减少 4882 平方千米，河北减少 959 平方千米，甘肃减少 836 平方千米，山西减少 782 平方千米，山东减少 380 平方千米，四川减少 375 平方千米，宁夏减少 254 平方千米，江苏减少 227 平方千米，陕西减少 208 平方千米（图 6-14）。②

---

① 注：数据来自第二次全国荒漠化和沙化状况公报。
② 注：数据来自第三次全国荒漠化和沙化状况公报。

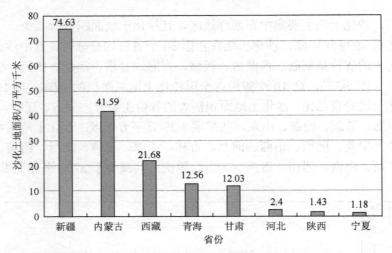

图 6-13　2004 年年底沙化土地面积排名前八的省份

资料来源：第三次全国荒漠化和沙化状况公报

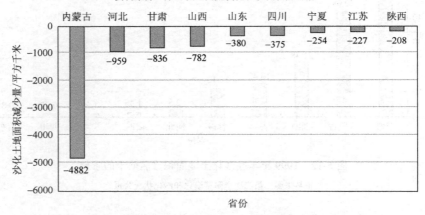

图 6-14　2004 年年底一些省份沙化土地面积减少的数量

资料来源：第三次全国荒漠化和沙化状况公报

截止到 2009 年年底，沙化土地主要分布在新疆、内蒙古、西藏、青海、甘肃 5 个省（自治区）（具体数值见图 6-15），这 5 个省（自治区）沙化土地面积占全国沙化土地总面积的 93.69%；与 2004 年相比，绝大部分省（自治区、直辖市）沙化土地面积都有不同程度的减少；其中，河北减少 2782 平方千米，内蒙古减少 1253 平方千米，甘肃减少 1121 平方千米，山西减少 877 平方千米，西藏减少 657 平方千米，青海减少 548 平方千米，黑龙江减少 330 平方千米，山东减少 262 平方千米，陕西减少 212 平方千米，宁夏减少 204 平方千米（具体数值见图 6-16）。①

_____

① 注：数据来自第四次全国荒漠化和沙化状况公报。

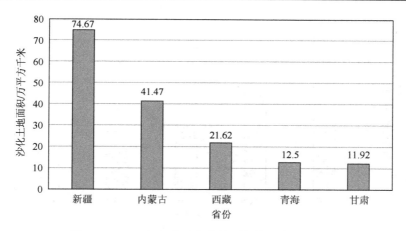

图 6-15 2009 年年底沙化土地面积排名前五的省份

资料来源：第四次全国荒漠化和沙化状况公报

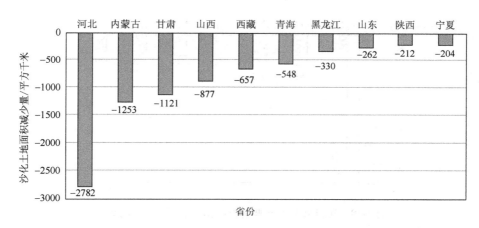

图 6-16 2009 年年底一些省份沙化土地面积减少的数量

资料来源：第四次全国荒漠化和沙化状况公报

截止到 2014 年年底，沙化土地主要分布在新疆、内蒙古、西藏、青海、甘肃 5 个省（自治区），这 5 个省（自治区）沙化土地面积占全国沙化土地总面积的 93.95%（具体数值见图 6-17）；其他 25 个省（自治区、直辖市）占 6.05%。与 2009 年相比，内蒙古等 29 个省（自治区、直辖市）沙化土地面积都有不同程度的减少。其中，内蒙古减少 3432 平方千米，山东减少 858 平方千米，甘肃减少 742 平方千米，陕西减少 593 平方千米，江苏减少 585 平方千米，青海减少 570 平方千米，四川减少 507 平方千米（图 6-18）。[①]

① 注：数据来自第五次全国荒漠化和沙化状况公报。

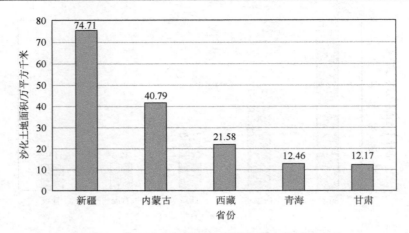

图 6-17　2014 年年底沙化土地面积排名前五的省份

资料来源：第五次全国荒漠化和沙化状况公报

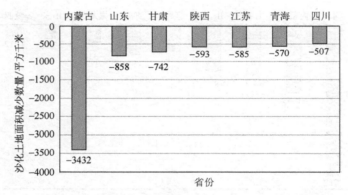

图 6-18　2014 年年底一些省份沙化土地面积减少的数量

资料来源：第五次全国荒漠化和沙化状况公报

其三，水土流失较严重的地区集中在西北黄土高原丘陵、南方丘陵、北方土石地丘陵、东北漫岗丘陵山地。

水土流失在各省区均有发生，但空间分布上有很大差别。中国水土流失严重地区分布在西北黄土高原丘陵、南方丘陵、北方土石地丘陵、东北漫岗丘陵山地；水土流失次严重地区位于西南峡谷高中山地、干旱地区山地及干旱风沙地区；平原、盆地和绿洲地区、青藏高原地区为中国水土流失轻微地区。以水土流失最严重的黄土高原地区为例：西北黄土高原地区是水土流失严重地区之一，其水土流失面积达 41.9 万平方千米，占总面积的 67.41%。严重的水土流失，造成耕地面积减少、土壤肥力下降、农作物产量降低，人地矛盾突出。当地农民群众为了生存，不得不大量开垦坡地，广种薄收，形成了"越穷越垦、越垦越穷"的恶性循环，使生态环境不断恶化，制约了经济发展，加剧了贫困。黄土高原地区贫困县有 126 个，占全国贫困县总数的 21.3%，贫困人口 2300 万人，占全国贫困人口的 28.8%。经过多年的扶贫攻坚，目前仍有近 1000 万贫困人口，是我国贫困人口集中分布的地区之一。严重的水土流失也造成该区交通不便、人畜饮水困难，严重制约区域经济社会的可持续发展。

　　通过对中国自然-人为灾害在时间和空间上的分布特征的描述，可以看出中国目前所面临的灾害形势严峻：东、西部受灾程度差异较大，灾害损失严重，严重阻碍社会经济的发展；自然-人为灾害的长期效应不断凸出，人类生存环境不断恶化。自然-人为灾害在中国社会经济发展过程中表现出不同的时空特征，但是均对社会的发展造成一定阻力，在对于不同种类灾害的时空分布规律的认识基础上，总结灾害与经济发展的关系，从而认识中国灾害经济的一般特征和发展趋势。全面了解灾害经济的特征和趋势，制定相应的灾害预警机制，保证国民经济健康持续发展。

第三篇　中国区域灾害经济研究

中国东部、中部和西部的地理位置和自然气候条件差异，导致其所面临的自然灾害类型各异，各个区域的经济发展水平和人口密度的不同导致其所应对的主要人为灾害和自然-人为灾害千差万别。从行政区划上说，城市和农村的功能定位、生产方式、人口质量的区别决定了城乡所应对的灾害不尽相同。本篇根据自然资源禀赋和经济发展水平分别对中国东、中、西部三大区域以及城市与农村的灾害经济进行研究，研究不同区域灾害经济的现状、成因及其社会经济影响。

第 7 章　东部地区的灾害经济研究

中国东部地区位于东亚大陆东缘，太平洋西岸，省份大多位于沿海地区，气候类型多样，地形以平原丘陵为主。东部地区自然、经济条件的独特性决定了其自然灾害种类多，损失的绝对量较大。在社会经济方面，中国东部地区属于人口密集区，包含三大经济区：环渤海经济区、长江三角洲经济区、珠江三角洲经济区。东部地区经济发展总量位居全国前列，经济波动对全国整体的经济发展影响很大。因此，研究东部地区的灾害经济对于全国经济的健康可持续发展有重大影响。

7.1　东部地区灾害的现状和特征

7.1.1　东部地区自然灾害现状和特征

与中西部地区不同，东部地区比邻海洋，在受到一般性地质灾害和气象灾害的同时，东部地区的自然灾害也体现出明显的海洋性特征。总体上，中国东部地区的自然灾害包括洪涝灾害、台风灾害、风暴潮灾害和海浪灾害这四种类型。

1. 洪涝灾害

我国不同综合经济区对洪涝灾害的防灾减灾能力存在较大差异。图 7-1 显示，东部沿海综合经济区和北部沿海综合经济区的洪涝灾害防灾减灾能力最强，其综合能力得分分别为 2.188 和 2.098，其原因在于东部沿海综合经济区的预防与应急准备能力和监测与预警能力排在全国首位，北部沿海综合经济区的应急处置与救援能力和灾后恢复与重建能力表现特别优异。其余的六大综合经济区的洪涝灾害防灾减灾能力相对较弱，排序依次是黄河中游综合经济区＞南部沿海综合经济区＞东北综合经济区＞长江中游综合经济区＞大西南综合经济区＞大西北综合经济区。

从图 7-2 可以看出，东部地区 2000~2013 年洪涝灾害的受灾人口呈现出波动变化趋势，随着洪涝灾害程度的不同，受灾人口发生变化。其中，东部地区洪涝灾害受灾人口最大的两个峰值出现在 2003 年和 2010 年，其余年份的受灾人口较为平缓。

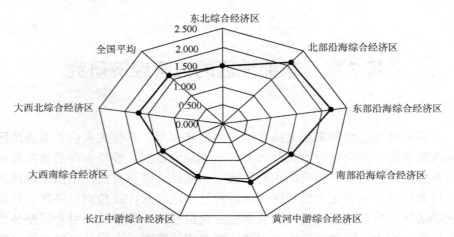

图 7-1　八大综合经济区的洪涝灾害防灾减灾能力雷达图

资料来源：http://www.chnjy.com/content.aspx?cid=6868[2016-11-20]

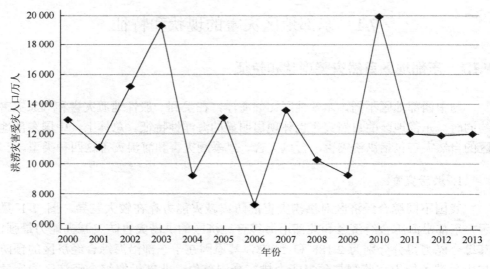

图 7-2　2000～2013 年东部地区洪涝灾害受灾人口状况

资料来源：历年《中国民政统计年鉴》、各省份统计年鉴

　　图 7-3 的信息表明，在 2010 年前，中国洪涝灾害造成的经济损失总体较低，且变化趋势较为平缓。但是从 2010 年开始后，洪涝灾害造成的经济损失迅速上升，这一方面与中国经济发展总体水平不断提高相关。另一方面，2010 年以来，城市洪涝灾害的发生状况明显增多，城市洪涝灾害造成的经济损失增加也加大了总体经济损失。

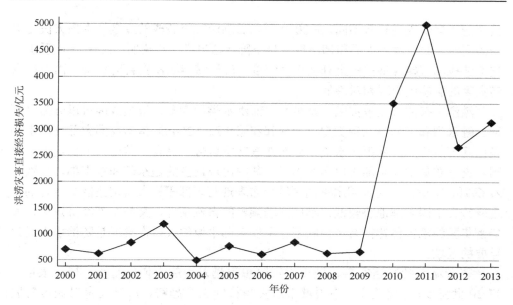

图 7-3　2000～2013 年东部地区洪涝灾害直接经济损失状况

资料来源：历年《中国民政统计年鉴》、各省份统计年鉴

图 7-4 表明，从农作物受灾面积角度来看，东部地区 2000～2013 年洪涝灾害的状况及其影响程度也表现出波动式特征，但与受灾人口不同，农作物受灾面积不仅在 2003 年和 2010 年出现峰值，在 2005 年也出现峰值。与洪涝灾害造成的直

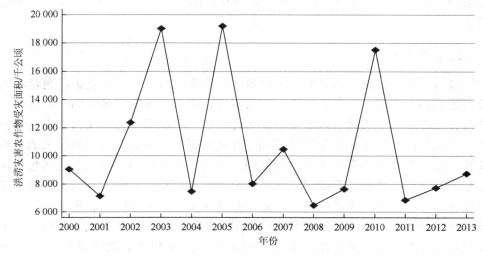

图 7-4　2000～2013 年东部地区洪涝灾害：农作物受灾面积状况

资料来源：历年《中国民政统计年鉴》、各省份统计年鉴

接经济损失的发展趋势不同，在 2010 年以后洪涝灾害造成的直接经济损失快速上升的同时，农作物受灾面积却出现明显下降。这也进一步说明，2010 年以后洪涝灾害造成的直接经济损失上升在很大程度上源于城市洪涝灾害的加剧，而农村洪涝灾害的影响则出现相对降低。

洪涝灾害的直接致灾因子是洪水，而洪水类型众多，根据成因可以分为降雨型、融水型和工程型三种类型。王家祁和骆承政（2006）指出我国大部分洪水都是由暴雨所形成，暴雨洪水集中分布在东部季风区，具有季节性和不稳定性。中国水灾分布集中在东部人口高密集区，其中出现最多的是东部和东南部，分别占21.6%和 18.9%[1]。这说明水灾的区域分布表现与东部平原人口密集区是重合的，这既符合中国东部地势较低，季风活动频繁的自然条件，又与东部经济发达、人口密集区的承灾体特征有密切联系。所以东部平原的人口密集区是防治水灾最为重要的区域。

随着城市的高速发展，城市水灾险患也越发引起人们的重视。研究表明，自 20 世纪 50 年代至今，中国城市水灾呈持续上升趋势，洪涝灾害对城市发展构成了严重的威胁（吴庆洲，1998）。如果城市的排水系统不完善，急促降雨通常会在短时间内造成城市内涝，这种情形在我国大部分城市的多雨时节司空见惯。与此同时，城市的"雨岛效应"使城市上空的降雨频率与强度增加，加大了城市洪涝灾害的风险。另外，城市河道水网的水质不高污染较重，这也加大了城市洪涝灾害的危害性（陈云霞等，2007）。例如，2010 年 5 月以来，广州、海口及浙江、福建、江西等多个省市的降雨量均突破历史最大值，给城市带来巨大的生命财产损失，这一现实状况也与图 7-2、图 7-3 和图 7-4 的基本结果较为一致。

2. 台风灾害

台风灾害是我国沿海及部分内陆地区经常发生的一种气象灾害，是世界上最严重的自然灾害之一。在世界十大自然灾害中，台风灾害排名第一。台风登陆后会带来暴雨、大风、风暴潮等灾害性天气，造成严重的人员伤亡和财产损失。在我国，台风是东部地区特有的一种威力强、破坏大、持续时间长的自然灾害。由于其自身的属性及产生的原因，台风一般从我国东部沿海地区登陆，并且当台风移近或登陆我国时，常常带来重大的损失。影响和登陆中国的热带气旋主要来自西北太平洋和南海，孟加拉湾风暴对西南地区也有影响。西北太平洋（包括南海）是全球发生热带气旋最多的海区，其中热带风暴和台风占全球总数的38%，每年平均发生 28 个，最多的年份达 40 个，最少也有 20 个。这

① 资料来源：王静爱，史培军，王平，等. 2006. 中国自然灾害时空格局. 北京：科学出版社，2006.

里发生的热带气旋约有 1/4 在中国登陆，其中产生于南海的热带气旋则有半数登陆中国。可见，台风灾害对中国特别是东部沿海地区的经济生产和居民生活具有重要影响，为了更加直观地反映近几年台风造成的影响，我们以农作物受灾面积反映其变化状况。

从图 7-5 中我们可以发现，从农作物受灾和绝收面积的角度出发，2004年以来，台风灾害对中国的影响经历了先下降后上升的趋势。2004～2010 年，台风对农作物造成的影响逐渐减小，特别是绝收面积逐年下降，2010 年以后台风的影响逐渐加大。虽然与洪涝灾害相比，台风灾害对农作物造成的不利影响较小，但由于台风独特的地区分布状况，其对农作物的影响强度较大。

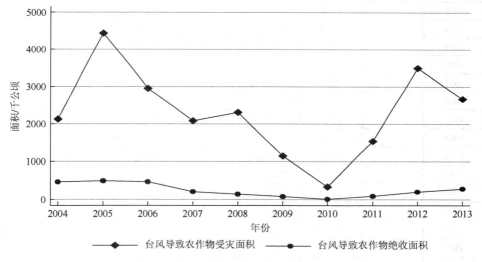

图 7-5　2004～2013 年台风对中国造成的影响

资料来源：历年《中国民政统计年鉴》

据 1951～1990 年的不完全统计，40 年间全国（台湾资料暂缺）由台风袭击造成的死亡人数达 11.5 万人以上。而由台风造成的经济损失也十分巨大，1994年因台风倒塌房屋 5 120 600 间，损害房屋 18 208 200 间，受灾人口达 43 799 万人。1985～2002 年我国由台风导致的经济损失高达 10 709.92 亿元，其中浙江经济损失达 2025.12 亿元，福建经济损失达 1352.55 亿元，广东经济损失达 2113.3 亿元（表 7-1 和表 7-2）。由此可见，东部沿海地区受台风影响最为严重，由台风导致的直接、间接损失也最多。

表 7-1 1949～1994 年全国因台风灾害损失情况

年份	受灾人口/万人	成灾人口/万人	倒塌房屋/间	损坏房屋/间	死亡人数/人	伤人/人	死亡牲畜/头
1949		4 555	2 066 940		8 109		26 762
1950		3 384	1 391 740		22 985		3 562
1951		6 068	693 934		9 828		4 824
1 952		2 760	283 073		4 433		5 163
1953		3 435	3 593 590		2 943		1 406
1954		6 223	10 242 151		15 551		257 632
1955		3 622	1 213 394		4 497		4 956
1956		7 434	8 084 143		10 679		23 757
1957		6 015	4 441 012		4 114		619 588
1958		1 144	779 264		5 054		76 649
1959		8 043	857 726		6 721		138 732
1960		9 231	2 554 836		6 247		29 322
1961		16 326	7 481 805		7 710		54 494
1962		8 462	4 356 368		6 602		15 768
1963		14 858	22 119 346		10 131		31 590
1964		7 330	7 086 194		6 722		52 654
1965		7 121	375 812		2 115		1 585
1966		4 935	715 405		2 722		3 936
1967		3 329	30 013		835		722
1978		21 739	730 752	387 288	4 965		2 262 605
1979		19 542	1 520 636	458 685	6 962		1 443 504
1980		24 192	1 372 410	415 846	6 821		725 581
1981	26 701	18 339	2 615 218	377 568	7 422	29 853	1 709 389
1982	23 546	22 901	3 203 031	481 187	7 935		1 985 735
1983	22 439	14 052	3 453 700	627 790	10 952	62 562	1 144 900
1984	20 894	11 163	2 747 300	453 480	6 927	25 976	369 200
1985	26 396	21 749	2 247 820	593 666	4 286	13 079	3 128 590
1986	29 928	21 808	2 097 300	711 700	5 410	40 710	790 200
1987	23 527	16 794	1 802 000	777 900	5 459	25 383	1 005 000
1988	36 269	23 540	2 589 000	881 500	7 306	70 279	2 492 000
1989	34 569	24 239	1 944 600	677 240	5 952	78 639	4 503 100
1990	29 348	18 631	2 473 500	1 981 100	7 338	61 809	1 659 531
1991	41 941	28 833	5 815 100	11 227 000	7 315	123 002	979 372
1992	37 174	24 954	1 965 600	7 168 000	5 741	99 565	1 714 614
1993	37 541	20 929	2 716 400	9 331 500	6 125	107 041	1 508 366
1994	43 799	25 398	5 120 600	18 208 200	8 549	201 061	2 831 914

资料来源：中国灾害查询系统

表 7-2 中国各省份台风灾害损失（1985～2002 年）

省份	受灾面积 /万亩	死亡人口 /人	受伤人数/人	倒塌房屋/间	损坏房屋/间	经济损失 /亿元
北京	144.00	7	0	1.19	0.02	20.04
天津	63.30	0	0	0.00	0.00	11.47
河北	12 179.00	495	2 851	0.00	203.18	1 535.47
山西	303.00	37	24	2.77	1.40	—
内蒙古	495.00	0	0	11.40	12.70	33.10
辽宁	4 914.60	84	220	92.58	20.77	176.90
吉林	4 832.10	91	0	33.79	34.71	105.04
黑龙江	5 094.00	54	0	18.00	24.00	73.41
上海	241.80	21	168	2.18	5.32	26.14
江苏	10 494.40	212	1 504	310.13	30.60	357.61
浙江	9 002.50	2 912	15 557	82.98	228.87	2025.12
安徽	1 166.80	32	276	7.18	0.00	27.75
福建	6 157.90	1 441	6 949	84.07	241.14	1 352.55
江西	850.70	77	31 017	7.53	27.49	118.31
山东	5 836.40	146	2 265	27.97	58.33	653.71
河南	2 916.60	185	79 219	13.05	13.81	164.08
湖北	679.00	88	3 864	4.80	0.00	18.49
湖南	1 398.70	427	6 363	13.10	11.62	461.80
广东	18 590.10	1 448	20 862	157.03	437.20	2 113.30
广西	5 597.60	599	16 534	68.88	183.05	987.17
海南	3 223.00	194	855	17.89	49.67	433.48
贵州	34.60	9	90	0.04	0.11	1.29
云南	58.20	25	77	0.48	3.18	13.83

资料来源：王静爱，史培军，王平，等. 中国自然灾害时空格局. 北京：科学出版社，2006

注：经济损失为 2000 年价格

3. 风暴潮灾害

中国是世界上海洋灾害最严重的少数国家之一。从海域来看，东海海域海洋灾害最严重，台风风暴潮、灾害性海浪、海啸及赤潮灾害所占比例均分别超过四个海洋灾害区域总数的一半；渤海与黄海海域灾害种类比较齐全，除台风风暴潮、灾害性海浪、海啸及赤潮外，还有其独有的海冰灾害和温带风暴潮灾害；南海海域海洋灾害较少。在海洋灾害中，风暴潮的影响及其对社会经济的毁坏程度最为严重。风暴潮是指由热带气旋、温带气旋、海上飑线等风暴过境所伴随的强风和气压骤变引起的海面局部振荡或非周期性异常升高（降低）的现象。由风暴潮、天文潮和近岸海浪结合引起的沿岸涨水造成的巨大灾害，通常被称为风暴潮灾害。

　　历史上，中国东部沿海地区多次遭受风暴潮的侵袭，造成了严重的人口伤亡和社会经济损失。其中代表性的风暴潮灾害如 1895 年 4 月 28 日渤海湾发生风暴潮，天津大沽口地区变成一片"津国"，海防兵营死亡 2000 余人。1922 年 8 月 2 日一次强台风风暴潮袭击广东汕头地区，造成特大潮灾，有 7 万余人丧生，更多的人无家可归，这是 20 世纪以来中国遭受风暴潮灾害死亡人数最多的一次潮灾。

　　从图 7-6 可以发现，进入 21 世纪以来，中国东部地区风暴潮的发生数呈现出波动式上升的基本特征。在 2007 年以后，中国东部地区风暴潮的发生数每年均超过 20 次，明显高于历史时期。风暴潮作为一种典型的海洋灾害，其过程可能会造成灾害，也可能不会对居民生产生活产生影响。从造成灾害次数的风暴潮发生数来看，造成灾害的风暴潮次数与风暴潮发生总数之间基本上存在着正向关系，但在不同年份也有一定差异。风暴潮发生总数中造成灾害的风暴潮数量越多，当年的风暴潮灾害也越发严重。当然，除了造成灾害的风暴潮次数外，风暴潮灾害的严重程度还与风暴潮的灾害等级有关。2012 年中国开始实行新的风暴潮《警戒潮位核定规范》，为风暴潮的防御提供了更加明确的指导，规定采用红、橙、黄、蓝四色警戒潮位值，其中红色警戒值为最高，代表了风暴潮最严重的状况。

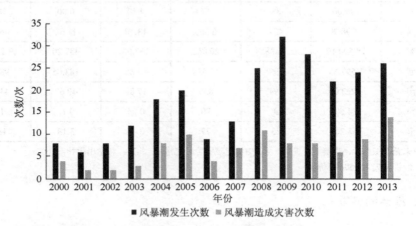

图 7-6　2000～2013 年东部地区风暴潮发生及灾害状况

资料来源：中国海洋信息网历年《中国海洋灾害公报》

　　针对东部地区不同省份风暴潮的影响差异，殷克东和王辉（2010）对各省份风暴潮灾害的脆弱性风险进行了评估，在运用熵值法和灰色关联法两种方法后，评估结果如表 7-3 所示。

表 7-3　基于两种评价方法的我国沿海风暴潮灾害脆弱性风险评价结果

基于熵值法的我国沿海风暴潮灾害脆弱性风险评价结果

天津	河北	辽宁	上海	江苏	浙江	福建	山东	广东	广西	海南
0.0739	0.0368	0.0817	0.2570	0.0800	0.0796	0.0840	0.1210	0.1070	0.0400	0.0390
8	11	5	1	6	7	4	2	3	9	10

基于灰色关联法的我国沿海风暴潮灾害脆弱性风险评价结果

天津	河北	辽宁	上海	江苏	浙江	福建	山东	广东	广西	海南
0.0424	0.0235	0.0547	0.1541	0.0495	0.0614	0.0699	0.0793	0.0812	0.0322	0.0342
8	11	6	1	7	5	4	3	2	10	9

资料来源：殷克东，王冰，刘士彬. 中国沿海风暴潮灾害易损性风险区划研究. 统计与决策，2010，（17）：32-35

从表 7-3 的评估结果可以发现，在东部沿海地区风暴潮灾害的脆弱性风险中，上海的风险系数最高，广西风险系数最低。为了进一步明确风暴潮脆弱性风险的地区特征，殷克东和王辉（2010）将上述 11 个省份划分为五大风暴潮脆弱性风险区。可见，风暴潮灾害不仅是东部地区自然灾害的主要因子，并且在影响分布上带有地区特征，各省份在应对风暴潮灾害的能力上也存在明显差异。

4. 海浪灾害

东部地区自然灾害的显著特征就是海洋性灾害种类多、危害大，其中海浪灾害就是东部地区极具代表性的自然灾害。海浪是指由强烈大气扰动，如热带气旋（台风、飓风）、温带气旋和强冷空气大风等引起的周期为 0.5～25 秒，波长为几十厘米至几百米，一般波高为几厘米至 20 米，在罕见的情况下，波高可达 30 米的海水运动形式。能够掀翻船只，摧毁海上工程和海岸工程，造成巨大灾害的海浪被称为灾害性海浪，发生这种海水运动时，就遭受了海浪灾害。海浪灾害多发于沿海地区，造成的社会经济影响也主要在海洋和海岸周围，中国东部地区具有较长的海岸线，多发海浪灾害。在我国，对海浪灾害的预警级别分为Ⅰ、Ⅱ、Ⅲ、Ⅳ四级警报，分别代表特别严重、严重、较重，一般，颜色依次为红色、橙色、黄色和蓝色。

中国东部地区具有近 18 000 千米的海岸线，长期以来都遭受灾害性海浪的影响。按照《中国海洋灾害公报》的统计标准，将波高 4 米以上的能够掀翻船只、摧毁海上工程和海岸工程，对人们生产生活造成影响的海浪称为海浪灾害。根据中国海洋信息网发布的历年《中国海洋灾害公报》数据，图 7-8 显示了 2000～2013 年中国海浪灾害发生次数。

通过图 7-7 可以发现，2000 以来中国近海岸超过 4 米的海浪灾害发生的次数基本稳定，基本在每年 30～40 次波动。从 2009 年开始，中国近海岸海浪灾害的发生次数逐年增加,这也表明近年来中国东部地区海浪灾害的发生频率不断提升。在中国近海岸, 海浪灾害的海域主要包括南海海域、台湾海峡、东海海域、黄海海域和渤海海域, 但遗憾的是,《中国海洋灾害公报》只公布了 2000 年和 2001 年中国海浪灾害的海域分布, 因此受数据限制, 我们难以提供中国东部地区海浪灾害区域分布的具体图示。

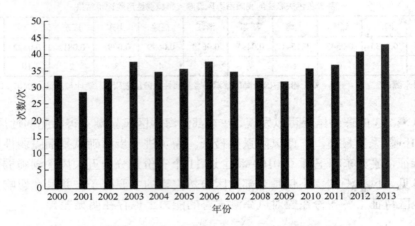

图 7-7　　2000～2003 年中国近海岸海浪灾害发生次数

资料来源: 历年《中国海洋灾害公报》

7.1.2　东部地区的自然-人为灾害

东部地区的自然灾害具有明显的海洋性特征,自然-人为灾害也同样体现出这一特征。从东部地区自然生态环境角度出发,结合东部地区经济社会发展特征,东部地区的自然-人为灾害主要表现为赤潮灾害。

一次赤潮灾害是指具有明确的时间、地点、赤潮藻种和面积等基础灾情要素, 以及与赤潮相关的海洋生物、水质化学、海洋物理、海洋气象等灾变要素和危害对象损害(人体中毒反应、死鱼等)情况等受灾体要素及经济损失要素等生消过程的完整描述。从赤潮形成的过程来看, 作为一种异常的海洋运动, 赤潮发生的机理虽然至今尚无定论, 但是赤潮发生的首要条件是赤潮生物增殖要达到一定的密度, 即相关藻类植物的大量繁殖。引发赤潮藻类植物大量繁殖的原因复杂多样, 与人类生产生活中的污水排放、海洋养殖等有关, 同时也与海水温度上升、海洋生物变化和海洋水体运动紧密相连。因此, 从其产生原因角度来看, 赤潮灾害不仅与海洋系统的自然变化相关, 也受到人类行为的影响, 可将其看作自然-人为灾害。

中国赤潮发生的时期较早, 文字记录早在 2000 多年前就发现赤潮现象, 一些古书文献或文艺作品里已有一些有关赤潮方面的记载，如清代的蒲松龄在《聊斋志异》中就形象地记载了与赤潮有关的发光现象。近代以来，中国赤潮记录最早见于 1933 年，但截至 20 世纪 70 年代以前，赤潮的记录并不连续。其后，几乎每年都有赤潮的记录。早期（1980 年以前）赤潮灾害主要发生在福建省、浙江省沿海、黄河口、辽宁省大连湾等少数几个海域。1980 年以后，发现赤潮灾害的地区逐渐增多，沿海各省份都有发现，赤潮灾害的影响面已经扩展到全国沿海，成为严重的海洋灾害之一。按照赤潮灾害造成的影响差异，可以将赤潮的等级划分为以下种类，如表 7-4 所示。

表 7-4　赤潮灾害等级划分[①]

标准	特大赤潮	重大赤潮	大型赤潮	中型赤潮	小型赤潮
死亡人数	10 人以上	1～10 人	中毒 50 人以上	中毒 10 人以上	中毒 10 人以下
单次影响面积	大于 1000 平方千米	500～1000 平方千米	100～500 平方千米	50～100 平方千米	小于 50 平方千米
经济损失	大于 5000 万元	1000 万～5000 万元	500 万～1000 万元	100 万～500 万元	小于 100 万元

资料来源：历年《中国海洋灾害公报》

特别是，伴随着中国东部地区的经济发展和城市、工业化进程加快，近海海域受海岸带及河口污染的影响，大面积的赤潮灾害在中国海域的发生频率及其造成的影响近几年逐渐增强，已经给这些地区的生物资源开发利用，特别是沿岸海域的水产养殖业造成了巨大损失。

根据中国海洋信息网公布的历年《中国海洋灾害公报》，我们整理了 2000～2013 年中国东部地区赤潮发生次数的数据，如图 7-8 所示。2000～2013 年，中国

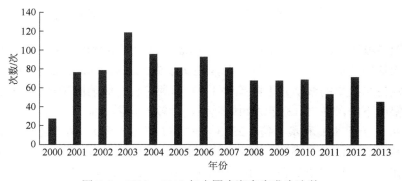

图 7-8　2000～2013 年中国赤潮灾害发生次数

① 此处的等级划分方法参考了赵玲等（2003）的做法。

东部地区赤潮灾害的发生次数经历了先上升后下降的过程，发生次数在 2003 年达到 119 次的峰值后，在随后的十年中呈现波动式下降的特征。这表明，东部地区经济社会发展水平提高，以及东部地区产业转型加速等，会对东部地区赤潮灾害的发生频率产生一定的抑制作用。但是，与日本、中国台湾等国家和地区发生赤潮灾害的状况相比，中国东部地区的赤潮灾害较为严重，进一步加强海洋污染治理，降低赤潮发生次数仍是中国东部地区自然-人为灾害应对的重要内容和关键环节。

　　赤潮灾害的发生次数在一定程度上体现了中国东部地区自然-人为灾害自 2000 年以来的总体发展过程和演进趋势。但是，赤潮灾害的影响程度不仅与赤潮的发生次数有关，也会受到赤潮灾害影响的海域面积大小的作用，影响范围越大，赤潮灾害造成的不利影响越严重。因此，图 7-9 显示了 2000~2013 年中国赤潮灾害每年累积影响的海域面积变动状况，以此更好地反映赤潮灾害的严重程度变化。

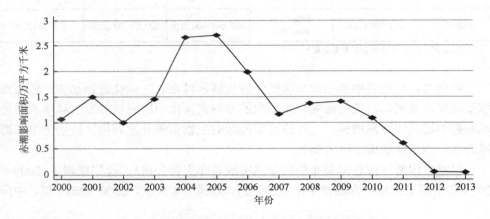

图 7-9　2000~2013 年赤潮灾害影响面积变化趋势

　　从图 7-9 可以发现，中国东部地区赤潮灾害的影响程度的变化趋势与图 7-8 中发生次数的总体趋势较为一致，都是经历了先上升后下降的过程。但是，与赤潮灾害发生总次数的波动式下降趋势不同，赤潮灾害的影响面积从 2009 年之后就开始大幅度下降，在 2013 年达到最低值。比较赤潮影响面积的最大值（2005 年的 27 070 平方千米）和最小值（2013 年的 511 平方千米），两者之间差距较大。图 7-8 和图 7-9 的信息表明，随着东部地区经济社会发展水平的提高，赤潮灾害无论是在发生总次数还是在影响范围上都不断下降，呈现转好的基本态势。进一步通过优化产业结构，加强海洋污染治理，特别是近海口污染治理可以有效降低东部地区赤潮灾害的影响。

由于我国海域南北自然地理差异大，跨越多个气候带，赵玲等（2003）根据历年赤潮发生的月份统计分析，赤潮的年内发生期也显示出明显的不同。如表 7-5 所示，南海、东海及黄渤海各海域赤潮发生的次数与规模在各月都有显著差异，4～10 月为赤潮发生最为频繁的月份。在 5 月东海海域发生赤潮多达 50 次，黄渤海海域在 9 月赤潮的规模高达 13 857 平方千米。结果如表 7-5 所示。

表 7-5 南海、东海、黄海和渤海各月赤潮发生次数和规模

海区		1 月	2 月	3 月	4 月	5 月	6 月	7 月	8 月	9 月	10 月	11 月	12 月
南海	次数/次	5	9	24	33	11	7	8	4	6	4	9	6
	面积/平方千米	38	8	28.2	347	87	7.1	838	41	34	40	9	615
东海	次数/次	2	0	1	13	50	36	25	19	9	6	3	1
	面积/平方千米	无	0	无	229	30 786	4 834	7 949	9 458	530	89	121	无
黄渤海	次数/次	1	1	0	9	14	14	42	38	19	5	0	0
	面积/平方千米	100	200	0	75	1 877	1 745	11 154	7 219	13 857	2 280	0	0

资料来源：赵玲，赵冬至，张昕阳，等. 我国有害赤潮的灾害分级与时空分布. 海洋环境科学, 2003, 22（2）：15-19

7.1.3 东部地区人为灾害的现状和特征

东部地区的人为灾害具有全国人为灾害的一般特征，即火灾和交通事故频发。但是，由于东部地区独特的地理环境状况和对外经济发展方式，东部地区人为灾害也带有海洋性的特征，其中的典型代表就是海洋溢油灾害。因此，东部地区人为灾害的类型可以分为交通事故、城市火灾和海洋溢油。

1. 交通事故

与中、西部地区相比，东部地区的经济发展水平高，交通便利程度高。交通事故也成为影响东部地区经济社会发展和人们生命财产安全的重要人为灾害。在东部地区经济快速发展，居民收入水平不断上升的背景下，东部地区居民的汽车保有量也迅速增加。据统计，中国已成为世界上交通事故死亡人数最多的国家之一。为了进一步明确东部地区交通事故灾害的现状与基本特征，根据《中国统计年鉴》数据，首先对东部地区 2000～2013 年交通事故发生数的总体情况进行描述，结果如图 7-10 所示。可以发现，在 2000～2013 年，从全国范围来看，中国交通事故发生的总次数有了明显下降。具体到东部地区，其交通事故发生数也经历了明显的下降过程，并且在下降幅度上与全国平均水平保持一致。

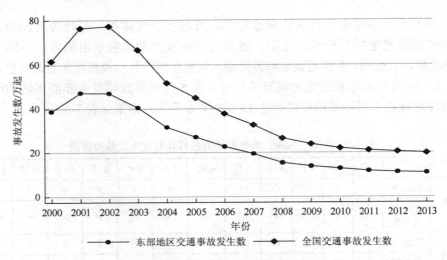

图 7-10　2000～2013 年全国和东部地区交通事故发生状况变化过程

资料来源：历年《中国统计年鉴》

　　从交通事故发生的总次数上来看，东部地区与全国交通事故的变化规律基本一致。进一步观察图 7-10 可以发现，东部地区交通事故的发生次数与全国交通事故发生总次数之间的差距逐渐变大，这表明在交通事故发生次数总体上不断降低的情况下，东部地区交通事故在全国交通事故灾害中的占比越来越低，图 7-11 为此提供了证据。可以发现，虽然东部地区交通事故发生次数下降程度较大，在全国交通事故中的占比逐渐降低，但是从占比的绝对值来看，东部地区交通事故发生次数占全国的比重仍高于 55%，与中、西部相比，东部地区交通事故灾害最为严重。

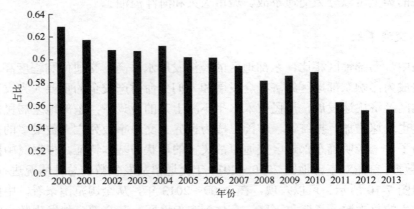

图 7-11　2000～2013 年东部地区交通事故次数在全国占比变化

2. 火灾

与交通事故一样，火灾也是当今严重危害人们生命财产安全，影响经济社会发展的重要灾害。特别是随着城市化进程的加快和城市经济的发展，城市火灾造成的不利影响更为明显。东部地区人口密度大，经济集聚程度高，也是火灾多发地区。根据《中国统计年鉴》数据，我们对 2000~2012 年[①]东部地区火灾的总体状况和变化趋势进行了分析，并通过与全国范围内火灾的比较，总结东部地区火灾的现状特征和发展趋势。

从图 7-12 可以发现，2000~2012 年，全国范围内的火灾发生数经历了先小幅上升再大幅下降的过程，在 2002 年达到火灾发生数的峰值后，全国范围内火灾发生数逐渐下降。东部地区火灾发生次数与全国火灾发生次数的变化趋势较为一致，也表现为先小幅上升，然后下降。进一步观察，可以发现东部地区火灾发生次数下降的程度要大于全国平均水平，这也意味着东部地区火灾发生数在全国的占比会逐渐下降，图 7-13 进一步描述了东部地区火灾发生数在全国火灾占比中的这一变化趋势。可以发现，2000~2012 年，东部地区火灾发生次数在全国火灾发生次数中的占比出现了明显下降，这表明与其他地区相比，东部地区近年来火灾发生状况得到了有效改善。但是，从东部地区火灾发生次数占比的绝对数值来看，东

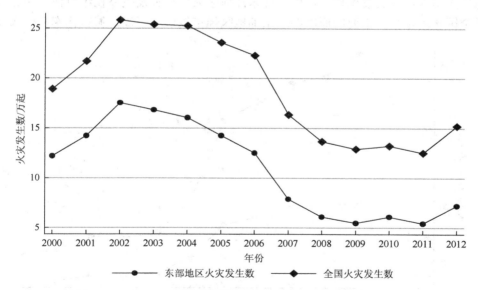

图 7-12　2000~2012 年全国和东部地区火灾发生状况变化过程

资料来源：历年《中国统计年鉴》

①《中国统计年鉴》中，关于各省份火灾发生次数的数据只延续到 2012 年，故在此处未包含 2013 年数据。

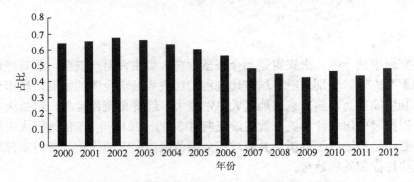

图 7-13　2000～2012 年东部地区火灾发生次数在全国占比变化

部地区火灾发生数占全国火灾发生数的比重仍然高于 40%，相比于其他地区，占比仍然很高。因此，进一步加大东部地区火灾防范力度，降低火灾发生总次数仍是东部地区应对人为灾害的重要方面。

　　火灾，特别是城市火灾，作为一种人为灾害，其发生的概率与人类活动直接相关。因此，在人口密度越大，人类活动越频繁的地区，火灾发生的可能性也越大。人口火灾发生率度量了每万人火灾发生的次数，是分析火灾发生情况的重要指标。图 7-14 给出了 2000～2002 年东部地区人口火灾发生率与全国的对比状况。对比全国人口火灾发生率，可以发现东部地区人口火灾发生率在绝对值上明显高于全国平均水平，主要的原因在于东部地区经济发展水平高，城市化率高，人口

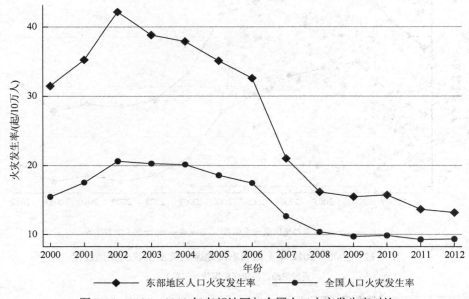

图 7-14　2000～2012 年东部地区与全国人口火灾发生率对比

密度大。但是，进一步分析人口火灾发生率的变化趋势，东部地区人口火灾发生率从 2002 年开始就一直处于下降过程，下降幅度要明显高于全国平均水平，说明相对于全国平均水平，2002 年以来东部地区火灾发生状况得到了有效控制，并未出现随着人口增长火灾发生次数增长的现象。

3. 海洋溢油

东部地区毗邻海洋，随着海洋运输和贸易发展，在推动东部地区经济发展的同时也带来了严重的海洋性人为灾害问题，其中海洋溢油就是典型代表。突发性海洋溢油包括海上运输漏油、钻井溢油及事故性漏油等，会对居民的生命财产安全及海洋生态环境造成严重破坏并产生巨大的经济损失。近年来，中国近海海域的海洋溢油事件频发，已经成为危害中国海洋生态环境和近海人们生命财产安全的重要人为灾害。

7.2　东部地区灾害的成因分析

自然致灾因子是指可能引起人民生命伤亡、财产损失和资源破坏的各种自然因素，是中国自然灾害系统的重要组成部分。从实际来看，自然致灾因子的东西分异和南北分异都有不同程度的显现。从东西分异看，自然致灾因子多度、相对强度和被灾指数均为东高西低，其中东部华北为高值中心，西部藏北为低值中心。从南北分异看，东部 25°~45°N 的广大区域自然致灾因子多度、相对强度和被灾指数明显高于其南侧和北侧地区（王静爱等，2006）。由此可看出，中国东部沿海地区形成了中国沿海多灾、强灾区。同时，东部地区的经济发展水平较高，经济活动对生态环境系统的影响最大，经济因素和社会因素在东部地区灾害成因中也扮演着重要角色。

7.2.1　自然因素

1. 气候因素

我国东南部广大地区具有干湿季明显，四季分明的特点。中国东南部地区受季风影响，雨季起讫规律性明显。雨季开始南方早、北方迟，东部早、西部迟；雨季结束北方早、南方迟，西部早、东部迟。中国东南部广大地区由于受季风影响，降水以季风雨为主，降水的地区分布也不均匀，东部近海多雨，且地势多为平地及洼地，因此易形成洪涝、台风、风暴潮等气象灾害。中国东南部受季风气候影响，冬季主要受西北季风的影响，而我国雾霾重灾区就位于黄淮一带，以京津冀为代表，在西北季风的带动下，雾霾也会随之扩散至东部地区。并且，中国东部广大地区由于受季风影响，气温年较差大，与同纬度世界各地相比，冬季气温低，夏季气温较高，夏季高温的作用加之在河流排放污染物，会致使赤潮形成和扩大。

2. 地理因素

东部地区的自然灾害、自然-人为灾害与中西部地区的显著差异在于其带有明显的海洋性特征。例如，台风、风暴潮、赤潮、海浪等都是海洋性灾害，东部地区海洋性灾害频发的主要原因在于其毗邻海洋，具有 18 000 千米的海岸线。特别是，近代以来伴随着全球气温变暖，海平面上升，海洋灾害在全世界范围内不断加剧。气候变化加快一方面使得海洋水体运动的波动性增加，加大了海洋异常运动的概率，诱发海洋灾害发生。另一方面，气候变暖引起海平面上升，海水对海岸的侵蚀和冲击作用不断加剧，使得异常性海洋水体运动对海岸线居民生产生活造成的不利影响加大，从而导致异常性海洋运动演变为海洋灾害。

3. 土地利用和土地覆盖

土地是人类赖以生存和发展的最基本的自然资源，是人类生存和发展的物质基础。土地资源是自然灾害承灾体中最基本的承灾体，除了保障着居民、交通、工矿企业等的正常运行外，一旦遇到各种自然灾害的袭击，常常造成资源毁坏，进而影响社会经济的正常发展。冯瑶等（2014）的分析发现，在过去 30 年间中国东部地区295 个气象站附近草地面积锐减，城市迅速扩张，森林面积显著增加。具体见图 7-15。

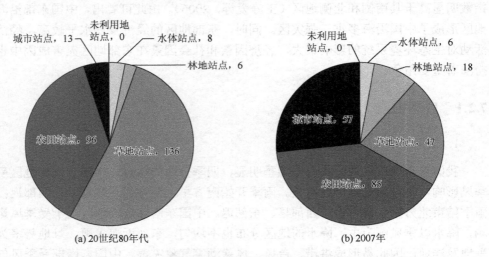

(a) 20世纪80年代　　　　　　　　　　(b) 2007年

图 7-15　20 世纪 80 年代和 2007 年气象站点第一覆被类型及数量

资料来源：冯瑶，李琰，赵昕弈，等. 近 30 年中国东部气温对土地覆被变化的敏感性. 北京大学学报（自然科学版），2014，50（5）：942-950

7.2.2　经济因素

1. 经济增长速度快，经济活动总量大

改革开放以来，东部地区经济实现了跨越式发展，产业结构也发生了显著的变化。从东部地区经济发展的整体状况来看，三次产业的发展呈现"第二产业＞第三产业＞第一产业"的特征，第二产业一直处于主导地位，在地区生产总值的结构份额均高于 45%，且呈逐年增长的发展趋势，由 1990 年的 46.25% 增长到 2007 年的 51.74%；而第三产业与第一产业的发展则呈现一个明显大的剪刀差，第三产业的比重伴随着第一产业份额的下降而升高。这是当前我国东部地区产业结构变动的基本状况，其中第三产业发展较快，2007 年结构份额达到 40.95%。从三次产业生产总值的增长率来看，不论是第一产业，还是第二产业与第三产业产值都呈增长趋势。在 1990~2012 年，三次产业年均净增长速度分别达到 10.78%、19.0%、20.0%，第二、第三产业增长速度远远高于第一产业增长速度，这在一定程度上解释了其所占 GDP 份额逐年增长的现象。总体而言，伴随着产业结构的优化调整，第三产业所占 GDP 份额会呈逐年增长的发展趋势，这对于缓解能源供需矛盾起到一定作用。

2014 年上海市以 23 560.94 亿元依旧雄踞首位，北京以 21 330.80 亿元紧随其后，成为唯一两个 GDP 超 2 万亿元的城市。排名第三位的广州市 GDP 总量为 16 707 亿元，深圳排名第四为 16 002 亿元。GDP 数据超万亿元的城市依次还有天津（15 722 亿元）、重庆（14 265 亿元）、苏州（13 761 亿元）、武汉（10 060 亿元）、成都（10 056 亿元）。从城市经济的角度来看，东部地区的经济总量明显高于其他地区。

由此可见，东部地区的经济增长速度仍居中国前列，但其经济增长的结构仍存在较大问题，这也会导致东部地区经济增长质量下降，生态环境问题严重，从而带来更多的人为性灾害。

2. 城镇化水平高，城市人口压力大

城镇是区域发展的产物，是受自然灾害危害最为突出的目标。城镇化是伴随工业化和现代化出现的社会经济发展趋势，是一个国家或地区文明程度和发展水平的重要体现。

大、中、小城市协调发展，城镇体系进一步完善。2004 年，全国有 100 万人口以上的特大城市 45 个，50 万~100 万人口的大城市 64 个，20 万~50 万人口的中等城市 225 个，20 万人口以下的小城市 326 个，大、中、小城市保持协调发展的良好势头。与此同时，城镇发展呈区域化集中趋势，城镇密集区、城镇群或都

市圈逐步形成和发展。东部沿海地区的长江三角洲、珠江三角洲、京津唐已初步形成城镇群或大都市经济圈，成为拉动中国经济增长的强势地区和最有条件率先实现现代化的地区。上海、广州、北京等中心城市经济实力进一步提升，现代化、国际化程度明显提高，城市综合功能显著增强。但城市化水平提高，城镇人口集中的同时也会加大灾害的不利影响。

从中国城镇密集区的地理分布来看，中国 70%以上的城镇、半数以上的人口、75%以上的工农业分布在洪涝、地震等灾害严重的地区，但城镇应对和抗御自然灾害的能力薄弱，受灾损失严重。城镇在应对灾害事故时往往重救轻防，应对特大综合性灾害事故的应急处理能力亟待提高。因此，中国城镇化水平不断提升的同时，存在的一个显著问题在于城镇抗灾、防灾、减灾能力不强。除此之外，灾害保障的社会化、企业化运作远远落后于灾后援建的实际需求。

7.2.3　社会因素

1. 人口压力大，人口密度高

中国人口分布的重要特征之一就是东部人口多，西部人口少；东部人口稠密、西部人口稀疏。西部人口稀疏区空间范围动态变化不大，而东部人口相对稠密区有明显的空间扩展，即人口高密度区在增加（图 7-16）。在东部地区内部，人口密度增加最为突出的是长江三角洲和珠江三角洲地区。

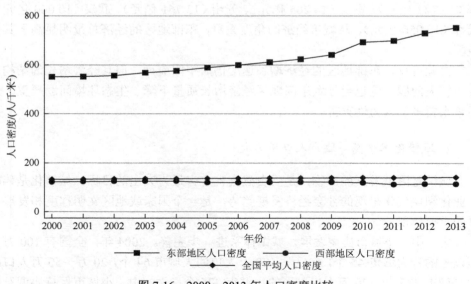

图 7-16　2000～2013 年人口密度比较

资料来源：历年《中国统计年鉴》

中国有 670 多座城市，主要分布在人口较多的东部地区。城市提供了人们更多的就业机会和教育机会，这对处在农村的剩余劳动力来说有很强的吸引力。中国改革开放以来，特别是在东南沿海地区，人口快速增多与这些地区城市经济的快速发展密切相关，其中深圳市就是一个典型案例。此外，由于城镇分布多受水源地的限制，而水源地又与河流及淡水湖泊分布相关，因而表现为河湖附近人口密度较大，而在淡水较少的西部内陆，人口分布较少。从图 7-16 可以发现，东部地区的人口密度一直远高于西部地区和全国平均水平，在 2000～2013 年，西部地区的人口密度在平缓中出现了小幅下降，全国人口密度则呈现出平缓中小幅上升的趋势，但是东部地区的人口密度从 2009 年后开始出现明显的上升趋势。这表明，东部地区面临的人口压力仍在不断增加，这也可能会对东部地区自然-人为灾害和人为灾害的发生产生影响。

2. 人口流动大，社会治理难度大

东部地区的人口密度大，人口流动程度最高。在地区经济快速发展，居民收入水平迅速提升的背景下，东部地区的社会公共治理难度也在不断增加。一方面，居民收入水平的快速提升提高了人均汽车保有量，在基本道路交通条件并未大幅改善的背景下，这会加剧交通事故等人为灾害的发生率。从东部地区交通事故发生数来看，虽然近年来总量有所下降，但在全国的占比仍高于 55%，是我国交通事故的多发地区。从省份分布来看，北京、上海、江苏等东部人口高密度省份的交通事故发生数要明显高于东北地区，这也表明东部地区的人口密度和人口流动是影响其交通事故的重要原因。另一方面，人口流动量大，经济活动频发会加大社会公共治理的难度。从东部地区火灾的发生状况来看，2000 年以来，东部地区的火灾发生数虽然出现了小幅下降，但在全国的占比仍高于 40%，特别是人口火灾发生率远高于全国平均水平。火灾，特别是城市火灾，作为一种人为灾害与人们不合理的生产和生活行为密切相关，当地区人口密度大，人口流动性强，并且经济活动活跃时，诱发火灾等人为灾害的可能性也会增加。因此，东部地区特殊的人口状况和经济发展水平，以及由此所造成的社会公共治理困难等，都是东部地区交通事故、火灾等人为灾害多发的重要社会因素。

7.3　东部地区灾害的社会经济影响分析

东部地区的灾害种类多，且海洋性灾害特征较为明显。自然灾害中主要以海洋灾害为主，造成的社会经济影响主要表现在近海海岸，具有明显的区域特征。自然-人为灾害中赤潮灾害的影响体现在对海洋生态系统、海洋经济和近海海岸居民生产生活多个方面，体现出影响的复杂性。东部地区以交通事故和火灾为主的

人为灾害，无论是在发生总次数还是严重程度上都明显高于其他地区和全国平均水平，造成的社会经济影响也最为严重，除此之外，东部地区的海洋溢油人为灾害也给海洋生态和近海海岸社会经济带来了不利影响。

7.3.1　东部地区自然灾害的社会经济影响

在前文的分析中，我们对东部地区洪涝灾害和台风灾害对地区社会经济造成的不利影响进行了较为细致的分析，主要从洪涝灾害和台风灾害对居民生命、财产安全的影响及地区经济损失等角度分析自然灾害的影响。按照同样的思路，我们对东部地区风暴潮灾害、海浪灾害的社会经济影响展开分析。

1. 东部地区风暴潮灾害的社会经济影响

进入 21 世纪以来，中国东部地区风暴潮的发生数呈现出波动式上升的基本特征。特别是在 2007 年以后，中国东部地区风暴潮的发生数每年均超过 20 次，明显高于历史时期。作为一种严重的自然灾害，风暴潮产生的社会经济影响主要体现在以下几个方面。表 7-6 利用 2000～2013 年的数据，说明了风暴潮灾害的直接影响。

表 7-6　2000～2013 年东部地区风暴潮灾害的社会经济影响

年份	受灾人口/万人	农田/千公顷	毁坏房屋/万间	毁坏船只/只	死亡（失踪）人口/人	直接经济损失/亿元
2000	1 003.20	585.20	18.10	941	15	115.40
2001	1 336.00	30.80		10 848	136	87.00
2002	1 059.50	37.10	4.40	1 986	30	63.14
2003	2 080.50	79.80	3.97	2 171	25	78.70
2004	2 145.30	60.20	4.68	1 185	21	101.20
2005	2 316.90	147.10	7.95	6 342	137	329.80
2006	2 688.30	95.40	14.97	6 980	327	217.10
2007	428.32	4.82	116.00	8 550	18	87.15
2008	1 762.18	303.59	5.40	499	56	192.24
2009	972.12	436.32	0.89	3 047	57	84.97
2010	437.07	38.41	1.31	743	5	65.79
2011	234.68	106.27	0.08	2 074	0	48.81
2012	752.18	174.30	3.60	2 338	9	126.29
2013	1 380.34	354.66	0.63	13 717	0	153.96

资料来源：历年《中国民政统计年鉴》

从东部地区风暴潮灾害的总体影响来看，风暴潮灾害造成的社会经济影响主要包括：造成人员伤亡、淹没农田、毁坏船只、毁坏房屋建筑物、造成直接经济损失等。风暴潮灾害对经济社会造成的不利影响与风暴潮的严重程度密切相关。从影响范围来看，风暴潮灾害的波及面广，受灾人口多，在 2000～2013 年，风暴潮灾害受灾人口最小的也达到了 234.68 万人，最多则高达 2688.3 万人，可见风暴潮灾害的影响程度较大。从风暴潮造成的损失来看，淹没农田、毁坏船只和房屋等建筑物是其经济影响的主要表现，并会直接造成严重的经济损失，通过计算可以发现，2000～2013 年东部地区风暴潮灾害共造成累计 1751.55 亿元直接经济损失，造成死亡和失踪人口共计 836 人。总体上，风暴潮灾害给东部地区的居民生命财产安全和经济社会发展造成了严重的不利影响。风暴潮灾害主要是发生在东部沿海地区，对东部地区内部各省份而言，风暴潮灾害的社会经济影响也存在显著差异。

2. 东部地区海浪灾害的社会经济影响

海浪灾害是东部地区典型的自然灾害，从 2000～2013 年东部地区海浪灾害（4 米以上海浪）发生的次数来看，基本发生频率较为稳定。作为一种突发性自然灾害，海浪灾害具有成灾快、毁坏大的特征，从东部地区海浪灾害的影响出发，主要表现在以下方面。

对比表 7-6 和表 7-7 可以发现，东部地区海浪灾害与风暴潮灾害的社会经济影响存在一定差异。一方面，相比于风暴潮灾害的影响范围，海浪灾害主要发生区域在海面，近海海岸一般都有海堤等防护设施，海浪灾害对近海海岸的影响较弱。影响范围的特征使海浪灾害造成的直接经济损失明显低于风暴潮灾害。另一方面，与风暴潮灾害相比，海浪灾害的突发性更加明显，且主要发生地在海上，因此海浪灾害对船只的毁坏和造成的失踪与死亡人口较高。

表 7-7　2000～2013 年东部地区海浪灾害的社会经济影响

年份	（死亡/失踪）人口/人	毁坏船只/条	直接经济损失/亿元	年份	（死亡/失踪）人口/人	毁坏船只/条	直接经济损失/亿元
2000	63	18	1.7	2007	143	82	1.16
2001	265	618	3.1	2008	96	138	0.55
2002	94		2.5	2009	38	337	0.803
2003	103	29	1.15	2010	132	365	1.732
2004	91	41	2.07	2011	68	47	4.4
2005	234		1.91	2012	59	815	6.962
2006	165		1.34	2013	121	625	6.301

资料来源：历年《中国海洋灾害公报》

　　除了在总体影响上与风暴潮等自然灾害的差异外，东部地区内部各省份由于地理条件、社会经济等因素的不同，海浪灾害对东部地区各省份的社会经济影响也存在一定差异。图 7-17 显示了 2008～2013 年[①]东部地区海浪灾害造成的沉船在东部各省份之间的分布状况，面积越大，代表沉船数量越多。可以发现东部地区海浪灾害造成的沉船主要集中在福建、海南和山东，其余省份相对较少。

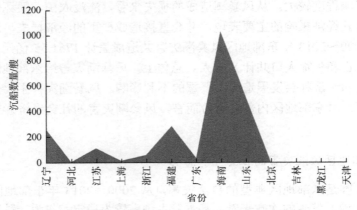

图 7-17　2008～2013 年东部地区海浪灾害造成沉船的省份差异

　　海浪灾害生成快，来势猛，且主要影响区域集中在海面上，一旦发生严重的海浪灾害就会对海面作业人员的人身财产安全造成严重影响。图 7-18 显示了东部地区海浪灾害导致的死亡和失踪人口的省份分布状况。

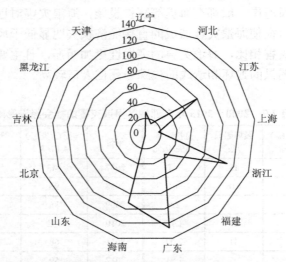

图 7-18　2008～2013 年东部地区海浪灾害造成死亡（失踪）人口的省份差异

---

① 受《中国海洋灾害公报》中关于海浪灾害影响的分省数据的限制，此处选择 2008～2013 年的样本区间。

　　与其他任何一种灾害一样，海浪灾害也会造成严重的直接经济损失。这一影响指标不仅会受到海浪灾害自身的强度的作用，同时还与受灾地区的经济发展水平，特别是海洋和渔业经济的发展状况高度相关，能够更好地反映出海浪灾害对东部地区各省份产生的直接经济影响，图 7-19 显示了海浪灾害造成的直接经济损失的省份差异。可以发现，2008～2013 年海浪灾害对海南、辽宁、浙江和福建造成的直接经济损失较大，对其他省份造成的直接经济影响较低。特别是，海南、辽宁分别是我国南方和北方的渔业大省，海浪灾害的发生对其海洋渔业的影响更明显。

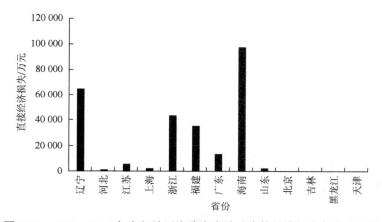

图 7-19　2008～2013 年东部地区海浪灾害造成直接经济损失的省份差异

7.3.2　自然-人为灾害的社会经济影响

　　东部地区的典型自然-人为灾害就是赤潮灾害，通过前文的分析可以发现，2000 年以来中国东部地区赤潮灾害的发生次数较为稳定，但赤潮灾害的影响范围出现了显著降低，这表明从总体上看中国东部地区赤潮灾害严重程度得到了改善。与风暴潮、台风和海浪的突发性自然灾害不同，作为一种自然-人为灾害，赤潮灾害并不会对人们的生命安全和建筑物等造成直接毁坏，它对受灾地的社会经济影响主要表现在：一方面，赤潮藻类生物的大量繁殖会使鱼类的生存困境增加，导致鱼类大面积死亡，对渔业尤其是海洋渔业产生严重的不利影响；另一方面，赤潮灾害会使得受灾地区的水环境恶化，影响到地区生态环境和水安全，对地区自然环境和社会经济产生不利影响。但是，受赤潮环境影响的数据限制，我们难以对近年来东部地区赤潮灾害对地区生态环境造成的影响作出直观分析。因此，我们主要从赤潮灾害造成的经济影响角度出发，描述 2000～2012 年[①]中国东部地区

――――――――――――
　　① 《2013 中国海洋灾害公报》中并未涉及当年赤潮灾害造成直接经济损失的相关信息，此处的时间节点截止到 2012 年。

赤潮灾害对受灾地造成的直接经济影响。从图 7-20 可以发现，截止到 2011 年，中国东部地区赤潮灾害造成的直接经济损失虽然出现过小幅上升，但除 2001 年外基本上保持在 5 亿元以下的状态。但是到了 2012 年，赤潮灾害造成的经济损失超过 20 亿元，超过以往年份的总和。2012 年 5 月 18 日到 6 月 8 日，由于米氏凯伦藻的迅速生长，福建省内多个海域内出现 11 次严重的赤潮灾害，在 20 天内造成了 20.11 亿元的直接经济损失。

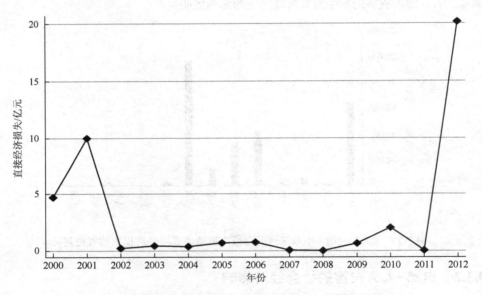

图 7-20　2000～2012 年东部地区赤潮灾害造成的直接经济损失

7.3.3　人为灾害的社会经济影响

1. 东部地区交通事故的社会经济影响

东部地区的经济发展水平高，居民收入水平高于其他地区，汽车等交通工具的保有量也明显高于其他地区。同时，由于东部地区城镇化发展迅速，人口密度大且流动量高，多种因素共同导致东部地区的交通事故频发，在全国交通事故发生占比中高于其他地区。直观来看，交通事故作为一种典型的人为灾害，它造成的经济影响主要体现在以下几个方面。

从表 7-8 的信息可以发现，交通事故作为一种典型的人为灾害，它首先会对人们的生命安全造成极大的影响。根据表 7-8 中的数据，2000～2013 年，东部地区交通事故受伤人数高达 1 029 057 人，死亡人数更是达到 2 990 606 人，如此高的死亡人数已经明显超过了东部地区任何一种自然灾害。这表明，交通事故作为一种严重的人为灾害，首先会对人们的生命安全造成极大的威胁。其次，交通事故还会给受灾者带来严重的财产损失，根据表 7-8 中的数据，可以计算出 2000～2013 年东部地区交通事故共导致 1765.657 亿元的直接财产损失，与其他自然灾害相比，交通事故造成的经济损失也明显较高。除了可以在统计数据上反映出的影响外，交通事故在造成人员伤亡和财产损失的同时，也会对受灾人员的家庭造成不利影响，带来其他社会经济问题。

表 7-8　2000～2013 年东部地区交通事故的直接影响

年份	受伤人数/人	死亡人数/人	直接财产损失/万元
2000	51 901	241 980	173 472
2001	112 197	563 018	382 801.2
2002	62 140	328 118	227 145.9
2003	59 153	289 913	229 092.3
2004	59 719	294 641	149 592
2005	55 068	281 838	110 226.6
2006	49 842	252 822	88 034.8
2007	45 941	218 585	69 312.3
2008	41 423	177 713	58 683.1
2009	155 422	38 590	52 958.6
2010	142 483	37 123	51 892
2011	126 252	35 615	57 809
2012	34 150	117 748	59 872.1
2013	33 366	112 922	54 765.8

资料来源：历年《中国统计年鉴》

东部地区的交通事故对社会经济造成的不利影响在各省份之间也存在一定差异，为了更加清楚地描述东部地区交通事故的影响，我们还对东部地区交通事故造成的死亡人数和直接财产损失进行了分省份的研究。

对比图 7-21 和图 7-22 可以发现，综合考虑交通事故的死亡人数和其造成的直接财产损失来看，广东、浙江和江苏都排在前三位，同时，这三个省份也是东部地区经济发展水平较高，人口数量和人口密度较大的省份。相反地，海南、吉林和黑龙江的交通事故的死亡人数和直接财产损失处于较低水平，而这三个省份的经济发展水平和人口密度则相对较低。可见，即使在东部地区内部，由于经济发展水平和社会条件的差异，交通事故造成的社会经济影响也存在显著差异，表现在死亡人口和直接财产损失上，经济发展水平越高、人口数量和人口密度越大，交通事故带来的不利影响也越大。

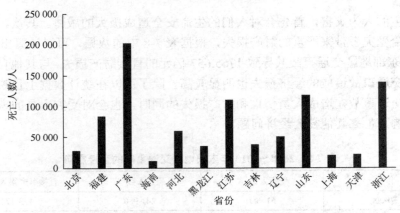

图 7-21　2000～2013 年东部地区交通事故死亡人数的省份差异

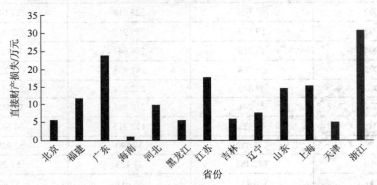

图 7-22　2000～2013 年东部地区交通事故直接财产损失的省份差异

2. 东部地区火灾的社会经济影响分析

东部地区经济发展水平高，人口数量多，人口密度大，这不仅会加大交通事故的发生率，也会提高火灾等人为灾害的发生率。根据前文的分析，东部地区火灾发生次数明显高于其他地区和全国平均水平，以 2000～2012 年为例，东部地区火灾发生次数在全国的占比均高于 40%。表 7-9 列举了严重的火灾给东部地区的社会经济发展和居民生产生活带来的不利影响及其严重程度。

表 7-9　2000～2012 年东部地区火灾的社会经济影响

年份	死亡人数/人	占全国比重/%	受伤人数/人	占全国比重/%	直接经济损失/亿元	占全国比重/%
2000	2384	48.56	1467	54.13	8.63	56.71
2001	1944	52.74	1231	51.42	8.47	60.38
2002	1755	52.71	1261	51.41	9.21	59.65

续表

年份	死亡人数/人	占全国比重/%	受伤人数/人	占全国比重/%	直接经济损失/亿元	占全国比重/%
2003	1655	57.25	1421	53.61	10.14	63.74
2004	1568	61.02	1561	52.81	9.023	53.97
2005	1337	53.65	1339	53.35	7.15	52.46
2006	737	53.86	817	51.98	3.68	46.85
2007	485	53.31	862	50.05	5.70	50.68
2008	389	50.49	768	52.36	7.29	40.01
2009	351	50.89	629	53.92	8.31	51.20
2010	328	52.53	633	52.56	9.17	46.79
2011	343	49.55	549	60.07	10.18	49.50
2012	305	52.43	539	53.04	9.65	44.31

资料来源：历年《中国统计年鉴》

表 7-9 反映了东部地区 2000～2012 年火灾造成的社会经济影响状况，直观来看，火灾会造成人员伤亡和直接经济损失。根据可统计的数据，可以发现东部地区不仅火灾发生的总次数和人口火灾发生率高于其他地区和全国平均水平，火灾造成的死亡人数、受伤人数和直接经济损失等不利影响也大于中、西部地区，达到全国火灾死亡人数、受伤人数和直接经济损失的一半以上。除了会造成这些直观的不利影响外，火灾还会带来其他较为严重的社会问题，比如，由火灾导致的受灾地居民的心理问题、健康问题，对火灾受灾者个人及家庭的不利影响，以及火灾后地区的重建和恢复等，都会对整个社会经济产生深远影响。为了进一步分析东部地区火灾的影响的地区差异，我们对各省份火灾导致的死亡人口、受伤人口和直接经济损失进行了分析。

从图 7-23 和图 7-24 可以发现，从死亡人数、受伤人数和直接经济损失等指标来看，东部地区火灾影响最严重的三个省份分别是广东、浙江和江苏，影响最低的省份仍然是海南。这一结果与东部地区交通事故影响程度的省份差异基本一致，也就是说，在经济发展水平越高、人口数量越多和人口密度越大的地区，火灾和交通事故造成的死亡人数、受伤人数和直接经济损失也就越大。因此，东部地区在进一步推动经济增长和城镇化的进程中，要高度关注以交通事故和火灾为代表的人为灾害对地区社会经济长期发展造成的不利影响。通过合理规划城市交通网络，加大公共交通治理，加强安全生产、生活减负教育等措施，降低交通事故和火灾的发生率，使得人为灾害对东部地区社会经济发展的不利影响不断减弱。

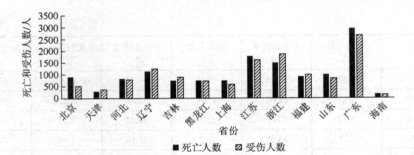

图 7-23　2000～2012 年东部地区火灾死亡和受伤人数的省份差异

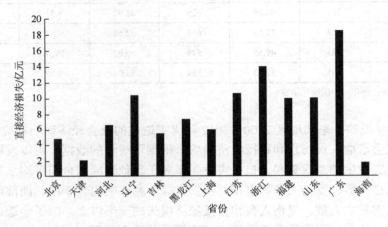

图 7-24　2000～2012 年东部地区直接经济损失的省份差异

第8章　中部地区灾害经济研究

中部地区包括山西、内蒙古、安徽、江西、河南、湖北、湖南七个省份，大部分省份经济发展相对落后，对灾害的防御和承载能力相对较弱，是我国灾害经济防治的重要地区。地质、洪涝等自然灾害是目前影响中部地区发展的主要灾种，环境污染和生态退化等自然–人为灾害和人为灾害在中部地区出现愈演愈烈的趋势。

8.1　中部地区灾害的现状和特征

8.1.1　中部地区自然灾害的现状和特征

中部地区灾害以自然灾害为主，包括地震、洪涝及干旱等，灾害影响到农业和人民生活等多个方面。中国十大产粮区中的安徽省霍邱县、河南省滑县、湖北省襄阳区、湖南省湘潭县四个区县位于中部地区，所以重大自然灾害如洪涝和干旱等对中部地区的农业生产影响严重。山西省采矿业较多，加之土地疏松、季风性气候降水季节差异大，泥石流、滑坡等灾害频发。安徽、湖南、湖北、江西、河南五个省份江河较多，洪涝灾害频发。内蒙古地区土地荒漠化、风沙灾害频发，严重影响当地和周边地区的生产生活。

1. 地震

近年来，地震灾害因其突发性、毁灭性而引起人们的特别关注。中部地区除山西省盆地带位于鄂尔多斯周缘地震带，地震灾害多发且震感强烈，其余省份地震烈度水平普遍较低，一般很少发生 7 级以上的破坏性地震。

山西省地属地震灾害多发区，自 20 世纪末以来有多次强震发生。省内断陷带呈由北向东走向的"S"形，属鄂尔多斯断块东缘与南缘断裂带，夹峙于鄂尔多斯断块东部吕梁山隆起与太行山断块隆起之间，面积约 35 522 平方千米。湖北省属长江中下游地震带，地震灾害发生较频繁，但以小震为主，中级以上地震少有发生，且多为水库类地震。1959 年以来，湖北省及邻区共发生 2.0 级以上地震 3400 余次，其中 2.0～2.9 级 2884 次，3.0～3.9 级 457 次，4.0～4.9 级 50 次，5.0 级以上 7 次。河南省属高强度地震频发省份，同时水库类地震多发，主要发生在水库下游和坝区，严重威胁山区施工安全。河南省地震的主要特点是：其一，震源较浅、烈度偏高，对于相同震级的地震，震源越浅对地面的破坏力越大，地震烈度也就越大；其二，相比于省内地震，省外地震对河南省的破坏更强。例如，1556 年陕西华县 8.0 级地震、1830 年河北磁县 7.5 级地震、1815 年山西平陆 6.7 级地震、1937 年山东菏泽 7.0 级地震等对河南省产生较大影响。表 8-1 给出 2003～2014 年中部地区各个省份发生地震灾害的次数。

表 8-1　　2003～2014 年中部地区地震灾害概况

年份	总次数/次		发生省份及次数
	全国	中部	
2003	21	2	山西（1）、内蒙古（1）
2004	11	1	内蒙古（1）
2005	13	1	江西（1）
2006	10	0	无
2007	3	0	无
2008	17	3	内蒙古（1）、湖北（2）
2009	8	0	无
2010	12	4	山西（3）、河南（1）
2011	18	3	安徽（1）、江西（1）、河南（1）
2012	12	0	无
2013	14	2	内蒙古（1）、湖北（1）
2014	20	0	无

资料来源：《中国统计年鉴》（2004～2015 年）

2. 崩塌、滑坡、泥石流

崩塌、滑坡和泥石流灾害多由暴雨，山体坡度大，土质疏松等原因造成，主要分布在湿润的山区地带。我国中部山区（即祁连山、川西高原一线以东，太行山、鄂西山地、武陵山一线以北，长城以南地区）是高原、平原的过渡地带，地形崎岖复杂，山体切割深度大，且多位于北纬 30 度以南，受到亚热带季风气候和来自海面的暖湿气流影响，降水量多且强度大，加之近年来人口数量增加，工农业迅速发展，生态环境破坏严重，因而成为崩塌、滑坡和泥石流的主要受灾地带。崩塌、滑坡和泥石流以分布广、灾害性和破坏性强，容易引起次生灾害为特点，每年给我国带来巨大的经济损失，同时严重威胁着灾区人民的生命健康。

根据表 8-2 可知，中部地区七个省份受到了崩塌、滑坡和泥石流灾害不同程度的影响，其中湖南、湖北和江西三省受灾最为严重。据不完全统计，1990 年以来，河南省发生危害较大的地质灾害 70 多起，死亡 222 多人，毁坏房屋数千间，破坏耕地 15 000 余亩，直接经济损失 2 亿多元。2003～2013 年，中部地区共发生地质灾害 152 705 起，导致数百人死亡，数万人房屋被毁，大量农田被破坏，给当地人们的生活带来巨大损失。

表 8-2　2000～2013 年中部地区崩塌、滑坡、泥石流灾害概况　　单位：次

年份	发生地质灾害起数		滑坡		崩塌		泥石流	
	全国	中部	全国	中部	全国	中部	全国	中部
2000	19 653	—	13 431	—	2 945	—	1 958	—
2001	5 793		3 034		583		1 539	
2002	40 246	—	31 247	—	3 097		4 976	—
2003	15 489	2 441	10 240	1 785	2 604	302	1 549	114
2004	13 555	5 163	9 130	3 558	2 593	1 225	1 157	51
2005	17 751	9 069	9 367	2 134	7 654	6 526	566	361
2006	102 804	79 598	88 523	78 811	13 160	531	417	114
2007	25 364	8 897	15 478	4 096	7 722	3 924	1 215	622
2008	26 580	6 930	13 450	5 221	8 080	1 388	843	67
2009	10 580	5 651	6 310	3 404	2 378	1 105	1 442	949
2010	30 670	16 620	22 250	14 042	5 688	1 992	1 981	401
2011	15 804	10 330	11 504	8 348	2 445	1 197	1 356	541
2012	146 751	5 037	11 112	4 007	2 152	779	952	70
2013	15 374	2 969	9 832	414	3 288	2 316	1 547	163

资料来源：《中国统计年鉴》（2001～2014 年）

3. 干旱

中部地区是我国重要的粮食产区和畜牧业产地，而中部地区又多发旱灾，这严重影响了我国的粮食生产和畜牧业的发展。其中，山西省属干旱的重灾区。山西省东依太行山，西、南依吕梁山、黄河，地形复杂。地处中纬度地区，属暖温带、温带大陆性气候，但降雨季节分布不均，故而历史上干旱灾害频发。春夏、夏秋连旱，夏季、秋季重旱、大旱是山西旱灾的主要类型。

内蒙古地处我国内陆，横跨我国半干旱区和干旱区，降水稀少，旱灾是该区发生频率最高、危害严重的自然灾害之一，每年春、夏、秋季都会发生不同程度的旱灾。近 50 年来，受全球增温的影响，内蒙古地区旱灾发生频率更是呈不断上升趋势。

干旱是河南发生频率高、影响范围大、持续时间长、成灾程度重的农业气象灾害。干旱主要有春旱、夏伏旱和秋旱，最严重的是春旱。由于年内降水季节分配不均，前一年 11 月到第二年 3 月降水量只占全年降水量的 14%，而春季气温回升快，大风日数多，蒸发量大，使春旱加剧。河南省的干旱灾害具有经济损失大、灾害发生频繁、影响范围广的特点，其持续时间较长，是影响河南省农业经济的主要气象灾害。

湖北省被誉为"千湖之省"，却也经常遭遇严重的干旱问题，尤其是冬春连旱。根据湖北省民政厅的数据，湖北省干旱多发生于鄂北岗地和西部山区，受旱农田面积 172 万亩，其中重旱达 63 万亩，绝收 12 万亩，占农作物总面积的 68%。湖北省一般每年因灾直接经济损失 60 亿～70 亿元，大灾年份更达到 120 亿～130 亿元的损失量。

干旱是湖南省第一大灾害。据 1950～1980 年统计：出现特大干旱、大旱、中旱、小旱、基本无旱的年份分别为 2、8、10、6、5 个，其概率分别为 6%、26%、32%、20%、16%。干旱四季皆有，其中以夏、秋干旱出现频率最高，频率分别为 29%、30%，其次是夏秋连旱，频率为 12%。干旱有成块分布和插花分布等形式，但就全省而言，湘中衡邵盆地干旱出现的频率最高，有"千旱走廊"之称。特大旱以 1963 年最为突出。从 1962 年冬季始至次年 9 月，出现了历史上罕见的冬、春、夏、秋四季连旱。全省有 55 个县市受大灾，受灾面积达 2250 万亩，成灾面积 1701 万亩，减产粮食 188 万吨，全省有 7.77 万个生产队饮水困难，有 67% 的中小型水库干到死水位以下，有 65% 的山塘干涸。据湖南省农业经济统计资料显示：1949～1988 年，平均每年受灾、成灾面积分别为 12 万亩、5.5 万亩。每年因干旱减产粮食 70.5 万吨，见表 8-3。

表 8-3　1983～2014 年中部地区旱灾概况　　　　　　单位：千公顷

年份	受灾面积		成灾面积	
	全国	中部	全国	中部
1983	16 090	5 223	7 586	2 472
1984	15 820	5 870	7 020	2 869
1985	22 990	10 670	10 060	5 074

续表

年份	受灾面积		成灾面积	
	全国	中部	全国	中部
1986	31 040	14 976	14 760	7 885
1987	24 920	8 181	13 030	4 235
1988	32 900	13 295	15 300	7 714
1989	29 360	7 459	15 260	4 451
1990	18 180	7 313	7 810	3 296
1991	24 910	10 267	10 560	4 313
1992	32 980	11 200	17 050	5 106
1993	21 100	6 343	8 660	2 545
1994	30 430	11 133	17 050	7 830
1995	23 455	8 758	10 401	3 998
1996	20 151	6 200	6 247	1 791
1997	33 514	10 947	20 250	6 801
1998	14 236	5 191	5 060	1 570
1999	30 156	11 985	16 614	6 739
2000	40 541	14 548	26 784	9 644
2001	38 472	14 171	23 698	9 393
2002	22 124	5 636	13 174	3 089
2003	24 852	7 280	14 470	4 603
2004	17 253	4 351	8 482	2 538
2005	16 028	5 506	8 479	3 124
2006	20 738	5 281	13 411	3 312
2007	29 386	8 493	16 170	5 004
2008	12 137	5 589	6 798	2 493
2009	29 259	9 729	13 197	3 944
2010	13 259	2 810	8 987	1 944
2011	16 304	6 230	6 599	1 997
2012	9 339	3 415	374	1 111
2013	14 100	8 201	1 416	—
2014	12 272	4 761	1 485	311

资料来源：《中国统计年鉴》（1984～2014 年）

4. 洪涝

中部地区是我国洪涝灾害的重灾区。中部大部分省份位于东部季风区，受到季风气候、锋面雨带和热带气旋的影响，在夏秋季常发洪涝灾害，给中部地区带来大量的经济损失和人员伤亡，加剧了生态环境的破坏。中部七个省份中，山西和河南位于黄淮海平原，安徽、江西、湖南、湖北四省位于长江中下游平原。由于淮河水系和长江水系都是中上游支流众多，下游入海干流少，且地势平坦，排水不畅；人类活动密集，围湖造田，植被水文受破坏面积大，加剧了洪涝灾害的发生。

据统计，1931 年江淮大水，造成河南、山东、湖北、湖南、江西、安徽、浙江等八个省受灾，受灾人口多达 5127 万，死亡人数达 40 万人，淹没农田 1.46 亿亩。1991 年，我国淮河流域、太湖流域等部分江河发生洪涝灾害。其中，安徽省直接经济损失达 249 亿元，受灾人口 4400 万。2010 年 6 月 17 至 6 月 25 日江西发生严重洪涝灾害，直接经济损失 287.9 亿元，死亡 14 人（张游等，2011）。2015 年 9 月 5～7 日，湖南发生严重洪涝灾害，湘西土家族苗族自治州、永州、郴州、邵阳 4 市州 15 县区 29 万人受灾，农作物受灾面积达 19.7 千公顷，绝收 1.7 千公顷，直接经济损失 2.4 亿元。据不完全统计，河南平均每两年就发生一次较大的洪涝灾害，平均不到 4 年就发生一次严重的洪涝灾害。表 8-4 显示了 1984～2014 年中部地区洪涝灾害情况。

表 8-4　1984～2014 年中部地区洪涝灾害概况　　　　单位：千公顷

年份	受灾面积		成灾面积	
	全国	中部	全国	中部
1984	10 630	5 109	5 400	2 554
1985	14 200	3 743	8 950	2 160
1986	9 160	618	5 580	191
1987	8 690	2 018	4 100	1 097
1988	11 950	1 770	6 130	3 314
1989	11 330	2 416	5 920	2 130
1900	11 804	3 230	5 604	1 926
1991	24 596	8 363	14 614	8 590
1992	9 423	2 800	4 464	1 544
1993	16 390	4 797	8 610	2 548
1994	17 330	5 196	10 740	2 923
1995	12 731	5 629	7 630	3 386
1996	18 145	8 463	10 855	5 484
1997	11 414	3 443	5 840	2 010
1998	22 292	11 471	13 785	7 783
1999	9 020	4 191	5 071	2 524

续表

年份	受灾面积		成灾面积	
	全国	中部	全国	中部
2000	7 323	3 641	4 321	2 240
2001	6 042	1 551	3 614	—
2002	12 288	5 470	7 388	3 575
2003	19 208	9 250	12 289	6 191
2004	7 314	3 022	3 747	1 719
2005	10 932	4 812	6 047	2 890
2006	8 003	2 924	4 569	1 710
2007	10 463	4 933	5 105	2 726
2008	6 477	3 525	3 656	1 188
2009	7 613	2 958	3 162	3 672
2010	17 525	8 923	7 024	3 672
2011	6 863	3 155	2 840	1 250
2012	7 730	3 606	4 145	2 429
2013	8 757	2 851	4 859	1 324
2014	4 718	1 998	2 704	1 180

资料来源:《中国统计年鉴》(1985～2015 年)

5. 农作物病虫害

作为一个农业大国,中国的农作物病、虫、草害种类繁多且成灾条件复杂,并广泛分布于各省份的农业区,总体上呈现由沿海向内陆递减的趋势,受灾面积呈上升趋势,东部沿海城市的农作物病虫害发生频率较高,内陆地区病虫害发生频率较低。

我国农业病虫害分布范围广,潜在危害性大,如水稻三化螟、小麦吸浆虫等害虫为害广泛。安徽省农作物病虫害的发生具有持续性特征,其成灾强度随着时间变化不断上下波动。病虫害间隙暴发特点明显,发生程度偏重趋势显著,治虫防病难问题日益突出。安徽省病虫害问题具有病虫种类多(达 200 多种)、发生范围广、经济破坏大的特点。其中,常见的危害性较大的有 40 多种,尤以水稻的白叶枯病,小麦的吸浆虫病、赤霉病和棉花的棉铃虫病为安徽的三大生物病害。除自然因素外,交通条件的改善、人员物资交流空前活跃、外来生物入侵频繁、农药的不正确使用等人为因素也成为病虫害的主要发生原因(马宇等,2011)。

河南省地处中原,是我国主要粮食产区,农作物种类丰富。但气候条件复杂多变、主栽品种抗性差异大、群众对病害的预防意识薄弱等原因致使病虫害种类繁多，并且发生情况复杂（彭红等，2013）。河南省主要病虫害有小麦条锈病、小麦白粉病、吸浆虫和玉米螟等。

湖南农业病虫害种类多，危害广。其中，全省危害严重的病虫害有 6 种，棉花的主要病虫害更达 22 种。农业病虫害以夏秋最为严重，春季次之，冬季最小。

江西省是我国病虫害的多发区，且是林业病虫害发生的重灾区，成灾损失往往较大。害虫种类主要包括：萧氏松茎象、马尾松毛虫、黄脊竹蝗等 68 种森林病虫害。每年受损稻谷 5 亿～10 亿千克，直接经济损失达 7 亿～15 亿元（周国强和董保华，2007）。

8.1.2　中部地区人为灾害的现状和特征

1. 火灾

在各种灾害中，火灾是最经常、最普遍地威胁公众安全和社会发展的主要灾害之一。随着城市化进程的加快，各省份火灾发生次数与频率都有所上升。在1998～2013 年的 4 年中，火灾发生次数呈现出明显的上升趋势，特别是中部七个省份 2013 年的火灾发生次数也显著高于上年，平均增长 1.5～2.5 倍。从表 8-5 可以看出，1998～2004 年我国火灾发生次数逐年上升，而 2004～2012 年次数逐年递减；2013 年火灾发生次数显著高于 2012 年。中部地区火灾发生次数占全国火灾发生总次数的比例为 1/3～2/3。其中，河南和湖南火灾发生次数高于全国平均水平。同时，特别重大火灾也是消防部门重点控制和防御的对象。

表 8-5　1998～2013 年中部七个省份火灾发生次数　　　　单位：次

地区	1998 年	1999 年	2000 年	2001 年	2002 年	2003 年	2004 年	2005 年
山西	2 121	2 654	2 844	3 541	3 765	3 545	3 571	3 319
内蒙古	2 302	2 631	2 022	3 524	4 090	3 523	4 577	5 351
安徽	4 786	6 288	6 099	7 470	8 200	6 683	7 214	7 621
江西	2 575	4 305	5 317	5 755	5 714	8 029	6 335	6 674
河南	6 248	9 263	10 050	11 508	14 220	11 677	12 206	7 390
湖北	5 871	6 216	6 780	6 225	5 437	5 862	7 519	9 250
湖南	2 913	2 874	3 440	3 979	5 054	6 221	5 611	5 195
中部总数	26 816	34 231	36 552	42 002	46 480	45 540	47 033	44 800
全国总数	141 305	179 955	189 185	216 784	258 315	253 932	252 704	235 941

续表

地区	2006 年	2007 年	2008 年	2009 年	2010 年	2011 年	2012 年	2013 年
山西	3 907	4 491	4 296	4 777	4 439	4 679	3 897	8 153
内蒙古	5 860	7 293	7 755	9 364	8 739	10 366	7 545	11 749
安徽	17 085	6 755	5 882	5 475	5 173	5 870	5 652	11 671
江西	5 941	5 324	6 037	5 963	4 714	4 647	3 790	7 207
河南	6 156	3 697	3 661	2 627	3 534	3 437	5 110	13 562
湖北	11 328	11 437	11 805	11 358	9 383	8 292	4 962	11 263
湖南	5 003	5 525	3 357	2 563	2 915	8 781	10 399	15 611
中部总数	55 280	44 522	42 793	42 127	38 897	46 072	41 355	79 216
全国总数	222 702	163 521	136 835	129 381	132 497	125 417	152 157	388 821

资料来源：《中国统计年鉴》

天津爆炸案遇难者总人数升至 165 人，其后续损失处理得到了社会的广泛关注。特大火灾具有经济损失巨大、影响范围广泛、后续处理复杂等诸多特征，是威胁我国社会安全与稳定的重要隐患，对我国公安部门的消防能力提出了极大的考验。

森林火灾是威胁我国居民安全、生态环境的重要灾害类型。新中国成立以来，随着城市化进程的加快、工业发展速度的提高，越来越多的林木地区被开垦为农田或是建造城镇。人类活动的频繁加大了我国人为森林火灾的发生率，这使我国的生态植被受到了严重破坏，植被覆盖率逐年下降。在全球变暖的趋势下，森林火灾呈现出受灾面积大、危险性高、持续时间长、燃烧性加大的特点。

我国森林火灾主要分布在我国东南部的低山丘陵地带。中部地区大部分次生林与农田接壤，农林交错，加之人为用火不慎，极易导致森林火灾的发生。中部七个省份中除山西森林火灾发生次数少之外，其他省份都受到了不同程度的影响，其中江西、湖南、湖北和河南受灾情况最为严重。具体见表 8-6。

表 8-6　2004～2013 年中部地区森林火灾发生次数　　单位：次

地区	2004 年	2005 年	2006 年	2007 年	2008 年	2009 年	2010 年	2011 年	2012 年	2013 年
山西	20	63	67	45	19	37	17	40	20	32
内蒙古	134	173	143	154	138	66	88	57	57	78
安徽	95	325	119	159	213	100	184	250	81	67

续表

地区	2004 年	2005 年	2006 年	2007 年	2008 年	2009 年	2010 年	2011 年	2012 年	2013 年
江西	1 119	355	130	326	572	394	79	151	46	82
河南	388	982	960	816	983	596	519	622	328	693
湖北	832	1 055	511	884	1 207	660	682	510	385	286
湖南	3 407	3 204	1 530	2 290	5 053	2 173	1 047	873	922	493
中部	5 995	6 157	3 460	4 674	8 185	4 026	2 616	2 503	1 839	1 731
全国	13 466	11 542	8 170	9 260	14 144	8 859	7 723	5 550	3 966	3 929

资料来源：《中国统计年鉴》（2005～2014 年）

2. 交通事故

交通事故是一种重要的人为灾害，是和平时期造成人员非正常死亡和财产意外损失的重要原因，对于居民的生命财产造成了巨大威胁，经济发展和我国汽车保有量的大量迅速增加加重了交通压力，交通事故发生的风险更大。据统计，中国已成为世界上交通事故死亡人数最多的国家之一。2008 年世界卫生组织的事故调查显示，50%～60%的交通事故与酒后驾驶有关。2010 年 8 月，十一届全国人大常委会第十六次会议首次审议刑法修正案（八）草案，将酒后驾车列入刑事案件。而中部地区由于人口稠密、道路规划不合理等原因，也成为交通事故的多发地区。其中，河南、湖北和湖南为交通事故多发省份。

由表 8-7 可知，湖南和湖北交通事故引起的直接损失额最高，这和两湖地区的经济发展水平和财富的密集度是分不开的，另外，安徽的交通事故损失起伏变化最大，经历了先降后升的变化；受当地的人口密度的影响，内蒙古交通事故引起的直接经济损失最少。河南、江西和山西三省由交通事故造成的经济损失均呈现下降趋势。

表 8-7　1995～2013 年中部地区交通事故损失额　　　　单位：万元

年份	湖南	湖北	河南	山西	安徽	内蒙古	江西
1995	6 203	4 460	5 501	—			2 550
1996	6 967	5 326.6	6 464	1 942	—	1 865.3	2 080
1997	6 586	5 451	6 582	2 381.5		1 802.6	1 997.2
1998	6 450	5 150	7 192	2 309.7	—	1 614.8	2 258.1
1999	8 315	5 706	7 947	2 238	3 445.5	1 894.5	3 856.6
2000	9 662	7 041	9 230	4 415.9	7 970	2 539	7 225
2001	8 799.48	7 178	14 142	6 285.7	8 639	2 247.24	6 324

续表

年份	湖南	湖北	河南	山西	安徽	内蒙古	江西
2002	9 100	8 155	14 733	7 931	9 462.4	2 446.2	7 456.3
2003	10 646.79	9 672	15 500	8 783	8 561	2 368.85	7 783.4
2004	10 274.07	7 784	12 445	8 403	6 996	2 798	6 370
2005	7 131	4 958	10 682	5 782.9	6 118	2 785	7 697.6
2006	5 716	4 752	6 871	5 422.9	4 848	1 878	6 025
2007	4 995	3 428	6 490	3 860.3	3 467	1 807.4	5 564.6
2008	3 765	2 797	4 910.5	3 423.7	2 308	1 481.54	5 527.6
2009	3 822	2 850.5	3 303	3 501.2	2 427	1 557	3 921.52
2010	4 104	3 294.4	3 186.8	3 593.7	2 349.6	2 346	4 184
2011	5 146	4 029	3 617.23	3 113	4 837.5	2 335	4 857
2012	6 750	5 391	2 825.57	3 528.5	10 727	1 878.86	4 542
2013	6 455.5	4 472.8	3 034.9	2 889.6	7 375.6	1 607.3	3 738.2

资料来源：由《中国统计年鉴》及各省份统计年鉴整理得出

　　表 8-8 显示了中部地区主要省份交通事故发生次数的统计数据，从时序上看，中部地区的交通事故呈明显的先增后减趋势，1998 年以后中部地区交通事故的发生量开始增加，至 2002 年达到峰值之后开始回落，2013 年已经降至不到峰值的一半。从地区上看，湖南、湖北、河南的人口密度和流动量较大，交通事故的发生数也最高，但是各个省份的交通事故时序变化与中部地区基本保持一致，呈现先增后减的趋势。

表 8-8　1998～2013 年中部地区交通事故发生次数统计　　　单位：次

地区	1998 年	1999 年	2000 年	2001 年	2002 年	2003 年	2004 年	2005 年
山西	4 832	6 572	11 364	25 779	19 641	18 556	17 206	13 342
内蒙古	5 267	6 744	9 526	9 772	9 572	9 833	9 889	8 453
安徽	5 887	8 233	20 870	27 845	28 114	21 791	18 006	17 474
江西	4 312	7 990	17 105	17 696	17 772	13 998	10 531	8 585
河南	13 573	13 762	19 724	40 734	45 427	40 477	26 540	23 778
湖北	10 336	12 902	20 130	20 369	20 469	20 047	13 584	9 585
湖南	9 971	14 981	20 314	23 517	28 056	19 414	16 116	15 013
中部总数	54 178	71 184	11 9033	165 712	169 051	144 116	111 872	96 230
全国总数	346 129	412 860	616 971	764 919	773 137	667 507	517 889	450 254

续表

地区	2006 年	2007 年	2008 年	2009 年	2010 年	2011 年	2012 年	2013 年
山西	10 981	9 078	7 867	7 697	6 962	6 239	5 587	5 303
内蒙古	6 481	6 305	5 056	4 166	4 780	4 591	3 957	3 643
安徽	14 151	13 273	8 412	8 191	7 901	14 005	18 076	17 610
江西	8 867	7 535	5 914	4 262	4 126	3 354	3 103	2 880
河南	18 402	16 314	11 529	8 587	7 890	6 877	6 732	6 449
湖北	9 590	8 986	7 686	6 630	6 543	6 490	6 009	5 798
湖南	12 202	9 899	7 622	7 444	8 413	8 118	8 748	8 699
中部总数	80 674	71 390	54 086	46 977	46 615	49 674	52 212	50 382
全国总数	378 781	327 209	265 204	238 351	219 521	210 812	204 196	198 394

资料来源:《中国统计年鉴》(2007~2014 年)

8.1.3 中部地区自然-人为灾害的现状和特征

1. 大气污染

按照国际标准化组织的定义,大气污染通常是指由于人类活动或自然过程引起某些物质进入大气中,呈现出足够的浓度,达到足够的时间,并因此危害了人类的舒适、健康和福利或环境的现象。作为自然-人为灾害的一种,其成因包括森林火灾等自然因素及工业污染、汽车尾气排放和生活燃煤等人为因素。在当代中国,随着工业化进程的不断推进,大气污染也逐渐成为威胁我国环境的重要问题。表 8-9 显示了 2004~2013 年中部地区废气排放状况。

表 8-9 **2004~2013 年中部地区废气排放统计** 单位:亿标立方米

地区	2004 年	2005 年	2006 年	2007 年	2008 年	2009 年	2010 年	2011 年	2012 年	2013 年
山西	13 351	15 142	18 128	21 429	23 180	23 693	35 190	42 195.2	38 124.3	41 276.0
内蒙古	13 518	12 071	18 415	18 200	20 190	24 844	27 488	30 062.8	28 132.7	31 128.4
安徽	5 934	6 960	8 677	13 254	15 749	15 273	17 849	30 410.8	29 645.0	28 335.4
江西	3 972	4 379	24 881	6 103	7 456	8 286	9 812	16 102.0	14 814.1	15 573.8
河南	13 103	15 498	16 770	18 890	20 264	22 186	22 709	40 790.9	35 001.9	37 665.3
湖北	8 838	9 404	11 015	10 373	11 558	12 523	13 865	22 840.8	19 512.5	19 986.9
湖南	5 527	6 014	5 986	8 762	9 249	10 973	14 673	16 778.5	15 887.5	17 276.4
中部	64 243	69 468	103 872	97 011	107 646	117 778	141 586	199 181	181 118	191 242.2
全国	237 696	268 988	330 990	388 169	403 866	436 064	519 168	674 509	635 519	669 361

资料来源:《中国环境统计年鉴》(2005~2014 年)的数据整理而得

随着我国的地区工业化，中部地区也开始面临着严重的大气污染问题。我国环保部《2013 年环境统计年报》显示，中部地区的大气污染排放量在全国位于前列，其中排名前五的五个省份中有三个为中部省份（内蒙古、山西、河南）。2013 年，我国二氧化硫排放量超过 100 万吨的省份依次为山东、内蒙古、河北、山西、河南和辽宁，仅这六个省份的二氧化硫排放量占全国排放总量的 38.3%。具体见图 8-1。

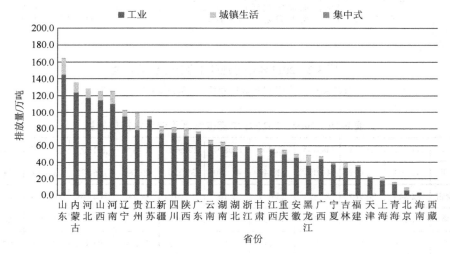

图 8-1　2013 年各地区二氧化硫排放情况

资料来源：中国环保部 2013 年环境污染物排放量统计年报

2. 水污染

水污染是由有害化学物质造成水的使用价值降低或丧失。由于高污染企业缺乏规制及乱排乱放，我国当前面临着严重的水资源恶化问题。2013 年，全国废水排放量 716.2 亿吨，比上年增加 1.5%。其中，废水排放量大于 30 亿吨的省份有 8 个，废水排放总量为 370.9 亿吨，占全国废水排放量的 57.6%。中部省份包括河南和湖南，分别居第五位和第八位（中国环保部公布数据）。具体见图 8-2。

统计显示（表 8-10），中部地区废水排放量随全国水平不断上升，约占全国总排放的 1/4～1/3。其中，河南、湖北和湖南的工业废水排放量相对最高，且呈现逐年增长的趋势。

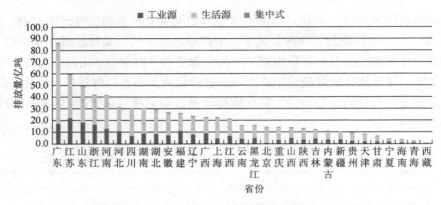

图 8-2　　2013 年部分地区工业废水排放总量

资料来源：中国环保部 2013 年环境污染物排放量统计年报

表 8-10　　2004～2013 年中部各地区工业废水排放总量

地区	2004 年	2005 年	2006 年	2007 年	2008 年	2009 年	2010 年	2011 年	2012 年	2013 年
山西	31 393	32 099	44 091	41 140	41 150	39 720	49 881	116 132	134 298	138 030
内蒙古	22 848	24 967	27 823	25 021	29 167	28 616	39 536	100 389	102 424	106 920
安徽	64 054	63 487	70 119	73 556	67 007	73 441	70 971	243 265	254 329	266 234
江西	54 949	53 972	64 074	71 410	68 681	67 192	72 526	194 432	201 190	207 138
河南	117 328	123 476	130 158	134 344	133 144	140 325	150 406	378 785	403 668	412 582
湖北	97 451	92 432	91 146	91 001	93 687	91 324	94 593	293 064	290 200	294 054
湖南	123 126	122 440	100 024	100 113	92 340	96 396	95 605	278 811	304 214	307 227
中部	511 149	512 873	527 435	536 585	525 176	537 014	573 518	1 604 878	1 690 323	1 732 185
全国	2 211 425	2 431 121	2 401 946	2 466 493	2 416 511	2 343 857	2 374 732	6 591 922	6 847 612	6 954 433

资料来源：《中国环境统计年鉴》（2005～2014 年）数据整理而得

3. 荒漠化和沙化

　　中部地区也受到荒漠化和沙化的侵袭，但土地荒漠化主要集中在内蒙古和山西，其余省份并没有出现显著的荒漠化情况。其中，内蒙古的荒漠化和土地沙化问题特别严重，占到全国荒漠化土地的 24% 和全国沙化土地的 25%。随着人类经济活动范围的不断扩大和活动强度的增加，我国环境脆弱地区的荒漠化和沙化土地面积不断扩大，其治理有赖于合理高效的土地利用方式的普及和适度开发环境保护政策的实施。具体见表 8-11。

表 8-11　各地区荒漠化和沙化土地情况　　　　　单位：万公顷

地区	土地荒漠化	土地沙化
山西	162.77	70.55
内蒙古	6 223.82	4 159.36
安徽	—	12.69
江西	—	7.50
河南	1.04	64.63
湖北	—	19.16
湖南	—	5.88
中部	6 387.63	4 339.77
全国	26 361.68	17 396.63

资料来源：《中国环境统计年鉴》

8.2　中部灾害成因分析

8.2.1　自然因素

我国中部地区位于地势第二阶梯，山地、丘陵和平原相互交错，地形地质复杂，且受长江水系、淮河水系和黄河水系综合影响，以及季风气候的控制，构成了我国中部地区各种自然灾害诱发的天然条件。

中部地区复杂的地形引起浅表地层变动，易引发地震。但由于中部地区七个省份均未在重要地震带上，地震活动水平相对不高，长期以来未发生过破坏性地震。季风气候是导致我国中部地区灾害多发的关键诱因。降雨时空分布、山体坡度、岩石结构、土质疏松程度等是引发地质灾害的重要原因。我国中部地区是高原、平原的过渡地带，多属山地丘陵区，山体坡度大，地形崎岖复杂。中部七个省份多位于北纬 30 度以南，受到亚热带季风气候和来自海面的暖湿气流影响，形成持续时间长、地区集中、强度大的降水特点。且如江西、湖北等地山地岩石构成多为花岗岩、变质岩和易溶蚀的石灰岩，更易导致岩石松动，从而引发崩塌、滑坡、泥石流灾害和水土流失灾害。

季风气候也使中部地区受到严重的干旱和洪涝灾害的影响。山西和河南位于大陆型季风气候区，安徽、江西、湖南和湖北均位于亚热带季风区，两种季风区都有降雨时空分布不均，年际、年内变化大等特点，造成中部地区既受干旱灾害的影响，也受到洪涝灾害的侵蚀。干旱中春旱对受灾地区的影响最大。由于季风性气候冬季干冷绵长，冬季降水量少，而春季气温回升速度快，蒸发量大，使春旱加剧。其他季节也会受到降水量的影响形成旱灾。而由于季风气候和热带气旋、海面暖湿气流的影响，我国中部地区普遍夏季降水量达到极值，且在某一时段集中降水。河南省所属的黄河水系，水土流失严重，导致河流的泥沙淤积，使河南部分地区形成"地上河"，更易发生洪涝且后果严重。而江西、安徽、湖南和湖北所属的长江水系及淮河水系都呈现支流众多、干流短窄的特点，在集中降水时期支流水量急速增加而干流又无法及时排水，所以造成严重的洪涝灾害。

黄淮海平原和长江中下游平原降水充沛，加之地形平坦、土壤肥沃，使这里成为我国的重要农作物产地。中部七个省份中河南、安徽和湖北三个省份耕地资源最为丰富，同时也是农作物病虫害的高发地区。受全球气候变暖和气候条件复杂多样的影响，中部地区农作物病虫害呈发生期提前、危害期延长、破坏面积更大的特点。尤其暖冬年份，农作物病虫越冬基数增加，越冬死亡率降低，加重了次年农作物病虫害。强厄尔尼诺现象也给长江中下游带来大量降水，使农作物病虫害滋生，加重了对农作物的破坏。

中部地区也是我国森林火灾发生最频繁的地区之一。其中，湖南、湖北和河南三个省份受灾情况最为严重。全球气候异常、季风气候复杂多变、大风天气等都是引起森林火灾的重要原因。而且频繁的雷暴活动也加重了森林火灾的发生频率及其危险性。

8.2.2　经济因素

不能否认的是，经济发展、科技进步的确为我们防御灾害提供了更多经济和技术上的支持，但是也间接地诱发了多种灾害。随着经济的快速发展，灾害呈现出发生次数增加、受灾情况严重、受灾原因多样等特点。

中部地区是我国经济发展的过渡地带，经济发展水平虽然比不上东部发达地区，但是也与西北、青藏地区形成了鲜明的对比。近年来，中部地区工农业发展迅速，人口基数庞大，使该地区受人为因素导致的灾害数量增加。不科学的人类工程活动增加了中部地区的地质灾害隐患点，人工开挖削坡、采矿、水库蓄水、大量抽取地下水、不合理修筑公路等行为使植被被破坏、边坡稳定性降低，更容易引起崩塌、滑坡和泥石流等地质灾害。掠夺性开采土地，大量开垦荒坡、滥砍滥伐树木等行为也加重了水土流失。同时，长江中下游平原围湖造田加重洪涝灾害。

经济的快速发展使工业、交通、居住用地增多，人均耕地面积逐年减少。为了满足粮食的供应，农业生产商品化趋势越来越明显，随之增加了病菌随农产品和种苗的调运而传播蔓延的风险。农业种植区域化和作物种类品种的单一化，导致农作物品种抗病性的丧失速度加快。农作物复种指数和不合理的化学防治也加剧了农作物病虫害的发生。

同时，森林保护区的人类活动频繁，火源增加，诱发森林火灾。据统计指出，98%的森林火灾是由人为因素引起的。野外生产生活用火增多，如旅游区烧烤用火、景观篝火、工矿运输生产用火、祭奠活动用火、生活取暖用火等，使火源管理压力增大，加上气候条件复杂，极易诱发森林火灾。

8.2.3　社会因素

中部灾害以暴雨、洪水、地震、滑坡、泥石流等自然灾害为主，而且水土流失、风蚀沙化等土地退化等问题严重，并伴随着普遍的森林火灾和农作物病虫害等农业灾害的广大区域。造成中部地区此类灾害频发的社会原因主要包括以下几方面。

（1）过度垦殖。随着人口迅速增长和大规模的生产建设活动实施，由于乱砍滥伐、过度放牧、陡坡开荒等掠夺式的土地利用方式及不合理的资源开发等基本建设活动，水土流失问题日益加剧。同时，作为我国蝗虫灾害的"稳定区"，过度垦殖进一步导致了山西、河南等黄河流域农地的蝗灾泛滥。

（2）农业生产环境的破坏。随着国家城市工业化进程加快，城乡二元结构逐步形成，众多中西部农村青壮年劳力选择外出到东南沿海城市务工。留下的老弱妇孺缺乏相应的农业知识和劳动能力，不能很好地从事农业生产。因为防治知识的不足，选择便宜的假冒伪劣农药进行喷灌，不仅导致耕地土壤板结、农作物大量枯死，也导致病虫抗药性增强，使得病虫害治理成本逐年上升。

（3）不合理的工程活动。中部地区地质灾害发生区域多处于丘陵山区，水库和矿山施工不当是造成地质的重要原因，由于多变质岩、花岗岩分布，且水蚀和地下暗河连年侵蚀，在建房、修路和人工切坡等施工地段地质灾害频发。另外，各种不合理的施工对本来就脆弱的地质环境破坏较大，使得地质灾害具有连发性的特征。

8.3　中部地区的灾害经济影响

经济损失是对灾害经济影响最直白的衡量标准。目前，中国对灾害损失的评估主要是针对直接经济损失评估。直接经济损失是指在同一灾害形成过程中，包括原生灾害和紧密伴随的次生灾害所造成的经济损失的总和，它可以通过灾害直接造成的各类动产和不动产修理或重置成本，一般在灾后数天、数周或数月内累加计算得出，而灾害对经济扰动造成的间接影响时间尺度要比直接影响长远。间接经济损失又分为初始间接损失和次生间接损失，前者是指经济生产中断引起的损失，后者是指经济系统产业链的关联效应损失。但是由于灾害损失基础统计数据缺乏，以及没有有效的方法估算这种长时间尺度的影响，间接经济损失的评估相对比较困难，现实中往往间接经济损失可能很大。

8.3.1　中部地区自然灾害的经济影响

（1）因自然灾害死亡人数呈现阶段性波动，整体呈现递减趋势。自然灾害所造成的损失是多方面的，其中最为主要的是自然灾害的发生对人类所造成的影响，自然灾害的发生对人类最直接的影响在于危及人类的生命安全，中部地区七个省份的因自然灾害死亡人数由1989年较高的死亡数下降到2014年较低的死亡人数，湖南、湖北两省尤为明显。具体见表8-12。

表 8-12　1989～2014 年中部地区因自然灾害死亡人数　　　单位：人

年份	湖南	湖北	河南	山西	安徽	内蒙古	江西
1990	798	277	105	108	322	179	146
1991	532	668	150	83	921	81	243
1992	569	73	127	89	206	78	412
2003	172	89	61	161	48	54	37
2005	203	171	36	20	112	31	104
2006	591	62	16	34	33	56	117
2007	42	160	97	61	73	39	117
2008	83	89	26	41	46	60	50
2009	67	69	74	40	71	27	48
2010	86	139	147	2	19	26	103
2011	89	65	28	35	19	29	34
2012	62	64	14	38	26	64	41
2014	71	24	10	9	6	17	50

资料来源：由《中国统计年鉴》《中国民政统计年鉴》《中国环境统计年鉴》等整理

（2）中部地区自然灾害带来的经济损失呈不规律变动的趋势，湖南和内蒙古两个省份的自然灾害直接损失呈波动上升趋势；湖北、河南、江西、安徽自然灾害直接经济损失呈下降趋势；江西自然灾害直接经济损失基本平稳。各个省份在不同的年份会因为不同的灾害而呈现波动趋势。具体见表8-13。

表 8-13　2003～2014 年中部地区自然灾害直接经济损失　　　单位：亿元

年份	湖南	湖北	河南	山西	安徽	内蒙古	江西
2003	122	81.1	201.1	31.5	228.6	46.5	69.7
2004	88.4	55.3	101.6	41.9	47.1	85	41.9
2005	87.3	70.1	81.5	39.4	151.1	24.6	96.1
2006	225	72.9	32.2	75.7	42.1	130.2	103.7
2007	124.3	87.3	82.1	114.7	130.3	143.7	68.1
2008	313.1	222.1	32.8	80.1	189.7	97.6	329.7
2009	142.94	68.3	99.28	80.9	132.5	249.7	85.8
2010	273.8	238.7	195.2	123	104.1	138.3	520
2011	266.9	216.2	62	74.2	115.2	103.1	135.7
2012	149.1	131.7	26.8	64.9	87.2	152.8	113.3
2014	206.5	68.4	118.7	50.8	29.4	113.1	72.8

资料来源：由《中国统计年鉴》《中国民政统计年鉴》《中国环境统计年鉴》等整理

（3）中部地区自然灾害受灾人口从 1981～2014 年的数据来看，呈波动上升的趋势，不难看出伴随着经济的发展、人口的增长，自然灾害诸如地震、洪涝、干旱等对人们造成的损害在不断增大，同时也给更多的人造成损失和伤害，自然灾害的受灾人口在不断增多。对比表 8-12 的数据，自然灾害因灾死亡人数在不断下降，可见政府的防灾减灾体系在不断完善之中，但是从表 8-13 和表 8-14 的数据来看，自然灾害直接经济损失和受灾人口都在不断扩大，可见面对自然灾害的防灾和减灾等应对体系仍需要提高和完善。

表 8-14　1981～2014 年中部地区自然灾害受灾人口　　　单位：万人

年份	湖南	湖北	河南	山西	安徽	内蒙古	江西
1981	2 268	2 120	2 260	709	1 646	565.5	751
1989	1 871	1 700	1 731	848	1 946	613	1 290
1990	2 500	1 750	1 319	650	1 700	843	1 087
1991	2 204	2 410	3 500	1 430	4 314	415	1 536
1992	1 754	2 430	3 045	1 196	1 781	554	1 773
1998	2 729	2 329.1	1 625.9	133.6	3 283.1	491	3 832.4
2003	4 901	3 575.8	2 738	183.6	3 704.1	298.1	3 325
2004	2 098.6	1 126.8	2 290.1	886.1	1 268.7	856.3	1 272
2005	3 794.4	3 456.8	1 614.8	1 323.3	3 417.7	436.5	2 374.8
2006	2 905	1 893	1 142.3	904.5	1 542.4	1 021.5	2 218.5
2007	2 518.2	2 150.2	2 158.3	1 659.6	2 141.0	975.9	2 154.3

续表

年份	湖南	湖北	河南	山西	安徽	内蒙古	江西
2008	5 074.3	4 385.7	603.8	686.3	2 225.5	565.9	3 476
2009	3 306.1	2 640.7	3 311.8	1 351.4	3 398.5	1 075.1	2 124.4
2010	2 283.9	2 362.5	1 843.8	1 330.1	1 640	889.4	2 184.6
2011	4 308.7	2 843.3	2 468	1 273.6	2 990.3	692.0	1 659.3
2012	1 622.8	1 703.6	1 232.1	546.7	2 206.3	668.9	775.9
2013	3 344	2 353.9	2 587.8	1 465.9	2 855.9	565.6	1 160.3
2014	1 704.9	986.9	2 491	476	1 201.6	644.5	634.2

资料来源：由《中国统计年鉴》《中国民政统计年鉴》《中国环境统计年鉴》等整理

8.3.2　中部地区人为灾害的经济影响

中部地区的人为灾害主要包括交通事故和火灾两大类，分别可以从经济损失和死亡人数来进行度量和分析。

从交通事故来看：就交通事故的损失额，我们收集了 1995～2012 年的相关数据（表 8-15），我们可以发现一个规律，各省份的交通事故损失额总体呈先上升后下降的趋势，1995～2003 年呈不断上升的趋势，一个重要的原因是伴随着经济的发展，车辆在不断增多，事故也在不断增多，同时交通法规的不完善和不成熟也加剧了这一情况。自 2003 年之后，伴随着交通法律和法规的不断完善，以及执法力度的不断加大，交通事故的损失在不断下降，表 8-16 也可以印证这一点，2005 年之前交通事故死亡人数在不断攀升，自 2005 年之后，交通事故死亡人数在不断下降，但仍然处于一个较高的水平，这也对政府交通管理提出了新要求，不仅需要从法律法规入手，更是需要从人们的交通意识、安全措施等方面进行大力宣传和推广。

表 8-15　1995～2012 年中部地区交通事故损失额　　　　单位：万元

年份	湖南	湖北	河南	山西	安徽	内蒙古	江西
1995	6 203	4 460	5 501	—	—	—	2 550
1996	6 967	5 326.6	6 464	1 942	—	1 865.3	2 080
1997	6 586	5 451	6 582	2 381.5	—	1 802.6	1 997.2
1998	6 450	5 150	7 192	2 309.7	—	1 614.8	2 258.1
1999	8 315	5 706	7 947	2 238	3 445.5	1 894.5	3 856.6
2000	9 662	7 041	9 230	4 415.9	7 970	2 539	7 225
2001	8 799.48	7 178	14 142	6 285.7	8 639	2 247.24	6 324
2002	9 100	8 155	14 733	7 931	9 462.4	2 446.2	7 456.3

续表

年份	湖南	湖北	河南	山西	安徽	内蒙古	江西
2003	10 646.79	9 672	15 500	8 783	8 561	2 368.85	7 783.4
2004	10 274.07	7 784	12 445	8 403	6 996	2 798	6 370
2005	7 131	4 958	10 682	5 782.9	6 118	2 785	7 697.6
2006	5 716	4 752	6 871	5 422.9	4 848	1 878	6 025
2007	4 995	3 428	6 490	3 860.3	3 467	1 807.4	5 564.6
2008	3 765	2 797	4 910.5	3 423.7	2 308	1 481.54	5 527.6
2009	3 822	2 850.5	3 303	3 501.2	2 427	1 557	3 921.52
2010	4 104	3 294.4	3 186.8	3 593.7	2 349.6	2 346	4 184
2011	5 146	4 029	3 617.23	3 113	4 837.5	2 335	4 857
2012	6 750	5 391	2 825.57	3 528.5	10 727	1 878.86	4 542

资料来源：由《中国统计年鉴》及各省份统计年鉴整理得

表 8-16　2001～2014 年中部地区交通事故死亡人数　　单位：人

年份	湖南	湖北	河南	山西	安徽	内蒙古	江西
2001	3 355	3 024	5 893	3 029	4 333	1 943	14 754
2002	3 658	2 776	6 692	3 644	4 557	2 143	3 163
2003	3 664	2 729	5 756	3 623	4 155	2 103	2 818
2004	3 769	2 530	5 467	4 172	4 794	2 239	2 760
2005	3 832	2 417	4 587	3 819	4 355	2 106	2 428
2006	3 563	2 304	4 046	3 413	3 901	1 874	2 190
2007	3 057	2 142	3 430	3 062	3 682	1 834	1 939
2008	2 555	2 023	2 722	2 910	3 027	1 610	1 779
2009	2 154	1 952	2 018	2 773	2 931	1 440	1 644
2010	2 162	1 944	1 825	2 449	2 877	1 375	1 603
2011	2 039	1 909	1 670	2 449	2 757	1 270	1 507
2012	1 956	1 822	1 636	2 294	2 691	1 202	1 399
2013	1 882	1 801	1 633	2 133	2 669	1 096	1 351
2014	1 794	1 772	1 642	2 080	2 647	1 006	1 389

资料来源：《中国统计年鉴》

从火灾来看：从表 8-17 可以看出，中部地区的火灾经济损失在 1984～2012 年总体呈波动上升的趋势，一个很重要的原因是随着经济的快速发展和城市化的持续推进，城市建筑越发密集，城市人口密度在不断提升，加之城市用电的大幅上升，导致火灾的风险加大，同时因为城市建筑的密集，火灾的经济损失在不断提高。从表 8-18 来看，中部地区各省份的火灾死亡人数呈不断下降的趋势，一个很重要的原因是政府关于火灾防灾减灾的宣传教育，但是政府面临的一个重要问题就是火灾带来的经济损失在不断加大，这也对政府防灾减灾宣传和具体措施提出了新要求。

表 8-17　1984~2012 年中部地区火灾经济损失　　　单位：万元

年份	湖南	湖北	河南	山西	安徽	内蒙古	江西
1984	420	318	—	654.8		133	192
1985	1 125	1 284	374	540.5		168	1 149
1986	664	586	682	707.1		164	364
1987	425	647	247	370.2		158	373
1988	853	564	362	575.8		455	956.5
1989	753	551	1 140	483.1	—	260	645.09
1990	2 236	2 220	743	685.2	—	251	1 139
1991	1 535	1 240	1 337	688.2	1 280	303	568
1994	3 749	2 794	2 821	1 366.5	2 452	479	1 567
1995	6 824	3 221	4 479	4 060.2	2 946	604	2 947
1996	5 271	2 528	2 595	1 930	2 683.5	923.8	1 230.4
1997	7 745.8	3 642	5 026	2 326.2	5 067.9	1 432.1	4 337.9
1998	5 975.11	3 188	5 138.5	2 146.3	4 193.6	949.2	5 787.2
1999	6 275	2 330	6 468	2 752.9	3 957.5	978	3 939
2000	4 799	1 754	6 719	4 737.6	5 704	1 365	4 039
2001	4 397.75	3 274	4 793	1 899.6	3 312.6	1 306.03	3 212
2002	5 357.08	3 500	4 471	2 439.8	7 511.2	1 746	4 142.1
2003	4 834.52	3 633.2	5 091	2 425.3	4 890.9	1 283.2	4 921.3
2004	3 077.65	4 399.3	4 072	2 539	4 669.5	1 473	4 526.9
2005	4 862	5 510.5	3 611.6	2 424.8	3 393.4	1 687	3 355
2006	3 736.39	2 362.3	1 956.2	1 749.2	5 638.9	1 383.9	3 595
2007	6 774	3 560.5	2 205.4	1 969.2	5 623.8	3 057	3 958
2008	6 876	4 376.4	2 525.5	2 567.2	8 618.6	6 764	8 064
2009	9 963	5 078	2 679.6	3 608.8	8 400.4	5 353	5 662
2010	8 754	3 821.3	3 781.9	6 331.7	8 474.3	5 195	8 074.4
2011	7 538	6 287.8	3 489	4 643.5	5 496	6 218	8 385.7
2012	15 841.1	5 327.7	5 466.7	6 105.9	7 220.9	10 131.1	7 312.6

资料来源：由《中国城市统计年鉴》《中国统计年鉴》、各省份统计年鉴整理得

表 8-18　1995~2012 年中部地区火灾死亡人数　　　　单位：人

年份	湖南	湖北	河南	山西	安徽	内蒙古	江西
1995	73	64	99	59	51		34
1996	106	88	141	31	41	24	16
1997	130	109	125	38	79	21	58
1998	89	77	116	26	61	21	39
1999	86	58	137	29	69	50	84
2000	102	54	523	45	79	25	93
2001	95	49	121	39	77	29	83
2002	70	48	158	45	83	35	65
2003	122	47	125	48	71	25	72
2004	46	48	84	48	96	26	42
2005	118	56	61	55	93	37	42
2006	60	63	19	11	38	46	38
2007	55	61	20	20	60	51	40
2008	83	41	20	59	72	47	23
2009	52	42	15	7	45	46	23
2010	33	25	16	26	35	51	21
2011	45	46	20	14	33	49	38
2012	45	16	23	12	35	34	29

资料来源：由《中国统计年鉴》《中国林业统计年鉴》、各省份统计年鉴整理得

8.3.3　中部地区自然-人为灾害的经济影响

相对而言，污染的经济量化是一个较为困难的问题，数据相对较少而且准确度无法得到保证，但从总体趋势来看，污染带来的经济损失在不断扩大，不仅是水污染、空气污染、土壤污染。污染问题更是对人们的健康造成难以估量的损失和危害；与此同时，污染问题也反映了一个地区的经济状况，伴随着经济的发展，第三产业将会占到主导地位，一个地区污染越严重间接意味着其产业发展滞后和产业结构存在问题。

从表 8-19 可以看出，中部地区的污染损失呈现出先增后减的变化趋势，2008年之前，中部七个省份的污染损失普遍增加，尤其是 2008 年，几乎每个省份的灾损都翻了一番，之后随着国家对环境治理和生态保护政策的实施，中部地区的污染损失也出现了一定的回落，其中安徽地区下降速度最快，与 2008 年的峰值相比，下降幅度达到 96.53%。

表 8-19　1997～2011 年中部地区污染直接经济损失　　　单位：万元

年份	湖南	湖北	河南	山西	安徽	内蒙古	江西
1997	3.6	236.9	42.7	52	123.7	3 290.1	253.3
1998	—	171	54.3	103.2	62.2	8 922.5	177.3
1999	228.6	36.5	24.1	318.1	1 049	19.3	172.7
2000	763.9	28.9	21.1	139.6	802.2	67.92	147.5
2001	380.8	53.7	8.2	13.1	263.7	7.2	126.8
2002	575.5	73.5	213.6	16.1	252.9	67.5	170.8
2003	662.5	46.5	28.3	10.9	158	55.7	81.5
2004	314.1	320.9	70.3	68.1	655.1	337.4	56.9
2005	340.4	125.5	15.1	11	275.4	15.7	88
2006	519.5	145.3	109.7	950	450	784	54.7
2007	519.5	145.3	60	950	452.9	784	56
2008	1 264	8 114	109.7	—	1 441	15	588
2009	984.4	5 701	287	—	625.4	—	2 462
2010	952.4	3 343	391	—	236.1	—	2 019
2011	634.6	2 980	202	—	50.9	—	2 315

资料来源：由《中国统计年鉴》《中国民政统计年鉴》《中国环境统计年鉴》等整理

注：由于数据的可获得性限制，中部地区的污染数据在 2011 年之后缺失较多，不具有可比性

第9章 西部地区灾害经济研究

西部地区地理结构多样，地域广阔，气候条件相对恶劣，是我国自然灾害的主要发生地。随着西部大开发的不断推进，西部地区原有的生态系统被破坏，西部承接的产业转移不断增多，对环境的污染也不断加重，导致西部地区面临的人为灾害和自然-人为灾害风险也不断增加。

9.1 西部地区灾害的现状和特征

9.1.1 西部地区自然灾害的现状

1. 地震

西部地区是我国著名的强震活动区，地震活动极为频繁。西南地区的川西和云南大部分地区，以及西北地区的汾渭河谷、天山南北、祁连山地、银川平原及甘肃东部等地，均为地震活动区，历史上曾发生过多次强烈地震。通过2004～2014年的数据我们可以清楚地看到，我国地震主要集中发生在西部地区。具体见表9-1。

表9-1 2004～2014年西部地震灾害概况　　　　　　单位：次

年份	总次数（全国）	总次数（西部）
2004	11	10
2005	13	11
2006	10	8
2007	3	2
2008	17	15
2009	8	8
2010	12	8
2011	18	15
2012	12	11
2013	14	11
2014	20	19

资料来源：《中国统计年鉴》（2005～2013 年）

　　西部地区之所以地震灾害频繁，根本原因在于众多板块活跃地带都集中在该区域，板块与板块之间相互挤压碰撞，造成板块边沿及板块内部产生错动和破裂，是引起地震的主要原因。

　　青藏高原地震区包括兴都库什山、西昆仑山、阿尔金山、祁连山、贺兰山——六盘山、龙门山、喜马拉雅山及横断山脉东翼诸山系所围成的广大高原地域。涉及青海、西藏、新疆、甘肃、宁夏、四川、云南全部或部分地区，以及阿富汗、巴基斯坦、印度、孟加拉、缅甸、老挝等国的部分地区。该地震区是我国最大的一个地震区，也是地震活动最强烈、大地震频繁发生的地区。据统计，该区域 8 级以上地震发生过 9 次，7～7.9 级地震发生过 78 次，均居全国之首。

　　此外，新疆地震区、台湾地震区也是我国两个曾发生过 8 级地震的地震区。这里不断发生强烈破坏性地震也是众所周知的。由于新疆地震区总的来说人烟稀少、经济欠发达，尽管强烈地震较多，也较频繁，但多数地震发生在山区，造成的人员和财产损失与我国东部几条地震带相比要小许多。其他地震带历史上也发生过强震，如"华南地震带"的"东南沿海外带地震带"，历史上曾发生过 1604 年福建泉州 8.0 级地震和 1605 年海南琼山 7.5 级地震及 1918 年广东南澳 7.3 级地震，但从那时起到当前的 400 多年间，无显著破坏性地震发生。

　　华北地震区包括河北、河南、山东、内蒙古、山西、陕西、宁夏、江苏、安徽等省份的全部或部分地区，其中陕西和宁夏属于西部地区。在五个地震区中，它的地震强度和频度仅次于青藏高原地震区，位居全国第二。由于首都圈位于这个地区内，所以格外引人关注。据统计，该地区有据可查的 8 级地震曾发生过 5 次，7～7.9 级地震曾发生过 18 次。加之它位于我国人口稠密，大城市集中，政治、经济、文化、交通都很发达的地区，地震灾害的威胁极为严重。

　　四川龙门山地震带位于四川省四川盆地西北边缘，广元市、都江堰市之间，龙门山是四川强烈地震带之一。自 1169 年以来，共发生破坏性地震 26 次，其中里氏 6 级以上地震 20 次。北京时间 2013 年 4 月 20 日 8 时 2 分四川省雅安市芦山县（北纬 30.3°，东经 103.0°）发生 7.0 级地震（雅安大地震），震源深度 13 千米，震中距成都约 100 千米。成都、重庆及陕西的宝鸡、汉中、安康等地均有较强震感。2008 年 5 月 12 日，由于印度板块向亚洲板块俯冲，青藏高原快速隆升。高原物质向东缓慢流动，在高原东缘沿龙门山构造带向东挤压，遇到四川盆地之下刚性地块的顽强阻挡，造成构造应力能量的长期积累，最终在龙门山北川—映秀地区突然释放，发生里氏 8.0 级地震（汶川大地震）。

　　新疆地区也是发生过 8 级以上地震的主要震区，不过新疆地区人烟稀少、经济落后，尽管强震较多，也比较频繁，但多发生在山区，造成的人员伤亡和经济损失相对较小。

2. 塌方、滑坡、泥石流

　　西部地区地跨青藏高原和黄土高原、云贵高原、内蒙古高原两大阶梯，地形以山地丘陵为主，山高谷深、沟壑纵横，地质构造复杂，表层岩体破碎，自然营力活跃，加之地震和新构造运动的影响，使这里出现了各种地质灾害复合叠加的险恶局面，形成地震—崩塌—滑坡—泥石流灾害链、暴雨山洪—崩塌滑坡—泥石流灾害链、冰雪暴融—崩塌滑坡—冰川泥石流灾害链等。

　　崩、滑、流灾害主要分布在长江三峡、西北黄土高原、西南土石山区、藏东河谷及陇南山地等。其分布的区域特点是：四川、云南、陕西、西藏、新疆、甘肃的灾害成带、成片、成群集中分布；贵州、广西的灾害呈散状分布；宁夏、青海的灾害较稀疏，呈零星分布。灾害分布具有明显的区域性和地区差异性。成都至拉萨的川藏公路素有"地质灾害博物馆"之称，沿线共有大中型崩、滑、流灾害 3000 余处，致使这条藏区大动脉每年的堵车断道时间达半年以上。据不完全统计，云南全省共有滑坡 1500 处，较大的泥石流沟 317 条，分布范围占全省面积的 1/7。1965 年 11 月发生于云南禄劝金沙江南岸的特大型滑坡是我国滑坡史上最大的岩质滑坡；1981 年，成昆铁路利子依达沟突发泥石流，摧毁大桥，颠覆列车，致使 300 多人伤亡，经济损失达 2000 余万元。甘肃省也是我国滑坡、泥石流灾害的重灾区，全省共有滑坡 4 万余处，大小泥石流沟 7000 多条，分布面积占全省面积的 27%。震惊中外的甘肃东乡洒勒山滑坡，滑坡体积约达 4000 万立方米，滑坡仅发生数十秒钟，三个村庄便荡然无存，死难者达 277 人，破坏农田近3000 亩。具体见表 9-2。

表 9-2　2004～2013 年西部各省份地质灾害概况　　　　　单位：次

省份	滑坡	崩塌	泥石流	地面塌陷
广西	2 875	3 454	154	420
四川	15 392	7 694	2 072	524
贵州	1 971	729	73	210
云南	5 519	908	1 397	144
西藏	333	599	733	23
陕西	2 207	851	372	175
甘肃	2 544	5 844	917	119
青海	174	71	33	4
宁夏	23	32	3	6
新疆	307	65	318	26

资料来源：《中国统计年鉴》（2005～2014 年）

根据表 9-2 做出柱状图（图 9-1），可以看到四川是地质灾害最多的省份，而西藏、青海、宁夏、新疆是地质灾害发生较少的省份。在西南四省（广西、四川、贵州、云南）中滑坡是最频繁的地质灾害，并且滑坡是大多数省份最频繁的地质灾害，两个例外是甘肃和西藏——崩塌居首。

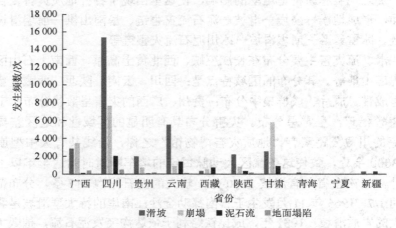

图 9-1　2004～2013 年西部省份地质灾害发生频数

资料来源：《中国统计年鉴》（2005～2014 年）

3. 干旱

西部地区是干旱频发地区，除夏季外，各季几乎 4～5 年出现一次旱灾。西部地区的干旱具有春旱严重、发生频繁、持续时间长、区域性强的特点。干旱是西部地区最严重的自然灾害，在历史上曾多次出现像明崇祯十三年（1640 年）和民国十八年（1929 年）的特大干旱。20 世纪 90 年代中后期以来，又接二连三发生大旱，造成水资源严重不足，农业歉收，粮食大幅度减产，90 年代西北地区平均每年农田受旱面积为 357 万公顷，其中陕西最大，为 166 万公顷；西南地区平均每年农田受旱面积为 269 万公顷，其中四川最大，为 168 万公顷。1997 年、1999 年和 2000 年西部地区遭受三年大旱危害，平均每年受旱面积都达 1000 万公顷以上，减产粮食数十亿千克。其中，受灾最严重的是陕西、甘肃、青海。陕西、甘肃两省 1994 年、1995 年、1997 年、1999 年和 2000 年 5 年平均受旱面积都在 360 万公顷以上，是 1950 年以来受旱面积最大的 5 年。

西北地区干旱已有长期历史。但随着人口增长及不合理地开发利用自然资源，干旱发生频率越来越高，波及范围越来越大，影响程度越来越重。特别是从 20 世纪 70 年代以来，干旱化的趋势越来越明显，干旱出现的频率显著增加，旱灾频发。以陕西为例，在 1949～1995 年 47 年间，全省性和大范围的干旱共发生 51 次，其中，20 世纪 50 年代 7 次，60 年代 11 次，70 年代 12 次，80 年代 14 次，进入 90 年代以后，大旱更是不断发生，1994 年、1995 年、1997 年、1999 年和 2000 年连年出现 5 次大旱，河川径流减少、湖泊水位下降甚至干枯萎缩、沙漠化土地面积扩展等也是西北地区气候干旱化的明显表现。如甘肃河西走廊，由于祁连山等山区水源涵养林遭到大面积砍伐，加之全球气候趋暖，高山冰川过度融化，雪线上升，冰川后退，水源地缩小，地表径流减少，干旱程度逐步加剧。近 30 年因缺水灌溉，已弃耕农田 12 万公顷。新疆塔里木河与艾化湖流域等地，工农业生产也受到水源不足的严重制约，且对环境已构成潜在破坏性。如果不尽早采取适应性措施，千年建设的绿洲和千万顷良田、牧场将被风沙淹没消亡。

4. 洪涝

西部地区各地域气候差异很大，由暴雨引起的洪涝灾害在性质上也有很大差别。例如，广西既有洪灾也有涝灾，而新疆则只有洪灾无涝灾。洪涝灾害在西北地区相对较轻，从 20 世纪 90 年代的平均洪涝灾害面积看，西南地区及广西农田洪涝灾害占整个自然灾害面积的比重在 30%以上；西北地区及内蒙古洪涝灾害所占比重较小，略大于 10%。

西南地区出现的特大暴雨往往持续时间长、范围广、强度大、危害重。其中尤以四川盆地的洪涝灾害最为严重，区域性洪涝灾害平均每年发生 3 次。1959～1961 年、1980～1982 年及 20 世纪 90 年代中后期以来发生的区域性洪涝范围广、强度大、灾情比较突出。例如，1981 年 7 月，四川盆地西部和中部发生历史罕见的特大洪涝灾害，使全省 119 个县（市）受灾，受灾人口 1584 万人，经济损失高达 25 亿元。1994 年 6～7 月，广西西江流域出现 50 年一遇的特大暴雨洪水，给广西造成严重的洪涝灾害。全区有 85 个县（市）受灾，受灾人口 2199 万人，农作物受灾面积 165 万公顷，损失粮食 105 万吨，死亡 551 人，直接经济损失 368 亿元（张塞，1995）。又以陕南为例，在 20 世纪 70～80 年代，仅汉水流域、安康、丹江、汉中等 5 次洪水灾害就造成了 30 多亿元的经济损失。"83·8"安康水灾则使安康老城遭到灭顶之灾，城内一片汪洋，公私财物荡然无存，仅城区直接经济损失就达 5 亿元之多。陕西、甘肃、青海、新疆等西北省份虽地处干旱、半干旱地区，但因降水变率大，也往往酿成暴雨洪水灾害。主要是局地性历时短暴雨，如 1985 年 8 月 12 日甘肃省武山县天局村发生特大暴雨，暴雨中心 70 分钟降雨量达 436 毫米，形成罕见的泥石流洪水，死亡 91 人，直接经济损失 282 万元。

有关资料统计分析表明，20 世纪 80 年代以来洪涝灾害对西部地区的影响有逐渐加重的趋势。例如，贵州省 1950～1996 年农作物平均每年洪涝灾害面积为 19.67 万公顷，50 年代平均不足 10 万公顷，80 年代与 90 年代平均则达 60 万公顷，最高年份达 117 万公顷；1991 年、1995 年、1996 年洪涝灾害造成的经济损失分别达 19 亿元、65 亿元和 160 亿元（许炳南，2000）。

9.1.2　西部地区人为灾害的现状和特征

1. 火灾

在各种灾害中，火灾是最经常、最普遍地威胁公众安全和社会发展的主要灾害之一。火灾的发生也具有广泛性，即在全国各个地区都会出现火灾事故。

火灾的发生与人口集中度和经济活动有较大的关联。西部地区火灾发生频数折线图（图 9-2）中，四川的火灾发生数最高，新疆和陕西位居其次，且近年来这三个省份的火灾都有上升趋势。其他省份的火灾数目相对较低，且变动比较平缓，近年来有减少趋势，其中西藏和青海的火灾最少。

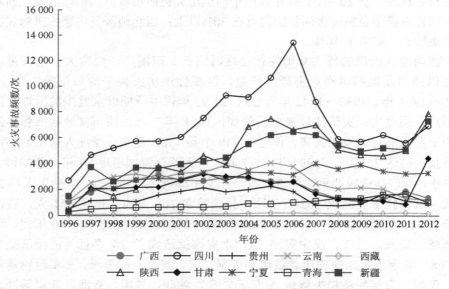

图 9-2　1996～2012 年西部主要省份火灾事故频数折线图

2. 交通事故

交通事故也是经济发展带来的负向影响。由于经济发展，人们出行的交通工具种类逐渐丰富，数量逐渐增加，道路交通事故也会随之增加。政府在交通规则制定和监管中的力度会抑制交通事故发生率的增长。图 9-3 就是西部主要省份 1996～2014 年交通事故发生数的折线图。

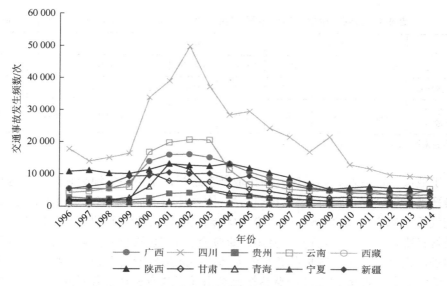

图 9-3　1996~2014 年西部主要省份交通事故发生频数折线图

从折线图中可以看出，四川仍旧是交通事故发生数最高的省份，西藏、青海发生数最低，这与经济发展程度和人口数目紧密相关。从变动趋势来看，西藏和青海两个省份一直保持较低水平的平稳状态，其他八个省份在 20 世纪末交通事故发生数目相对稳定，且保持在较低水平，进入 21 世纪后，都有明显的上升，并且在 2001~2003 年先后达到了各自的峰值，随后均平稳下降，以四川下降最为明显，并在 2014 年回到 1996 年的水平。从变化趋势中可以看到，随着经济的发展，交通事故在一段时期内出现了明显的增加，但随着交管部门的管理和驾车技能与驾车文明的提升，交通事故数量很快回落。

9.1.3　西部地区自然–人为灾害的现状和特征

1. 大气污染

西部工业的废气排放总量虽然不多，但万元产值排污量却远远高于全国平均水平。而且，西部污染物排放所占的比重远高于其工业所占的比重。尽管西部地区工业生产起步落后于东部地区，但由于西部地区煤炭、石油、天然气、有色金属等工业资源储量丰富，长期以来形成了以能源和原材料工业为主的工业格局，这些工业企业都具有高消耗、高污染的特点。加之生产技术落后，可持续发展观念欠缺，在资源开发、经济建设中忽视了环境保护，不仅排污量大，而且综合利用比率较低，如表 9-3 所示。

表 9-3　东部、中部、西部地区 2010～2012 年工业废气污染比较　　单位：万吨

指标	西部			中部			东部		
	2010 年	2011 年	2012 年	2010 年	2011 年	2012 年	2010 年	2011 年	2012 年
SO_2 排放量	672	809	781	441	523	493	751	886	844
工业烟粉尘排放量	344	388	402	325	338	318	382	554	515

　　资料来源：2011～2013 年《中国统计年鉴》

　　工业废气、废水、固体废弃物排放严重超标，不可避免地导致西部地区环境污染严重，城市空气质量问题也日益凸显。国家环境保护局 1996 年颁布修订的《环境空气质量标准（GB3095—1996）》中将飘尘改称为可吸入颗粒物，作为大气环境质量标准。可吸入颗粒物（PM10，即粒径小于 10 微米的微粒）在大气中停留时间长，很容易将污染物扩散并带入人体，因此是环境科学领域重要研究对象之一。近年来各大城市 PM2.5 严重超标已经引发了政府和社会各界的关注，很多政策的措施已经开始颁布并实施。PM2.5 是指大气中直径小于或等于 2.5 微米的颗粒物，也称为可入肺颗粒，主要来源是日常发电、工业生产、汽车尾气排放过程中经过燃烧排放的残留物，大多含有重金属等有毒物质。PM2.5 粒径更小，在大气中停留时间更长、输送距离更远，且含有大量有毒有害物质，因此对人体健康和大气环境质量影响非常大。国家统计局 2012 年统计的全国重要城市空气质量指标显示，年平均 PM10＞0.10 毫克/米^3 的城市，东部中有北京、天津、济南、南京四个城市，最小为南京（0.102 毫克/米^3），最大为北京（0.109 毫克/米^3）；中部仅郑州（0.105 毫克/米^3）一个城市；西部有西安（0.118 毫克/米^3）、西宁（0.105 毫克/米^3）、兰州（0.136 毫克/米^3）、乌鲁木齐（0.145 毫克/米^3），可见西部主要城市的空气污染比中部和东部的城市还要严重。另外，空气质量达到二级以上天数占全年比重低于 80% 的城市除北京（76.8%）之外，其余两个城市兰州（73.8%）和乌鲁木齐（79.8%）也均位于西部。

　　2. 水污染

　　水资源的污染也是工业化过程中非常严重的生态问题，西部的水污染更加严重。国家统计局 2010 年统计的全国各个省份工业废水排放情况显示，西部地区的废水排放达标量占比明显低于其他地区的水平，如表 9-4 所示，其中西藏（29.48%）、青海（59.93%）、新疆（57.33%）甚至都不足 60%。这不仅直接表明西部地区水污染现状不容乐观，而且反映出西部工业废水处理比率低，环境保护观念滞后，政策引导力度不足等问题。

表 9-4　全国各省份工业废水排放情况（2010 年）

地区		地区生产总值/亿元	工业废水排放总量/万吨	工业废水排放达标量/万吨	达标量占比/%
东部	北京	14 113.58	8 198	8 096	98.76
	天津	9 224.46	19 680	19 671	99.95
	河北	20 394.26	114 232	112 627	98.59
	辽宁	18 457.27	71 521	66 206	92.57
	吉林	8 667.58	38 656	34 393	**88.97**
	黑龙江	10 368.60	38 921	36 073	92.68
	上海	17 165.98	36 696	35 973	98.03
	江苏	41 425.48	263 760	258 622	98.05
	浙江	27 722.31	217 426	209 195	96.21
	福建	14 737.12	124 168	122 525	98.68
	山东	39 169.92	208 257	205 010	98.44
	广东	46 013.06	187 031	174 153	93.11
	海南	2 064.50	5 782	5 656	97.82
中部	山西	9 200.86	49 881	47 221	94.67
	安徽	12 359.33	70 971	69 518	97.95
	江西	9 451.26	72 526	68 307	94.18
	河南	23 092.36	150 406	146 449	97.37
	湖北	15 967.61	94 593	91 538	96.77
	湖南	16 037.96	95 605	89 583	93.70
	内蒙古	11 672.00	39 536	35 675	90.23
西部	广西	9 569.85	165 211	160 139	96.93
	四川	17 185.48	93 444	90 194	96.52
	贵州	4 602.16	14 130	10 919	**77.28**
	云南	7 224.18	30 926	28 403	91.84
	西藏	507.46	736	217	**29.48**
	陕西	10 123.48	45 487	44 353	97.51
	甘肃	4 120.75	15 352	12 791	**83.32**
	青海	1 350.43	9 031	5 412	**59.93**
	宁夏	1 689.65	21 977	17 304	**78.74**
	新疆	5 437.47	25 413	14 569	**57.33**

资料来源：《中国统计年鉴》（2011 年）

注：加粗省份为达标量占比低于 90% 的省份

3. 荒漠化和沙化

我国现有荒漠化土地 262.2 万平方千米，约占国土总面积的 29%，基本集中在西部。根据 2001 年周欢水的统计资料，如表 9-5 所示，中国西部沙漠化面积总计 159.72 万公顷，其中重度沙漠化面积达到 100.33 万公顷。

表 9-5　西部沙漠和沙漠化土地分布　　　　　　　单位：万公顷

省份	沙漠面积	沙漠化面积	轻度	中度	重度
内蒙古	22.79	35.55	16.62	3.02	15.92
广西	0.01	0.24	0.24		
四川	0.03	0.95	0.89	0.04	0.02
贵州	0.95	0.01	0.01		
云南	0.08	0.08	0.03	0.04	0.01
西藏	1.61	19.97	8.46	11.18	0.34
陕西	1.21	1.46	1.01	0.31	0.15
甘肃	3.05	11.67	1.53	1.04	9.09
青海	6.66	11.63	1.93	1.24	8.46
宁夏	0.8	1.24	0.53	0.29	0.42
新疆	43.81	76.92	2.57	8.42	65.92
总计	81	159.72	33.82	25.58	100.33

资料来源：《中国西部环境特征及其演变》第一卷 108 页

如表 9-5 所示，西北及内蒙古六省份是我国荒漠化最为严重的地区，以新疆和内蒙古最为显著。西部地区荒漠化扩展速度由 20 世纪 50 年代的 1560 千米 ^{2}/年增至现在的 2460 千米 ^{2}/年，相当于每年损失一个中等县的土地面积。在柴达木等沙漠化严重的地区，目前已经形成"沙进人退"的局面，沙漠对城镇、农田、交通和水利工程构成了严重威胁，草场退化也日益加快。沙漠化同时带来很多恶劣天气，如频繁发生的沙尘暴使甘肃河西走廊、内蒙古阿拉善高原、新疆、宁夏等地区遭到严重损失。

西南地区是沙漠化主要分布区，根据国家环境保护总局公布的《西部地区生态环境现状调查报告》可知，截止到 1999 年年底，西南地区五省份沙漠化土地面积为 729.5 万公顷，占该地区总面积的 53%。西部沙漠化土地面积相对较小，但是分布集中、影响面大、危害严重，如广西石漠化分布地区，由于沙漠化不断扩展和加重制约了当地经济社会的发展，目前全区 250 万贫困人口中绝大多数居住在土地沙漠化较为严重的地区，部分区域的生态环境极度恶化，已不能提供生存必需的自然条件。

西北地区的荒漠化主要由于过度开垦和风蚀作用，而西南地区的荒漠化则更多地由水土流失逐渐演变形成。表 9-6 整理了西部各省份的森林面积情况，由于森林具有涵养水源、保持水土的生态作用，森林覆盖率可以反映荒漠化的形成基础。

表 9-6　西部各省份第七次全国森林清查资料

地区	林业用地面积/万公顷	森林面积/万公顷	人工林/万公顷	森林覆盖率/%	活立木总蓄积量/万立方米	森林蓄积量/万立方米
广西	1 496.45	1 252.50	515.52	52.71	51 056.78	46 875.18
四川	2 311.66	1 659.52	415.65	34.31	168 753.49	159 572.37
贵州	841.23	556.92	199.86	31.61	27 911.53	24 007.96
云南	2 476.11	1 817.73	326.77	47.50	171 216.68	155 380.09
西藏	1 746.63	1 462.65	3.36	11.91	227 271.36	224 550.91
陕西	1 205.80	767.56	183.27	37.26	36 144.16	33 820.54
甘肃	955.44	468.78	80.77	10.42	21 708.26	19 363.83
青海	634.00	329.56	4.44	4.57	4 413.80	3 915.64
宁夏	179.03	51.10	10.38	9.84	625.93	492.14
新疆	1 066.57	661.65	61.75	4.02	33 914.50	30 100.54

资料来源：《中国统计年鉴 2013》

据统计，长江上游水土流失面积由 20 世纪 50 年代的 29.95 万公顷增至 80 年代（1985 年统计结果）的 35.22 万公顷，占长江上游水土流失面积的 62.2%，占上游土地面积的 35%，土壤侵蚀量达 15.88 亿吨，占长江流域总侵蚀量的 70.1%。水土流失的最终结果就是导致土壤荒漠化。表 9-7 显示了 1978~2014 年西部各省份造林面积状况。

表 9-7　1978~2014 年西部各省份造林面积　　　　单位：万公顷

年份	广西	四川	西藏	云南	贵州	青海	甘肃	宁夏	新疆
1978	389.3	200.5	1.9	233.0	173.7	6.3	50.4	14.0	14.1
1979	398.5	227.6	2.6	254.9	193.1	6.5	53.5	17.0	16.3
1980	247.1	202.9	2.1	185.1	223.4	7.5	57.1	11.8	25.7
1981	172.7	175.6	1.7	192.8	131.7	9.3	64.1	11.0	24.1
1982	170.1	168.6	1.5	196.5	221.7	11.5	96.5	13.0	29.9

年份	广西	四川	西藏	云南	贵州	青海	甘肃	宁夏	新疆
1983	272.0	254.9	1.2	297.0	392.2	14.4	146.0	26.0	36.0
1984	305.9	516.0	1.9	552.5	444.1	37.6	256.3	61.0	43.6
1985	431.9	474.4	1.1	605.7	449.7	52.9	286.4	40.0	83.0
1986	363.9	492.7	3.3	443.9	225.6	55.4	246.3	35.0	60.3
1987	367.1	377.3	1.9	281.5	251.9	45.8	186.3	15.0	53.9
1988	471.9	376.4	0.9	216.3	211.3	43.3	155.2	23.3	48.6
1989	386.7	362.3	1.3	261.5	215.7	41.0	129.2	15.0	46.7
1990	425.0	265.0	6.0	284.0	237.0	36.2	141.0	9.4	38.1
1991	470.2	270.0	2.1	295.1	251.8	27.7	147.5	15.0	42.8
1992	677.8	274.0	2.5	309.6	268.3	30.5	155.3	16.3	43.4
1993	785.9	263.0	3.7	364.2	287.1	34.7	165.5	24.2	56.5
1994	772.0	251.0	4.2	363.6	316.1	28.8	163.2	29.0	60.9
1995	130.2	250.0	13.0	391.4	285.1	28.0	146.0	26.0	55.0
1996	124.8	256.0	12.1	398.9	255.8	29.7	163.5	27.0	49.7
1997	112.8	282.0	13.0	376.4	235.5	35.6	156.8	24.1	50.5
1998	75.3	385.1	13.0	424.5	211.9	35.4	190.6	39.0	64.0
1999	64.0	405.0	12.4	387.5	238.5	54.8	189.3	49.4	75.6
2000	66.0	489.1	14.1	431.0	294.0	45.3	206.3	82.0	64.2
2001	82.2	516.6	7.1	335.0	240.7	56.0	215.5	99.0	106.8
2002	174.7	694.6	12.4	402.3	374.3	133.0	371.9	185.5	216.9
2003	278.0	723.2	23.2	495.1	378.2	96.9	586.6	295.0	263.8
2004	170.7	370.1	16.6	259.3	177.1	52.5	367.9	163.0	176.5
2005	124.0	241.9	14.8	211.0	136.0	47.0	262.2	112.9	137.0
2006	119.3	104.9	18.5	158.8	78.1	5.4	184.8	55.4	97.4
2007	135.2	332.3	22.3	319.2	81.8	45.2	153.6	57.0	146.6
2008	129.1	575.0	30.4	566.1	66.0	32.0	157.7	90.0	240.0
2009	139.4	487.8	24.8	713.5	90.5	32.5	178.0	90.0	301.4
2010	143.3	382.2	28.8	661.5	72.7	33.7	100.8	95.0	219.4
2011	147.8	251.9	46.7	620.0	202.4	177.0	189.8	90.5	216.9
2012	148.9	112.2	72.4	544.5	147.7	136.0	177.3	94.8	210.2
2013	149.9	126.2	69.6	524.3	340.0	153.0	174.5	101.2	164.5
2014	143.7	98.2	82.7	400.4	320.0	132.0	214.0	84.2	151.3

资料来源：《中国统计年鉴》（1979～2015 年）

经过长江上游水土保持重点防治工程和防护林工程、坡耕地改造工程、农业生态环境建设工程、天然林保护工程等一系列工程防治，生态环境得到改善，治理区林草覆盖率由 22.8%增加到 41.1%，荒山荒坡减少了近 80%，坡耕地减少 37%，梯田化成都显著提高。但是总体来看水土流失只是局部得到治理和缓解，荒漠化整体仍在恶化的形势没有得到根本性的变化。

4. 农作物病虫害

农作物病虫害是我国主要的农业灾害之一，它具有种类多、影响大、时常暴发成灾的特点，对我国农业生产常造成重大影响。我国农作物常见的病虫害有以下种类：稻飞虱、白粉病、玉米螟、棉铃虫、小麦锈病、棉蚜、稻纹枯病、稻瘟病、麦蚜、麦红蜘蛛、蝗虫、麦类赤霉病等，已成为严重影响我国农业生产的重大病虫害。

表 9-8 中防治面积是指针对病虫害进行提前预防的面积，而发生面积是最终受到病虫害影响的受灾面积，如果不进行提前预防，那么发生面积将会比表中数据更大。

表 9-8　1988～2013 年西部地区农作物病虫害受灾情况汇总表　单位：千公顷

年份	发生面积	防治面积	年份	发生面积	防治面积
1988	44 298.6	31 891.5	2003	48 416.7	47 412.5
1989	49 577.17	36 245.46	2004	50 350.4	49 203.2
1990	55 364.01	42 709.08	2005	52 113.7	52 427.9
1991	56 964.18	47 073.34	2006	76 549.5	62 753.7
1992	35 100.4	30 662.8	2007	57 556	62 239
1993	34 222.65	31 875.58	2008	57 556	62 239
1994	37 605.08	37 006.41	2009	60 006	66 258
1995	39 168.24	36 598.2	2010	60 738	67 915
1998	38 747.62	37 325.3	2011	53 826	60 450
1999	40 999.23	40 965.68	2012	64 772	75 804
2000	38 362.35	38 729.42	2013	63 912	75 283
2002	45 618.3	44 126.5	2014	——	——

资料来源：1989～2014 年《中国农业统计资料》，部分年份数据缺失

根据 2010 年中国遥感调查和土地覆盖分类的农田空间分布数据及主要粮食作物县级单位产量数据确定病虫害的发生分布范围。农作物病虫害最严重的地区

是东部，而在西部地区最为显著的则是四川、云南、贵州、广西、陕西、甘肃这几个省份，水稻病虫害在西北区域的新疆、宁夏、甘肃有少量分布。我们选择1988～2013年西部地区农作物遭受病虫害情况柱状图（图9-4）来更为精确地观察西部地区的受灾情况。

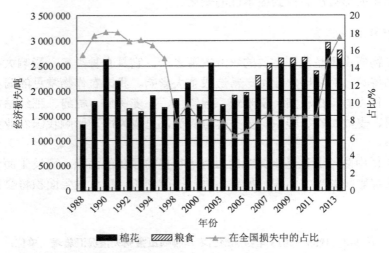

图9-4　西部地区农作物遭受病虫害的经济损失及在全国中的占比

资料来源：《中国农业统计资料》（1989～2014年）

9.1.4　西部地区灾害的特征

（1）人为性。西部地区常见灾害有地震、塌方、滑坡、泥石流、干旱、洪涝、水土流失、沙漠化等，这些灾害当然有其自然原因，但是西部地区的灾害又有其特殊性，体现在西部灾害的发生有很大的人为诱致性。长期以来，西部地区经济水平较为落后，经济发展呈现粗放式增长，人口数量增加的同时却忽视了素质的提升，同时环境保护意识的欠缺也加剧了生态恶化的步伐。以塌方、滑坡为例，西南地区和西北地区均为高发区域，除去自然原因，很大一部分源自人为。人为性最为典型的表现就是西北地区水土流失和荒漠化。乱砍滥伐、毁林开荒都是加速水土流失的催化剂，而在退耕还林、植树造林、"三北防护林"等工程开展后，西北地区的水土流失总量和荒漠化速度明显降低，由此可以看到，人类活动可以诱发自然灾害，同时改变人类不正确的活动也可以减少自然灾害，改善生态环境。

（2）群发性。群发性表现为一项自然灾害的发生往往会诱发其他次生灾害，典型的如地震发生后极易引发堰塞湖、塌方和滑坡，如遇降雨，又会发生泥石流。

水土流失会使得土壤肥力下降，最终也会导致土地沙漠化和盐碱化。群发性的自然灾害一方面使得灾害的破坏力更大，往往导致连锁反应，另一方面使得灾后的救援和应急工作难度加大。

（3）易损性。许多灾害研究者都曾给易损性定义，但这些定义主题差别较大，表述方式不一。这里对西部灾害特征的总结采取最为平常的表达和理解，即易损性指易于遭受自然灾害的破坏和损害。这也是使用最广泛的易损性定义。这个定义最早出现在 Burton 等编著的《环境灾害》一书中。西部地区生态环境脆弱，社会经济水平落后，防灾抗灾能力较低，所以生态环境和经济社会系统的承灾力较低，成灾率高。因此，西部地区的灾害易损性较大，带来的各项社会损失也较大。

9.2　西部灾害成因分析

9.2.1　自然因素

西部地区特殊的地理环境和气候环境使得该地区的环境系统同时具有结构性脆弱和胁迫性脆弱的双重压迫，生态环境极为脆弱。多样的气候类型作用在复杂的地形地质上，极易诱发各种自然灾害。

西南地区如四川、重庆、云南、贵州、广西主要位于亚热带季风气候带，每年夏季降水量多，容易出现洪涝灾害。同时该地区多山地河谷，容易出现塌方和滑坡，因此降水量大的季节就容易导致泥石流等次生灾害。云贵高原典型的喀斯特地貌就是由水蚀石灰岩形成的，一方面使得地面建筑的安全性降低，另一方面也导致了严重的水土流失问题，土壤贫瘠也越来越严重。

陕西、甘肃、宁夏部分地区位于温带季风气候带，降水主要集中在夏季，且多暴雨。例如，黄土高原地区黄土深厚，疏松多孔，地表剥蚀切割严重，形成沟壑纵横的地貌，黄河流域水土流失导致河床上升，泥沙淤积，减弱下游水利工程的防洪排涝功能，加剧了洪涝灾害，而每逢暴雨时节，黄土高原的水土流失更加严重，形成了恶性循环。

西北内陆地区的省份如新疆，滥垦滥牧导致植被破坏，草场退化，对水资源条件最为敏感。然而，该地区属于温带大陆性气候，年降水量少，降水期短且集中。这些条件叠加在一起，导致西北地区干旱、沙尘暴等灾害频繁。

青海和西藏地区属于高原山地气候，处于半干旱向半湿润过渡地区。该地区最主要的问题就是生态保护，包括水资源和动植物资源。一方面，长江、黄河、雅鲁藏布江、澜沧江等多条大江大河发源于此，保持好发源地的水资源就保证了下游流域的生态；另一方面，由于本身该地区生物量低，很多还是国家保护动物，而且低温冻害和强风等自然灾害频发，因此保护生物多样性显得更加重要。

总的来看，生态系统具有"牵一发而动全身"的特点，各个要素都是相互关联、相互作用的，其中一个环境要素出现波动，整个系统就会失衡，从而酿成灾害，给环境和人类生产、生活带来严重影响和损失，而且会因之进一步削弱自身生态系统的适应能力而形成难以逆转的恶性循环。

9.2.2　经济因素

自然灾害系统是由孕灾环境、致灾因子和承灾体共同组成的地球表层变异系统。孕灾环境是由大气圈、水圈、岩石圈（包括土壤和植被）、生物圈和人类社会圈所构成的综合地球表层环境，是一个有机的整体。孕灾环境的区域差异决定了致灾因子的时空分布特征。承灾体是指直接受到灾害影响和损害的人类社会主体，主要包括人类本身和社会发展的各个方面，如工业、农业、能源、建筑业、交通、通信、教育、文化、娱乐、各种减灾工程设施及生产、生活服务设施，以及人们所积累起来的各类财富等。承灾体的承灾程度除与致灾因子的强度有关外，很大程度上取决于承灾体自身的脆弱性。

西部地区的经济社会发展水平落后于东部地区和中部地区，一方面，整体的社会物资储备相对较少，救灾能力弱，另一方面，交通运输系统也比较落后，受灾区的物资和人口转移效率低，从而增加了致灾率，如西南地区的公路建设存在行车条件差、公路技术等级低、公路通达水平低、交通建设资金不足、自身发展能力不足、支持保障能力不足等问题。除此之外，大多数经济活动都与自然环境有很大的关联，一旦发生自然灾害，人类经济活动也会遭受很大的损失。因此，西部地区对灾害的承受力较弱，易损性强。

西部地区的防灾减灾设施状况也并不乐观。首先，西南地区大型水库和骨干水利工程很少，以贵州为例，全省中型水库仅34座，蓄水总量不到20亿立方米。其次，水利工程长期欠账，病险水库多，农田水利设施老化、损坏严重，在大旱面前不堪一击。以云南为例，20世纪五六十年代修建的农田水利设施基本报废了，近年来"两工"（农村义务工和劳动积累工）取消，又没有动力兴修水利，很多地方基本上只能"靠天收"，目前云南省有效灌溉只占耕地面积的37%。再次，在防洪工程体系方面也存在诸多薄弱环节，中小河流防洪标准低，目前大多只能防御3～5年一遇洪水，有的甚至没有设防，达不到国家规定的10～20年一遇以上防洪标准。小型水库病险率高，特别是小（二）型水库病险率更高。在极端气候事件频发多发的情况下，很多病险水库相应地存在着不同程度的垮坝风险。有关溃坝的危害，历史上曾有过许多惨痛的教训，例如，1993年青海省库容330万立方米的沟后水库垮坝，造成下游 300 多人死亡，经济损失达数亿元；1995 年湖北省通山县库容仅十几万立方米的小湄港水库垮坝，造成下游 34 人死亡。最后，山洪灾害防御能力弱，绝大多数灾害隐患点尚缺乏监测预警设施，也未进行治理，也使得灾害损失加剧。例如，2010 年 8 月 7 日，甘南藏族自治州舟曲县突降强降雨，县城北面的罗家峪、三眼峪泥石流下泄，由北向南冲向县城，造成沿河房屋被冲毁，泥石流阻断白龙江、形成堰塞湖。同时，甘肃省舟曲发生了特大泥石流灾害，造成 1501 人死亡，另有 264 人失踪。又如 2011 年 6 月 6 日，贵州省望谟县望谟河流域上游打易镇降 363.5 毫米特大暴雨，引发严重山洪灾害，造成 21 死亡、31 人失踪，直接经济损失 17.1 亿元。

　　整体来说，西部地区不仅有着复杂的孕灾环境，而且承灾体相比于东部和中部来说更加脆弱，共同导致西部地区遭受灾害之后的回复能力更弱，对经济社会系统的打击更加严重。

9.2.3　社会因素

　　人类在灾害中扮演着双重角色，既是承灾体，又是致灾原因。随着人口的激增和社会经济的发展，自然环境越来越受到人类活动的影响，很多灾害的发生和加剧都与人类活动密不可分。

　　缺水使广大西北地区的生态环境严重恶化，并制约了经济发展的步伐。缺水现象的出现，客观的气候因素是一个方面，但是人为过量开采和浪费现象也很严重。水乃生命之源，是社会发展的生命线。甘肃武威的石羊河流域，地下水连年超采，反复提灌、超采、消耗、浓缩，不仅使地下水位下降，而且矿化度上升，全区每年增加和加重盐碱地面积近 10 万亩，仅民勤湖区弃耕土地 30 多万亩。绿洲内因水质恶化有近 8 万人、10 万头牲畜饮水发生困难，而且水质恶化的范围正在由北向南迅速蔓延。土地干旱沙化、弃耕，下游的民勤绿洲因沙进人退而逐渐缩小，生态环境形成恶性循环。

　　陕西省境内河流因泥沙严重，建设水库、开发水资源的困难较大，此外省内江、河、湖、库的水资源污染越来越严重，并有进一步恶化的趋势。据统计，直接进入江、河、湖、库的工业废水达 51%，造成陕西省地表水污染。人为活动也是新疆的塔里木河断流、下游生态恶化的罪魁祸首。无节水意识，水资源开发不合理，控制性工程措施不足，引水秩序的规划、管理和监督不到位，都加剧了塔里木河流域的生态恶化。

　　西北各省份有着丰富的草场资源，但传统放牧一直缺乏统一管理，忽视"以草定畜"的基本原则，从而造成草场退化加剧，20 世纪 50 年代青海共有草场 5.47 亿亩，其中可利用草场 4.74 亿亩，然而到 2012 年，草场仅有 3.63 亿亩，其中可利用草场仅 3.15 亿亩。这期间，由于西北经济的落后，大面积开垦和砍伐行为一直未停止过，对生态的破坏可想而知。当然，科学技术在生态治理中的广泛应用也取得了一定的成效，引水拉沙、沙地飞播造林种草等技术的开发和应用，成功地创造了一些人工绿洲。但是由于具体条件不成熟和重视程度不够等原因，西部地区的生态环境还是非常脆弱，需要长期的恢复和重建。

9.3　西部灾害的经济影响分析

　　经济损失是最对自然灾害影响的衡量标准之一。目前，中国对灾害损失的评估主要针对直接经济损失评估。直接经济损失是指在同一灾害形成过程中，包括原生灾害和紧密伴随的次生灾害所造成的经济损失的总和，它可以通过灾害直接造成的各类动产和不动产修理或重置成本一般在灾后数天、数周或数月内累加计算得出，而灾害对经济扰动造成的间接影响时间尺度要比直接影响长远。间接经济损失又分为初始间接损失和次生间接损失，前者是指经济生产中断引起的损失，后者是指经济系统产业链的关联效应损失。但是由于灾害损失基础统计数据缺乏及没有有效的方法估算这种长时间尺度的影响，间接经济损失的评估相对比较困难。然而，现实中往往间接经济损失可能很大，汶川地震造成的直接经济损失已经高达 8451.4 亿元，而这仅是地震直接毁坏的有形物质财产的损失，并不包括不可计价的损失和间接的损失，如工厂停产、道路停运，都是间接损失，还有损失的文物，很多都是无从计量的，再如毁损的文件、档案，以及对生态环境的破坏，如果算上这些所有的损失，那将会是天文数字。

　　表 9-9 对 2003～2014 年西部地区所有因灾直接经济损失做了汇总，根据表 9-9 做出损失折线图（图 9-5），2008 年是因灾直接经济损失达到峰值的时点，因为这一年四川汶川地震同时诱发了西部其他地区的多种次生灾害，造成巨大经济损失。

表 9-9　2003～2014 年西部因灾直接经济损失数据

年份	因灾直接经济损失/亿元	地区生产总值/亿元	占比/%
2003	329.1	19 035.11	0.02
2004	333	22 869.6	0.01
2005	342.6	26 623.46	0.01
2006	579.6	31 201.82	0.02
2007	505.3	37 650.51	0.01

续表

年份	因灾直接经济损失/亿元	地区生产总值/亿元	占比/%
2008	9 581.8	46 157.91	0.21
2009	577.82	50 703.22	0.01
2010	1 985.5	61 810.91	0.03
2011	1 203	75 863.71	0.02
2012	1 016	86 614.62	0.01
2013	2 474.7	97 256.42	0.03
2014	1 405.2	106 067	0.01

资料来源：2004～2015 年《中国统计年鉴》

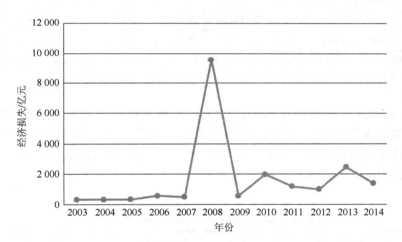

图 9-5 西部地区因灾直接经济损失

9.3.1 自然灾害的经济影响

首先，分析地震灾害对西部造成的经济影响。由于数据可获得性限制，我们从 2004 年开始统计，其中 2004～2006 年由于《中国统计年鉴》并未统计受灾人口数量，数据暂时缺失。从表 9-1 我们已经了解到全国发生的地震灾害主要集中在西部地区，而从表 9-10 我们则看到地震灾害造成的人口和经济损失主要也是在西部地区，其百分比基本都在 85%以上，个别项目，如死亡人口占比在有些年份甚至达到了 100%。

表 9-10　2004～2014 年全国和西部地震损失对比表

年份	受灾人口			死亡人数（含失踪）			直接经济损失		
	全国/万人	西部/万人	占比	全国/人	西部/人	占比	全国/亿元	西部/亿元	占比
2004				8.00	7.00	0.88	9.50	9.27	0.98
2005				15.00	0.00	0.00	26.28	5.63	0.21
2006				25.00	25.00	1.00	8.00	6.80	0.85
2007	91.60	87.10	0.95	3.00	3.00	1.00	20.80	20.70	1.00
2008	4 866.00	4 526.40	0.93	87 208.00	87 187.00	1.00	8 622.66	8 567.50	0.99
2009	172.21	170.71	0.99	3.00	1.00	0.33	33.12	32.79	0.99
2010	116.00	97.80	0.84	2 975.00	2 975.00	1.00	242.60	240.50	0.99
2011	139.10	130.80	0.94	32.00	32.00	1.00	66.10	62.30	0.94
2012	177.90	159.00	0.89	86.00	85.00	0.99	92.20	87.10	0.94
2013	530.40	494.40	0.93	294.00	294.00	1.00	1 037.70	999.10	0.96
2014	310.60	289.00	0.93	736.00	736.00	1.00	408.00	399.00	0.98

资料来源：2004～2006 年资料来源于《中国统计年鉴》（2005～2007 年），2007～2014 年资料来源于《中国民政统计年鉴》（2008～2015 年）

　　其次，我们来分析地质灾害造成的损失。表 9-11 是按时间序列对西部地区的地质灾害造成的人口损失和直接经济损失的汇总表，可以看到西部地区整体的灾害损失情况。表 9-12 是分别对西部地区十个省份进行时间跨度上的汇总，可以看到各省份的灾害损失情况。

表 9-11　2004～2013 年西部地区地质灾害损失表

年份	人员伤亡/人	#死亡人数/人	直接经济损失/万元	地质灾害防治投资/万元
2004	971	450	247 372	39 346
2005	436	238	93 847.82	52 492.55
2006	488	230	52 609.55	41 488.59
2007	798	408	112 309.2	65 725.63
2008	1 397	525	180 541.48	306 440.19
2009	549	205	88 467.66	150 790.06
2010	2 896	1 995	301 419.74	740 854
2011	296	164	312 456.43	474 139
2012	475	193	297 845.62	471 910.28
2013	758	370	948 565	641 085

资料来源：2005～2014 年《中国统计年鉴》

从表 9-11 可以看出地质灾害造成的人口死亡率较高，导致的直接经济损失也较大，由于地质灾害的有效防止可以减少灾害的发生和损害，每年在地质灾害的防治上也投入了大量资金。

表 9-12　2004～2012 年西部十个省份地质灾害损失汇总表

省份	总人员伤亡/人	直接经济损失/万元	地质灾害防治项目数/个	地质灾害防治投资/万元
广西	905	46 936.95	7 864	197 449.76
四川	1 792	596 495.87	43 176	1 080 392.78
贵州	532	58 646.27	4 326	302 242.04
云南	1 525	490 224.1	8 929	312 486.42
西藏	113	62 687.87	96	31 315.2
陕西	743	141 661.21	1 471	115 312.78
甘肃	2 548	163 810.01	3 133	235 104
青海	54	7 698.13	105	49 170.1
宁夏		504	22	4 890.1
新疆	94	118 205.09	158	14 823.12

资料来源：2005～2013 年《中国统计年鉴》

根据表 9-12 做出各省份的直接经济损失柱状图（图 9-6），很明显四川和云南是地质灾害造成直接经济损失最多的两个省份，第一，因为四川山地多，云南丘陵和溶洞多；第二，因为四川位于盆地，降水多，容易造成地质灾害；第三，四川和云南人口多，更易成灾，灾害损失自然更大。

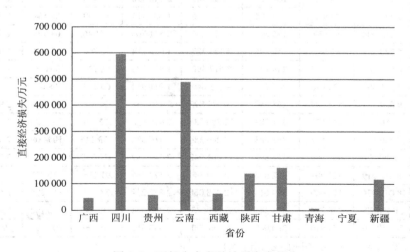

图 9-6　西部十个省份地质灾害损失

　　西部地区遭受病虫害的经济损失也是不可小觑的，表 9-13 和表 9-14 显示了近年西部地区遭受病虫害的经济损失，数据显示，病虫害导致的经济损失整体呈现递增趋势这是由农业科学技术进步，单位面积产量增加引起的，同时病虫害损失绝对量的增加也反映了我国在农业科技上的不足。

表 9-13　1988～1995 年西部地区农作物病虫害损失表　　　　单位：吨

年份	挽回损失		实际损失	
	粮食	棉花	粮食	棉花
1988	3 468 939	39 637	1 319 708	11 848
1989	4 390 963	32 498	1 774 085	22 877
1990	5 990 215	59 027	2 619 091	14 189
1991	6 550 261	47 330	2 191 280	14 358
1992	5 319 742	104 903	1 615 672	40 560
1993	5 731 279	64 467	1 561 786	35 274
1994	7 320 411	51 641	1 894 412	18 697
1995	5 903 119	50 386	1 653 087	24 001

资料来源：1989～1996 年《中国农业统计资料》

表 9-14　1998～2013 年西部地区农作物病虫害损失表　　　　单位：吨

年份	挽回损失				实际损失			
	粮食	棉花	油料	其他	粮食	棉花	油料	其他
1998	6 448 409	78 321	121 623	3 279 042	1 827 140	21 169	60 555	1 149 675
1999	7 117 931	66 873	164 027	3 943 941	2 146 498	20 443	82 309	2 201 656
2000	5 770 288	83 662	158 295	5 123 326	1 695 114	35 699	58 564	1 992 927
2002	7 155 904	55 539	175 297	6 827 706	2 531 765	27 946	68 996	2 550 911
2003	5 770 289	83 662	158 295	5 123 327	1 695 114	35 700	58 563	1 992 926
2004	6 885 261	259 632	246 154	7 617 490	1 859 385	54 736	80 669	1 946 759
2005	7 536 393	324 876	241 799	9 475 640	1 911 952	60 253	108 637	3 128 933
2006	9 634 157	412 409	253 650	10 711 822	2 110 158	202 701	87 156	2 930 939
2007	9 280 582	742 521	351 083	12 286 384	2 416 638	133 144	105 709	2 482 848
2008	9 280 582	742 521	351 083	12 286 384	2 416 638	133 144	105 709	2 482 848
2009	10 081 547	469 486	317 607	13 401 948	2 542 039	116 339	103 168	2 761 209
2010	9 810 919	321 901	392 676	13 502 340	2 577 966	91 155	139 972	2 732 512
2011	8 048 036	172 669	329 615	12 478 068	2 322 211	78 524	115 296	2 675 197
2012	11 456 223	236 284	378 345	5 095 625	2 835 064	130 343	122 102	1 130 519
2013	10 142 716	447 910	380 002	4 896 890	2 643 913	170 568	109 397	918 101

资料来源：1999～2014 年《中国农业统计资料》

注：由于数据的统计口径变化，1995～1998 年数据不可得

9.3.2　人为灾害的经济影响

火灾造成的损失往往是巨大的，因为火灾的可控性较差，一方面，有众多原因可以导致火灾的发生；另一方面，只要具备燃烧条件，加之风势的影响，火势很容易扩大。

从表 9-15 可以看到火灾造成的直接经济损失整体呈上升趋势，主要是由于人民生活水平提高，经济发展，同样程度的火势造成的直接经济损失会上升。

表 9-15　1996～2012 年西部地区火灾人员伤亡和直接经济损失表

年份	死亡人数/人	受伤人数/人	直接经济损失/万元
1996	529	916	21 380.2
1997	571	1 178	29 028.8
1998	633	1 419	32 440.9
1999	604	1 129	31 718.2
2000	578	922	28 514.148 5
2001	528	846	24 861
2002	584	882	26 942.4
2003	513	710	23 510.8
2004	529	723	25 147
2005	621	603	31 745.9
2006	413	385	20 192.5
2007	402	286	25 688.400 6
2008	359	202	63 391.610 5
2009	334	164	33 686.4
2010	322	186	46 393.2
2011	272	129	56 790.3
2012	247	147	60 171.8

资料来源：1997～2013 年《中国民政统计年鉴》

交通事故相比于火灾，由于影响范围有限，损害相对较小，但是频次又较之火灾更多，所以综合来说，交通事故给经济带来的负向作用也是不容忽视的。具体见表 9-16。

表 9-16　1996～2014 年西部地区交通事故损失表

年份	事故数量/起	死亡人数/人	受伤人数/人	损失折费/万元	地区生产总值/亿元
1996	52 515	16 029	35 793	25 124.4	10 132.03
1997	49 617	15 073	34 315	27 525.4	11 222.04
1998	6 985	2 293	5 140	3 949.1	12 025.83
1999	57 816	17 051	45 035	27 074.8	12 606.11
2000	107 338	21 629	81 313	41 964	13 664.27
2001	126 324	22 737	95 773	46 771.2	14 952.88
2002	135 802	23 239	97 780	48 247.4	16 375.32
2003	116 843	22 941	88 858	47 352.8	19 035.11
2004	91 161	23 594	82 901	38 783.4	22 869.6
2005	83 081	22 131	85 682	34 833.7	26 623.46
2006	70 136	20 039	82 446	26 381.4	31 201.82
2007	60 822	18 272	72 859	22 528	37 650.51
2008	50 544	16 990	59 704	19 079.5	46 157.91
2009	51 005	15 663	59 656	17 939.9	50 703.22
2010	42 111	15 192	52 088	17 911.2	61 810.91
2011	41 244	12 720	43 106	19 031.9	75 863.71
2012	36 790	14 051	42 039	21 840.3	86 614.62
2013	35 768	13 810	40 314	19 712.9	97 256.42
2014	36 274	13 164	40 377	22 180.2	106 067

资料来源：1997～2015 年《中国民政统计年鉴》

　　根据表 9-16 制作出交通事故损失折费的折线图（图 9-7），可以发现损失折费的变化趋势和在本章第一部分交通事故分析中绘制的频数图的变化趋势基本一致，但在 2010 年之后，虽然发生频数在下降，但是损失折费在上升，这是因为经济发展，国民所能购买的车辆价格也在上升，因此造成的损失也在增加。

9.3.3　自然–人为灾害的经济影响

　　为了减轻工业废气排放造成的污染，工业企业都由配备相应的工业废气处理设施，而这些设施的运行费用（图 9-8）可以近似为治理大气污染的费用，如表 9-17 所示。

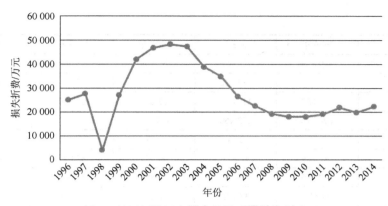

图 9-7　西部地区交通事故造成的经济损失

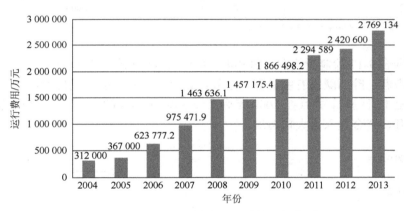

图 9-8　西部地区工业废气处理设施运行费用图

资料来源：2005～2014 年《中国环境统计年鉴》

表 9-17　1995～2014 年西部十个省份废气处理设施运行费用表　　　　单位：万元

省份	2014 年	2013 年	2012 年	2011 年	2000 年
广西	303 377	272 191	254 498	183 402	162 984
四川	473 890	429 004	566 794	564 881	436 390
贵州	417 580	361 191	327 680	218 128	207 203
云南	396 752	367 775	301 816	277 464	223 197
西藏	1 964	1 702	907	1 712	1 712
陕西	319 057	276 400	223 923	181 976	137 611
甘肃	230 589	206 345	201 258	131 994	123 535
青海	97 045	85 718	64 002	55 217	38 281
宁夏	243 668	206 959	209 693	129 330	86 644
新疆	285 212	213 315	144 018	122 396	77 900

续表

省份	1999 年	1998 年	1997 年	1996 年	1995 年
广西	139 619	119 488	59 903	53 000	43 000
四川	203 246	182 732	147 679	76 000	58 000
贵州	137 557	119 494	62 653	29 000	25 000
云南	204 918	153 460	119 025	82 000	64 000
西藏	299	206	410	0	0
陕西	126 789	72 871	56 479	32 000	39 000
甘肃	507 856	165 170	53 898	46 000	41 000
青海	34 518	32 721	16 492	10 000	11 000
宁夏	62 544	52 551	26 600	18 000	14 000
新疆	46 292	76 779	80 640	21 000	17 000

资料来源：2005～2014 年《中国环境统计年鉴》

　　根据表 9-17 绘制折线图（图 9-9），可以看到四川的费用始终处于高位。从整体趋势来看，除西藏没有明显变化之外，其余九个省份的废气处理设施运行费用整体都呈上升趋势，并且在 2000 年后上升速度加快，可见对于废气处理的重视度有所提升，资金投入也大幅增加。

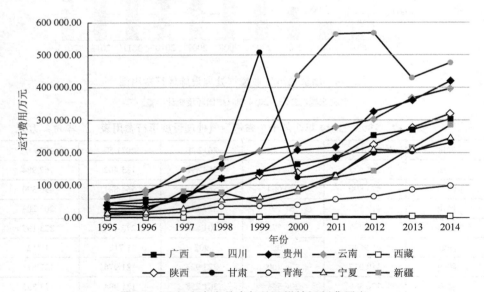

图 9-9　西部十个省份废气处理设施运行费用表

第 10 章　中国城市灾害经济研究

　　城市作为复杂的动态空间地域系统，人口密度高、内部结构烦琐，经济、社会、环境之间的连锁反应大，受灾后的经济损失更加严重，每年我国由灾害造成的直接经济损失几乎 70%都集中在城市。随着城镇化建设的不断推进，灾害的发生频率和分布特征不断演变，城市作为巨大承灾体，也日益成为我国灾害防御的重点。

10.1　中国城市灾害的基本特征和现状分析

10.1.1　中国城市灾害的基本特征

　　城镇化进程使我国的城市人口急速增加，对城市的基础设施、公共资源和环境卫生都带来了极大的挑战。我国城市灾害类型具有不断增加的趋势，其中人为灾害的发生频率和经济损失增速最快。同时，城市灾害具有集聚效应和传导效应，在防灾减灾方面的难度较大。

1. 城市灾害类型不断增加

　　随着我国城市化的加快，灾害的种类不断增多，尤其是人为灾害和自然-人为灾害的影响越来越大。城市的人口密度和社会结构决定了孕灾环境的复杂性，诱发的灾害类型不仅包括由气象条件、生态环境、地理结构等客观因素引发的自然灾害，还包括由人类本身造成的人为灾害及自然和人共同作用导致的自然-人为灾害。除了传统的地质灾害和气象灾害之外，城市资源紧缺和开发不当也会引发新的灾种。由于地下水使用过量和房地产的不断开发，城市普遍存在地面沉降问题，城市天然气、电线光缆、地铁运输等地下建设不断改变城市的地质条件，对城市居民的生命安全造成隐患。大城市人口密集、耗能量大，空气中的尘埃逐渐累积，进而造成城市平均温度升高、空气雾霾严重，降低了人们的免疫能力，引发各种职业病及并发症。同时，科学技术的发展也引发了很多新的人为灾害，如各种电脑和移动端的病毒软件、建筑材料中附带的化学元素、核变电站造成的金属元素泄漏等人类社会进步的负面因素，对城市居民的身心健康造成新的威胁。

2. 城市人为灾害的比重上升

人类社会初期面临的主要是自然灾害，随着科技发展和社会进步，人类抵御自然灾害的能力不断增强，城市地质灾害和气象灾害已经不是危害城市发展的最重要灾种。人为因素已经成为城市灾害的主要诱发原因，而且城市灾害的经济损失也主要是人为因素造成的。而由人类自身原因引起的城市人为灾害包括人口爆炸、交通事故、安全事故、高新技术灾害、城市火灾、城市噪声及城市建设规划、设计欠妥造成的城市防灾能力脆弱等成为阻碍城市健康发展的重要因素，削弱了城镇化建设的成果。同时由于城市人口密度高，人类的生产生活方式不合理造成自然界之间的物质交换不畅，造成城市自然-人为灾害，例如，工业"三废"污染引起的气候异常，乱砍滥伐导致的水土流失和沙漠化，酸雨、生态破坏及雾霾等灾害现象。高新技术的迅猛发展加速生产、便利生活的同时也孕育着巨大灾害风险，随着城市化进程的不断加快，我国城市的人为灾害、自然-人为灾害造成的影响呈逐渐加剧的趋势。

3. 城市灾害具有集聚效应

城市化的进程使城市人口和物质财富出现明显的集聚性，特别是大都市圈的形成及城市群的显现使城市群的集聚效应更明显。城市群的集聚效益使得各种致灾因子之间的相关性和传导性关系增强，导致城市灾害的次生、衍生灾害也越来越多，使灾害具有明显的放大效应。城市生命线系统中交通、通信、供水、供电、供气等子系统之间的路网、水网、管线网错综交织，牵一发而动全身。城市居民对城市的功能依赖性强，一旦功能失效，极易引起社会秩序的混乱。我国城市灾害的连锁反应还表现为对经济链的连锁反应，即灾害的发生对城市的某一地区或某一行业的经济产生影响，进而影响其他区域或其他行业的经济。如果自然灾害导致生产领域的原材料价格上升，进而使得厂商的成本提高，提高产品销售价格，这使得经济链条的交换、分配、消费领域价格都会有所上升，严重的话还会引起成本推动型通货膨胀，影响城市经济的发展。由于城市灾害的集聚效应，原生灾害处理不好会引发次生灾害，从而导致经济危机，甚至引发社会动荡。

4. 城市灾害防灾减灾的难度大

我国城市不仅基础设施等物理功能烦琐，社会结构也比较复杂，在各行各业统一防灾减灾措施或法律法规的执行难度很大。行业的发展水平以及领导的防灾减灾意识及其能力，外加公民的自我保护能力等方面的差异也是造成防灾减灾难度增大的重要原因。面对快速的城市扩张，如果城市治理能力和效率不能同步提高，不仅给原城区带来巨大压力，新城区的规划不足也会无形中增大灾害的侵袭和损失的概率。城市灾害的复杂性强，使实施防灾的科学技术难度增加，资金投入紧张，不利于城市防灾体系的建立。城市生命系统错综复杂，一部分受损势必会影响其他城市功能，且极易引发连锁反应，导致灾后的修复工作量增加，不利于减灾救灾工程的实施。一般城市遭受中等破坏灾害后，基本功能的修复需要一个月以上，一次灾害可能迫使一个城市的现代化进程延缓几年甚至几十年，城市灾害问题已经成为制约我国现代化建设的重要障碍之一。

10.1.2　城市自然灾害的现状分析

各个城市所处的地理位置不同，因地质条件、气候因素和生态植被等自然环境的客观限制，会受到不同类型自然灾害的袭击。1997 年，我国建设部在《城市建筑技术政策纲要》中，将地震、火灾、风灾、洪水、地质破坏列为城市灾害的主要类型。目前我国城市受灾较为严重的自然灾害有地震灾害、地质灾害和气象灾害。

1. 城市地震灾害

地震灾害给城市带来的损失主要取决于地震强度和地震震中与城市的距离，同时也与城市的规模和防震抗灾能力密切相关。城市发生地震的频率并不比其他地区多，但是基于城市人口密度和建筑财富高度集中，即使小规模的地震灾害发生，造成的人员伤亡和经济损失也难以估量。中国一半以上的大中城市位于地震烈度为 6 度以上的地区，地震烈度大于或等于 7 的城市占全国城市的 45%。除南昌以外，包括直辖市在内的所有省会城市都位于地震烈度 6 度以上的地区，有 8 个 100 万以上人口的特大城市位于 8 度以上的地区内，北京、天津、西安、昆明等大城市均位于地震高发区[①]。

如何避震减灾是城市规划的重要内容，《国家防震减灾规划（2006－2020 年）》中提出了"建设建（构）筑物地震健康诊断系统和震害预测系统，建设城市群与大城市震害防御技术系统示范工程的要求"，城市监测与预防成为减轻城市地震灾害工作的重中之重。北京师范大学环境演变与自然灾害教育部重点实验室对中国 30 个城市地震危险度进行排名（表 10-1），形成了《中国城市地震灾害危险度评价》的学术报告，报告显示石家庄的地震风险指数最高，其次为合肥，我国受地震灾害威胁比较严重的几个城市均位于华北地区。

---

① 段华明：《城市灾害社会学》，人民出版社出版，2010 年，第 79 页。

表 10-1　中国 30 个城市地震危险度排名

排名	城市	地震风险度指数
1	石家庄	0.35
2	合肥	0.25
3	西宁	0.24
4	海口	0.23
5	长沙	0.22
6	南昌	0.22
7	杭州	0.21
8	乌鲁木齐	0.19
9	成都	0.18
10	郑州	0.18
11	南京	0.18
12	兰州	0.17
13	福州	0.16
14	哈尔滨	0.16
15	太原	0.16
16	西安	0.15
17	银川	0.14
18	济南	0.14
19	贵阳	0.13
20	南宁	0.13
21	长春	0.13
22	沈阳	0.13
23	呼和浩特	0.13
24	昆明	0.11
25	广州	0.11
26	武汉	0.11
27	天津	0.11
28	北京	0.11
29	重庆	0.1
30	上海	0.1

资料来源：《中国城市地震灾害危险度评价》，北京师范大学环境演变与自然灾害教育部重点实验室报告，2013

　　值得注意的是，城市的供电、水力、交通等是一个相互交错的复杂系统，地震灾害破坏了其中一点，容易引发一系列连锁的次生灾害。比如，当地震破坏了工程结构和天然气管道后，易引发火灾、化学品的泄漏、瘟疫及公共卫生安全事故，从而破坏城市的信息、物资和人员的流动，造成社会生产和经济活动停滞，迫使整个城市陷入瘫痪状态。随着经济、社会的发展，城市系统越来越趋于一体化、紧密化，城市地震的次生灾害和衍生灾害的危害也越严重，甚至比原生灾害造成的损失更多。例如，2006 年 12 月 26 日中国台湾南部恒春海外 7.2 级地震，地震和继后的余震造成了海底电缆故障，影响了中国台湾、中国香港、日本、中国内地及韩国之间的电信服务，以及这些地区连到美国、英国的电信服务。这次通信中断，亦导致跨国金融服务公司无法连接海外电子交易系统，银行间外汇交易无法进行，造成难以估算的经济损失。

2. 城市地质灾害

　　地质灾害是威胁我国中小城市发展的重要因素，表 10-2 显示了 2006～2015 年我国地质灾害的受灾情况。可以看出，虽然每年发生的地质灾害数量不等，因灾死亡人数呈现下降趋势，而平均每起地质灾害遭受的经济损失都呈现递增趋势，其中一半以上的损失发生在城市地区。可见，在我国社会主义现代化建设中，人民避灾防灾的能力有所提升，而灾害遭受的经济损失对人们的影响并未下降。

表 10-2　2006～2015 年我国地质灾害受灾简况

年份	发生数量/起	死亡人数/人	直接经济损失/亿元
2006	102 804	111	43.16
2007	25 364	679	24.8
2008	26 580	757	32.7
2009	10 840	486	17.7
2010	30 670	2 915	63.9
2011	15 664	277	40.1
2012	14 322	375	52.8
2013	15 403	669	101.5
2014	10 907	400	54.1
2015	8 224	229	24.9

资料来源：作者根据全国地质灾害通报公开数据整理所得

　　目前全国 1640 个县（市）共发现突发性地质灾害隐患点 20 余万处，我国的地质灾害因地域的不同呈现不同的特征。沿海城市的地质灾害主要有海侵海蚀导致土地盐渍化、海水入侵、海岸蚀退、地下水质恶化等，部分港口城市有港口淤积的现象；平原区的城市灾害主要表现为地下水漏斗引起的地面沉降及地裂缝、塌陷等；而山区城市的地质灾害中，泥石流，崩塌和滑坡等地质灾害极为频繁。据统计，截止到 2010 年年底重庆市所检测到的山地地质灾害隐患达 9000 多处，其中滑坡接近 7000 处，泥石流 100 多处，地面塌陷 500 处。每年造成的损失多达 5 亿元，接近所有自然灾害的 1/4（廖云平等，2011）。

随着矿产资源的开发，矿业城市也出现一定的地质灾害。矿业开采使城市地下形成采空区，采空区的地下结构改变易导致地面塌陷。表 10-3 是 2009 年对中原城市群 5 个矿业城市主要矿山地面塌陷的调查结果。由于各井田煤层赋存情况和地质条件的不同，各个矿区城市地表塌陷规模及变形量差异较大。但是无一例外，地面塌陷造成居民住宅及商业住房倒塌及公路、铁路、桥涵等断裂，影响着城市的供电、供水、通信等系统，使当地生存环境状况恶化，给矿区居民的财产和生命安全构成了极大的威胁。

表 10-3　2009 年中原城市群 5 个矿业城市主要矿山地面塌陷分布情况表

省辖市	调查企业个数/家	采矿场占地面积/公顷	采空区面积/公顷	地面塌陷个数/个	塌陷面积/公顷	经济损失/万元
郑州市	13	19 333.16	3 735.48	28	3 664.59	50 915.49
济源市	2	1 424	200	4	1 014	3 360
焦作市	9	8 788.61	1 250.98	27	2 686.13	16 694.95
洛阳市	9	5 166.87	443.33	12	28.37	142
平顶山市	72	33 554.19	12 525.6	97	15 667.04	3 286 073.3
合计	105	68 266.83	18 155.39	168	23 060.13	3 357 185.4

资料来源：《中原城市群地质灾害风险区划研究》

3. 城市气象灾害

城市的地理位置决定了其独特的气候条件，气候异常导致的气象灾害也是威胁城市发展的重要因素。城市内涝是近年对我国大型城市危害最大的气象灾害。沿海城市多为经济发达的大城市和城市群，环渤海城市群常年面临海冰灾害威胁，长江三角洲城市群和珠江三角洲城市群易遭受台风和风暴潮灾害。内陆地区大部分城市都是位于大河两岸，且处于地势平坦的平原或低矮的丘陵，洪水灾害是发生最为频繁的灾害类型之一。表 10-4 列出我国《防洪标准》中的城市等级及对应的防洪标准。由于近年气候变暖，暴雨洪涝灾害频发，2014 年《国务院关于调整城市规模划分标准通知》中将城市规模等级重新划分为五个等级七个档次，所以该防洪标准已经难以适应城市应对洪涝灾害的要求，尤其是沿河沿海的中大型城市已不能满足新情况下的防洪要求。

表 10-4　城市的等级和防洪标准

等级	重要性	非农业人口/万人	防洪标准（重现期）/年
Ⅰ	特别重要的城市	≥150	≥200
Ⅱ	重要的城市	150～50	200～100
Ⅲ	中等城市	50～20	100～50
Ⅳ	一般城镇	≤20	50～20

据国家防洪办统计，2008 年以来，我国每年洪涝成灾的城市都在 130 座以上，2010 年高达 258 座，2013 年为 234 座，其中大多数为暴雨山洪与内涝所致。住房和城乡建设部的专项调研显示，2008～2010 年，有 62% 的城市发生过不同程度的内涝；最大积水深度超过 50 厘米的城市占 74.6%，其中发生内涝灾害 3 次以上的城市有 137 座，有 57 座城市的最大积水时间超过 12 小时。2012 年京津冀 "7.21" 暴雨洪涝灾害导致北京、天津、河北 3 省（直辖市）62 县（市、区）遭受洪涝灾害，受灾人口 540 万人，因灾死亡 115 人、失踪 16 人，北京市区形成积水点 426 处，天津中心城区形成积水点 10 处，河北 9 座城市的低洼地区积水受淹，直接经济损失 331 亿元[①]。2016 年 8 月武汉、洪湖及巢湖附近的大小城市均出现洪涝灾情，小城镇数万人被临时转移，大型城市路面被淹、地铁停运，城市内正常的生产和生活一度陷入停滞状态。

2013 年瑞士再保险公司发布的报告也指出，全球各大城市受到水灾威胁的人数超过其他自然灾害，瑞士再保险公司首席承保官韦博指出 "仅主要河流的河水泛滥就有可能影响到 3.8 亿生活在城市中的民众"。其中，亚洲的印度和中国面临水灾风险的人数最多。美国南汉普顿大学罗伯特·尼科尔斯教授组成的科学家研究小组对全球 136 个沿海大都市的调查和预测结果显示，2050 年前可能会被海水淹没的 20 个城市中，广州被评为 "世界最具水患危险" 的城市，同时还包括深圳、天津、厦门、湛江。

10.1.3　城市自然–人为灾害的现状分析

城市自然–人为灾害主要是指由人为原因引起自然环境非正常变化的灾害类

---

① 《2012 中国水旱灾害公报》。

型，其中最显著的就是城市生态环境灾害，城市居民的生产和生活行为对城市环境形成污染，超出了自然所能承载的范围，从而造成城市生态系统的结构和功能退化，威胁城市的生存和发展。工业生产产生的废气、废水和固体废弃物是破坏城市环境的主要因素，当然城市生活垃圾和生活污水也是造成城市生态环境恶化的原因之一。

1. 城市自然-人为灾害的时序变化特征

我国主要城市的环境污染有加重的趋势，城市污染水和垃圾排放总量逐年递增，虽然城市的污染治理能力也在不断提升，但目前主要城市的污染治理能力还远远达不到城市污染排放的增长速度。所幸随着我国环境治理力度的不断加大，城市工业的主要污染物排放量、城市的污染速度在 2010 年之后出现了下降的趋势。

图 10-1 显示了 20 世纪 90 年代以来我国城市工业废气、废水和固体废物的排放情况。可以看出，工业废水呈现先下降后上升，在 2006 年达到顶峰之后呈现明显的下降趋势，而工业二氧化硫变化相对幅度较小，1991 年以来一直呈现小幅度的上升，同样是在 2006 年达到峰值后出现下降趋势；而工业固体废物排放量在 1998 年达到峰值，之后逐年递减，2014 年创下历史新低，为 59.4 万吨，是峰值的 8% 左右，说明我国在工业固体废物的治理和控制中成效显著。根据《中国城市统计年鉴》可知我国城市二氧化硫排放量年均 1768 万吨，工业粉尘的排放量虽然逐年降低，但年均排放量依然为 702.7 万吨。

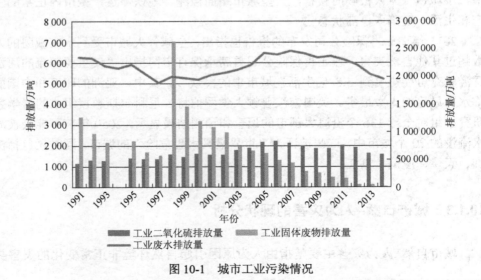

图 10-1　城市工业污染情况

资料来源：《中国城市统计年鉴》

城市水污染的来源主要有工业生产污染和生活用水污染两个方面。图 10-2 显示改革开放以来我国城市污水排放总量的趋势图，除个别年份污水排放量出现少量下降以外，大多数年份我国城市排放量为递增趋势。进入 21 世纪之后，全国城市污水排放量逐年递增，且增幅与 20 世纪相比明显加大，2014 年我国城市污水排放量达到 4 453 428 万立方米，是 1978 年的将近三倍，比 2000 年增长了三成还多。而城市的污水处理设备却并未同步增长，导致我国城市常年遭受污水困扰，容易引发城市水污染灾害。

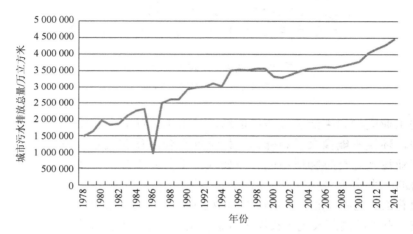

图 10-2　中国城市污水排放总量趋势图

资料来源：根据《中国城市建设统计年鉴》整理

图 10-3 显示了改革开放以来城市生活垃圾清运量的时序变化特征，数据显示城市生活垃圾的排放和清运量只有 2005 年出现小幅度的下降，其余年份均呈现明显的递增趋势，且增幅基本稳定。这与我国城镇化建设的推进和城市人口的迅速增加密切相关。随着人口的不断增加，城市人口密度高度集中，生活垃圾和生活污水的排放量只增不减，净化城市环境，营造宜居城市必须提高城市的污染治理能力。

2. 城市自然-人为灾害的区域分布特征

我国城市已经成为大气污染、水污染的重灾区，在全球污染最严重的 20 个城市中，中国有 10 个，其中北京的可吸入颗粒污染物已达到 142 微克/米^3，是亚洲污染最严重的城市，兰州已经成为继伦敦之后第二个雾都城市。大气污染每年直接和间接造成几十万的人员死亡，虽然全国开启了净化空气的蓝天工程，但收效甚微，多数城市依然难见蓝天。随着城市人口的增长，城市和城市周边

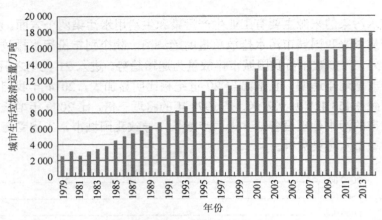

图 10-3　城市生活垃圾的清运情况

资料来源：《中国统计年鉴》

聚集的工业废物和生活垃圾与日俱增，城市工厂林立、高楼密集，生态系统十分脆弱，环境不能像农村和森林一样进行自我净化和还原。而每天排放生活粪便和工业垃圾等有害物质不能有效处理，不断累积最终导致垃圾绕城，成为城市灾害的一大隐患。

随着工业化的发展，工业过多集中于城市，导致城市的温度高于郊区形成热岛效应，夏天的高温天气等极端天气也在增多，最高温度不断刷新纪录。辽宁、新疆、浙江、湖北、广西、福建和甘肃是工业污染气体排放的大省。江南地区、华南北部有些气象站的最高气温和平均气温均已超过历史同期的最高纪录，不少地区 38℃以上的酷热天气日数逼近 50 年来之最，并连续出现超过 40℃的酷暑天气。同时大量污染气体排放，污染防治欠缺，雾霾已然成为严重的城市气象灾害。2014 年《中国城市统计年鉴》的数据显示，辽宁为我国工业气体排放最高的省份，其次为新疆和浙江，广西、湖南和福建的工业气体排放量紧随其后，位于第二梯队。

图 10-4 和图 10-5 显示了我国生活垃圾和粪便的地区分布，其中东部地区几乎占到了全国总量的一半，可见城市污染的治理重点在东部，难点也在东部。建设部在 2006 年的调研结果显示全国 600 多个城市中，1/3 以上的已经被垃圾包围，而且正在吞噬附近的村庄。中国城市现在已经堆积工业垃圾 60 亿吨，生活垃圾 5 亿吨，全国城市每年约有 1000 多万吨粪便垃圾运不出城（段华明，2010）。垃圾不能及时处理不仅浪费了大量的土地资源、污染环境，而且容易孳生蚊蝇，传播疾病，严重影响城市居民的身体健康和精神生活。

图 10-4　我国城市生活垃圾清运地区分布
资料来源：2014 年《中国卫生统计年鉴》

图 10-5　我国城市粪便清运地区分布
资料来源：2014 年《中国卫生统计年鉴》

10.1.4　城市人为灾害的现状分析

城市人为灾害是指完全由人为因素引起的事故灾难、公共卫生事件和社会安全事故等突发的公共事件。我国城市面临的主要人为灾害为城市火灾、城市事故、科技使用不当造成的技术灾害等。

1. 城市火灾

火灾是人为灾害中损失较大的灾种，1990 年至今我国每年遭受火灾的平均损失达 17 亿元，较改革开放之前的年均损失翻了四番还多。城市是火灾损失的重要发生地，2003～2012 年我国每年发生在城市的火灾数约为 5 万起，其中居民住宅及商场等密集区是主要的火灾点，约占城市火灾发生总量的 50%。由于私营企业的防火监管设施力度欠缺，违规用电等现象时有发生，私营企业成为企业火灾发生的重灾区[①]。庆幸的是，城市火灾造成的人员伤亡情况出现明显的递减趋势，表 10-5 显示了湖北省和上海市 1985～2014 年的城市火灾造成的死亡人数和受伤人数，二者均呈现明显的回落趋势，2012 年由火灾造成的城市居民死亡人数为 298 人，比 2004 年下降了 37.3%。

表 10-5　城市火灾造成的人员伤亡情况

时间	湖北省		上海市	
	城市火灾死亡人数/人	城市火灾受伤人数/万人	城市火灾死亡人数/人	城市火灾受伤人数/万人
1985 年	120	0.0281	30	74
1986 年	143	0.0298	25	54
1987 年	79	0.0142	51	56

---

① 根据 2003～2012 年全国火灾情况分析整理。

续表

时间	湖北省		上海市	
	城市火灾死亡人数/人	城市火灾受伤人数/万人	城市火灾死亡人数/人	城市火灾受伤人数/万人
1988 年	102	0.0191	58	53
1989 年	90	0.0147	30	25
1990 年	73	0.0206	45	137
1991 年	96	0.0162	38	112
1992 年	94	0.0132	40	57
1993 年	69	0.0227	73	128
1994 年	80	0.0099	51	95
1995 年	64	0.0086	47	86
1996 年	88	0.0119	87	96
1997 年	93	0.0132	51	138
1998 年	77	0.0196	42	114
1999 年	—	—	43	90
2000 年	54	0.0106	40	57
2001 年	—	—	31	65
2002 年	48	0.0061	39	58
2003 年	47	0.0058	47	85
2004 年	48	0.0055	30	47
2005 年	56	0.0047	54	84
2006 年	63	0.0057	45	54
2007 年	61	0.0065	50	45
2008 年	41	0.002	50	57
2009 年	31	0.0017	—	—
2010 年	17	0.0007	—	—
2011 年	38	0.0004	—	—
2012 年	11	0.001	—	—
2013 年	22	0.0072	—	—
2014 年	2	0.001	—	—

资料来源：《光辉的六十载——上海历史统计资料汇编》（1949~2009 年）和《湖北统计年鉴》

注：受数据可获得性限制，表格中—表示空缺值

2. 城市突发安全事故

城市交通事故是我国城市发生频率相对较高的突发灾害，城市机动车辆、船舶、航空器在运行中发生的死人、伤人及损坏物品的事故，统称为城市交通事故。交通事故频发既有空间狭小、道路交错、人口车辆密集等现实因素，但更多的是由于酒驾、违反交通法规等人为因素。中国近 20 年每年发生的交通事故约为 36.9 万起，经济损失约为 16 亿元，其中多数发生在城市地区。"十五"期间，城区交通事故累计造成 878 415 人受伤，127 652 人死亡，已经成为威胁城市居民人身安全的重要威胁。

表 10-6 显示了 2002～2013 年城市居民在机动车交通事故中的死亡率，历年机动车交通事故中男性的死亡率都超过女性的两倍，可见男性的机动车驾驶管理是城市交通事故治理的关键。从整体上看，城市居民在交通事故中的死亡率呈现出上升趋势，在 2013 年增幅超过了 50%，因此增强人民出行安全，规范城市交通管理依然是城市安全治理的重要方面。

表 10-6　城市居民机动车交通事故死亡率

年份	城市居民机动车辆交通事故死亡率/（1/10 万）	城市男性居民机动车辆交通事故死亡率/（1/10 万）	城市女性居民机动车辆交通事故死亡率/（1/10 万）
2002	6.39	9.22	3.4
2003	5.2	7.45	2.85
2004	5.67	—	3.47
2005	9.14	13.25	4.86
2006	6.22	8.93	3.44
2007	8.24	11.62	4.78
2008	6.91	10.02	3.73
2010	8.65	12.16	5.01
2011	8.7	12.45	4.91
2012	9.04	12.83	5.18
2013	14.48	21.03	7.76

资料来源：《中国卫生和计划生育统计年鉴》

注：基于数据可获得性限制，数据更新只到 2013 年，表中—表示空缺值

除交通事故外，威胁城市公共安全的还有突发卫生、工业事故及恐怖袭击等。城市的人员流动性大，人员接触范围广，疾病传播具有速度快、范围广、不易控制等特点，传染病、食品中毒、职业危害、动物疫情传染等公共卫生事件一旦发

生，会造成大面积的经济损失。2003 年的非典型性肺炎疫情及 2009 年的甲型 H1N1 影响了社会的安定和经济的发展。由于城市企业工作人员接触职业性有害因素的增多，职业病已经成为不可忽视的健康问题，肺尘、职业性放射疾病、职业中毒、职业性肿瘤等对劳动者的身体健康产生严重的影响。加油站，加气站，危险化学品储存、经营装置，危险化学品生产企业等危险场所和工业设施，操作失误或者工程质量不过关，也会引起重大安全事故。2013 年发生的特大安全事故中山东保利民爆济南科技有限公司"5·20"特大爆炸事故导致 33 人死亡，19 人受伤；11 月 22 日青岛输油管道泄漏爆炸事故导致 62 人死亡，136 人受伤。企业生产布局不合理，作为高风险行业预案的无效性，使之长期存在安全隐患，再加上管理的不科学造成了严重的灾害后果。所以生产安全成为城市防灾减灾的重要部分。

城市作为人口的高度密集区，是恐怖袭击的主要发生地。据统计，2000～2012 年全球恐怖袭击事件共计达到 25 903 起，平均每年发生 2000 起左右，我国大陆发生的恐怖袭击事件平均每年 2～3 起。根据全球恐怖主义数据库的统计，2000～2012 年，中国已成为东亚地区遭遇恐怖袭击最多的国家。2014 年 3 月 1 日昆明火车站遭遇恐怖袭击，造成 29 人死亡、130 余人受伤；5 月 22 日，乌鲁木齐文化宫早市发生暴恐袭击，暴徒驾车碾压人群，并引爆车上炸弹，造成 39 名无辜群众遇难，94 人受伤。《中国国际安全研究报告（2014）》指出我国的恐怖活动呈现出地域扩大趋势，且政府机构和军警成为主要袭击目标。

3. 城市科技灾害

城市科技技术灾害是随着科学技术的进步而产生的。随着信息技术的发展，伪基站、恶意软件、垃圾短信和钓鱼网站也相继出现，电脑和手机用户私人信息与机密信息被非法窃取，给网络安全环境增添了不稳定因素。2014 年世界举办了首届互联网大会，国内组织了首届国家网络安全宣传周，向公众普及互联网信息安全的重要性。网络信息的安全同时威胁国家安全，网络欺诈和网络犯罪已出现了跨国进行的新趋势，加强国际合作也势在必行。国家互联网应急中心主任黄澄清公布了几组数据：被检测到的传播恶意程序的域名有 76.1% 都在境外注册，被植入后的网站中有 48.8% 是被境外 IP 地址所控制，其中美国占 29.3%，韩国占 6%，中国香港占了 5% 左右。

10.2　中国城市灾害的形成机理

中国的城市灾害是由多种原因诱发的，各个城市所处的地理结构和自然环境是造成城市环境灾害的客观原因，粗放的生产方式、不合理的生活习惯加重了城市的承载压力，而人口增速过快，社会结构不合理引发城市的经济社会问题，是造成城市灾害的主观原因。

10.2.1　自然因素

自然系统的孕灾环境和承灾能力是影响城市灾害发生频率及灾后重建的重要因素。影响城市灾害的自然因素主要包括城市所处的地理环境和气象条件两个方面，前者是导致城市自然灾害的主要原因，后者是影响城市自然-人为和人为灾害孕灾过程的重要因素。

1. 地理环境

我国一半以上的大中城市位于 6 度以上地震烈度的区域，45%的城市位于地震烈度 7 度或以上的区域，有 8 个 100 万以上人口的特大城市位于 8 度以上的地区内，北京、天津、西安、昆明等大城市位于地震高发区域，复杂的地质环境使得城市地区发生地震，滑坡，泥石流等地质灾害的概率大大增加。我国中大型城市主要集中在沿海、北方、南方三个区域，各区域内的城市灾害类型有较大差异。沿海区域的城市处于海陆交替的自然环境脆弱带上，城市灾害发生率高，波及范围广。西南地区位于我国第三级地貌单元，部分处于第三级和第二级地貌单元的过渡部位，以高原、山地和丘陵为主。区内地壳运动频繁，导致城市灾害种类多、频率高、范围广，是地质灾害最严重的地区。华北和华中的城市降水量相对较少，但是却是用水量最大的地区，地下水的开采使得地面沉降、塌陷时有发生。我国江淮以北的广大城市，年降雨量小，河流径流量少，北面毗邻沙漠、戈壁地带，城市灾害以干旱缺水、风沙为主，另外也有地面沉降、地震和环境污染等灾害。从辽宁丹东市到广东广州市基本上可以连接成带，这条带随地区不同，宽度也有差异，几个三角洲是易灾地区，京津冀和长江三角洲地区是地下水降落漏斗问题比较突出的地区。

2. 气象条件

中国地处东亚季风区，是典型的大陆季风性气候，是世界最大的季风区——东亚季风区内国土面积最大的国家，这造成了中国的气候具有水平方向和垂直方向上的寒、温、热带各种类型，同时具备湿润、半湿润、半干旱到干旱等不同的干湿地带，从而使气候、水文等条件复杂多变。城市人口承载量大，生产和生活用房量大，空气流通速度慢，对气候变化的适应能力弱。同时城市大规模使用空调、冰柜、暖气、天然气等现代设施抵抗自然温度变化，这些设备工作过程中消耗掉大量的煤炭资源和化学物质，排出的二氧化碳、二氧化氮、氟等微量元素在城市空气中聚集，降低了城市的空气质量。由于城市发展、人口聚集、工业和生活用水增加，中国北方区域城市近数年来普遍出现缺水问题，这给本来就水资源欠缺的城市环境带来更大压力。我国南方区域内的城市多位于河湖水集中的地区，特殊的气候、水文和地貌条件使南方城市面临洪涝灾害的威胁。

10.2.2　经济因素

我国社会主义经济的建设中虽然取得了一定成就，城市人口增长过快、扩张过快和工业化的粗放式增长也为城市带来了灾害隐患，缩短了城市灾害的孕灾周期，甚至导致新的城市灾害问题出现。

1. 人口增长过快成为城市灾害的主要诱因

首先，我国农村人口的大量涌入使城市人口迅速膨胀，造成环境污染、治安混乱、犯罪率上升等社会问题。人口大量涌入及工业高度集中，加重了城市的工业污染和生活污染，噪声、废气、废水困扰着市民，环境卫生条件日趋恶化。人口的过度膨胀导致失业率上升，刑事犯罪日益严重，社会管理难度加大。其次，人口增加加剧了我国城市基础设施的压力，交通、住宅拥挤，供水、供电等基础设施日益紧张。最后，城市规模的扩大意味着城市系统的保障性及可控度的降低，加大灾害风险。尤其在高危险区，如地震区、山区和山坡地带、洪泛区，自然灾害的影响加深。因此，如不能保证城市化进程中人口数量与减灾设施的同步治理，难免会降低城市系统的安全保障能力，带来一系列的城市灾害隐患。

2. 城镇化和工业化进程不合理诱发城市灾害

改革开放以来，我国城镇化和工业化快速发展，取得了巨大的成就，而城市过度扩张和粗放式的工业化进程也带来了一系列的灾害隐患。我国土地城市化带来新城区的开发扩建，一些新城区扩张到既有防洪保护圈之外，分蓄洪区被高度开发而难以启用，一些城市防洪水库的功能已经失效，一旦遭遇特大洪水，流域防洪规划中既定的应对措施将难以为继。"城中村"是人口城市化过程中的一个突出问题。"城中村"以低矮拥挤的违章建筑为主，环境脏乱、治安混乱、基础设施不配套、游离于城市管理体制之外，内部通常缺乏统一规划管理，极易发生火灾、爆炸等人为事故灾害。在灾害风险大的同时，居住在此的很多进城务工人员文化素质较低，缺乏卫生安全和防灾减灾意识，是最易受灾群体。经济城市化过程中服务业比例增高，零售业占比不断上升，城区中人员密集区聚集大量易燃物品，加大了消防压力和火灾的发生概率。新兴高科技产业的发展过程中，缺乏对城市灾害经济问题的系统分析，同样存在很多未知风险。

10.2.3　社会因素

我国大小城市数百座，城市的基础设施建设也因当地经济发展不同而参差不齐，防灾和减灾体系受设备和技术的限制未能完全达标，再加上城市本地居民和外来务工人员不合理的生活习惯，各种社会因素综合作用加剧了城市灾害的爆发。

1. 基础设施和生活习惯落后引发城市灾害

城市的供水、供气、电线、电缆、排污等管道网线构成一个大系统，其中任何一个子系统被破坏都会殃及整个系统，阻碍城市的正常运行。这一特点使得城市一旦遭受突发灾害，极易诱发灾害群或灾害链，给社会经济系统造成巨大损失。基础设施的建设水平在一定程度上决定了城市自身的承灾能力，房屋、道路、地上地下水管、煤气罐、电缆的非正常运转都可能引发人为灾害。城市是靠人造工程维系起来的系统，需要进行整体的统筹和全面的规划，社会主义经济建设的快速发展带动了城市的扩张，然而城市相应的道路规划、基础设施等公共资源的协调管理却远远跟不上人口和经济增长的速度，从而导致城市灾害频发，影响社会稳定和城市发展。同样，城市居民消费行为不当也会诱发人为或者自然-人为灾害，人们寻求新奇刺激的体验食用野生动植物，导致动植物病毒传播给人类，不仅危害了身体健康，还造成新的传染病。城市居民乱丢乱倒垃圾、乱堆乱放杂物等破坏环境的恶性行为普遍存在。在我国，垃圾包围城市的势态已无法回避，其威胁正逐渐由大、中城市向乡村蔓延。

2. 城市防灾减灾系统不完备难以抵抗突发灾害

城市高楼林立、人口集中，灾害发生后的传播速度快、危害性高，建立健全城市的防灾减灾系统对城市的可持续发展具有重要意义。我国主要城市已经建立了灾前预报体系、灾后应急和救助系统。重大自然灾害发生前均可做出应急措施。受城市人均占地面积和基础设施配置的影响，对于突发灾害，尤其是火灾、大型交通事故等人为灾害的防御尚待完善。同时，对于环境污染和生态退化等现时危害不突出的自然-人为灾害不够重视，环境治理专项基金不足，生态建设的效率过低，造成城市的生态环境不能有效改善。作为城市减灾的重要组成，城市的防灾系统不仅能灾前预警，而且灾后能够提供相应的紧急救援服务，从而为城市的安全提供强有力的保障。但我国大多数城市未建立完善的灾害应急系统，使灾害发生时不能有效进行灾害应对，减少其带来的损失。

10.3　中国城市灾害的经济社会影响

10.3.1　城市灾害的经济影响

　　经济损失是对城市灾害造成的经济价值损失的数量统计，目前国内外公认的灾害经济损失分为两大类：直接经济损失和间接经济损失。郑功成在《以损失最小化为目标的灾害经济学》一文中指出灾害经济学的研究对象分为五个层次，其中一个层次就包括灾害对经济的直接影响和间接影响。所以研究城市灾害对经济的直接影响和间接影响是十分必要的。

　　城市灾害的直接影响主要体现在城市灾害的减值作用，即体现在城市灾害的直接损失。城市灾害造成的物质破坏，包括建筑物倒塌、室内外财产减损、基础设施破坏及对资源弃用和浪费等都属于直接损失。城镇化背景下，人口、产业不断地向城市集聚，城市对自然和人为灾害的应对能力不足，易损性越来越大，城市灾害发生导致的直接经济损失骇人听闻。唐山大地震导致 97% 的地面建筑、55% 的生产设备毁坏；交通、供水、供电、通信全部中断，23 秒内，直接经济损失人民币 100 亿元，拥有百万人口的工业城市被夷为平地。

　　城市灾害的间接损失主要是指直接损失的后续影响，主要包括救灾投入，灾后的重建费用，企业减停产、搬迁、延期交货违约、原材料价格上涨、库存不能及时销出等造成的损失，工资收入损失、地价变动、公共服务部门损失等。城市灾害具有链状效应和放大效应，一种灾害的发生往往引起次生灾害的发生，相比农村灾害来说，城市灾害导致的间接经济损失远大于直接经济损失。例如，2008 年我国南方的低温雨雪冻害引起电路问题，导致铁路交通等运输受到影响，滞留旅客数量瞬时激增，居民水电资源得不到保障，医院人满为患，各种物资的缺乏带来物价上涨，产生了诸多次生灾害和间接损失。汶川大地震除了造成 8452 亿元的直接损失外，造成民房倒塌、学校、医院和其他非住宅民房以及桥梁、道路和基础设施被大面积破坏，严重影响了当地的经济运行，造成的间接经济损失远远超过直接经济损失。

10.3.2　城市灾害的社会影响

　　城市灾害的社会损失指城市社会成员的心理损失及灾害对人类正常生活、社会组织、社会活动和社会发展造成的短期和长期影响。主要包括对城市人口质量的影响和城市社会文化的重构。

城市灾害对人口质量的影响包括对居民数量的损耗和居民身体素质的间接影响。地震、瘟疫等大型城市灾害必然会造成严重的居民损失，唐山地震在一夜之间造成 20.2 万人死亡，占当年唐山总人口的 12.8%，上万个家庭解体。其中，重伤 16 万人口，孤儿 4000 多个，唐山市的劳动力质量急剧下滑。2003 年的非典型性肺炎事件不仅造成全球近千人死亡，而且学校停工、学校封校，人们闭门不出，全国经济几乎陷入停滞状态。大型灾害不仅使城市居民形成恐慌情绪，影响正常的生产生活，同时还会损害居民身体健康，降低人民的身体素质和劳动力质量，大量的人口损耗尤其是亲友的死亡还会给幸存的人们带来心理障碍，这种大面积的心理和精神疾病也是城市经济社会发展的沉重负担。

城市灾害还会对当地居民的生活习惯和生产方式带来间接影响，甚至重构城市社会文化。城市灾害不仅会对城市文化带来消极影响，也会带来积极影响，人们在天灾人祸面前容易滋生无力感，这种消极情绪不能有效克服会对个人的世界观和价值观造成影响，甚至会造成极端行为。另外，长期来看对经济社会的发展也会有一定的促进作用。在城市灾害后的恢复重建需要大量原材料，这会刺激相关产品生产，调节资源的配置，给地区生产、营销等企业带来效益。恢复重建会提供较多的就业机会，适当减轻城市的就业压力，提高城市居民的收入水平，刺激消费水平，从而带动地区经济的发展。另外，城市灾害的巨大损失也会加强人们的忧患意识、卫生意识和防灾意识，方便城市以后的防灾减灾和救灾工作的开展。城市人为灾害尤其能反映地方政府在城市经济建设过程中的漏洞和不足，为当地和其他城市的长期可持续发展提供经验借鉴。

10.3.3　城市灾害的环境影响

生态恢复力是城市易损性研究的重要内容，生态系统在某种程度上具有一定的承受和抵御灾害的能力，所以城市灾害造成的环境损害理论上可以通过生态系统自身的恢复力来减缓甚至抵消。但是当前的城市灾害造成的生态问题绝大多数已经远远超过生态系统自身的抵御及恢复能力。这在一定程度上导致城市灾害对生态系统的破坏程度十分严重。

生态系统和城市灾害之间是互相影响的，生态环境恶化是灾害发生的主要触发因素之一；灾害的发生也会反过来对生态系统造成不利的影响。城市灾害会加大灾区生态环境的脆弱性和敏感性，降低生态系统在水土保持和涵养水源方面的功能，不仅会对城市的生态系统造成损害，也会威胁周围农村及临近地区的生态系统。例如，城市地震灾害的发生极易引起次生环境灾害，导致储存的化学元素泄漏引发环境污染事件，使各类生态系统中的生物受害，并通过生物富集作用而产生累积性的、长期的影响。

地震灾害过后大规模损毁的建筑物变成建筑垃圾，短时期内不能清运造成交通阻碍，影响城市的运行和重建。受灾动物腐烂后的残体及使用的消毒剂、杀虫剂、灭菌剂等残留在降水的作用下污染地下水系统，破坏水体生态系统。人为灾害的产生也会使生态系统遭到破坏。人为活动导致的各种污染事件、温室气体的排放使得海平面上升都会影响江河湖海和陆地上各种生物的分布与生活习性，进而不断地打破全球自然生态系统的平衡，对生态系统产生不利的影响。

10.4 中国城市灾害的应对现状分析

基于不同的体制，各个国家有不同的城市灾害应对策略，主要包括政府的行政手段、市场的调控手段、非政府组织的援助、社区防灾和救灾等方式。我国主要的大城市目前主要采取行政手段和市场手段两种方式进行灾害的预防和救助。政府主导的行政手段能短时间内集中救灾资源，迅速给受灾地区提供救济和帮助。市场手段能够为城市的防灾减灾工程提供长期的物资支持，通过市场调节提高防灾和救灾资源的利用效率，是城市日常防灾减灾的重要方式。行政手段在灾后的长期援建中相对乏力，市场措施在大灾面前的应急反馈不足。因此，应建立起政府和市场相结合、短期救灾和长期防灾于一体的城市防灾救灾体系。

10.4.1 城市防灾减灾的行政手段

政府对城市灾害的预防首先体现在城市的规划建设方面，1984 年通过的《城市规划法》明确了防灾减灾是城市规划的必要前提。2013 年国务院又出台了《关于加强城市基础设施建设的意见》，主要目的就是解决城市内涝、交通拥堵、医疗卫生等影响城市发展的突发灾害问题，加长城市生命系统的短板，促进城市的健康持续发展。在巨灾的应急救助中，中央政府和地方政府能够迅速集中优势资源，实现人力、物力和财力的紧急调拨，行政手段在减少因灾死亡人数、规避次生灾害和降低灾害的直接经济损失方面有突出优势。然而，在灾后的长期重建中，行政拨款的规模和频率逐渐减少，对灾后恢复和重建的支持力度不够。

随着城市规划理论研究和实践经验的发展，我国政府在城市灾害的预防和规避上取得了一定进展。城市遭受重大自然灾害的次数明显减少，每次灾害导致的死亡人数也有所降低。尤其是近年来中央政府和地方政府加大了环境治理的力度，在一定程度上减少了城市自然-人为灾害的经济损失。2000 年以来城市垃圾的无害化处理率不断提高，城市垃圾的处理率从 2001 年的 58.2%增长至 2014 年的91.8%，年均增长 2.58 个百分点。工业固体废物的综合利用率同样呈现出不断上升的趋势，"十五"期间我国的年均工业固体废物综合利用率为 54.14%，"十一五"

期间这一数据增长至 64.07%,提高了将近 10 个百分点。

从表 10-7 可以看出,政府在城市环境治理方面的投资呈现明显的递增趋势,其中 2005 年的同比增幅高达 50%,2014 年的工业污染投资是 2001 年的将近六倍,反映了政府在灾害治理方面的投入和决心。这一方面说明城市自然-人为灾害灾情严重,已经严重威胁城市居民的正常生活,同时也说明各级政府对城市自然-人为灾害的防治越来越重视。在污染投资结构方面,工业废气治理占比最高,超过工业污染治理投资总量的 1/3,且增长速度远远超过工业污染治理投资,反映为工业废气污染的投资比例逐渐提升。可见,大气污染是目前对城市居民威胁最大的自然-人为灾害。

表 10-7　城市自然-人为灾害的防治和救助投资情况

时间	工业污染治理完成投资/万元	工业废气污染治理项目完成投资/万元	工业废水污染治理项目完成投资/万元	工业废水治理投资占比/%	工业废气治理投资占比/%
2000 年	2 347 895	909 242	1 095 897	47	39
2001 年	1 745 280	657 940	729 214	42	38
2002 年	1 883 663	697 864	714 935	38	37
2003 年	2 218 281	921 222	873 748	39	42
2004 年	3 081 060	1 427 975	1 055 868	34	46
2005 年	4 581 909	2 129 571	1 337 147	29	46
2006 年	4 839 485	2 332 697	1 511 165	31	48
2007 年	5 523 909	2 752 642	1 960 722	35	50
2008 年	5 426 404	2 656 987	1 945 977	36	49
2009 年	4 426 207	2 324 616	1 494 606	34	53
2010 年	3 969 768	1 881 883	1 295 519	33	47
2011 年	4 443 610	2 116 811	1 577 471	35	48
2012 年	5 004 573	2 577 139	1 403 448	28	51
2013 年	8 676 647	6 409 109	1 248 822	12	74
2014 年	9 976 511	7 893 935	1 152 473	12	79

资料来源:《中国环境统计年鉴》(2001~2015 年)

注: 由于环保部门在 2000 年改变了统计口径和统计方法,之前的数据不具有可比性

由图 10-6 可知,改革开放以来我国城市的垃圾无害化处理量逐年递增,累积

已经超过 20 亿吨。20 世纪 90 年代初，城市在环境方面的投入开始加大，城市生活垃圾的年无害化处理量首次突破 1000 万吨；截至 90 年代末，无害化处理量突破 2000 万吨，不到十年的时间内翻了一番；2014 年在此基础上又翻了三番，达到了 1.6 亿吨。同时，城市生活垃圾的无害化处理能力也呈现增长趋势，增速基本与城市生活垃圾的无害化处理量持平，这说明城市的垃圾处理设备全速运转，城市的垃圾处理能力并未完全达到城市的现实需求。

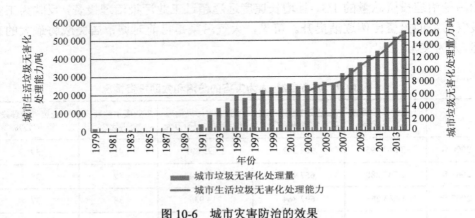

图 10-6　城市灾害防治的效果

资料来源：1979～2014 年《中国城市建设统计年鉴》
基于数据可得性，2003 年以后才有城市生活垃圾的处理能力的相关数据

　　行政手段在防灾减灾中虽然取得了一定的成绩，同时也存在很多问题。首先，我国政府部门存在严重条块分割，灾害管理的效率不高。如表 10-8 所示，不同灾害类型分属于不同的局（部），根据灾害的类型，地方政府的各个部门进行分兵把守。而城市生命系统相互交错，灾害一旦发生，很容易形成链条反应，必须要水利、消防、交通等各个部门联动，在救灾小组的统一调配下才能提高运作效率，而目前的行政体系并不能达到这一要求，防灾救灾中存在相互推诿的情况。其次，行政手段虽然能够在短时期内迅速集中救灾资源，对资源利用的效率却不够高，削弱了城市灾害的救助效果。由于短期救助主要依靠公共资源，救助人员对物资的使用效率不够重视，导致城市灾害的救助资源的浪费和损失。再次，行政手段在灾前预防和灾中救助中的优势明显，而对灾后长期的重建过程支持不足。基于中央和地方的财政压力，政府并不能持续地给受灾地区提供重建资源，目前多采取逐步削减财政支援的方式，不利于受灾地区的恢复重建。最后，行政手段在整体防灾减灾中并未激发城市居民的防灾避灾意识，不能积极有效地发动公众积极参与到城市灾害的预防和救助中，导致城市灾害的预防、救助及重建过程缺乏原始动力。

表 10-8　我国灾害管理部门职能划分

职能	气象灾害	海洋灾害	洪水灾害	地质灾害	地震灾害	农业灾害	林业灾害	特重大事故
监测预报	气象局	海洋局	气象局水利部	国土资源部	地震局	农业部	林业部	交通部、国家安全生产监督管理总局、全国总工会
防灾抗灾	各级政府农、林、渔、交通工业等	各级政府交通及水产、能源建设等	各级政府水利及交通、建设等	各级政府铁道及交通、建设等	各级政府地震局及建设、交通等	各级政府农业部门	各级政府林业部门	各级政府及省市安监局
救灾	各级政府国务院生产办、民政、部队等	各级政府国务院生产办、民政、交通、部队等	各级政府国务院生产办、民政、部队等	各级政府国务院生产办、民政、交通、部队等	各级政府国务院生产办、民政、部队等	各级政府国务院生产办、民政、部队等	各级政府国务院生产办、民政、部队等	各级政府国务院生产办、民政、红十字会等
援建	政府	政府	政府	政府	政府	政府	政府	政府

资料来源：王绍玉，冯百侠. 2005. 城市灾害应急与管理. 重庆：重庆出版社

10.4.2　城市防灾减灾的市场手段

市场通过价格调节吸引人们积极投入灾害保险、参与环境治理和灾害预防，从而为城市灾害治理提供原始动力，是城市日常防灾减灾的重要手段。市场手段通过信息流通和资源共享提高防灾救灾的利用效率；而且通过城市灾害保险等形式能够激发公众参与防灾救灾，为城市防灾救灾注入活力。我国城市灾害治理的市场化改革尚在起步阶段。

政府的行政手段在城市灾害发生后的短期救助效果显著，而灾害日常防范和长期恢复重建中面临资金短缺的瓶颈。目前，全国 40%的城市消防站欠账一半以上，60%的城市消火栓欠账一半以上，20%的城市消防车欠账一半以上。灾害市场通过发行巨灾债券和灾害保险筹集资金，是防灾减灾投入的重要经济来源。同时，灾害保险能引导人们对灾害发生的概率和可能造成的经济损失进行理性评估，并根据自身条件优化经济决策，平滑灾前和灾后的消费能力和生活水平，在经济生活中做出更加理性的行为选择。湖南、陕西等省开展了洪水保险试点探索，福建、浙江、广西等地开展了包含暴雨和洪水责任的保险试点工作，云南的楚雄地区开展了房屋的地震保险试点，涉及 50 多万户。从不同的行业来看，巨灾保险产品和巨灾保险基金也不断创新。水利部发展研究中心开展了"建立我国洪水保险政策体系研究""我国洪水巨灾风险基金研究"等课题研究工作。2013 年保监局按照"中央统筹协调、地方破题开局、行业急用先建"的"三条线，齐步走"战略加速推进。中国再保险集团作为国内唯一的再保险公司在巨灾保险和资本市场产品的开发上也在探索，巨灾债券也在进一步的研讨中。

随着市场化改革不断推进，我国灾害防治，尤其是人为灾害和自然-人为灾害

的防治逐渐放开，生态环境保护行业的企业个数逐年增长，尤其是 2008 年环境治理的法人单位数翻了三番，实现了环境保护行业的质的突破，之后基本保持年均 16.7%的速度增长，显示了环保市场发展的强劲势头。具体如图 10-7 所示。这不仅说明灾害市场有巨大的发展潜力，同时也反映了普通民众在灾害治理中的热情和努力。因此，应进一步加大灾害治理的市场化改革，积极发挥人民群众防灾减灾的主观能动性，发挥市场在防灾减灾中的调节作用。

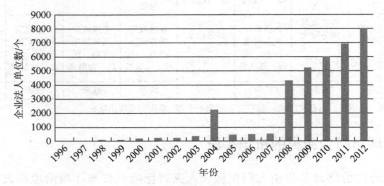

图 10-7   环境治理企业法人单位数

资料来源：《中国基本单位统计年鉴》
由于统计口径变化，2013 年之后的数据不具有可比性

　　我国灾害治理的市场化改革刚刚起步，同样存在很多问题。首先，城市灾害保险市场没有拓开，参保人数和参保比例都相对较低。城市灾害保险只在个别城市推行，对于京津冀等风险大城市群的巨灾保险保障计划还没有显著成果。而且在巨灾保险中对农业巨灾保险的关注度明显高于城市巨灾保险，专门针对城市的巨灾保险产品较少。其次，城市灾害治理的市场化创新不足，技术和产品的更新速度较慢。我国灾害管理的技术本身就不成熟，市场化改革的举措也是刚刚起步，产品的迭代创新速度远远跟不上其他行业。同时，地方政府在灾害治理中依然更多依赖中央政府的救助，对灾害管理的市场化推进的积极性不够。最后，灾害治理市场的资金供给不足。灾后救助的资金多来源于群众捐款，环境治理企业的盈利能力也相对较弱，商业保险市场在城市灾害保险的支持力度不够，应结合资本市场推动巨灾证券化等创新性风险转移工具的适用。

第 11 章　中国农村灾害经济研究

农村问题一直是制约我国经济社会发展的主要瓶颈之一，近年来灾害频发严重阻碍了我国农村经济的发展，研究农村灾害问题可以提高农村的抗灾御灾能力，有效减少人员伤亡和经济损失，保护农民的生命财产安全。众所周知，农业以土地为基本生产资料，在土地资源约束条件下农业产能增加的空间有限，因此研究农村灾害这种保值经济显得非常必要。另外，农业对自然环境的依赖性和农村社会经济的易损性使农民在灾害面前的抵抗能力比城市更脆弱。因此，研究农村灾害对于提高农民的生存能力和生活质量同样意义重大。

11.1　中国农村灾害的一般特征和现状分析

农村灾害既有突发性、多样性等灾害的一般特征，也因农村的脆弱承灾体有其特殊性。根据不同的致灾原因，农村灾害可以分为农村自然灾害、农村人为灾害和农村自然-人为灾害。农村自然灾害大多与农村的气象因素、地理结构有关，目前对农村经济发展影响较大的有干旱、洪涝、冰雹和霜冻。农村人为灾害由农民不合理的生产和生活方式触发，其中石油农业的表现最为显著。农村自然-人为灾害由自然和行为主体二者共同作用导致，目前危害较重的有生物病虫害、土地荒漠化等。

11.1.1　农村灾害的一般特征

根据严立冬（1994）的定义，农村灾害是发生在农村区域内的给农业生产、农村社会经济发展及农村居民人身安全带来严重威胁和损害的一种自然社会现象。农村灾害既有灾害发生的一般特征，又因农村特殊的承灾环境有其独特性。灾害的一般特征包括：爆发是突然的但影响是持续的；灾害发生地是局部的但是灾害的危害在空间的作用范围上却更广泛；灾害的发生是必然的但其危害程度是可减的；灾害的类型是多种多样的，根据地理位置和气候的不同，发生频率和危害程度各有差异；农村特殊的承灾环境导致农民生存环境更易受到灾害的损害，并且在灾难面前，农民的自救和被救能力更弱。

（1）发生的突发性与危害的持续性。灾害，尤其是自然灾害的发生是很急促的，但是造成的损失和影响却是持续性的。唐山地震不过持续了 12 秒，造成 24.2 万人死亡。汶川地震持续 90 秒，造成 6.9 万人死亡，直接经济损失 1452 亿元，相当于 2007 年四川省地区生产总值的 13.7%。农村经济大多以第一产业为主，灾害发生后的恢复力较弱，灾害影响的持续程度更长。相对于城市，农村的科学技术普及更差，对灾害的认知不够造成灾害突发时的应对措施不科学，因灾损失在收入份额中的比重更大。除了灾害发生时造成的直接人员伤亡和财产损失以外，自然灾害还会严重破坏人类的生存条件，打击农村生产的积极性，影响农民的心理健康，对受灾地区长期的生产生活造成不可忽视的负面影响。

（2）种类的多样性和分布的差异性。农村自然灾害种类繁多，但是不同灾害造成的损失和作用对象有很大差异。制约农业发展的自然灾害主要有旱灾、洪涝、风雹灾和霜雪冷冻灾害，人为造成的有土壤污染、灌溉用水污染、土地荒漠化、生物病虫害等，严重影响农业生产和农村经济发展。各种致灾因素在不同区域的分布也是具有巨大差异性的。干旱灾害主要集中在华北地区及中部五省份，洪涝灾害主要集中在长江中下游地区及南部各省份。城郊的农村水污染和土壤污染比偏远农村更严重。

（3）发生的必然性与损失的可减性。由于地理结构和大自然自身条件的限制，很多自然灾害的发生是不可避免的。比如，地下能量的聚集和自发运动导致地震爆发，这完全不受人为控制。但是，人们可以通过改变自身行为减少灾害所带来的损失。地震准确预测可以提前将居民和重要财产转移，使得灾害发生时的损失降低。而且，很多灾害的发生是可预测的。连续降雨会增加洪涝的发生率，持续干旱会造成旱灾。而人为灾害和自然-人为灾害甚至是可以避免的，人类对生态环境的破坏会造成水土流失，从而引发土地荒漠化等一系列环境问题。灾害发生前的孕灾时间里表现出的各种征兆给人们以提醒，为减灾避灾提供了空间和时间。我们只需在灾害孕育时期做出合理的预测或者预防就能大幅减少灾害带来的经济损失。因此，灾害发生的必然性和损失的可减性并存，是农村灾害的重要特征。

（4）发生的区域性与影响的广泛性。灾害的发生地是区域性的，但影响却是全局性的。首先，从时间上看，农村灾害的单次受灾面积和受灾人数是局部的，但是纵观历史长河，全国每个村镇每寸土地都受到过不同类型不同强度灾害的破坏和威胁，避灾减灾已经成为全民问题。其次，从空间分布上看，部分地区的农村灾害造成粮食减产，粮食供给的降低会影响全国的粮价，从而影响到经济发展的各个方面。随着网络和电视等传播媒体的发展，灾害信息的传播更具有及时性。在巨大的灾难面前，人民的民族热情被激发，几乎是全民救灾，因此灾害对于非受灾区的生产和生活亦有很大的影响。

（5）承灾体的易损性和救助的困难性。农村基础设施薄弱，对灾害的抵御能力比较脆弱，具有天然的易损性。而且全国 80% 的耕地为斜坡耕地，对滑坡、泥石流等地质灾害的承灾能力较弱。根据 2008 年国家统计局公布的数据，我国耕地面积中一半以上为旱地，从而导致旱灾成为制约我国粮食生产最大的灾害类型。由于全球气候变暖，干旱将成为一种新常态，这对农业生产无疑是一种新的挑战。同时，由于农村村落不够集中，灾害发生时，农村的救助困难性更高。尤其是我国灾害频发的西南地区，地质环境特殊，次生灾害发生的概率较高且连锁反应巨大，导致本身就资源稀缺的农民自救能力更差。另外，由于很多村镇在地理位置十分偏僻，通往外界的道路比较单一，交通设施对灾害完全没有抵御能力。地震、泥石流等自然灾害经常会导致道路中断，救援人员不能及时赶赴，救灾物资不能及时送达，造成更大的人员伤亡和经济损失。

11.1.2　农村自然灾害现状

我国是农业大国，农业生产过程中各种气象灾害严重制约和影响着农业生产的持续、稳定发展。气候不稳定性尤其是异常变化就会造成农业气象灾害，如干旱、洪涝、冰雹和霜冻等。由于农作物对光照、水分和温度的依赖性，自然灾害对农业产量产值的影响是非常显著的。自 1999 年朱镕基提出退耕还林之后，农村生态环境得到明显改善，其受灾面积和成灾面积在 2003 年之后均显著减少。从图 11-1 可以看出，成灾面积和受灾面积呈现同步下降趋势。其中，受灾面积[①]由 1978 年的 50 807 千公顷降到 2013 年的 31 350 千公顷，下降幅度高达38.3%。成灾面积[②]由 1978 年的 24 457 千公顷下降为 2013 年的 14 303 千公顷，下降幅度为 41.5%，比受灾面积低 3.2 个百分点。可见，灾害对农作物耕地的作用广度不仅有所减少，其作用强度也有一定程度的缓解。

《中国统计年鉴》和《中国农业统计年鉴》的数据显示，对农业损失较大的灾种主要包括水灾、旱灾、风雹灾和冷冻灾害。这四种主要灾害中受灾面积最广的是旱灾和水灾。以 2012 年受灾面积为例，旱灾受灾占到总受灾面积的37.2%，其次为水灾占总受灾面积的比重，为 31%。成灾面积中，水灾较为严重，为 36.1%，旱灾紧随其后为 30.6%，二者相差不多。由此可见，旱灾和水灾是我国目前危害最大的两类灾害，旱灾作用域广而成灾率小，水灾作用域小但成灾率高。具体见图 11-2。

受全球气候变暖和农村水利建设影响，我国主要灾害类型中，旱灾的受灾面积比重有变小的趋势，但依然是成灾面积最大的灾害类型。水灾从 2004 年至 2010 年一直比较平稳，2010 年之后占比迅速增大。风雹灾害和冷冻灾害占比一直较低，且

---

① 受灾面积：农作物因灾减产一成以上的种植面积。

② 受灾面积：农作物因灾减产三成以上的种植面积。

趋势平稳。因此，加强旱灾的治理，预防水灾的发生显得尤为重要和紧迫。

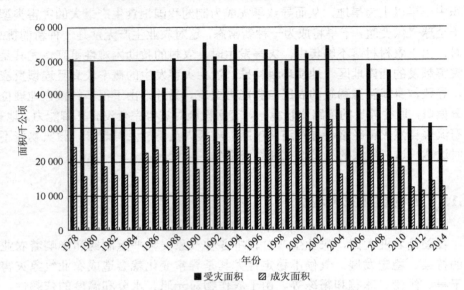

图 11-1　农作物受灾和成灾面积的时序变化

资料来源：《中国统计年鉴》（1979～2013 年）、《中国农村统计年鉴》（2014～2015 年）

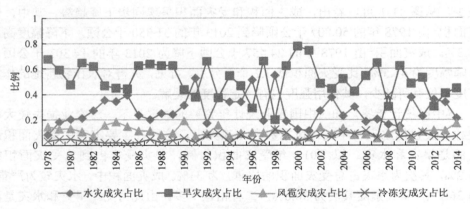

图 11-2　各灾种在成灾面积中的比例

资料来源：根据历年《中国统计年鉴》和《中国农村统计年鉴》的数据计算得出

1. 旱灾现状分析

旱灾的发生具有渐进性，对农业生产的影响较大，人员伤亡情况不多。作为影响面最大的灾种，全国大约 3/8 的都受干旱灾害影响。但是随着现代农村水利设施的建设，旱灾的成灾率不断下降，虽然旱灾的受灾域依然是最广阔的，但是成灾面积的绝对量已经基本和水灾持平，且成灾率远在水灾之下。旱灾受灾面积由 2001 年的 38 472 千公顷下降到 2012 年的 9340 千公顷，下降率为 75.7%，是全国总受灾面积下降率的将近 2 倍；成灾面积由 23 698 千公顷下降到 3510 千公顷，下降了 85.2%，超出全国总受灾面积下降率的 2 倍，比旱灾受灾面积下降率低了 9.5 个百分点（图 11-3）。

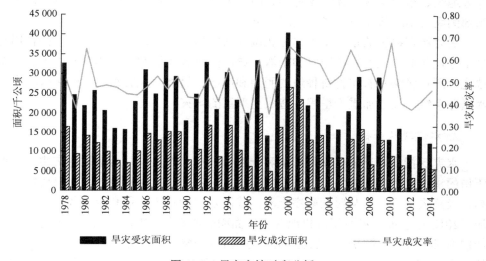

图 11-3　旱灾灾情时序分析

　　从国家统计局公布的数字可以看出，旱灾受灾程度的下降幅度是所有农作物受灾类型中最为显著的，这主要是由于退耕还林政策的实施使得西部干旱半干旱地区的农作物种植面积大幅减少，生态环境得以恢复，减少了旱灾的主要受灾域。另外，中部地区和东北重旱地区的农村水利设施建设也是不容忽视的，2001 年以来，政府投入巨资改善农村水利水电设施，2012 年我国乡村水电站有 45 799 个，比 2001 年增加了 60%。2012 年，我国农村有效灌溉面积 6.3 亿公顷，比 2001 年增加了 16.7%。有效灌溉面积占农作物播种面积的比重由 2001 年的 34.68% 提升到 2012 年的 38.65%，提升了 4 个百分点。农村水利设施的发展极大地改善了农业对旱灾的抵御能力，在耕地不断减少的情况下保障了国家粮食安全。这也是我国"三农"建设取得的重大成果。值得注意的是，目前旱灾依然是农村自然灾害中占比最多的灾种类型，因此，干旱的预防和治理依然是保证农业生产持续高效的重要任务。

　　根据王静爱等（2002）的研究，新中国成立以来，我国重旱灾主要分布在北方和中部五省份，且长江以北地区旱灾灾次有明显增多的趋势。这主要是因为我国的农业主要集中在中部和北方，虽然西部地区发生了更严重的干旱，但是由于人口密度和农作物种植面积极小而不至于造成灾害。傅泽强等（2002）对1970～2002年的旱灾研究发现，我国的旱灾受灾范围常年不变，受灾率波动明显。秦岭淮河以北地区春旱突出，有"十年九春旱"之说。黄淮海地区经常出现春夏连旱，甚至春夏秋连旱，是全国受旱面积最大的区域。长江中下游地区主要是伏旱和伏秋连旱，有的年份虽在梅雨季节，还会因梅雨期缩短或少雨而形成干旱。西北大部分地区、东北地区西部常年受旱。西南地区春夏旱对农业生产影响较大，四川东部则经常出现伏秋旱。华南地区旱灾也时有发生。

需要特别提出的是，旱灾作为我国农村的最主要灾种，其次生灾害的作用也是十分危险的。长时间的空气和土壤干燥，热风容易引发森林和草原火灾、土壤沙化，严重影响到农作物耕种地的肥力和产出。另外，火灾和土壤沙化破坏生态水循环系统，又会加重干旱程度造成更严重的旱灾。

2. 水灾现状分析

水灾泛指洪水泛滥、暴雨积水和土壤水分过多对人类社会造成的灾害。一般所指的水灾以洪涝灾害为主。与旱灾相比，水灾的受灾面积较小，但是成灾率更高，经济损失更大。从时间顺序上看，我国水灾的受灾面积和受灾程度都有所增加，2012年水灾受灾面积占耕地总受灾面积的比重为31%，是1978年的5倍；2012年水灾成灾面积在总成灾面积中的比重为36%，是1978年的4.4倍。改革开放以来，水灾的受灾面积经历了先增后减的过程，其中1992～1998年水灾比较严重。与受灾面积相对应，其成灾面积亦呈先增后减趋势。具体见图11-4。

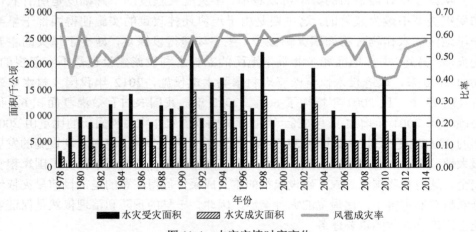

图11-4　水灾灾情时序变化

可以看出水灾成灾率大都高于40%，这远远大于旱灾的成灾率，可见水灾对我国农业生产的损害更为严重。相对于旱灾，水灾成灾率的波动幅度不大，基本在 40%～60%浮动，且大多数年份都集中在 50%左右。改革开放 35 年，水灾的平均受灾率为 54%，比旱灾高出 4 个百分点。可见，虽然水灾的受灾区域小，但对经济造成的损失比旱灾严重，因此在灾害的治理和防御中，水灾依然不可忽视。

根据中国水灾年表的统计分析，我国的水灾主要集中在珠江流域、长江中下游、黄河流域、淮河、海河、辽河和松花江流域这七个地区，20 世纪 80 年代以来，水灾在长江中下游地区，黄淮河流域发生频繁。由于河沙淤积，黄河中下游河床已经远远高出地面，一旦发生决堤，后果不堪设想。长江中下游地势地平，河网湖泊密布，而湖泊逐渐萎缩，调蓄洪水能力下降。水灾发生的频率更高，洪峰流量更大。且此地区经济发达，地面有很多大型企业和工程设施，水灾发生造成的经济损失逐年攀升。

水灾与降雨量密切相关，降雨持续时间长且经常会引起山洪，河流泛滥、内涝等。还容易引发病虫害等农林灾害，滑坡、泥石流等地质灾害。另外，水灾又有很强的季节性和预示性，因此，加强水利建设，疏通河道，有计划有步骤地减少水灾损失是可行的。

3. 风雹灾害现状分析

风雹灾害是指强对流天气引起的大风、冰雹、龙卷风、雷电等所造成的灾害。常发生于季风气候地区，我国和美国都属于风雹频发区。风雹灾害区别于旱灾和水灾，其突发性强、持续时间短、局部性强。风雹灾害发生频率高，单次灾害危害面积较小，有"雹打一条线"之说。1978 年以来，我国风雹的年平均受灾面积为 4632 千公顷，年平均成灾面积为 2358 千公顷，受灾程度仅次于旱灾和水灾。根据王静爱等（2002）对雹灾季节分区的研究发现，我国风雹灾害多发生于春夏季，大风导致农作物大面积倒伏导致减产。每年 4～6 月的降雹盛期刚好是北方小麦主产区的灌浆时段，其对小麦的产量影响可想而知。冰雹经常会将农作物砸倒，破坏农业生产设备和水利设施，造成粮食减产。在黄淮地区，风雹之后常伴随强降雨，对农作物的恢复生长造成进一步阻碍。

如图 11-5 所示，我国风雹受灾和成灾面积总体呈下降趋势，这与雹灾减灾工作的研究是密不可分的。雷达技术的发展大大提高了雹灾的预测准确度，为减灾工作做出不可磨灭的贡献。改革开放以来，我国风雹灾害的受灾面积减少了56.6%，成灾面积减少 61.6%，分别比农业灾害总受灾率（50.9%）和成灾率的下降率（53.1%）低了 5.7 个百分点和 8.5 个百分点。

风雹灾害的成灾率基本与总成灾率持平，平均成灾率为 51%，比旱灾高出 1 个百分点，比水灾低 3 个百分点。与旱灾和水灾相比，成灾率的震荡更加明显，尤其是 2001 年以来，风暴灾害的影响波动更加剧烈。风雹灾害由于来得猛、走得快，其突发性对农民的防灾减灾造成一定的障碍。

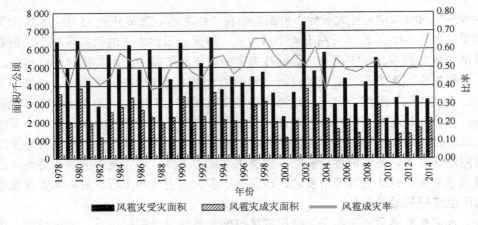

图 11-5　风雹灾情时序分析

4. 冷冻灾害现状分析

低温冷冻灾害是指作物在生长期间遭遇低于生育适宜温度，生理活动受到延迟或障碍，甚至某些组织遭到破坏的现象。根据高懋芳等（2008）的定义，零度以上的低温危害称为低温冷害，零度以下的低温危害称为低温冻害。冷冻灾害发生频率虽然不高，但是危害强度大，且影响范围高，经常是寒流一到，全国近半国土面积受灾。随着全球气温变暖，农作物生长加快，拔节生长导致其抗寒能力下降；同时农作物种植结构北移，也使得冷冻害的作用区域更广。另外，在我国北方广大牧区，低温导致的积雪和冰层覆盖草场，造成大量牲畜饥饿、冻伤，给牧区造成极大的经济损失。气候异常是冷冻灾害发生的主要原因。2008 年由大气环流异常和拉尼娜事件导致的冰雪灾害成灾面积是前一年的 5.7 倍，相当于之前连续四年的成灾面积之和，造成数以亿计的直接经济损失。

从图 11-6 可以看出，我国的冷冻灾害在 1978～1991 年对农作物的影响较小，其成灾面积在农业总成灾面积中的比重维持在 3%左右，1992 年之后，冷冻灾害的影响面积和影响力度不断加大，其成灾面积在全国总成灾面积中的比重提高到 9%左右，是之前的 3 倍。

从成灾率上看，冷冻灾害是唯一一种低于平均成灾率的灾种。改革开放以来，冰冻灾害的平均成灾率为 45%，比总体成灾率低了 6 个百分点，远远低于旱灾、水灾和风雹灾害。不过，冷冻灾害成灾率的波动程度也是其他灾害类型远不可及的。从图 11-6 可以看出，冷冻灾害成灾率在 1978～1986 年波动程度较大，最高年份 1984 年是最低年份 1979 年的 2.68 倍，在 1986～2000 年较为平稳，基本维持在 45%左右，在 2008 年之后的波动又开始明显，且波动频率更高，震荡幅度与20 世纪七八十年代相比有所下降。

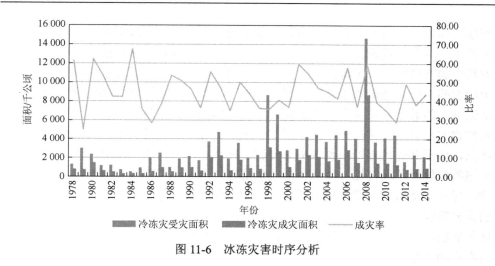

图 11-6　冰冻灾害时序分析

冷冻害目前还没有统一的区划，从地理位置上看，主要的冷冻灾害都集中在北方地区。

11.1.3　农村人为灾害现状

农村人为灾害主要指在农村经济生活中人们生产生活方式不当引发的灾害。与自然灾害不同，人为灾害对农业生产和人居环境的破坏具有一定的滞后性，并随时间不断累积。例如，土壤污染、重金属超标都是具有渐进性的，只有累积到一定阶段才能被人们察觉，其治理难度比自然灾害更高。新中国成立以来，农业生产技术迅猛发展，农药、化肥和农用薄膜的发明与推广被称为农业的三次产业革命，然而这三大"农业产业革命"在促进农业发展的同时也严重破坏了农业原有的生产条件和生态环境。

化肥的使用是农业发展史上一次重大的进步，据刘青松（2003）测算在我国化肥对作物的贡献率达 30%。目前，中国已经是化肥生产和消费大国，化肥的总产量和消费量均占世界 1/3 以上。根据《中国农村统计年鉴》的数据，2004 年我国单位耕地面积的化肥使用量已经是美国的 3.46 倍。2008 年世界化肥施用量为 117 吨/千公顷，中国化肥施用量为 335 吨/千公顷，是世界的 2.9 倍，是美国的 3.25 倍。过量施用化肥已经成为中国农业的魔咒。化肥使用过量导致土壤酸化，增加土壤重金属与有毒元素，导致土壤硝酸盐积累，改变土壤结构，从而改变农作物正常的周期和食用价值，成为食品安全的一大隐患。

农药目前是除化肥之外的第二大农业污染源，在预防和治理农作物的病虫害方面农药功不可没，但使用过量就会导致重金属含量超标，严重危及国民的饮食健康。同时，农药的不断使用加强了害虫的免疫能力，导致更顽强的新生代病虫害发生。含有农药残留物的茎叶被家禽食用，聚集毒素的害虫被鸟兽捕食，从而农药中的有毒物质一步步传给整个农村生物链。另外，喷洒在农作物花蕊和果实上的农药不能完全清理还会影响到居民的饮食健康。农用薄膜能够达到保水保肥、增温增产的效果，加强了农业抵御异常气候的能力。正是由于农业薄膜的使用，农作物的反季节、跨地域种植才得以实现。另外，农用薄膜作为石油化工的下游产品，由于其碎片难以回收且不易分解，残留在耕种层中的薄膜碎片不仅破坏了土壤的整体性和通气性，降低土地抗旱抗寒能力，还阻碍了土壤微生物的正常活动，导致土地板结。残存薄膜还会影响到农作物根系的正常生长，阻碍其对养分的充分吸收，影响产量。残存薄膜化学性质稳定，常年不能分解，对耕地的破坏逐年累积，严重损坏了农业生产的代际公平。连续覆膜的时间越长，残留量越大，对农作物产量影响越大。据刘金军和王环（2009）测定，连续使用 15 年以后，耕地将颗粒无收。我国第二次农村普查数据显示，2006 年我国农村地膜覆盖面积为7 366 855 公顷，已经占到全国农作物总播种面积的 4.8%。

　　根据《中国统计年鉴》提供的数据，农药与农用薄膜使用量呈明显递增趋势（图 11-7），1991 年（之前数据不可得）以来我国农药使用量只有 2000 年和2001 年出现轻微负增长，薄膜使用量也只有在 1992 年出现负增长，其他年份农药和薄膜使用绝对量均为正增长趋势。截止到 2012 年，农药使用量已经增长为1991 年的 2.36 倍，薄膜使用量翻了将近两番。可喜的是，2000 年之后，我国的农药和薄膜使用量的增长率逐渐趋稳，农用薄膜使用量增长保持在 5%左右，而农药在 2000 年跌破 5%的增长率之后，一直没有上浮，且 2007 年之后呈现逐年递减趋势（图 11-8）。2012 年农药使用量同比增长只有 1.07%，是 1992 年同期增幅的 1/4 都不到。这不仅体现了我国目前生产技术条件的提高，也充分显示了政府和农民在农作物种植方面的理性认知。尽管增幅有所减缓，但农药和农用薄膜的使用量依然是在不断增长中，随着累积效应的不断加剧，必将成为影响农业生产的瓶颈之一。

11.1.4　农村自然-人为灾害现状

　　农村自然-人为灾害是指由自然因素引起的，人为加重或激化了灾难危害强度的灾种类型。比如，中国历史上发生的生物病虫害、土地荒漠化等农村灾害，既有自然气候的因素，人为因素也不可忽视。

　　自然气候条件和地理环境因素是生物病虫害发生的先天条件，同时人类活动在利用自然和改造自然的过程中在一定程度上也改变了其他动植物生存的环境，成为生物病虫害的触发因素。中国农业产值由病虫害造成的损失约为农业总产值

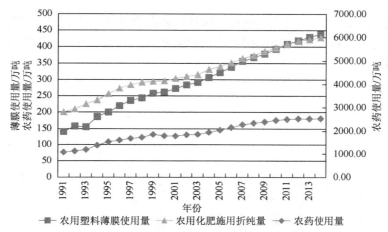

图 11-7　农村农药、薄膜和化肥施用量时序分析

资料来源：《中国农村统计年鉴》（1992～2015 年）

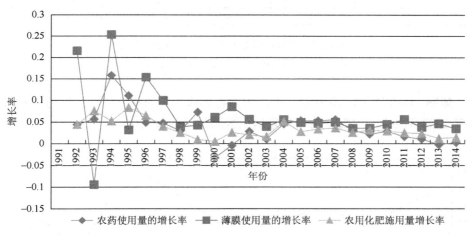

图 11-8　农村农药、薄膜和化肥施用量的增长率变化

注：图 11-8 根据表 11-3 计算制作

的 20%～25%，危害十分严重。中国常年病虫害发生面积 2.00 亿～2.33 亿公顷，是耕地面积的 2 倍多，每年由病虫害造成的粮食减产幅度占同期粮食生产的 9%。气候变暖后，病虫害的危害程度将加重 10%～20%，由病虫害造成的粮食减产幅度将进一步增加。同时，病虫害对林业和畜牧业也造成严重危害。统计资料显示，2000 年以来我国森林虫害整体呈现递增趋势，年均增长接近超过 2%，其中 2008 年气候的极端天气降低了病虫害的发生率和发生面积。森林虫害的重度发生面积占比有下降趋势（图 11-9），2002 年森林虫害发生面积中重度占比为 16.9%，2011

年降为 6.6%，比重降幅将近 60.9%。森林虫害占森林总面积的比重经历了先上升后下降的变化，从 2000 年的 0.07%到 2004 年达到峰值 0.10%后逐年下降，2013年回落到 0.06%。

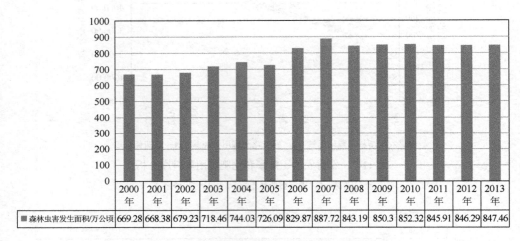

图 11-9　中国森林虫害发生面积的时序变化

资料来源：《中国林业统计年鉴》(2001～2014 年)

　　如图 11-10 所示，2000 年以来，中国森林病虫害的总体防治率均超过 60%，其中 2009 年达到 71.8%，为历年来病虫害防治率的最高值。

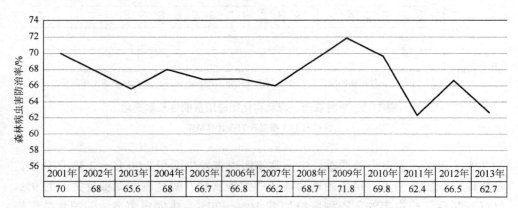

图 11-10　我国森林病虫害防治率时序变化

注：图 11-10 根据表 11-4 制作

　　2013 年，我国病虫害总体防治率为 62.7%，各地区防治率差异悬殊，最高地区是最低地区的 5 倍多。其中，天津、北京达到全面防治；上海、浙江、福建、山东、贵州的防治率超过 90%；内蒙古、广东、广西、海南、四川、青海和新疆地区的防治率不足一半，广西的森林病虫害防治率最低，为 18.6%。

11.2　中国农村灾害的形成机理

农村灾害的形成原因是多方面的，从形成机理来看，主要致灾因素就是客观的气象因素和主观的人的因素，以及二者的相互交互作用致灾。其中，自然灾害大多由于气象因素，人为灾害是由农村经济行为主体的不当行为导致的，自然-人为灾害是双方交互作用的结果。历史上，特殊的气候条件和地理结构决定了气象灾害是对农业生产和农村生活环境影响最大的灾害，其次为生物病虫害。但是天气异常并不是导致农村灾害的充分条件，随着农业生产和农民生活环境的改善，对天气和气候的抵抗能力越来越强，受灾不成灾也是值得期待的。

11.2.1　自然因素

我国特殊的气象、地理和农业生产条件是导致农村自然灾害发生的直接原因。受东亚季风区多变的气候和副热带高气压的影响，我国各年代和各区域之间的降雨量严重不均。另外，不同的地理条件承灾能力差异巨大，我国的粮食产区以坡耕地为主，抗灾能力弱也是灾害损失巨大的主要因素。气候异常还经常导致生物的异常繁殖，给农业生产带来的损失不可估量。

首先，气象因素是农村灾害的最主要诱因。我国主要的农村灾害是旱灾和水灾，二者都与降雨量密切相关，特殊的季风气候和副热带高气压是导致降雨变化的主要因素。我国地处东亚季风区，由于东亚季风年际和年代际变化很大，导致降雨量的年际变化和区域分布严重不均，因此经常造成旱涝灾害交替发生甚至同时发生，给依靠自然力作用的农业和农村经济带来严重的不稳定因素，造成巨大的经济损失。黄荣辉（2006）认为包括海洋—陆地—大气耦合的东亚气候系统的年际和年代际的变化是导致我国旱涝重大气候灾害发生的最重要成因。受副热带高气压带的影响，我国降雨量多集中在夏季，且南北差异较大。西太平洋暖池海水热力异常和青藏高原上空的热力异常是造成气候灾害的主要因素之一。赤道东太平洋海温处于上升阶段即厄尔尼诺循环处于发展阶段，当年江淮流域夏季降水量将会增加，发生洪涝灾害的可能性比较大。同时黄河流域和华北地区的降水量会比较少，容易发生干旱。当东太平洋海温处于下降阶段时，我国淮河流域的降水就会偏少，发生干旱的概率比较高，而黄河流域和华南地区降水较多，易形成水灾。根据我国重大气候灾害课题组的研究，东亚季风—西太平洋暖池—厄尔尼诺南方涛冻及青藏高原的热力的综合作用是我国气候灾害形成的主要原因。

其次，我国特殊的地理结构和地质构造导致农村承灾能力弱也是灾害频发的原因之一。我国山地高原面积占到国土面积的一半以上且地势落差较大，河流自西向东不断下切及地形的坡度不断增加，给滑坡和泥石流创造了自然条件。全国大部分省份都有泥石流发生。由于平原和盆地的不断下降，地表和地下水流不畅。而江河大多发源于西部高原地区，自西向东的地势的落差极易造成洪涝。地表植被的破坏也加速了水土流失，造成大多河流淤沙累计河床不断升高，加剧了洪涝灾害的发生。众所周知，黄河已经成为地面上的一条名副其实的"悬河"。另外，我国地处印度洋、太平洋和欧亚三大地质构造板块的交接带上，不但位于环太平洋地震带上，而且处于地中海—喜马拉雅地震带上，地质构造十分活跃。新中国成立以来8级以上地震发生两次，死伤30多万人，经济损失数以亿计。近年来，西南地区地质尤其不稳定，地震及次生灾害频发，给国民经济的正常运行带来巨大阻碍。

最后，环境变化导致的生物致灾对农业生产造成巨大威胁。温度或湿度的变化会造成与农作物共生的寄生微生物、植物或者动物异常繁殖，植物异常繁殖时与农作物竞争水肥等生存条件，动物和微生物直接以农作物为食物来源，造成农作物大面积减产甚至绝收，给正常的农业生产带来威胁。比如，历史上层出不穷的蝗灾、鼠害、小麦粉病和玉米斑病等。自古以来，鼠害都是中国农业的一大难题。老鼠不仅到处打洞，毁坏农作物、降低草原植被覆盖率，还可能破坏堤坝造成水灾。而且老鼠食物短缺时会与人争食引发造成鼠疫。毛德华（2010）已证明，30多种流行性疾病与鼠类有关，如鼠疫、钩端螺旋体病、流行性出血热、斑疹伤寒、森林脑炎、恙虫病、狂犬病和利什曼病等。长期气候异常容易改变生物链的平衡，引发次生灾害。干旱易发生蝗灾，持续高温会导致森林毛线虫的加速繁殖。另外，外来生物入侵也容易引发农村灾害。由于各地生物组成结构不同，观赏性或者无意的生物引入新的地区，生物失去天敌的制衡也容易引发生物灾害。1895年，澳大利亚猎人引进了5只兔子，由于缺乏天敌疯狂繁殖，1950年已经达到5亿只，给当地的牧场和农场带来巨大损失，灭兔行动持续至今。生物因素致灾一般具有较强的复制性和扩散性。地理位置相近的农田大多有相似的种植结构，给生物灾害的传播提供了便利。一块麦田诱发白粉病，若不及时治理，在温度和湿度适宜的情况下会迅速诱发一方麦田的白粉病灾害。草原鼠害、森林病虫害也有类似的性质。被称为"松树癌症"的松材线虫病在短短10年间，在我国的疫区就扩至6个省份，发生面积约6.6万公顷，对黄山、张家界等风景名胜区构成了巨大威胁。

11.2.2　经济因素

经济发展水平与灾害密切相关，巨大的人口压力和有限的耕地面积对农村生产力的要求远远超出世界平均水平。农民对土地的掠夺式挖掘为农村灾害的孕育提供了条件。农业技术革命虽然短时期内提高了农业产出，但是新技术和生产方式的累积效应不断改变原有的农村生态条件和生产环境，间接影响了农村灾害的发生频率及灾损程度。

众所周知，我国的人均耕地面积远远低于世界平均水平，在巨大的人口压力面前，农业稳定持续的生产就是生存之本，农民为完成提高短期收益竭泽而渔。人口众多、资源短缺是我国的基本国情。7%的耕地面积养活 20%的世界人口的现实压力使得我国农业生产的产出水平必须远远高出世界均值，有限的土地不能承载过多的人口，只能靠精耕细作、集约经营提高单位面积产出。然而，劳动力的投入可以精细化、集约化，而土地的产出能力是有上限的，人口压力造成农民对土地的过度开垦。农民对产值的过度追求使得农业生产违背了自然规律，为农村灾害的孕育提供了前提。

不同时期的经济发展战略对农业生产提出不同的要求，也会间接改变农民的行为选择。新中国成立以来的赶超战略使得发展中心向工业偏移，加重了对农业生产资料和产出的掠夺。农业生产不仅要解决全国人民的吃饭问题，还要为工业部门提供生产资料，产出缺口严重加大。范子英（2010）的研究显示，工业化战略导致的分配制度缺陷是饥荒发生的重要原因。改革开放以来，新农村的发展和城镇化建设对农村耕地产生了挤出效应，统计显示，新中国成立以来我国的人均耕地面积不断下降，2012 年为每人 0.12 公顷，约为 1949 年的一半。耕地面积的不断减少对单位耕地的生产力提出了更高的要求，迫使农民对耕地进行掠夺式的大开发，降低了耕地连续产出的能力，从而为灾害的发生奠定了基础。

农业科技革命为解决农村土地边际生产力递减问题带来了希望，农药、化肥和农村薄膜的使用大大降低了病虫害的危害和对土地边际产出递减的担忧。农村土地的单位产出得到了飞速提升，《中国农村统计年鉴》的数据显示 2010 年我国的谷物的单位面积产出为每公顷 4973.6 千克，高出世界同期水平 40%。其中，稻谷单位面积产出为每公顷 6553 千克，是世界同期水平的 1.5 倍；小麦单位面积产出为每公顷 4748 千克，是世界同期水平的 1.58 倍。2008 年世界每千公顷施用化肥 117 吨，同期我国化肥施用量为每千公顷 457 吨，是世界平均水平的将近 4 倍。随着新农村建设的推进，农业生产技术不断进步，新的生产方式在短时间内提高了农业生产效率，却也给农业生产的持续性造成了巨大隐患。残留薄膜破坏土壤原有的透气性、累积的化肥造成板结、残存的农药降低了农产品的食用价值，石油农业的副作用犹如孕灾中的催化剂加剧农村灾害的发育。集约化生产给农业生产环境造成了不可逆转的破坏，更加令人担忧。

11.2.3　社会因素

除了气象因素和客观的生物因素之外，人类过度开发自然利用自然的行为也直接或间接地促进了农村灾害的发生，甚至加剧了灾害损失。农民长期不合理的生活消费习惯同样会影响灾频、灾损。

农民对于农业生产的短期利益追求是农村人为灾害发生的主要原因之一。比如，忙时节为抢收抢种而焚烧秸秆，虽然解了燃眉之急，却造成资源浪费和环境污染，而且容易引发火灾。对于土地的不断开垦同样会致灾，随着开垦力度的不断增大，由绿洲伸向沙地、由沙地又伸向戈壁。土地资源开垦的回报率越来越低，开垦难度不断加大。对劣质土地的开垦不仅回报率低，而且破坏了原有的生态环境，导致土地沙化、荒漠化等人为灾害进一步加剧。

农村不合理的生活习惯加剧灾害的危害，甚至是导致灾害发生的直接原因。短期理性的行为可能会忽略长期影响，其负面作用累计致灾。比如，农民缺乏安全意识，将农用拖拉机作为日常交通工具，载客过多造成交通事故。电池、地膜不及时回收造成土壤污染，降低土地肥力且容易将污染传至农产品。农民卫生意识薄弱，人畜共处，乱扔生活垃圾导致流行性疾病的传播。城郊农村为求短期发展承载了城市的垃圾处理职能，污染源的转移加剧了对农村脆弱生态的破坏。不合理的行为习惯和非理性抉择缩短了孕灾时间，为灾害的突发提供了客观基础。从火灾、交通安全事故到技术利用不当，农村由于人类自身行为不当致灾的频率越来越高，经济损失严重。

11.2.4　人文因素

人文因素也是影响农村灾频强度和灾损深度的一个重要方面。千百年来中国奉行"以农为本，工商为末"的指导思想，对农业生产的高度重视促使农民对土地狂热追求，从而四处开荒，增加耕地面积。传统的中华民族生活方式也会对人为灾害产生一定的影响。

长期的"以农为本"的发展模式导致大量"造田"行为破坏生态环境。中国历代王朝奉行"民以食为天"的金科玉律，一直是以农立国。在这种指导思想下，农民尽可能地开发和利用自然，相继出现"人与林争地、人与海争地"的现象。砍林开荒、填海造田虽然增大了耕地面积，但是由此产生的水土流失、生态失衡等负作用给农村生产活动带来更大的潜在威胁。填海造田大大减少了海陆连接处的湿地面积，可能诱发更严重的旱灾，同时生态失衡也严重威胁到生物多样性。地表植被由森林改为农作物，加剧了水土流失，造成更严重的洪涝灾害。海岸线缩短改变了海洋通过实地和陆地交换能量的环境,严重损害了生物多样性的存在。人与海洋零距离接触也加剧了海洋灾害的危害。作为围海造田的典型国家,荷兰不得不退耕还海来挽救日益恶化的生态。张殿发和张祥华(2002)指出,草原雪灾是天灾,更是人祸,过度垦殖和过载放牧所造成的生态环境恶化是近年来我国北方草原雪灾严重的主要原因。

传统习俗在管理不当的情况下,也会导致灾害发生。中国历来有放鞭炮庆祝的传统,无论是重大节日,还是国家庆典、婚丧嫁娶,放鞭炮是中国源远流长的一种庆典或者纪念方式。然而,集中燃放鞭炮不仅会产生严重的空气污染和噪声污染,还会造成消防隐患。每当春节等重大节日,由燃放鞭炮导致火灾的报道在各地都屡见不鲜。虽然各大城市出台了禁放令,但作为中国传统文化的一部分,燃放鞭炮还是屡禁不止。尤其是农村地区,地处偏僻监管不到,燃放鞭炮依然是最主要的庆祝方式。然而,农民居住区有大量的农作物秸秆、木材存放,燃不尽的鞭炮余火引发火灾的可能性更大。而且农村配套消防设施不到位,一旦发生火灾农民大多是拿水桶、盆来取水救火,杯水车薪。

11.3　中国灾害对农村经济的影响

灾害与农村经济发展息息相关,分析灾害对农村社会经济的影响是减灾救灾的基础,也是恢复重建不可缺少的环节。一方面,灾害会导致农村直接经济损失,破坏农村基础设施。另一方面,农村灾害降低农民收入、改变其消费习惯和影响心理健康从而破坏农民生活,还会影响农村人口迁移和乡镇工业的发展。灾害尤其是自然灾害作为外部冲击,是影响农业产量波动的重要因素。

11.3.1　灾害对农民生活的影响

农村灾害不仅会直接降低农民的收入水平,还会改变农民的消费习惯和消费水平,同时影响灾民的心理健康,破坏农业生产的积极性。

首先,农村灾害直接降低农民的收入水平。农民的资金来源方式单一,主要靠农业生产获得家庭收入。农村灾害会造成农产品数量和质量的下降,从而使得农民的收入来源紧缩。农村自然灾害如旱灾、水灾、风雹冰冻的强度直接影响农业产量。水分是农作物生产的必要条件,过多或过少的水分供给都会给农业生产造成损害。农民可以通过水利灌溉或者水渠疏导减少旱灾和水灾的损失,但当重度干旱时,农民的生活用水都面临缺口,更不能满足农业生产用水。农村人为灾害和自然-人为灾害会影响农产品的质量。农业技术革命的应用对农业造成的人为破坏一直是未能解决的难题。温室大棚、无土栽培等农业生产技术的革新解决了农业生产的季节和土地限制。但新的生产方式并不能完全保证农产品的质量，温室虽然解决了农作物生长的温度问题，但光照强度和光照时间的缩短降低了农产品本身的养分含量和食用价值。转基因食品大大降低了农业生产成本，解决了粮食短缺问题，但人们对其营养价值破坏和诱发新疾病的担忧也一直不曾停止。

其次，农村灾害影响农民的消费决策。农村灾害降低了农民的生产能力，农民对农业生产的长期悲观预期会导致消费更加谨慎。农民的抗风险能力弱，灾害频发使农民收入水平恶化，从而改变其消费习惯。另外，投入抗灾救灾的资金具有竞争性，对农民生活消费和生产也会产生挤出效应。由于农村抗灾救灾的基础设施建设不到位，且农村保险市场发育落后，农民灾后恢复主要靠政府救济和自我救济，故农村消费居民多会采取减少日常开支以应对灾害冲击。Harbaugh（2004）的研究表明，遭受严重饥荒的人会形成长期节俭的消费习惯，即使收入条件改善，消费水平也不能同步提高。作为高频受灾的农业大国，农民的高储蓄倾向导致民间投资和消费动机严重不足。

最后，灾害会影响农民心理健康。由于长期的低收入水平和固定的生活环境，农民大多比较保守。当遭受重大灾害时，不能及时有效疏导紧张不安的情绪，长期积累影响农民生产积极性，减缓农业发展和经济增长。灾害发生后，农民得不到有效救助会产生对社会的不满和对立情绪，严重时会引发种族冲突。中国历史上的农民起义（黄巾军、李自成起义）都与当年发生了严重的自然灾害有关。

11.3.2　灾害对农业生产波动的影响

灾害尤其是气象因素引起的灾害是农业生产波动的主要影响因素之一。杰文斯父子认为，太阳能量的辐射具有周期性波动的特征，由此形成的气候周期会影响农业生产，农业生产的波动进而会影响工业发展和整个经济。太阳黑子活动减少时，农业会丰收，农业生产的增加会带动工业商业及消费和投资各个方面，从而整个经济进入繁荣。相反，太阳黑子活动频繁会使农业减产，经济进入萧条阶段。

我国是一个农业大国，人均耕地面积占世界人均耕地面积的比重不到1/3，粮食安全至关重要，农业生产的波动经常引起经济系统的震荡。从图 11-11 可以看出，我国自然灾害与粮食产量的波动呈现明显的负相关关系。当受灾率和成灾率显著提高时，粮食产量会下降。且受灾率和成灾率的连续变化对农业生产的影响具有累积效应，两年及两年以上灾害的同向变动形成农业生产的波峰或者波谷。受灾害类型不同，灾害对农业生产的影响有当期影响，也有滞后影响。瞬时灾害如冰雹、短暂的冷冻或洪涝对土地生产能力的破坏不大，只是影响当季的农业生产，而持续的干旱、连年不断对化肥和薄膜的使用会破坏土壤肥力，对下季的农业生产能力造成破坏。

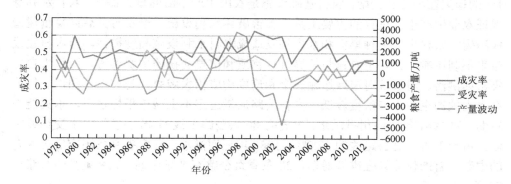

图 11-11　粮食产量波动与受灾面积和成灾率

产量波动为历年粮食产量经过 HP 滤波去除趋势项之后的波动项；成灾率为成灾面积占受灾面积的比重；
受灾率为受灾面积占播种面积的比重

目前对于农业生产波动的划定有速度法、剩余法和滤波三种常见方式。胡鞍钢（1997）用速度法研究了粮食产量增长波动的影响因素，有种植面积、自然灾害和收购价格，其中种植面积影响作用最大，自然灾害其次。近年学者经常用滤波的方式去除趋势影响来划分农业的生产周期。蒋乃华和张雪梅（1998）的研究表明，受灾面积的变化是粮食产量波动的自然原因，水利设施的建设可以减轻自然灾害对粮食生产的冲击。康丽姝（2005）、李茂松等（2005）分别对山东和中国近 50 年的粮食生产进行分析，得出相似的结论：自然灾害对中国粮食生产的波动影响最大。尹成杰（2009）测算，过去自然灾害对农作物产量损失的影响为总产量的 3%～5%，未来可能上升到 10%～15%。龙方等（2011）的研究表明稻谷单产变化中自然灾害影响产量与其他灾害成灾率的关联度最大，中国粮食生产抵御自然灾害的能力整体呈现出周期性的变化。

11.3.3　灾害对农村经济发展的影响

灾害不仅会破坏农民生活、抑制农业生产，还会间接约束农村经济发展。灾害一方面会直接给农村经济带来巨额经济损失，破坏农村基础设施；另一方面，还会间接促使人口迁移，影响乡镇工业，阻滞农村经济发展。

灾害对农村经济的直接影响主要包括经济损失和对基础设施的破坏。根据《中国民政统计年鉴》的数据，2012 年我国因灾造成直接经济损失为 4185.5 亿元，其中洪涝及滑坡、泥石流等次生灾害共造成直接经济损失 1662.1 亿元，占自然灾害总损失的将近 40%，是旱灾的 6.8 倍。洪涝灾害的直接经济损失将近 1/3 发生在四川省境内。因旱灾造成直接经济损失为 244.3 亿元，占总损失的 5.83%，其中近 1/3 的损失在湖北和云南。农村基础设施是农民生产生活的重大保障。农村水利是保证农业生产正常进行的主要工具，灾害破坏水利设施，给农村灾后恢复重建造成障碍。农村主要灾种旱灾和水灾频发造成农村水利设施高度损耗，给农村建设带来不利影响。公路是农村与外界进行物质和信息交换的主要渠道，而重大自然灾害如洪涝、滑坡等对道路运输安全和速度构成极大威胁。与城市不同，农村分布受土地约束，人口密度较低，乡村公路质量远跟不上城市平均水平，承灾能力较弱。如 1981 年的四川省洪水，全省有 80 条公路干线和 48 条县级以上交通线中断，占全部省、县公路线的 32.2%；1985 年辽河洪水，辽宁省 9 条国家级公路有的中断，有的仅能勉强维持通车，20 条省级公路有 8 条中断，228 条县级公路有 70 条不能通车。

人口迁移是人类在外部生存环境恶化时的重要举措，人口迁移带来的技术交流和市场变化效应在家庭生产和经济增长中发挥着重要作用。Gottschang（1987）的研究显示，1980～1942 年发生在我国河北和山东的人口向东北地区迁移，主要是因为山东和河北多发战争、干旱和洪水灾害，导致这些地区生存环境急剧恶化。Donner 和 Rodrígurz（2008）的研究表明灾害引起的人口流动不仅改变了迁入地和迁出地的人口总数，同时也影响两地的人口结构和人口质量。

乡镇工业是农村的重要组成部分，利用当地的自然资源，对促进农村经济发展、增加农民收入和解决农村剩余劳动力有重要意义。灾害不仅造成乡镇企业直接的财产损失，还会产生严重的连锁反应。灾害造成农副产品产量下降，直接影响乡镇加工业的原材料供应，阻碍乡镇企业的正常运转。大灾之后，市场需求和劳动力供给发生变化，乡镇企业若不能紧急调整，则会陷入产品滞销和生产中断的困境。灾后农村重建工作需要大量资金，农户和乡镇企业的筹资能力较弱且农村保险覆盖率较低，给农村信贷带来巨大压力。受灾农户和企业因正常的生产活动中断，借贷信用和还款能力下降，加大了其资金筹集的难度。

11.4　中国农村灾害的应对现状分析

灾害研究的目的是减灾。研究灾害发生规律是为了更有效地防灾和避灾，研究灾害损失是为了提高灾害救助和灾后重建的能力。中国灾害尤其是自然灾害所造成的人员伤亡和经济损失大部分来自农村地区。据袁艺（2009）的不完全统计，中国每年由各类自然灾害造成的人员伤亡 80%以上在农村，台风、暴雨、雷电、滑坡、泥石流等突发灾害造成的人员伤亡 90%以上在农村，每年因各类自然灾倒塌房屋的绝大多数也在农村。因此，做好农村减灾和救灾工作是中国灾害预防和救助中最重要的一环。目前，我国农村灾害的救助大多只重视灾后安置而对灾前的防御和灾后重建中对受灾农民的长期扶持机制关注不够。

11.4.1　灾前预防

鉴于农村灾害严重影响我国的农业生产，而农业经济波动又是我国经济波动的重要因素，做好灾前预防是非常有必要的。然而，农村基层组织和农民目前大多更关注灾害发生时的即时救助及灾后重建工作，对灾害的预防认知不够。

灾前的预防投入往往能带来数十倍甚至更多的减灾收益。据统计，1982～1984 年，我国投资不到 1 亿元，在全国开展灭鼠活动，仅此一项，实现综合经济效益总值达 35 亿元。毛德华（2010）的研究显示，从防治农业生物灾害方面看，我国每年防治病虫、草灾、鼠害面积已达发生面积的 80%，能挽回约 50% 的损失。毋庸置疑，减灾效益总是远远大于灾前投入，灾前预防往往能达到事半功倍的效果。数据显示，随着农村水利建设投资增速的变化，农村旱灾和水灾的成灾率呈反向变动趋势。1980 年以来，我国农村水利建设增速不断下降，而旱灾和水灾的成灾率波动性上升。具体见图 11-12。

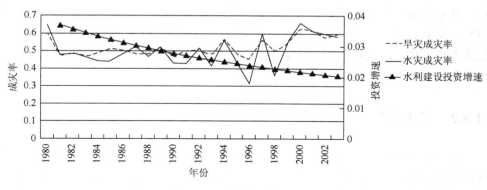

图 11-12　水利投资与成灾率

建立有效的农业防灾减灾体系，对灾害进行必要的预防和控制，尽量避免和减少各种灾害对农业生产和农民生活造成的危害是十分必要的。社会经济快速发展的今天，农村的安全、和谐、平稳和发展越来越成为人们关注的焦点，而防灾减灾更是当今人类共同面临的问题。然而我国农村在灾害预防方面依然存在很多问题。

首先，从防灾的角度而言，目前我国的防灾管理和规划基本上是依托中央部门进行的，防御不同的灾害要涉及从中央到地方的不同部门，因此，要制订和执行统一的综合性防灾规划是非常困难的。以地震和地质灾害而言，分别属于国土资源部和中国地震局管辖范畴。实际上，地震和地质灾害的研究在许多方面都是相通的，基础资料和基本的工作思路乃至研究区域和研究的基础内容基本相同，但是因为缺乏统一和协调，造成灾害研究投入分散、重复，不能集中攻克重要的灾害研究问题。

其次，经济发展水平制约了防灾减灾工作的开展。由于我国农村大部分地区生产力水平较低，科技、教育、卫生的整体水平还比较落后，资金短缺的情况比较严重，不能满足严峻的防灾形势的要求和保障人民群众生命财产安全的需要，而经济落后地区往往又是自然灾害发生频度比较高的地区，灾害发生又引起或加剧了贫困，使这一矛盾更加突出。

再次，建设监管力量没有覆盖到全部农村地区。目前，我国对农村的工程质量监管基本上处于空白阶段，这就使对农村的防灾减灾要求很难落实，从而对防灾规划和各种技术标准的执行也没有监管手段，防灾减灾工作的开展缺乏管理力量和依托。

最后，农民的防灾减灾意识还有待提高。相对于城市而言，农村对于灾害保险的参与率显著较低，这也是农村灾后的自我恢复力远远低于城市的原因之一。在农村地区，一些不利于减灾防灾的落后观念比较突出，如建设中讲面子、比排场。在建筑高度和装饰装修上盲目攀比而不重视防灾减灾质量要求及一些封建迷信等。影响农业生产的很多灾种属于缓变型，如干旱、冷冻等，由于灾害的损害是渐变性发生的，也经常被人们忽视。农民的防灾减灾意识薄弱是农村灾后恢复的软肋。

11.4.2　灾中救助

由《中国农村统计年鉴》提供的数据可以看出，我国农村自然灾害救济费用远远高于农村社会救济费用，是农村救济费用的主要支出项。2008 年由于气候异常，全国严重受灾，年初低温雨雪冰冻、汶川地震和攀枝花地震、新疆宁夏大旱、华南和长江流域的洪涝、黑格比台风接连发生，给农村经济发展带来重创。农村灾害救济费用达到峰值，占当年民政事业支出总额将近 1/3。2008 年农村自然灾害救济费用是 1995 年的 2.6 倍，是 2000 年的 1.73 倍，农村自然灾害的救济费用在民政事业费支出额中所占比重比 2000 年高 13.1 个百分点。所幸经过 2008 年的拐点之后，农村基础设施再建，农民防灾减灾意识加强，农村自然灾害的救济费用整体呈现下降的趋势。2009 年的农村自然灾害救济费用下降为 199.2 亿元，下降幅度达 67.3%。农村自然灾害救济费用占当年民政事业费支出的比重也降低到

9.1%，首次低于农村社会救济费用占比，2012 年农村灾害救济费用占当年民政事业费用支出额的比重为 4.4%，低于 2008 年之前的平均水平（图 11-13）。

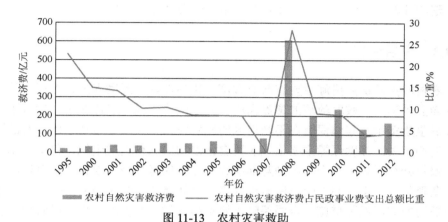

图 11-13　农村灾害救助

资料来源：历年《中国农村统计年鉴》

从区域分布上看，我国的农村自然灾害救助主要集中在西南（四川、贵州、云南）和两湖地区，其中西南三省是主要的灾害发生地，近年自然灾害生活救助费用是其他省份的数十倍之多，这主要是由当地特殊的地理位置和土地条件所决定的。这两个省份地质环境脆弱，自然灾害发生时的承灾能力较弱，造成了更大的经济损失。同时，以农业为主的经济发展方式又不能摆脱对土壤环境的依赖，因此对于此地区的避灾和减灾研究就显得更为紧迫。另外，中部地区的自然灾害救助费用也高于全国平均值，尤其是湖南、湖北的救助费用在各省份排序中每年都在前五。两湖地区地理环境特殊，地形以山地和丘陵为主，全年多雨，洪涝灾害频发，也是因灾损失惨重的主要区域。

随着经济发展和立法的不断完善，我国农村灾害的救助理念发生了重大变化，从减少国家财产损失转移到保护农民的生命安全，充分体现了以人为本的灾害救助理念。农村救灾依然以国家财政资金支持作为农村灾害救助的主要来源，以福利彩票、公众捐赠、国际援助为辅助形式，鼓励社会参与。相比较而言，我国农村灾害救助体系依然不够完善。农民因灾致贫、因灾返贫的情况依然十分普遍。首先，农村灾害救助力量依然比较脆弱。农民的受教育程度较低，对灾害的认知和应对能力不足，自救能力远远落后于城市居民。而指导农民自救和互救的村干部知识结构欠缺，能力不足延误了最佳的救灾时机。同时，农村的资源十分有限，灾害发生时能用于救灾的物资比较紧缺。如火灾发生时农民没有消防工具只能用桶和脸盆取水灭火，救灾效率较低。其次，由于农村人口密度较小，基础设施建设落后，灾害发生时信息传递不够通畅导致他救的救灾工作难度较大。因此，积极加强新农村建设，完善农村基础设施及灾害监测体系是提升农村灾害救助时效性的有效途径。最后，农村灾害救助的相关配套政策不够完善，如灾害救助和恢复重建的补助标准较低，灾害保险的作用没有得到充分发挥。

11.4.3　灾后恢复

农村的灾后保障措施主要有政府救济、集体保障、互助保障、合同保障、自我保障五种形式。政府救济的覆盖面广，但是救济力度一般比较小，远远小于农民灾后重建费用。集体保障在不同地区的差别较大，保障力度和当地政府的财政能力密切相关。互助保障主要依赖农民自愿参加的农村基层组织，包括互助储金会，农村社会保障基金会等各种互助组织。互助保障是我国农村的自发性组织，是一条聚集农民资金和保障农民走出困境的重要渠道，是对经济水平不同的地区普遍适用的灾后保障措施。合同保障主要是指农村行业保险，也有民政部等官方的一些救灾合作保险。这种方式主要依赖于农民在灾害发生前的预防意识，灾前缴纳一定的保险费给保险机构，当农民遭受灾害袭击并受到一定损失时，由保险机构按照合同给予一定的经济补偿，一般补偿水平较高，能较大幅度地帮助受灾农民组织灾后重建。农民的自我保障是通过农民自己的储蓄或积累来应对灾害袭击。农民的自我保障水平与当地的经济发展水平和各农业经营户的经济收入状况直接相关，同时也受到农民平时储蓄倾向和消费习惯的影响。

虽然灾害摧毁了农村基础设施甚至农业生产资源，但这也正是调整当地产业结构的良好契机。自然灾害如泥石流、滑坡等往往会破坏当地土质，影响到当地农作物种植结构。灾害破坏了农民的路径依赖，只要当地政府规划到位，积极组织农民参与新的生产方式中，充分发挥后发优势，也能促进当地经济快速赶超。

我国灾后恢复依然存在很多问题。首先，灾后恢复制度缺位，目前我国灾后重建体系还没有统一的法律保障，重建定位和建设水平与当地政府的规划密切相关。全国没有形成有效合力。其次，灾后物质资料的重建投入有余而对于受灾农民精神关注过少。经过重大灾害袭击之后，灾民不仅要承担巨大的物质损失，还有重大精神创伤。另外，政府注重短期的灾后重建，而缺少长期规划。政府和非政府组织更关注灾后农民的基本生活保障，而缺少对其长期生产能力的帮助。灾后农民失去了基本的生产资料和生活资料，缺少自生能力，更需要长期帮助。

第四篇　中国灾害的应对体系

　　作为一种外部冲击，人类社会在自然灾害面前处于相对被动状态，即便如此，人类探索灾害应对的步伐从未停止。本篇从灾害应对的制度体系、救助体系和政策体系三个方面分别梳理中国在灾害经济应对中的经验，为以后的防灾减灾工作提供借鉴，以期将灾害对经济发展的减值效应降到最小值。

第 12 章　中国应对灾害的制度体系

在长期的灾害应对中，人们逐步建立起一整套灾害应对的制度体系，希望通过制度安排和制度变迁降低灾害对经济社会造成的损失。我国灾害应对的制度体系主要包括：组织制度体系、法律制度体系、市场制度体系和非正式制度体系四大方面。

12.1　制度体系与灾害应对：文献述评

人类社会发展与自然环境变动间存在互动关系，自然灾害从人类社会产生就一直存在，在影响人类生产生活的同时，也催生了人类社会应对灾害的制度安排。并且，伴随着不同时期灾害的变动特征，通过制度变迁逐渐形成了较为完整的灾害应对制度体系。从中国应对灾害的历史来看，一直以来人们都在既定的社会经济条件下探索有效的灾害应对机制。

在中国传统农业社会中，灾害应对制度的缺失导致了自然灾害频发时期农村人口的流亡和"田地陷阱"的出现，使得貌似合理的田赋征收在自然灾害爆发之时就演变成足以使天下百姓窒息的绳索（安介生，2007）。从秦汉灾害应对的实践来看，禳灾和减灾制度体现了人们对灾害和自然界的认识，对灾害应对起到了重要作用（段伟，2008）。灾害应对中的制度供给中，组织制度建设是灾害管理的重要内容，灾害的组织适应性是当代灾害管理系统的应然特征（童星和陶鹏，2012；闫章荟，2013）。现有文献中关于灾害组织制度的讨论更多集中在政府职能方面，自古以来中国的政府部门都是灾害治理的主要组织部门，政府在修筑灾害防御工程、组织灾害救助等方面的工作是政府责任的重要内容，减灾防灾具有明显的公共产品属性，政府具有不可推卸的责任，灾害发生后政府应该迅速组织全社会参与灾害救助（田钏平，2009；毛阳光，2012）。政府在灾害应对中的组织能力被认为是政府履行自身责任的重要内容，有效率的政府能够迅速组织协调各管理部门投入到灾害治理中，尽可能降低由救灾延误给人们生命财产造成的损失，低效率的政府在灾害应对中反应缓慢，使得人们面临的灾后二次风险增加。政府的组织效率依赖于政府灾害应对的制度建设，使各级政府部门将组织灾害防御工程建设，动员社会灾害救助作为规范性、制度化的行为准则，对于灾害应对效率的提高具有决定性的作用。

政府组织灾害应对的效率一方面依赖于行政组织制度，另一方面也受到法律制度的制约。法律制度特别是成文法的重要作用是将现实中的人转化为法律上的人，法律上的人是一种抽象性的，其行为规范的标准是成文法，成文法对人的行为约束表现为强制性、普遍性（胡玉鸿，2008）。灾害治理的法律制度一方面表现为对政府部门灾害治理的职责以法律的形式确定下来，另一方面也表现为对灾害应对中所有法律人行为的规定。公共权力的行使和国家责任的确认必须以法律为依据是现代法治国家的一个基本要求，防灾减灾的指导思想、基本原则和必要应对措施也必须依法加以确定才能成为社会共同体的有预期效应（方印，2014）。灾害应对的历史实践中，完善法律制度是历代政府提高灾害应对的制度建设的重要工作，已有文献的研究也强调了法律制度在灾害应对中的重大作用。

从灾害应对的角度出发，关于政府灾害组织制度和法律制度的文献都以正式制度的完善为讨论的重点，但灾害应对的实践表明，对非正式制度的研究对提高灾害应对仍有重要意义。国外学者较早地发现了在发展中国家居民应对灾害风险的多元化手段，并形成了以社会资本和社会网络关系为主要对象的研究成果，大量的文献表明非正式制度同样在应对灾害冲击中发挥着重要作用，特别是在发展中国家的农村地区体现得更加明显（Rosenzweig，1988；Beggs et al.，1996；Carter and Maluccio，2003；Carter and Castillo，2011；Ganapati and Iuchi，2012；Ganapati，2013）。在中文文献中，也有很多学者关注非正式制度对灾害应对的作用，赵延东（2007）从微观和宏观两个层次考察了社会资本对人们灾后恢复的重要作用，认为社会资本作为一种嵌入性资本有助于家庭获得灾后恢复的资源。但是，陆铭等（2010）认为社会资本对家庭灾后消费平滑的作用会随着市场化进程的推进而逐渐降低，市场化的正式制度会对非正式制度形成替代作用。从现有文献的讨论来看，大量文献支撑了非正式制度对灾害应对的积极作用，但仍有部分文献认为非正式制度在降低灾害风险、实现灾后恢复等方面的作用比较有限。虽然文献对此并未达成一致结果，但这也正好表明，关于非正式制度与灾害应对的研究是灾害应对中制度体系研究的重要内容。

12.2　中国应对灾害的组织制度体系

自然灾害的突发性是构成灾害危机的重要原因，灾害引起的经济社会损失一方面由灾害本身的轻度决定，另一方面受社会灾害应对能力影响。灾害应对能力最显著的体现就是灾害发生后社会灾害应对的组织能力，其中包括政府部门的危机管理能力和社会组织的及时参与能力。灾害应对组织能力越强，社会各方力量会更及时参与到灾前防范和灾后救助中，能尽可能地降低灾害造成的社会经济损失。长期以来，中国社会灾害应对的组织制度表现为政府和民间力量的配合，社区应对模式和行政管理模式是人类社会应对灾害的两种基本路径（童星和陶鹏，2012）。特别是近年来频发的灾害事件提高了对政府灾害组织管理能力的要求，逐渐形成了中央政府统筹下各地区职能部门具体负责的灾害组织管理体系。同时，伴随市场经济发展，社会组织不断发育推动了中国灾害应对组织制度的完善，中国灾害组织制度表现为政府与民间、整体与局部、短期与长期协调统一的特征。

12.2.1　应对灾害的组织制度的基本内容

社会灾害应对的效果依赖于灾前防御和灾后救助的组织能力，组织制度建设影响着社会的灾害反应程度，并导致不同的社会经济损失。应对灾害的组织制度一般可以分为组织机构、组织方式、组织内容三大部分。

1. 应对灾害的组织机构

自然灾害和突发性公共事件的组织应对是在非常态状态下的即时行为，存在着流程复杂、难度高、风险大等特点。灾害事件发生后，社会容易陷入混乱失序状态，政府的组织管理工作难度增加，组织机构在政府的灾害应急管理系统中起着框架作用，是政府灾害应对中人、财、物、信息顺畅流动的保证，是各种资源发挥作用的基础。有效率的组织机构可以在社会失序的情况下正常运行，提高社会灾害应急处理效果。从国内外灾害应对组织结构的形式来看，主要存在以下三种形式的组织机构。

第一，纵横结合的组织机构。这种组织机构的特点是自上而下有少数几个主要的部门，这些部门之间是平行关系，但每个部门内部又存在上下关系，按照行政级别贯穿在社会应对灾害的组织体系中。在我国，民政部、水利部、气象局、地震局等政府行政部门在灾害应对中体现出纵横结合的组织结构特征。自然灾害发生时各部门根据自己的工作范围有针对性地组织灾害应对，下级部门执行上级行政指令，并对同专业的下级部门行使领导权利。

第二，矩阵式组织结构。伴随社会经济发展，自然灾害的诱发因素变得多元化，对经济社会的影响也越来越严重，传统的纵横结合的组织结构无法有效组织灾害应对。矩阵式结构在纵横结合的基础上加入了具有特定职能的横向组织指挥系统，形成了相互结合的综合据系统。其中，纵向系统的主体仍然是原有的垂直化政府行政部门，但是这些部门在接受原职能部门垂直管理的同时，也要对横向组织指挥部门负责，对整个灾害应对组织工作小组负责。在我国，矩阵式组织结构表现为一方面民政部等政府部门仍然组织工作范围内的自然灾害应对，同时又存在由水利部、民政部等政府部门参与组成的国家防汛抗旱总指挥部、国家减灾委员会等组织机构。另一方面，社会组织广泛参与灾害应对组织，弥补了政府纵向组织管理机构在组织灾害应对中的缺陷。矩阵式组织结构在灾害应对组织中具有很大的灵活性，可以加强各职能部门之间的协调合作，减少传统的纵向组织结构下由部门职能划分引起的灾害反应时滞。

第三，事业部式组织结构。自然灾害具有群发性、突发性、频发性和危害性特征，近年来自然灾害的种类和发生频次不断增加，这要求各级政府将灾害应对作为日常行政管理的重要内容纳入到工作中，成为政府工作考核的重要指标。各地区的自然条件和社会经济发展状况存在较大差异，纵横结合和矩阵式的组织机构在各地区适应性不同，通过建立一个有针对性的专门自然灾害应对组织管理部门可以弥补这种不足。这种专门针对地区特点的灾害应对组织结构就是事业部结构，一般是从纵向上专门成立一个负责某些类型的灾害应对管理的事业部，并赋予这些部门一定的自主权。在实践中往往表现为各地区成立的灾害应急管理领导小组和地区防灾减灾委员会，它们可以根据地区的自然条件和经济社会特征，整合地区的灾害防御信息、灾害应对财政资源和灾害应对组织，提供符合地区现实条件的灾害应对策略，提高了局部地区灾害应对的效率。

2. 应对灾害的组织方式

自然灾害发生时，国家正式部门和社会组织参与灾害应对组织的方式不同，按照灾害应对组织的参与主体，应对灾害的组织方式可以分为军队组织、政府职能部门领导、民间社会力量自发组织三种主要形式。军队和政府的灾害应对组织方式具有正式部门履行职能的特征，按照美国特拉华大学灾害研究中心提出的"经多年检验"的组织类型学模型，它们在灾害应对中属于"维持型"。在灾害应对组织过程中其组织结构与功能并没有明显变化，与灾前组织系统存在连续性，在灾变情境下依然遵循一般官僚制管理原则，延续旧有的组织结构与常态的管理目标（童星和陶鹏，2012）。民间自发组织自古以来都是灾害应对中的重要力量，伴随着社会经济发展，社会组织已经成为灾害应对的核心力量。社会组织应对灾害具有长时间、宽领域、多层次的特征，它可以在更细致的范围内应对灾害给经济社会带来的长期影响，弥补政府和军队等正式组织在灾害应对组织上的不足。

3. 应对灾害的组织内容

灾害的组织制度内容是社会各部门应对灾害冲击具体行为的体现，以灾害发生前、发生中和发生后为结点，应对灾害的组织内容可以分为灾前预警和防御、灾中治理和救助、灾后评估和建设。政府部门在灾前防御中发挥着主要作用，对气象和地质条件的监测预报是政府公共职能的重要内容，同时灾前的防御工程需要统一规划建设，政府在灾害防御工程、灾前预警信息系统建设方面扮演着主要角色。社会组织在灾前防御中更多地起到知识宣传、教育的作用，向公众传播典型灾害事件的专业知识，提高公众的灾害防御意识。灾害发生过程中组织治理和救助是灾害组织内容的核心，政府、军队和社会组织在灾害治理和救助中都发挥重要作用。军队参与灾害救助具有速度快、效率高的特点，如在 2008 年汶川大地震等灾害发生中，首先投入到灾害救助的都是军队。在我国，军队组织灾害救助是灾害应对效果的重要决定因素，军队的及时参与一方面可以尽可能降低人员伤亡，另一方面也为社会组织和其他主体参与灾害救助提供了条件。

灾害发生过程中组织灾害应对还体现在受灾人员安置和受灾地社会治理上，政府一方面及时调拨基本生活物资，加强社会治安管理，保证受灾人员的基本生活。另一方面号召企业、个人参与灾害救助，社会组织也通过募集捐款、派驻救援队等形式参与灾中救助。灾后评估和建设是灾害应对组织中的重要内容，政府部门和社会组织都可以对灾害事件引起的社会经济损失状况进行评估，使公众对灾害事件的影响有具体认识。同时，政府主导下，社会组织广泛参与的灾后恢复重建影响到受灾地经济社会的长期发展，是灾害应对组织的重要内容。

12.2.2　中国应对灾害的组织制度发展过程

1. 灾害应对的组织机构发展历程

新中国成立以来，在长期的灾害应对过程中逐渐形成了"统一领导、分级负责、条块结合、属地管理"的灾害组织管理工作基本原则，中国应对灾害的组织机构经历了由中央唯一负责到地方分级负责，由单一部门垂直管理到多部门参与协助的演变过程，在此基础上针对不同灾害形成了部门负责制，在地区层面形成了专业管理机构，逐步建立起中央指挥下各部门、各地区分别负责，社会组织结构广泛参与的灾害应对组织结构。

新中国成立到改革开放前这段时期，由于经济发展滞后，地方政府应对重大灾害的能力有限，中国灾害组织机构的特点表现为中央部门唯一负责，中央政府承担了灾害组织管理的主要工作。但是，随着灾害事件频发，中央唯一负责下，灾害组织管理的效率较低。改革开放后，随着国家行政管理组织机构改革和灾害事件的不断恶化，中央唯一负责的灾害组织形式逐渐被划分到各部门中，按照灾害的类型，形成各部门具体负责的灾害组织管理系统。具体如表 12-1 所示。

表 12-1　主要灾害的组织管理部门

灾害类型	主要负责部门
气象灾害、地质灾害、海洋灾害	国家减灾委员会、海洋局、气象局
突发性水旱灾害	国家防汛抗旱总指挥部（水利部）
地震灾害	中国地震局
突发性环境事件	环境保护部
重大动物疫情、流行病	农业部、国家卫生和计划生育委员会
空难	国家民航总局
矿难	国家安全生产管理监督总局
食品安全事故	国家卫生和计划生育委员会
滑坡、泥石流等地质灾害	国土资源部
铁路、城市轨道交通	交通运输部、住房和城乡建设部

部门负责制可以提高灾害应对组织管理的专业化水平，提高灾害应对组织的效率。但是，灾害事件的发生往往不是单一种类的，特别是自然灾害发生时通常伴随多种类型的灾害。这种情况下，单纯的部门负责制会导致灾害应对中的权责模糊，给多种灾害并发情况下的灾害应对造成不利影响。为此，国家成立了国家减灾委员会，作为我国最重要的灾害组织管理专门机构，它综合协调各部门，统一负责规划灾害应对，其组织结构如图 12-1 所示。

2. 灾害应对的组织方式发展历程

中国是一个灾害频发的国家，自古以来政府都要承担灾害治理和救助的职能，政府组织方式一直占据主导地位，隋唐开始后设立的户部便是具体负责灾害治理和救助的政府部门。新中国成立后，多个部门都曾被赋予灾害应对的职能，还成立了中央救灾委员会。在人口增长和经济发展背景下突发性的灾害事件给人们生命安全和财产造成的威胁不断加大，传统的政府作为唯一主体的灾害组织方式不能满足新的灾害应对需求，面对自然灾害多样化的威胁与挑战，军事化救援已成为许多国家法律授予军队所要担负的一项重要职责，军队组织作为有力的灾中援助力量提高了灾害应对组织的效率（王新新等，2013）。军队参与灾害救助的现象一直存在，直到 2000 年中国颁布《国防法》中将军队要完成抢险救灾任务纳入国家法律，使军队组织参与灾害应对制度化、法律化，并在以后的灾害应对中不断强化。政府组织和军队组织作为正式组织方式参与灾害应对具有较长历史，而社会组织广泛参与灾害应对则是灾害应对的组织方式发展的最新领域。社会组织，也被称为非政府组织，社会组织的发展和

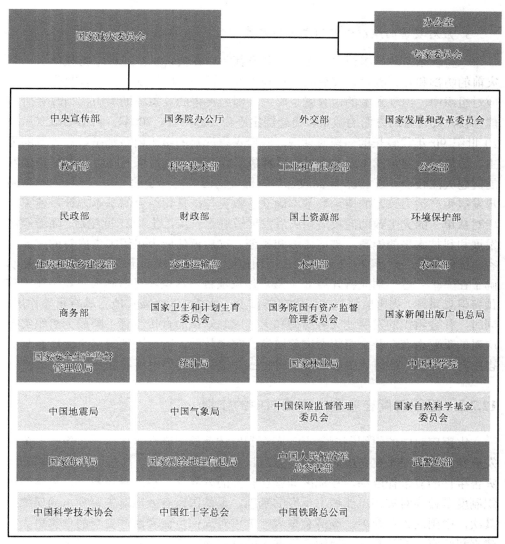

图 12-1　国家减灾委员会及部门协调体系

资料来源：民政部国家减灾中心

参与灾害应对是改革开放以后经济社会迅速发展的结果，1988～2012 年中国社会组织的个数从 4446 个增加到 499 368 个，社会组织参与灾害救助和治理的水平不断提高。特别是近年来发生的汶川地震等大型自然灾害应对中，社会组织都发挥了重要作用（孟甜，2014）。

3. 应对灾害的组织内容的发展和完善

一直以来，政府组织灾害应对的重点都集中在灾害发生过程中的救助上，对灾前的防御和知识教育、灾后的评估和建设重视的程度较低。在古代政府的灾害应对组织中，出现最多的内容就是赈灾，因为灾害的紧急救助为历代当政者所不能忽视，灾害救助方面的政策、措施层出不穷（孙绍骋，2004）。新中国成立后到20 世纪 90 年代较长的一段时期内，政府灾害应对的组织内容都是以灾害救助为主，尽量减少灾害发生后的人员伤亡和经济损失，对灾后恢复与灾民的可持续发展问题关注较少。到 1985 年民政部等九部委向国务院递交的《关于扶持农村贫困户发展生产治穷致富的请示》基本确立了救灾与扶贫相结合的基本方针，使灾害应对从单一的灾中救助向救灾与灾后发展迈进了一步。进入 21 世纪后，随着经济发展和科技水平的提高，灾前防御和预警、灾后评估成为组织灾害应对的重要内容，国务院办公厅于 2007 年印发了《国家综合减灾"十一五"规划》。该规划明确了在"十一五"期间将开展 8 个重点建设项目，这些项目措施大多集中在灾前预警信息系统、灾害监测系统等灾前防御上，对提高综合减灾能力具有重要作用。同时，社会组织的发展使灾害防御和灾害应急知识的宣传教育不断成为组织灾害应对的重要内容，社会组织在灾前防御、灾中救助、灾后评估等多个领域参与灾害应对的组织，同时也推动了整个灾害应对组织内容的发展和完善。

12.2.3 组织制度在中国灾害应对中的作用

灾害应对中的组织制度是灾害应对制度体系的基础和重要内容，组织制度的发展和完善对国家灾害应对能力的提高具有决定性的作用。首先，中国灾害频发，灾害事件的复杂程度高，在地区间存在较大的差异性。在这种背景下，完善的组织制度是社会对灾害迅速做出反应的基础，也是国家有效应对灾害冲击的保障。其次，中国的人口众多，经济总量大，灾害对人们生命和财产安全的危害更大。建立起政府、军队和社会组织广泛参与的灾害应对组织方式，可以尽可能地动员社会各界力量抵御灾害冲击。完善灾害应对的组织制度体系，对提高国家综合防灾、减灾能力具有重要作用。

12.3 中国应对灾害的法律制度体系

组织制度在灾害应对中起到基础作用，而法律制度体系则是国家灾害应对能力提升的保障。法律制度对于灾害应对的意义一方面表现为，灾害法律制度体现了人们对灾害的认识升华和经验积累，人们通过赋予这些知识和方法以法律的效力来指引集体的行动,保证灾害应对的有序进行(应松年,2010)。另一方面,法律制度的本质属性在于约束人们的行为,应对灾害的法律制度体系作为一种外在的制度约束条件,限制了人们在灾害应对中的决策选择,有助于提高灾害治理的效率,保证灾害救助目标实现。

12.3.1 应对灾害的法律制度的基本内容

灾害的法律制度是灾害应对制度体系的重要内容,实现灾害法律防范与救助,使防灾减灾走上法制化道路,是国家提高灾害应对能力面临的重大问题。灾害法律制度融合了灾害学和法学两大领域,从内容上来讲主要有以下几个方面。

(1)法理上形成的灾害应对的法律关系。灾害应对的法律关系表明应对自然灾害的主体在自然灾害治理和救助中依据灾害法律规范形成的权利义务关系,其中政府和受灾群众之间的权利义务关系是最基本法律关系。在灾害应对中,国家是义务主体,有责任承担灾害救助和灾后建设的任务,灾民则是权利主体,有权利要求国家提供及时的救助和扶持。政府和灾民在灾害应对中的法律关系是保证政府积极开展灾害应对工作的基础,在基本法律层面明确了政府在灾害治理和救助中的角色。

(2)灾害应对中政府参与的法律制度。这类法律制度针对的行为主体主要是政府,包括了中央政府、省级政府和基层政府在灾前防御、灾中救助和灾后恢复建设等方面的具体职责和权限。其中主要表现在灾害防御工程建设、灾害救助方式、灾害救助物资管理、灾后建设投资规划等领域。

(3)灾害应对中社会参与的法律制度。社会参与灾害应对是政府灾害救助和治理的重要补充,主要包括慈善捐款的法律制度和志愿者管理两大方面。当前社会组织参与灾害应对的主要形式一方面是募集慈善捐款,在汶川地震发生后的 5个月内,慈善捐款总额达到 569.25 亿元,为灾害紧急救助和灾后重建提供了有力的资金保障。随着居民收入水平提高,灾害应对中慈善捐款的数额会越来越大,慈善捐款的募集和管理直接影响到灾害救助的效果。目前,我国依法设立的、设有灾害救助慈善项目的两大慈善机构为中国红十字会和中华慈善总会,但随着慈善规模和范围不断扩大,进一步完善慈善捐助和管理体系至关重要。另一方面,社会参与灾害应对体现为志愿者参与。志愿者是灾害应对中非常重要的一支民间力量,来自全国乃至世界各地,各行各业,数量众多,队伍的专业知识结构完备,是政府、军队的专门救灾力量之外的一支主力军。但是,由于志愿者是自发性的,缺少统一的组织调度和协调,对需要做哪些救灾工作比较盲目,特别是大量志愿者短时间迅速涌入灾区也会给受灾地带来编制、食宿和救援计划等多方面的不利影响,社会参与灾害应对的法律制度应该明确志愿者参与的具体内容和规定。

(4)巨灾保险法律制度。保险本身是一种市场行为,但是从发达国家巨灾保险的实施经验来看，巨灾保险的强制性体现出了法律制度的内容。国家在法律制度层面将巨灾纳入强制保险范围，并规定具体的巨灾类型，如日本的《地震保险法》、美国颁布的《国家洪水保险计划》，这些带有强制性的巨灾保险使个人在灾害冲击时获得一定的赔偿，同时分担了政府灾害应对的压力，也促进了保险市场的发展。但是，我国尚未建立起强制性灾害保险制度，面对巨灾主要通过政府拨款、社会捐助、灾民自救，作为经营风险、分散风险的保险市场发挥的作用较低，国家应该加强关于强制性巨灾保险的法律制度建设。

12.3.2　中国应对灾害的法律制度发展过程

我国灾害应对的法律制度具有悠久历史，古代封建君主制下政府在灾害治理和救助中发挥着绝对主导作用，特别是在隋唐以后逐渐形成了配合君主统治和行政制度的救灾管理体制，灾害应对步入法律制度轨道。民国时期，国民政府也先后颁布了《传染病预防条例（1924）》《社会救济法（1943）》《冬令救济实施办法（1949）》等法律规章，22 年间（1927～1949 年）共颁布社会救济主要法规达 24 部（蔡勤禹，2003）。新中国灾害应对制度建立于 20 世纪 50 年代。1950年 2 月，中央救灾委员会成立，统筹全国救灾工作，与此同时，中央颁布的《中央救灾委员会组织简则》规定了灾害管理工作的主要任务，但是，中国自然灾害法律制度体系建立是 80 年代初开始的（张鹏等，2011）。经过 30 多年的发展，中国已经基本建立完成了 7 种自然灾害的法律法规制度，明确规定了各部门单位的灾前预防、灾中救援、灾后重建的责任、义务、职责。按照《国家突发公共事件应急预案》和《国家自然灾害救助应急预案》中对自然灾害的分类，从七大类自然灾害的角度，整理中国自然灾害应对法律法规的发展过程，如表 12-2 所示。

表 12-2　近 30 年中国自然灾害类法律法规文件数量　　　　　　单位：件

灾害类别	1981～ 1985 年	1986～ 1990 年	1991～ 1995 年	1996～ 2000 年	2001～ 2005 年	2006～ 2010 年	30 年总计
水旱灾害	2（0.4）	3（0.6）	11（2.2）	16（3.2）	31（6.2）	65（13.0）	128（4.3）
气象灾害	2（0.4）	5（1.0）	9（1.8）	11（2.2）	21（4.2）	113（22.6）	161（5.4）
地震	2（0.4）	6（1.2）	12（2.4）	10（2.0）	15（3.0）	97（19.4）	142（4.7）
地质灾害	0（0）	1（0.2）	3（0.6）	6（1.2）	24（4.8）	41（8.2）	75（2.5）
海洋灾害	1（0.2）	1（0.2）	1（0.2）	2（0.4）	3（0.6）	7（1.4）	15（0.5）
生物灾害	0（0）	4（0.8）	3（0.6）	7（1.4）	24（4.8）	65（13.0）	103（3.4）
森林草原 火灾	2（0.4）	3（0.6）	2（0.4）	3（0.6）	9（1.8）	20（4.0）	39（1.3）
总计	9（1.8）	23（4.6）	41（8.2）	55（11.0）	127（25.4）	408（81.6）	663（22.1）

资料来源：张鹏，李宁，范碧航，等. 近 30 年中国灾害法律法规文件颁布数量与时间演变研究. 灾害学, 2011, (26)

注：括号内为对应 5 年中每年颁布的平均数量；最后一列为每种灾害 30 年颁布总数

可以发现，伴随着经济社会发展，我国自然灾害的法律制度建设进程也不断加快，1981～2010 年的 30 年间，自然灾害法律法规文件数量增加了近 45 倍，特别是进入 21 世纪以后，自然灾害的法律制度建设明显加快。从法律法规的分布上来看，水旱灾害、气象灾害、地质灾害和生物灾害是灾害法律制度建设的重点领域，尤其是进入 21 世纪后地质灾害和生物灾害迅速得到重视，法律制度建设步伐明显加快。

自然灾害的法律制度不断完善的同时，人为灾害的法律制度建设也不断加强。随着经济社会发展，以交通事故、火灾、矿难为代表人为灾害不断严重，关于人为灾害的法律法规从改革开放以来也经历了迅速发展。以交通类法律法规建设为例，改革开放以来，我国共颁布交通法律 4 件，交通行政法规 30 件，交通部规章 252 件，特别是进入 21 世纪以来，国家加强了对公路交通和水陆交通安全的法律制度建设，基本形成了宽领域、多层次的交通法律体系。近年来火灾和矿难等灾害事件也促进了国家关于灾害事件应对和处理的法律制度的建设，在 2003～2009 年，国家颁布的煤矿行业安全生产的法规文件 29 件，涵盖煤矿生产的多个方面。可见，随着经济社会发展和人为灾害事件的日益严重，国家对灾害法律制度建设越来越重视，努力做到一切灾害应对和治理都有法律规章制度支撑。

12.3.3　法律制度在中国灾害应对中的作用

灾害的法律制度体系包括了国家层面的法律、主管部门的行政法规和地方政府的具体规章制度，它们共同形成了我国应对灾害的法律制度体系。完备的法律制度体系对灾害应对具有以下重要作用。

（1）灾害法律制度可以确保灾害应对的长期稳定性和客观性。灾害事件始终伴随着人类社会发展，灾害应对也是一个永久的话题，从我国灾害应对的现实来看，社会参与灾害救助还具有较大自发性，这种自发性源于人们的同情心和美德，因此就不可避免地会在灾害应对中出现不稳定性和偶然性因素，对灾害应对造成不利影响。通过法律体系建设将灾害防御、灾害救助和灾后重建等行为制度化、法律化，使由人们内心情感激发的灾害应对行为上升为一种普遍的行为准则和公民意识，这有助于形成长期稳定的灾害应对机制。

（2）灾害法律制度可以提高灾害应对的效率。灾害具有突发性，以地质灾害和气象灾害为代表的自然灾害发生后造成的损失大，影响程度高，灾害应对工作也庞杂。作为一种程序性规范，从国家法律到地方的规章制度对灾害应对中参与主体的职责和权限做出明确规定，可以使政府、社会组织和公民个人明确灾害发生后自己应该承担的责任和义务。同时，灾害法律制度对不同主体参与灾害应对的方式和组织管理进行了详细说明，有助于各主体之间的相互协调，提高全社会参与灾害应对的效率，保证灾害救助和灾后重建的顺利进行。

（3）灾害法律制度是人类灾害应对实践和知识的总结提升，集中反映了一定时期内灾害应对的成果。法律制度是人类社会发展的重要产物，它来源于社会实践，又可以指导实践活动。灾害应对的法律制度建设是不同时期灾害发生和应对状况的客观反映，法律制度体系反映了社会灾害应对的成果和经验，可以为后代人灾害应对提供重要参考。同时，灾害法律制度反映了一定时期内最紧迫的灾害问题，可以为社会公众参与灾害应对提供更准确的指导。随着社会发展和灾害问题的变化，灾害法律制度也存在新旧更替，在更替演变过程中为灾害应对提供了连续性指导，也为后代人了解历史时期灾害问题的重要资料。

12.4　中国应对灾害的市场制度体系

组织制度和法律制度是灾害应对制度体系中的宏观层次，它们体现了灾害应对制度的宏观结构。从微观上来看，灾害应对的具体制度分为市场制度和非正式制度。灾害应对的市场制度是市场经济迅速发展背景下，人们应对灾害的新型制度构建，主要通过市场的方式来降低灾害风险，推动灾后建设。集中表现为通过灾害保险、灾害证券等金融产品来分散灾害风险，补偿受灾损失，将灾害救助和灾后恢复的承担主体由政府向市场分担，形成政府、社会组织和市场共同参与的灾害应对格局。

12.4.1　应对灾害的市场制度的基本内容

灾害应对的市场制度是市场经济迅速发展的成果，是现代商业经济与灾害应对需求的有力结合。从发达国家的经验和我国的初步实践来看，应对灾害的市场制度主要包括保险市场和证券市场两大内容。

第一，灾害应对的保险制度。保险制度是应对灾害的市场制度的重要组成部分，主要分为强制性保险和自愿性保险两大类型。强制性灾害保险以巨灾保险为主，巨灾保险主要指对因发生地震、飓风、海啸、洪水等自然灾害，可能造成巨大财产损失和严重人员伤亡的风险，通过巨灾保险制度，分散风险，具有代表性的巨灾保险如美国国家洪水保险项目和日本国家地震保险，洪水和地震也是当前巨灾保险承保的主要范围。巨灾保险的显著特点是发生频率低，但影响范围广，造成的损失大，往往超过受灾群体承受能力，甚至导致受灾体的毁灭。但是，由于发生频率较低，居民缺乏积极投保的动机，而巨灾会造成的严重损失使得政府以法律的形式强制居民购买巨灾保险，使巨灾保险带有明显的强制性。自愿性保险是灾害保险的重要类型，与强制性保险不同，自愿性保险的购买主要由居民个人决定，根据家庭的经济状况和面临的风险状况，自主选择保险产品。自愿性保险的种类丰富，不仅包含了自然灾害，同时也覆盖交通事故、矿难、疾病等多种人为灾害。不同保险种类之间的投保费用和灾后赔付程度存在较大差异，即使在同一类保险中，不同风险级别的承保对象所需要的费用和灾后收益也不相同。自愿性灾害保险种类丰富，搭配自由和可选择性强的特征使它在居民家庭灾害保险选择中更普遍，也是当前我国灾害保险的主要形式。

第二，灾害应对的证券制度。随着灾害事件的频发，特别是巨灾的频繁发生给保险公司尤其是再保险公司带来了沉重的压力，整个保险业面临着承保能力不足的风险，也给受灾投保者的收益造成了不利影响。巨灾风险证券化是国际上分散巨灾保险风险的一项金融保险创新，是对传统灾害保险市场的补充，也是通过市场制度应对灾害的重要手段（施建祥和邬云玲，2006）。灾害证券是应对灾害背景下资本市场与保险市场相结合的产物，国际上主要的巨灾证券市场有芝加哥交易所、百慕大交易所、巨灾电子交易、柜台市场。灾害证券包括巨灾债券、灾害互换、灾害期权、灾害期货、意外盈余票据等多种金融产品，其本质特征都是对传统灾害保险的补充，对保险市场灾害赔付风险的分担。

巨灾债券通过发行收益与指定的巨灾损失相连接的债券，将保险公司部分巨灾风险转移给债券投资者，在分散保险公司赔付压力的同时保证灾害保险投保者的收益。灾害债券是灾害保险的有利补充，它弥补了传统灾害保险面临巨灾事件时赔付能力不足的状况，将灾害风险分散的功能引入到债券投资领域。灾害期权是以灾害损失指数为标的物的期权合同，包括灾害期权买权、灾害期权卖权、灾害买权差价三种典型形式。保险公司通过在期权市场上缴纳灾害期权费购买灾害期权合同，购买在未来一段时间内的一种价格选择权，即保险公司可以选择按市场价格进行交易，或按期权合同约定的执行价格进行交易。当灾害发生且灾害损失指数满足触发条件时，灾害期权购买者可以选择行使该期权获得收益，以弥补所遭受的灾害损失。灾害期货以维持保险公司的财务稳定性为目标，将保险合同损益与期货合同损益搭配使用（刘红和赵忠良，2003）。保险公司在承保的同时购入相应地区的与保额等份的期货合同，根据灾害损失与预期之间的差额，保险公司可以通过出售或者持有期货合同来实现期货收益和灾害赔付之间的平衡，保障保险公司财务稳定和对投保者的灾后赔付正常实现。意外盈余债券是指保险人在将来某一时刻以现在确定的条款发行债券以此获取现金或流动性资产，同时保险人将以后年度盈余作为债券偿付的保证。债券的发行具有特定的条件，一般指巨灾的发生，一旦巨灾发生盈余债券将增加保险公司的盈余或净值，保险人能够依靠以后的盈余分期支付投资者的本金和利息，使灾害保险投资者的利益得到保障。

可以发现，灾害保险制度是市场制度推动灾害应对的基础，灾害证券制度以降低和分散保险市场的风险为目标，将证券产品与灾害保险结合，两者共同构成应对灾害的市场制度。两者结合对保证保险公司灾后赔付能力和财务稳定起到了积极作用，同时也保障了灾害保险投资者利益的实现，提高了个人应对灾害冲击的能力。

12.4.2　中国应对灾害的市场制度发展过程

新中国成立后，我国逐步开始发展保险业，1951 年中央人民政府政务院做出了《关于实行国家机关、国营企业、合作社财产强制保险及旅客强制保险的决定》，社会各部门的财产相继办理保险，其中就包括了地震、洪涝等自然灾害保险。但由于历史原因，1959 年我国全面停办了保险业务，刚刚发展起来的灾害保险被迫夭折。保险市场的停滞一直延续到 1979 年，从 1979 年开始国家决定逐步恢复国内保险市场，中国灾害保险市场也在这一阶段得到了恢复和发展，其中尤其以地震保险和洪水保险的发展最为明显。同时，在这个时期，我国的农业保险也得到了快速发展，为农业生产的巨灾风险提供了保障。但从 1995 年开始，保险行业监督管理机构从控制和防范保险公司经营风险的角度出发，要求保险公司停办地震保险，终止了我国之前在巨灾保险制度建立上所做的尝试。

随着市场经济发展，进入 21 世纪后中国保险业进入了快速发展阶段，商业保险市场迅速扩大，保险市场在灾害应对中的作用被提升到更高层次。2010 年经国务院批准的《国家气象灾害防御规划（2009—2020）》提出要提高气象灾害保险和再保险在气象防灾减灾中的作用，充分发挥金融保险行业对气象灾害受灾单位和群众的救助、损失转移及分担作用。从保险市场发展的现状来看，灾害保险的种类由原来的以地震、洪水为主，发展到包含多种灾害类型的人身财产保险。特别是在农业领域，农业灾害保险的范围和种类有了较大的扩充，保险公司根据农户的经济状况开发不同级别的农业灾害保险，满足不同生产规模和经济状况的农户对灾害保险的需求。另外，随着气候变化，灾害保险出现了针对气候灾害的专门性灾害产品，并形成了以天气指数保险为代表的子保险系统。天气指数保险以客观的天气条件作为保险赔付对象，能有效地避免逆向选择和道德风险（Skees，1999），能够降低交易成本，已被越来越多的学者视为发展中国家应对天气灾害的有效替代方式，体现了发展中国家农业灾害保险的发展方向（储小俊和曹杰，2012）。随着保险市场发展和灾害事件频发，灾害保险市场日益完善，灾害保险制度建设日益成熟，在分散灾害风险、提高灾害应对能力方面的作用也越来越大。

相比于灾害保险市场，灾害证券市场的发展更加缓慢、滞后。灾害证券市场的发育主要是为了降低保险市场在灾害赔付上的压力，通过巨灾债券、灾害期权、期货等形式分散保险公司灾后的财务风险。从国外灾害证券市场的发展来看，灾害证券市场起步于 20 世纪 90 年代，1992 年正式形成巨灾保险衍生品市场，1996 年年底至 1997 年年初巨灾债券正式进入市场（陶正如，2013）。从我国证券市场的发展来看，灾害证券市场仍处于探索阶段，并未形成较为完整的市场体系，巨灾债券、灾害期权、灾害期货等证券产品开发缓慢，市场不稳定，发展灾害证券市场是利用金融创新应对灾害风险的重要方向。

12.4.3　市场制度在中国灾害应对中的作用

以保险市场和证券市场为代表的市场制度是市场经济发展过程中人们应对灾害的重要方式，它对于我国灾害应对的意义主要体现在以下几个方面。

（1）市场制度是对以往政府主导的灾害应对模式的重要补充。一直以来，中国的灾害应对中灾前防御、灾中救助、灾后建设各个领域中政府都发挥着主导作用。政府主导的灾害应对模式具有及时性、规范性的特征，但是在灾害频发的背景下，会加大政府负担，影响灾害应对效果。保险市场和证券市场通过市场调节的方式分担政府的灾害救助任务，使原本由政府包办的救灾模式变为政府和市场共同参与的新形式，缓解了政府救灾中的困难。

（2）市场化的灾害应对方式提供了多样化的灾害救助服务。政府救灾更多地体现公平原则，对所有受灾者的救助水平是一致的，但是每个受灾者自身应对灾害的能力存在差异，统一性的救助方式会造成灾害应对的效率损失。相反，灾害保险产品和证券产品对受灾体的赔付程度依赖于保险投保者和证券产品购买者支付的产品价格，投保费用的高低影响着灾后赔付额度的大小。市场制度为人们提供了多样化的灾害风险分担方式，根据自身的经济状况和受灾风险，选择符合自身利益最大化的产品组合，有助于将灾害风险降到最低。

（3）市场制度的自发性有助于形成灾害应对的长效机制。灾害风险始终伴随着人类社会发展，每一个个体都面临着灾害风险。政府救灾依赖于政府的财政状况、行政效率等多方面因素，且多在灾害发生后的短期内执行。市场化的灾害应对的主体是居民个人，人们可以根据自己的预期，选择长期有效的灾害应对方式。同时，市场化的灾害应对是一种自发方式，它会自动调节和影响人们应对灾害的能力，即使在政府救灾职能缺位的情况下，市场制度仍然能够发挥作用，并长期保持下去。

12.5　中国应对灾害的非正式制度体系

以保险和证券等市场制度为代表的正式制度是市场经济条件下灾害应对的有

效方式，但是市场化的正式制度要发挥作用依赖于市场经济的发展水平，具体来说就是保险和证券市场的发育状况。从发展中国家，特别是农村地区市场经济发展的现状来看，正规金融机构对农村金融需求具有较强的金融排斥性，从而制约了农村金融市场供求平衡的实现（何德旭和饶明，2008）。因此，在农村地区和经济发展水平落后的城镇，完全依靠正式制度来应对灾害冲击存在明显不足。非正式制度作为正式制度的有力补充，在经济落后地区的灾害应对中发挥着重要作用。以社会组织、社会资本、社会网络为代表的非正式制度根植于地区经济发展的现实，在人们日常生产生活中引导分散的个体形成灾害应对的统一形式，形成了灾害应对的另外一套制度体系。

12.5.1　应对灾害的非正式制度的基本内容

非正式制度是相对于政府组织和市场化组织等正式制度的不同概念，从执行主体上来看，非正式制度缺乏像政府、军队那样单一明确的执行主体，它的执行主体具有多元化、分散化的特征。在灾害应对中，非正式制度的执行主体就包括各类社会组织、居民个人、社会关系等。从组织形式上来看，相对于正式制度，总体上来说非正式制度缺乏统一、严格、规范的组织形式，但非正式制度内部组织形式的规范化存在较大差异。因此，从执行主体和组织规范程度的角度出发，梳理非正式制度的基本内容，可以分成两大类。

第一，社会组织是非正式制度中执行主体相对明确、组织形式最统一规范的制度。社会组织也被称为非政府组织，从法律规定和官方认可来看，社会组织分为社会团体、民办非企业单位和基金会三类，数量众多且地区间分布广泛（孟甜，2014）。社会组织的发育源于功能群体的出现和特定群体正式化的确实，社会组织的特征主要表现为特定的组织目标、一定数量的固定成员、制度化的组织结构、普遍化的行动规范。从上述特征来看，社会组织很接近政府和军队等正式组织，但是与正式组织的封闭性特征不同，社会组织是一个开放性系统，它将自身功能和发展与社会需求紧密结合，在接受进入者的过程中表现出较大的开放性。如个人加入社会志愿团体、为基金会捐款、募集资金等活动都比较简便、自由。由于社会组织一方面在组织形式和制度特征上带有正式制度的统一性、规范性，另一方面在执行主体和参与形式上带有非正式制度的广泛性和便利性，成为非正式制度应对灾害冲击的典型代表。

第二，社会资本和社会网络是非正式制度中执行主体相对模糊、组织形式相对分散的制度形式。社会资本首先出现在社会学中，包括两个基本层次，一是微观层次的社会资本，二是宏观层次的社会资本（赵延东，2007）。微观层次的社会资本嵌入在个体的行为中，产生于个体日常生产和生活过程，在灾害应对中也以个体行为的方式表现出来。宏观层次的社会资本更代表一种群体间的环境特征，形成于群体间的关系中，通过群体规范、信任、网络关系等群体环境表现出来。无论是在微观层次还是宏观层次，社会资本都是内生在个体的生产生活中，在灾害应对中发挥作用也是潜移默化的。社会资本和网络关系存在于任何有人类群体性活动的地方，在群体性组织中发挥作用，但是又不受组织中统一规范的制度约束，在形式上表现出地区间和群体间的差异性。从群体范围的角度，可以将社会资本分为同质性社会资本和异质性社会资本。同质性社会资本指关系网络的构成以熟人为主体，把有共同的邻居、民族、宗教或家庭关系的人整合为紧密的社会关系。异质性社会资本基于业缘或趣缘关系建构的同事型社会资本、同学型社会资本、战友型社会资本、兴趣型社会资本，也有基于某一公益目的或行业利益目的而形成的网络关系。

12.5.2　中国应对灾害的非正式制度发展过程

非正式制度参与灾害应对具有悠久的历史，自古以来社会资本和网络关系在帮助个体应对灾害冲击过程中都发挥着重要作用。特别是在正式制度欠缺的地区，以社会资本为代表的非正式制度在促进灾民形成相互帮扶、邻里接济的救灾机制中发挥了重要作用。进入现代社会以后，随着市场经济发展，社会资本和网络关系在人们社会经济活动中的影响逐渐降低，市场化进程中社会资本对灾害风险的平滑作用不断减小。另外，随着市场经济发展和正式制度的不断完善，利用正式制度应对灾害风险的成本越来越低，但利用社会资本和网络关系等非正式制度应对灾害风险的成本越来越高，中国文化中"人情难还"的认识正是这一制度成本的真实体现。因此，市场经济和正式制度不断完善的过程中，社会资本和关系网络这类非正式制度面临着被正式制度逐渐替代的现状。

与社会资本在市场经济中的发展困境不同，社会组织在组织形式、制度规范等方面能够较好契合市场经济发展的特征，随着社会经济发展，社会组织在组织个数、组织规模、活动范围、参与主体多个方面都取得了较快发展。2013年的《国务院机构改革和职能转变方案》中特别提出改革社会组织管理制度，推进社会组织的发展，社会组织在市场经济条件下得到了更多重视和发展机会。具体如图 12-2 所示。

由图 12-2 可以发现，1999 年以来中国社会组织的总数有了大幅提高，按照1999 年的基数计算，平均每年以 12.73%的速度增长。特别是在 2006 年，社会组织总数增加了 1 倍，在总量上取得了快速发展。同时，社会团体和民办非企业组织的个数从 1999 年以来经历了平稳增长，这两类社会组织发展程度相似，共同组成社会组织的主要内容。相对于其他社会组织形式，基金会发展起步晚，但是从

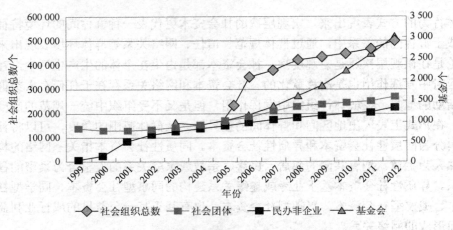

图 12-2　1999 年以来社会组织发展状况

由于基金会的数据从 2003 年开始，且数值过小，在图中加入次坐标来表示基金会的发展趋势，
其余指标由主坐标数据反映，资料来源为《中国民政统计年鉴》

2003 年以来基金会的发展速度不断提高，每年平均以 13.99%的速度增长。总的来看，在市场经济发展过程中，社会组织的总数和规模不断扩大，社会团体、民办非企业、基金会三大类社会组织均衡发展，社会组织形成了良好的发展态势。

12.5.3　非正式制度在中国灾害应对中的作用

自古以来非正式制度在灾害应对中都发挥着重要作用，在现代市场经济还未形成之前，以社会资本、网络关系、慈善为代表的非正式制度就在社会灾害应对中扮演着重要角色，是政府组织灾害应对的有力补充。非正式制度在灾害应对中的作用重点体现在以下几个方面。

（1）社会资本和社会网络是政府灾害治理的重要补充。政府的灾害治理受到财政状况、行政效率、受灾程度等多方因素的影响，特别是在灾害频发的条件下，政府面临巨大的灾害治理压力，不可避免会出现职能缺位。社会资本是个体在长期的生产生活中形成的群体间关系，在灾害应对中直接的作用就是形成个体间互帮互助的机制，这种群体内的帮扶机制比政府救灾更加及时，并能在长期内发挥作用。

（2）社会组织是对市场化灾害应对方式的重要补充。无论是社会资本，还是市场化的灾害应对方式，它们都依靠于个体本身的社会关系和经济积累。灾害发生时，往往是社会资本薄弱、家庭经济状况差的个体受到的冲击最大，这些个体在应对灾害冲击时难以获得群体间的有效帮助。同时，由于经济条件差，无法通过在市场上购买保险和证券产品来应对风险。以社会团体、基金会和民办非企业组织为内容的社会组织正好可以弥补上述制度的缺陷。社会组织通过志愿者、慈善捐款和基金扶持等手段，选择性地帮助那些在灾害冲击中最需要获得帮助的群体。在政府组织的公平性和市场制度的效率性中间架起桥梁，使自身资源状况较差的个体在灾害应对中得到尽可能多的帮助。图 12-3 表示了社会组织在社会捐赠中的作用。

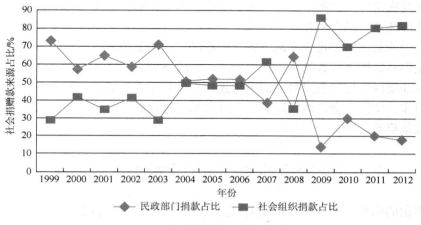

图 12-3　社会捐赠款来源占比变动

可以发现，1999 年以来，社会捐赠款来源中民政部门的捐款占比逐年下降，而社会组织的捐款占比逐年上升，反映出随着时间推移，社会组织在促进社会慈善事业发展上的作用也越来越明显。

（3）非正式制度发展有助于动员全社会力量参与灾害应对。一方面，社会资本在灾害应对中的作用源于自身社会关系的积累状况及社区等群体中的信任水平，这要求人们通过帮助别人去积累自身的社会资本，而这种社会资本积累需要个体在灾害应对中相互帮扶，从而形成个体广泛参与的灾害应对机制。另一方面，社会组织参与灾害应对根植于社会成员的广泛参与，人们通过参与志愿活动，以慈善基金捐款等方式帮助受灾者应对灾害冲击，这正是全社会力量参与灾害应对的集中表现。

第 13 章　中国应对灾害的救助体系

纵观灾害应对的整个过程，灾害救助是人类面临灾害事件时最能够发挥社会能动性的环节，是人们完善灾害应对体系的核心内容。本章着重研究中国灾害应对过程中的救助体系建设，从中国灾害救助体系的基本内容出发，重点考察政府灾害救助和民间灾害救助两种主要形式。在此基础上，比较分析由受灾程度、经济发展和地区文化等因素导致的中国灾害救助体系建设的地区差异。最后，以美国、日本、中国为例，对国际灾害救助体系进行比较，得出中国完善灾害救助体系的政策启示。

13.1　灾害救助体系的历史沿革及基本内容

中国的历史进程中始终伴随着自然灾害，历朝历代一直把灾害的管理作为安抚民心、稳定社会、巩固统治的重要措施（王振耀和田小红，2006）。在古代，灾害管理的主要工作就是灾害救助，即使到了近现代社会，由于自然灾害的突发性和科学技术发展的限制，灾后救助仍然是灾害管理的核心内容，完善灾害救助体系是历届政府关注的重点。回顾中国灾害救助体系建设的历史沿革对于完善当前的灾害救助管理具有重要意义。

13.1.1　中国灾害救助体系的历史沿革

从先秦时期以来，历代统治者都十分重视灾后的救助和赈济（孙绍骋，2004）。古代先贤的著作中，有大量论述国君应该重视救济灾民的内容，政府的灾后救助也是统治者获取民心的重要手段。从古代灾害救助的方式来看，以粮食救助为主，同时又有钱币、医疗救济等多种形式。在农业社会中，自然灾害给人们生活造成的直接影响就是粮食短缺，出现饥荒和瘟疫。政府灾害救助的主要工作也集中在粮食供给和疾病防御上，对灾后建设的关注程度相对较低。

新中国成立以来，灾害救助被纳入到政府工作的重要环节。1949 年召开的中国人民政治协商会议所制定的《共同纲领》就将"兴修水利、防洪抗旱、防治病虫害，救济灾荒"作为人民政府的重要工作，指明了政府在领导人民群众开展灾害应对中的角色和任务。当年 12 月 19 日政务院发出的《关于生产救灾的指示》

再次明确了我国各级政府在灾害救助中的角色，将政府灾害救助的责任与职能划分进一步在部门间细化。1950 年 2 月，中央救灾委员会成立，统筹全国救灾工作。

随后的几十年中，我国经历了无数次自然灾害，灾害救助的方针由起初的"节约防灾，生产自救，群众互助，以工代赈"转变为现行的"依靠群众，依靠集体，生产自救，辅以国家必要的救济和扶持"。经过长时期的探索总结，先后颁布了《国家自然灾害应急救助预案》《自然灾害救助条例》等多项完善灾害救助体系的政策法规。

13.1.2　中国灾害救助体系的基本内容

灾害救助体系包含了灾害救助过程中宽领域、多层次的问题，涉及灾害救助的多个环节。广义上来讲，灾害救助体系包括紧急救援、灾民安置、灾后恢复三大环节，每一环节的作用对象都是受灾居民。从狭义上来看，灾害救助体系涉及参与主体、资金投入、物质储备、救助实施方式、接受外部援助、灾后恢复重建等多个方面。在这里，我们主要从狭义角度来总结我国灾害救助体系的内容。

（1）灾害救助参与主体。长期以来，我国灾害救助的参与主体都以政府部门为主，民间社会力量参与程度较低。随着经济社会发展，社会力量参与灾害救助的程度不断提高，特别是志愿者队伍的壮大和慈善事业发展使我国灾害救助的社会参与度提高。另外，市场经济发展使得企业参与灾害救助日益增加。企业通过参与灾害救助实现了企业的社会价值，履行其社会责任，同时也为企业树立了良好的市场形象。总之，当前我国灾害救助的参与主体体现为政府组织领导下，社会力量和企业广泛参与的局面。

（2）灾害救助的资金投入。灾害救助的资金投入直接影响到灾害救助的实际效果，古代政府部门的赈灾钱款往往由中央直接下拨，垂直管理。灾害救助的及时性使得灾害救助资金投入中政府占据重要地位，政府的自然灾害救济费是财政支出的重要项目。但是，随着市场经济发展和国际救灾合作，我国救灾的资金投入机制由政府主导逐渐向企业、非政府组织、普通民众、国际社会和灾民自己的社会化救灾资金投入体系转变，由单一的资金投入发展为多渠道、宽领域的灾害救助资金投入体系，提高了灾害救助资金投入的保障程度。

（3）灾害救助的物资储备。完善的救灾物资储备是自然灾害应急救助的重要环节，是成功应对灾害冲击的基本物质保障。同时，救灾物资储备是国家物资储备系统的重要组成部分，《国家综合防灾减灾"十二五"规划》中明确提出"多灾易灾地区的省、市、县各级人民政府按照实际需要建设本级生活类救灾物资储备库形成分级管理、反应迅速、布局合理、种类齐全、规模适度、功能完备、保障有力，符合我国国情的中央—省—市—县四级救灾物资储备网络"。从内容上来看，救灾物资储备包括灾害应急救援物资储备和灾害救助保障物资，前者主要是灾害救援工具储备，如冲锋舟、橡皮艇、救生圈、发电机、挖掘机等救援设备，后者主要是保障受灾居民生活保障的物资储备，以帐篷、棉被、饮用水等生活保障物资为主。建设内容齐全、网络完善的救灾物资储备体系是灾害救助体系建设的基础环节，对灾害救助具有重要意义。

（4）灾害救助的实施方式。灾害救助的实施方式具体来讲就是灾害救助的工作内容，基本上可以划分为实物救助和心理、精神救助两大方面。灾害实物救助是灾害救助工作的基础环节，一直以来在灾害救助中占据着主要地位，各级政府部门灾害救助工作的重点也都集中在实物救助上。但是，大型自然灾害会给受灾者的生产生活造成严重损失，同时也会对其情感和心理造成重大创伤。根据世界卫生组织的调查，自然灾害或重大突发事件之后，30%～50%的人会出现中至重度的心理失调，及时的心理干预和事后支持会帮助症状得到缓解。特别是大型的地震、洪水等自然灾害，往往会造成受灾者亲人离散，家庭毁灭，这对受灾者心理和精神上的创伤具有长期性，从影响程度和持续时间上来看，后者对受灾者的负面影响更为严重。随着我国经济发展水平不断提高，政府财政能力提升，灾害实物救助的实施程度不断得到加强，但政府的灾害心理和精神救助相对落后。随着民间组织的发展，对受灾者进行灾后心理咨询和精神培养的救助工作得到加强，以志愿者为主体的心理服务团队发挥着重要作用，推动我国灾害救助工作实施中将实物救助和精神救助统筹结合起来。

（5）灾害救助的外部援助。自然灾害的突发性和影响程度的不确定性给受灾地政府的灾害救助工作提出了挑战，灾害救助的外部援助是当前灾害救助中缓解受灾地救灾压力，实现地区帮扶和国际人道主义关怀的重要途径。对受灾地而言，灾害救助的外部援助包括本国其他地区的救灾援助和国际救灾援助两大方面。本国其他地区的救灾援助一般具有普遍性，从改革开放以来我国经历的几次严重的自然灾害来看，均体现出"一方有难，八方支援"的救灾援助特征，每个省份都会对受灾地开展救灾帮扶，形成了对口帮扶省份为主，全国共同参与的国内省际的灾害救助帮扶机制。随着国际交流的不断深化，国际援助对受灾地灾害救助的作用越来越明显，国际灾害援助的形式一般包括外国政府派遣的国家医疗队、国际组织、外国企业、外国志愿者及外国民众的直接参与。

（6）灾后恢复重建。灾后恢复重建是人们应对自然灾害以及灾害救助的主要内容，通过灾后重建，在恢复受灾地生存环境的基础上实现受灾地发展条件的改善和防灾抗灾能力提升，实现对受灾地居民的生活救助。灾后恢复重建对物质资料、人力等要素的需求和耗费最大，涉及受灾者、受灾地政府、中央政府、企业和社会组织及个人等多方面力量。随着经济发展，社会组织逐渐成为灾后恢复建设的重要力量，企业也将支持灾区重建作为自己履行社会责任的重要途径。特别是近年来，以个人名义帮助灾区重建的桥梁、学校等基础设施越来越多，国外社会组织参与我国灾后恢复重建的程度也不断提升。

　　与灾前防御、灾中救援不同，灾后恢复重建的周期较长，投入最多，对受灾地居民的长期影响最大。灾害救助体系建设中，形成多方力量广泛参与的灾后重建机制是完善灾害救助体系的重要内容，也是体现一个国家灾害救助体系建设水平的重要指标。

13.2　政府灾害救助体系研究

　　灾害冲击具有突发性、损坏性大的特征，这就要求政府成为灾害救助的主要力量和灾害救助体系构建的核心环节。从国内外灾害救助的现状来看，无论是发达的市场经济国家，还是发展中国家，政府的灾害救助都在整个灾害救助体系中扮演着主要角色。因此，对于中国灾害应对救助体系的研究，必须首先以政府灾害救助为分析重点，从法律制度建设、财政投入机制和政府间协调合作三个方面研究政府灾害救助体系的形成过程和发展现状，为完善政府灾害救助体系提供相关政策建议。

13.2.1　灾害救助的法律制度建设

　　灾害救助包含了自然灾害和人为灾害救助，其作用对象具有特殊性，灾害救助的紧急性和必然性要求政府必须通过法律制度建设来明确社会各部门参与灾害救助的职责和义务，规范人们参与灾害救助的行为。灾害救助的法律制度建设一方面对灾害应对具有重要作用，另一方面也是政府灾害救助体系的核心内容，灾害救助的法律制度建设主要体现在以下几个方面。

　　（1）政府灾害救助的职责和权限。当前我国灾害行政管理采取党政统一领导、部门分工负责、灾害分级管理的制度安排。各级政府是灾害救助的核心力量，在灾害救助中充当决策者、指挥者、协调者和执行者的多重角色。灾害救助工作的复杂性与政府角色的多重性要求必须通过法律制度建设明确各级政府灾害救助的职责和权限。《中华人民共和国突发事件应对法》和 2010 年通过的《自然灾害救助条例》中都明确规定了从中央到县、乡各级政府在灾害救助中的具体权责。其中国务院主要负责宏观指挥，协调统一各部委，及时拨付救助资金和物资。省级政府主要承担上传下达的角色，负责本省范围内的灾害救助指挥，监督受灾地救灾物资的分配和使用状况，全面负责受灾地灾后重建的规划和执行。市、县、乡三级政府是灾害救助最直接的参与者，负责本地受灾情况勘察并及时上报上级政府，及时组织受灾地居民自救，组织民政、财政等相关部门开展灾害救助和灾民安置，组织力量修复受灾地交通、通信、邮电设施，方便信息传递和外部救援进入灾区。从灾害救助的现实来看，近几年我国政府在汶川地震、南方雪灾等特重大自然灾害救助中的表现突出，这得益于灾害救助的法律制度对各级政府在灾害救助中的具体职责和权利进行了明确划分，形成了层层明晰、权责统一制度化救灾体系。

（2）受灾地居民的受助权利。受灾地居民享有接受灾害救助的权利，首先，灾害事件一旦发生，在自身生命和财产受到威胁的情况下，灾民有向政府提出灾害救助请求的权利。第二，在灾害应对中，灾民享有免费获得生活必需品和临时性住房的权利。灾民享有生活必需品是保证其生存和灾害自救的基本条件，也是灾民受灾救助请求权利的延伸。第三，灾民享有免费获得医疗救助的权利。享有医疗救助是保证灾民生命安全，恢复其灾害自救能力的重要途径。灾民的医疗救助费用由国家专项财政救灾资金支出，医疗卫生机构无正当理由不得拒绝灾民医疗救助请求。第四，灾民享有获得心理救助和治疗的权利。特重大自然灾害往往会造成严重的人员伤亡，对灾民心理造成创伤，灾民有请求政府提供心理辅导、情感治疗的权利。这是现代灾害救助的新内容，不仅关注灾民的物质需求，更重视其精神变化，体现了灾害救助工作的不断完善。第五，灾民享有灾后就业援助的权利。灾害不仅会影响灾民的当期生活，更会对其后期发展产生严重影响，灾民有获得灾后就业援助的权利。通过政府和社会组织提供的灾后就业援助，灾民可以更快地恢复工作，完成灾后的自救和灾后建设。对于灾中致残的灾民，政府要给予相应的生活补贴，并通过职业技能培训等方式，为其提供适合的工作岗位，保证灾民的灾后生活保障。

（3）灾害救助物资管理的法制化。灾害救助的物资管理是影响灾害救助效率的重要环节，特别是在特重大自然灾害救助中，救灾物资的种类多、来源广、数量大，必须通过法律制度规范灾害救助物资的接受、储藏、分配，保证救灾物资都能够高效地用在灾民身上。从救灾物资的形式上来看，主要有财政资金拨款和实体救灾物资两大类。灾害救助中财政资金支持的法制化主要体现在财政救灾经费预算、财政拨款救灾物资购置、财政救灾拨款审计等方面，旨在保证财政救灾资金的专款专用和使用效率。救灾物资的法制化管理主要包括救灾物资储备制度、救灾物资的使用监督制度，通过救灾物资使用的信息公开制度，将救灾物资接收、储备、中转、流向、分配等各环节向社会公众报告，避免出现救灾物资的贪污私分、截留克扣、挪用救灾专项款等违规违纪现象。

13.2.2　灾害救助的财政投入机制

近年来，我国自然灾害和人为灾害发生的频次增多，造成的社会经济损失逐年提高，灾害救助面临的投入需求也不断加大。灾害救助的投入中政府财政投入仍然占据着主要地位，从政府财政支出角度出发，研究财政在救灾投入中的作用，从完善财政投入机制的角度提出加强政府灾害救助体系建设的对策建议。

（1）总量投入与灾害程度相适应。政府用于灾害救助的财政资金与当年财政救灾预算紧密相关，但是自然灾害的发生具有高度不稳定性，政府难以形成对当年财政救灾支出的准确估计。因此，政府在建立财政救灾预算的基础上，必须提留部分财政准备资金，防止特重大自然灾害发生时政府灾害救助财政投入不足。图 13-1 反映了我国 2000～2013 年自然灾害的受灾人口、造成的经济损失与政府用于灾害救济的财政支出的变动情况。可以发现，2000～2013 年，我国自然灾害的受灾人口相对稳定，但是造成的经济损失有逐渐上升的趋势，但是民政事业费用中自然灾害救济费的占比却逐年下降，2008 年自然灾害救济费占比的突然提升与当年发生百年一遇的大雪灾、汶川地震等特重大自然自然灾害有关。总体来看，2000～2013 年政府灾害救济的财政投入量与自然灾害的实际状况相背离，这会对自然灾害的救助造成不利影响，不符合灾害救助财政投入的原则。

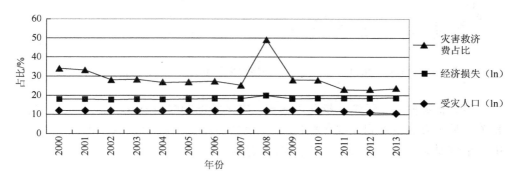

图 13-1　2000～2013 年受灾人口、经济损失与政府灾害救济费占比变动

（2）中央财政与地方财政统筹结合。灾害救助按照在中央统一指挥，地方政府主要参与的原则，在财政投入上也需要中央政府统筹财政资金，地方政府根据自身财政预算配套救助资金。地方政府和中央政府在灾害应对中的财政分工不同，并且各自的财政支出受受灾程度和地方政府财政能力的影响。地方政府主要承担着建设地方灾害预警系统、建设防灾减灾工程的财政支出任务，但范围往往仅限于本地区。中央政府主要承担灾害救助的专项财政转移支付，该项支出的大小与受灾程度和受灾地政府财政能力密切相关。地方政府的灾前预警和防灾减灾支出增加会降低受灾程度，进而降低中央政府的灾害救助专项转移支付。但落后地区的地方政府缺乏投资灾害预警和防灾减灾工程的动机，导致实际受灾程度提高，中央政府需要投入的灾害救助资金增加，在一个财政年度全国多地出现严重灾害

时，中央政府将面临较大的财政支出压力，可能导致灾害救助财政投入不足。

如图 13-2 所示，2000～2013 年，中央政府灾害救助财政支出状况与灾害的实际程度相一致。但图 13-2 的结果显示政府救灾总费用在民政事业支出中的占比呈下降趋势，其中地方政府灾害救助投入不足可能是造成这一结果的重要原因。因此，中央和地方政府灾害救助的财政投入机制应与地方的经济发展水平和受灾状况相结合，针对经济落后且灾害频发的地区，中央政府应该加大对其灾前预警、防灾减灾等方面的财政支持，通过降低灾害的发生率及其损失，缓解中央政府面临的短期集中的财政支出压力。

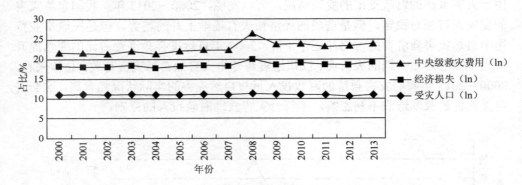

图 13-2　2000～2013 年受灾人口、经济损失与中央政府灾害救济费占比变动

（3）救灾投入与经济总量同步增长。灾害救助的财政投入一方面与灾害程度相关，另一方面也受到经济水平和政府财政能力的制约，而灾害救助的财政投入中一个重要原则在于投入和经济总量的同步。

13.2.3　灾害救助的政府间协调合作

自然灾害的发生具有明显的跨区域性特征，特别是地震、洪涝等特重大自然灾害的影响范围一般涉及多个省份及地区。同时，自然灾害发生后，往往还会引发二次灾害，灾害防御和救助过程中任何一个环节的疏漏都可能降低灾害救助工作的实际效果。因此，在灾害救助过程中，实现政府间的跨地区交流与合作至关重要，一般分为本国内部地方政府间的救灾合作和国际政府救灾合作。

1. 地方政府间灾害救助合作机制

在一国之内，灾害救助的政府间合作是保障灾害救助工作有效开展的重要机制。从我国政府灾害救助的现状来看，相邻省份、对口支援省份及共同受灾区之间地方政府的灾害救助过程中体现着广泛的跨地区合作。主要表现为以下几种合作形式。

第一，灾害救助方案的跨地区设计。中国的灾害救助以国务院领导小组统筹，各省级政府主要负责为主。特重大自然灾害的影响范围一般涉及多个省份，具有显著的系统性效应。不同省份根据本省受灾状况、灾害救助能力制订救助方案时，也应该考虑到与相邻省份的交流合作。通过跨地区救灾方案设计，可以有效防止灾害救助过程中的疏漏，避免由部分地区灾害救助方案片面引起系统性的救灾困难或次生灾害。

第二，灾害救助物资的跨地区调配。不同省份和地区经济社会发展程度存在差异，灾害救助的财政和社会能力不尽相同，地方政府间的灾害救助合作充分反映出跨省份的救灾物资支援和调配。特别是对口支援地区的救灾帮扶对于受灾地的灾害救助及灾后恢复重建具有重要意义，在汶川地震期间，有 19 个省份对四川进行了救灾支援，对汶川地震的灾害救助起到了重要作用（吴先华等，2015）。

第三，灾害救助信息和技术的跨地区共享。灾害救助体现出紧迫性、准确性的特征。对于灾害产生原因、灾害损失状况、救灾过程中的灾情变动等信息的掌握会直接影响到灾害救助的实际效果。跨地区的救灾信息交流与合作，可以全面提高灾害救助的信息传播速度，帮助救灾部门做出及时准确的决策。同时，灾害救助的相关技术及人员的交流也能够提高整体救灾水平。

2. 国际政府灾害救助合作机制

灾害救助的跨国合作具有悠久历史，随着经济全球化，各国之间的交流合作日益频繁，灾害救助的国际合作越来越多。国际救灾援助可以充分发挥各国在灾害救助上的优势和经验，帮助受灾国家及落后的受灾地区尽快实现灾后恢复。国际救灾合作及援助的主体一般分为以联合国为代表的国际组织和欧美发达国家为代表的单个国家。表 13-1 反映出我国在汶川地震发生一周内接受的部分国际援助情况。

表 13-1 汶川地震发生一周内我国接受的部分国际援助

支援国家	援助形式	价值总额	具体用途
法国	物资援助	25 万欧元	生活必需品
日本	物资援助		50 台血透仪及相关医疗配件
意大利	物资援助		200 顶帐篷
沙特阿拉伯	物资援助	1000 万欧元	生活必需品、救援机械
印度	物资援助	20 万美元	生活必需品
韩国	物资援助		生活必需品

支援国家	援助形式	价值总额	具体用途
泰国	现金援助	50 万美元	
克罗地亚	现金援助	22 万欧元	
澳大利亚	现金援助	100 万澳元	
土耳其	现金援助	200 万美元	

资料来源：根据《光明日报》2008 年 5 月 19 日报道《汶川地震，国际援助》整理

可以发现，灾害救助的国际援助体现出及时性、普遍性的特征。作为一种互助机制，灾害救助的国际交流与合作已近成为世界各国应对特重大自然灾害的重要途径。从我国灾害防御与救助的国际合作来看，分别加入国际减轻旱灾风险中心、空间与重大灾害国际宪章和联合国灾害管理与应急反应天机信息平台等国际减灾合作组织。同时，我国也向其他国家提供了大量的救灾援助，如表 13-2 所示。

表 13-2　近年来我国部分对外国际救灾援助情况

年份	支援对象	支援形式	价值总额	具体用途
2004	伊朗巴姆地震	物资援助	1500 万元	生活必需品、医疗设备和救援设备
2006	菲律宾台风	物资援助、现汇援助	500 万元 20 万美元	生活必需品
2007	希腊火灾	现汇援助	100 万美元	灾后重建
2008	缅甸热带风暴	现金援助、现汇援助、物资援助	3000 万元 50 万美元 50 万美元	灾后重建、生活必需品
2009	墨西哥 H1N1 流感	现汇援助、物资援助	100 万美元 400 万美元	医疗设备和药品
2010	智利地震	物资援助、现汇援助	200 万美元	生活必需品和救灾设备
2010	斯里兰卡洪灾	物资援助	1000 万元	生活必需品
2011	巴基斯坦洪灾	物资援助	3000 万元	生活必需品和救灾设备
2015	马拉西亚、斯里兰卡洪灾	物资援助、现金援助	4000 万元	生活必需品、灾民安置
2015	尼泊尔地震	物资援助	6000 万元	生活必需品、救灾设备

资料来源：根据商务部对外援助司网站整理，http://yws.mofcom.gov.cn/article/b/

13.3　民间灾害救助体系研究

政府灾害救助体系在灾害救助中一直占据着主导地位，但是，随着社会经济发展，灾害事件的种类及发生频率不断增多，单纯依靠政府救灾已难以保证灾害救助效率。自古以来，民间组织及个人的赈灾行为都是社会灾害救助的重要力量，在政府力量微弱的民国时代，民间组织主要承担起了赈灾救荒的重任，并有效减轻灾民困苦（赵元和田艳天，2013）。特别是随着民间社会组织的发展，其在灾害救助中的作用越来越大。但同时，民间组织参与灾害救助也面临着制度保障不健全、资金管理不规范等问题，在我国社会组织参与灾害救助的程度仍然较低，其发展过程中仍面临很多困境。

13.3.1　民间组织参与灾害救助的制度保障

民间社会组织参与灾害救助历史悠久，但一直以来缺少完善的制度保障。在社会组织日益发展的背景下，其社会性、公益性、自由性逐渐成为共识，但是从合法性角度来看，我国社会组织仍存在较高的登记门槛，其参与灾害救助的自主性受到较大限制。如图 13-3 所示，从已经登记的社会服务机构来看，社会自治组织的数量虽然有所增多，但近年出现下降趋势。自治组织的个数经历了持续下降，表明我国社会服务机构中自治组织的批准登记门槛不断提高，取得合法性地位的自治组织逐渐减少。与此相反，社会服务机构中，事业单位的个数稳步上升。

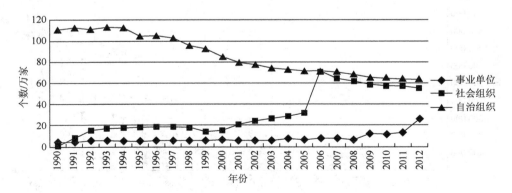

图 13-3　按登记类型分我国社会服务组织发展状况

民间社会组织参与灾害救助的合法性、自主性和广泛性会对我国灾害救助的整体水平产生影响。由于制度保障缺失，大多数民间社会组织缺乏募集救灾物资和直接参与灾害救助的资格，在汶川地震中也只有如中国红十字会、中华慈善总会等 16 家社会组织单位有权为灾区募集救灾款物（孟甜，2014）。除此之外，社会组织参与灾害救助的制度缺失还反映在：第一，个人及民间团体的灾害救助会与政府灾害救助产生冲突。这种冲突在古代表现为对封建皇权的挑衅，在当代更多地反映为民间组织与政府灾害救助中的非合作性及在实际救助中政府和非政府组织的相互指责埋怨（钟蔚，2012）。第二，关于社会组织管理和发展的法律法规不健全。这导致社会组织自身参与灾害救助的合法性不高，同时也使得政府、公众对于社会组织的管理监督缺乏有效依据，不利于形成民间社会组织健康发展的社会环境。第三，关于民间社会组织参与灾害救助的制度规定过于笼统单一，没有充分考虑不同社会组织的专业优势。不同于政府救灾，社会组织参与灾害救助具有专业性、灵活性的特征，在管理体制上也应该根据不同社会组织的特征开展多样化管理。

13.3.2　民间灾害救助的资金来源与管理

1. 社会组织的总体筹资能力不断提升

民间社会组织参与灾害救助的资金来源及其管理是影响社会组织自身发展和实际救灾效果的关键。中国的社会组织起步较晚，但发展迅速，其中非常重要的因素就是社会组织发展的资金来源不断扩大。以中华慈善总会为例，图 13-4 显示了 1995～2013 年中华慈善总会筹募慈善资金额度的变化趋势。

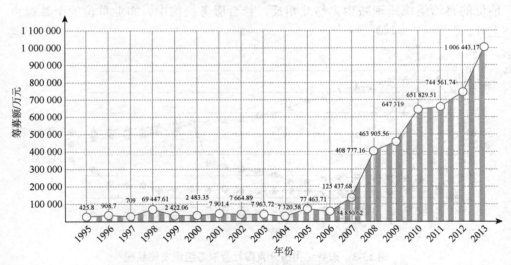

图 13-4　中华慈善总会历年筹募额变动趋势

资料来源：中华慈善总会官方网站 http://www.chinacharityfederation.org

作为中国社会组织的典型代表，中华慈善总会的筹资发展在一定程度说明了中国社会组织近 20 年来筹资能力的变动。可以发现，中华慈善总会的筹资额度与经济发展状况基本一致。1998 年亚洲金融危机爆发后，总体经济低迷，中华慈善总会在 1999 年获得的资金也减少了 20 多倍。在 2004 年以后中华慈善总会的筹资额度大幅增加，并在 2007 年突破 10 亿元，而这一阶段中国的经济增长和居民收入状况也迅速提升。因此，中国社会组织的筹资能力仍然受到经济发展状况的显著影响，对外部环境的依赖性较大。

2. 不同社会组织资金来源的多样化

随着经济发展和居民收入水平提升，我国社会组织的总体筹资能力不断提升。但是，由于历史渊源、专业背景及发展规模的差异，不同社会组织的筹资能力和资金来源也会存在较大差异。具体来看，主要存在以下几种情况。第一，全国性的社会组织。如中国红十字会、中华慈善总会、中国残疾人联合会等，这类社会组织具有由总部到地方的垂直管理体系。其资金来源一般分为三类：政府拨款、社会公众捐赠、公益彩票基金收益。这类社会组织资金来源较为稳定，在灾害救助等社会事业上发挥的作用也更加明显。第二，专业性社会组织，如各类民间协会。其资金来源主要来自会员的缴纳和捐赠，这类社会组织的资金来源依赖于会员数量及协会发展规模，由于缺乏政府的财政支持，具有较大的不稳定性。第三，各类基金会。这类社会组织的资金来源主要依靠个人及企业的捐赠，并且会通过投资等方式促进所持资金的保值增值。由于资金来源对政府和公众的依赖较小，基金会在灾害救助中更可能表现出及时性、独立性的特征。

3. 社会组织资金管理存在的问题

不同社会组织资源来源存在差异，因此在资金管理中的问题也不尽相同。我国民间社会组织参与灾害救助过程中，筹募资金的管理和应用是影响其灾害救助参与程度的重要因素。总体来看，近年来我国社会组织的资金管理水平不断提升，规范化、制度化和透明化程度不断提升。但具体来看仍存在以下问题：第一，缺乏完善的会计基础工作，资金收支的管理规范度不高。部分地方性和行业性的社会组织缺少专业的财务管理人员，并未编制正式的财务报表，资金的收支明细记录方式混乱，不利于管理部门的财务审计。第二，财务信息的披露机制不健全。部分全国性的社会组织如中国红十字会、中华慈善总会等在官方网站披露了筹募款物额度及其使用方向，但仍有很多社会组织难以做到财务信息的公开披露。第三，社会组织内部缺乏监督和制衡机制，资金募集和使用的决策不合理。由于民间社会组织的自身特征，其财务决策并不纳入政府的审计和监督范围，加之对社会组织的经营状况缺乏准确的度量标准，因此，在组织内部监督和制衡机制缺乏的背景下，容易形成资金募集和使用的主观性，使得公众捐款成为社会组织管理者谋取个人利益的手段。而资金使用过程的违规现象一旦被揭露，将会对社会组织的公信力产生不利作用，也会影响到社会组织参与灾害救助的能力。

13.4　中国灾害救助体系的地区差异

灾害救助体系主要由政府救助和民间社会组织救助构成，但是这两种救助体系在不同时期、不同地区发挥作用的程度存在较大差异。不同救灾体系所依据的资金投入机制、人力管理制度和社会文化背景不尽相同，从中国灾害救助体系的现状来看，政府救灾和民间救灾两种救灾体系的发展及其相互支持受到多种因素影响，其中受灾程度大小、经济发展水平和地区文化差异对救灾体系的资金来源、救灾能力和管理机制产生作用，进而影响到不同救灾体系参与灾害救助的实际效果。因此，本节将利用中国 2003～2012 年的省级面板数据，研究影响中国灾害救助体系差异的具体因素。

13.4.1　数据及变量说明

中国的灾害救助体系主要分为政府救灾和民间社会组织救灾两种形式，本书选取政府自然灾害救济费、社会捐赠额度分别作为政府救灾和民间救灾的代理变量，具体的资料来源与变量说明如下。

被解释变量：灾害救助体系，用政府自然灾害救济费/社会捐赠额度来反映，资料来源于历年《中国民政统计年鉴》《中国农村统计年鉴》。两者的比值反映出政府救灾与民间社会组织救助的离差，更进一步，还可以运用政府救灾占比=政府灾害救济费/（政府灾害救济费+社会捐赠额），或者社会救灾捐赠占比=社会捐赠额/（政府灾害救济费+社会捐赠额）。

核心解释变量：受灾程度，主要运用自然灾害造成的经济损失、受灾人口两个指标来反映受灾程度，资料来源于历年《中国民政统计年鉴》；经济发展水平，运用各地区人均实际 GDP 作为地区经济发展水平的代理变量，资料来源于历年《中国统计年鉴》；地区文化等个体差异，运用虚拟变量形式，如果为东部地区省份则赋值为 1，否则赋值为 0。

控制变量：地区的城市化水平，运用各地区非农业人口占比作为城市化水平的代理变量，资料来源于历年《中国统计年鉴》；地区教育水平，每万人中高等学校在校生人数；通过面板数据的固定效应模型控制其他地区个体特征。各变量的描述性统计结果见表 13-3。

表 13-3　主要变量描述性统计结果

名称	含义	均值	最大值	最小值	标准差
lnrelifecost	政府自然灾害救济费对数值	9.961	97.507	28.228	1.716
lndonate	社会捐赠额对数值	9.961	15.178	5.118	1.193
lneconomicloss	自然灾害直接经济损失对数值	3.901	1.470	0	8.971
affectedpop	受灾人口/万人	1438.463	5438.7	0.1	1275.701
pergdp	地区人均 GDP/元	2.514	9.317	0.361	1.778
edu	地区教育水平	64.690	89.76	16.21	26.973
urban	城市化率/%	35.895	89.76	15.21	16.491
east	是否为东部地区	0.401	1	0	0.412

13.4.2　计量方法与回归结果

本书选择 2003～2012 年的中国省级面板数据作为研究样本,选择的计量方法为面板数据双向固定效应模型。该模型一方面可以具体识别各地区灾害救助体系的影响因素,另一方面可以将地区的个体特征和时间效应控制起来,得到较为可信的结论,表 13-4 反映了计量结果。

表 13-4　灾害救助体系的影响因素分析

	（1）社会捐赠占比	（2）社会捐赠占比	（3）政府救灾占比	（4）政府救灾占比
pergdp	0.073***	0.066***	−0.053***	−0.066***
	(3.198)	(3.885)	(−4.514)	(−3.885)
lneconomicloss	−0.037***	−0.038***	0.015	0.038***
	(−4.115)	(−4.578)	(1.148)	(4.578)
gov		−0.028		0.017
		(−0.322)		(0.322)
education		0.105**		0.001
		(2.255)		(0.763)
urban		0.137*		−0.005
		(1.884)		(−1.030)
时间效应	控制	控制	控制	控制
地区效应	控制	控制	控制	控制

续表

	（1）	（2）	（3）	（4）
	社会捐赠占比	社会捐赠占比	政府救灾占比	政府救灾占比
_cons	0.242***	0.124	0.744***	0.876***
	(4.953)	(0.843)	(16.073)	(5.942)
N	308	308	308	308
R^2	0.557	0.560	0.119	0.560
F	21.331	25.805	10.778	25.805

注：括号中为 t 值，采用地区变量的聚类稳健标准误计算

***代表 1%的水平上显著，**代表 5%的水平上显著，*代表 10%的水平上显著

在表 13-4 中，先后使用社会救灾捐赠占比、政府灾害救助占比作为衡量灾害救助体系的代理变量。在回归中加入地区人均 GDP 和受灾程度两个核心解释变量，除此之外还加入政府财政支出规模、地区人力资本水平、地区城市化水平及时间效应等控制变量，以此来识别影响地区间灾害救助体系的因素。具体发现如下。

1. 经济发展水平与灾害救助体系

表 13-4 中地区人均 GDP 的回归系数表明，地区的民间社会组织参与灾害救助的能力与地区经济发展水平高度相关。地区人均 GDP 越高，能够显著提高社会救灾捐赠在总体救灾资金中的占比。这一结果表明，在经济发展水平高的地区，民间社会组织参与灾害救助的程度更高。而在经济发展落后地区，政府参与灾害救助的比重越大。这一结果也基本符合我国灾害救助的现实，在东部发达地区，民间社会组织发展迅速，灾害救助中，社会组织的作用相对于西部落后地区更加明显。经济发展水平也会直接影响到居民社会捐赠的能力，进而对民间社会组织参与灾害救助产生作用。因此，在建设政府救灾和民间救灾相协调的灾害救助体系过程中，必须通过大力发展地区经济，促进民间社会组织的发展，以此形成民间灾害救助与政府灾害救助的互补机制。

2. 受灾程度与灾害救助体系

从现实来看，灾害救助体系中政府救灾和民间社会组织的参与受到灾害强度的直接影响。表 13-4 的回归结果也表明，当灾害造成的直接经济损失越大时，政府灾害救助的支出占比会越高，会降低民间社会救灾捐赠的占比。这表明，灾害救助过程中，不同救灾体系与灾害的严重程度密切相关。特别是那些特重大自然灾害，其突发性、破坏性较强。在面临这类灾害时，相比于民间社会组织的救灾，政府救灾具有反应快、力度大的特征，更加具有救助效果。而且在特重大自然灾

害的灾后恢复重建过程中，由于需要统筹规划和长期建设，政府财政救助一般都扮演主要角色。那么，从总占比的角度出发，民间社会组织的灾害救助力度就相对减小。相反，对于一些强度较低、影响较小的灾害，民间社会组织的持续性灾后救助就会发挥显著作用。

3. 社会文化差异与灾害救助体系

从表 13-4 的结果可以发现，灾害救助体系除受到地区经济发展水平、灾害强度本身的影响外，还会受到其他社会文化因素的影响。控制变量的信息表明，地区的人力资本水平越高，越有助于提升民间社会组织在灾害救助中的力量。这种效应一般存在两种可能的解释：第一，人力资本水平越高的地区往往意味着更高的经济发展和居民收入水平，人们进行社会捐赠的能力越强。第二，人力资本水平越高，个人参与灾害救助和社会捐赠的意识及动机越大，这两方面都会显著提升地区社会组织参与灾害救助的水平。除此之外，地区的城市化水平也能够显著提升社会组织参与灾害救助的水平，而对政府灾害救助能力的提升作用并不明显。这一结果较为符合现实，社会捐赠的主要来源还是城市居民，城市化水平越高，社会捐赠的能力越强，而政府的灾害救助往往具有受灾地导向特征。重大自然灾害的发生较多集中在城市化水平较低的地区，使得城市化与政府救灾能力之间并无显著关系。政府财政支出规模对于民间社会组织和政府灾害救助均无显著影响，这表明中国政府的灾害救助更多表现为针对性财政支出，并不是比例提升，具体的政府救灾支出依据的是实际灾害状况，并不会在财政预算中按照比例增加支出预算。

13.5　灾害救助体系的国际比较

由于经济社会发展水平差异，自然地理条件不同，世界各国也形成了符合本国灾害实际的灾害救助体系。从全球具有代表性的灾害救助体系来看，主要形成了欧美国家、日本和中国等主要灾害救助模式。通过比较不同国家灾害救助体系的异同，可以为提高我国灾害救助质量，完善灾害救助体系提供借鉴。本节内容主要选取美国和日本两个国家的灾害救助体系作为研究对象，在分析其发展现状及灾害救助效果的同时，与中国灾害救助体系形成比较，提出中国灾害救助体系改进的方向。

13.5.1　美国灾害救助体系现状及作用

美国横跨太平洋的大西洋，国土面积辽阔，地理条件和气候特征使得美国常年遭受龙卷风、地震、洪水和海啸等自然灾害。同时，美国的高科技产业发展迅速，还时常遭受放射性物质、化学污染等其他高科技灾害。因此，在长期的灾害应对过程中，美国逐渐形成了民间社会组织救灾与政府分级救灾相结合的灾害救助体系，同时还成立了从联邦政府到州政府的救灾协调机构。美国灾害救助体系的演进、现状及具体特征如下。

1. 美国灾害救助体系的历史演进

美国的灾害救助中，社会组织始终扮演着重要角色，特别是在灾害救助的早期阶段，以慈善组织、宗教团体为代表的社会救助是美国灾害救助的主要内容，政府很少介入灾害救助，也没有形成国家层面的灾害救助体制（熊贵彬，2010）。但是，在罗斯福新政后，随着美国政府在社会经济发展中的作用提升，美国也逐步建立起政府灾害救助体系。特别是在第二次世界大战后的美国社会经济恢复中，联邦政府的社会救助在推动美国应对洪水灾害、兴建防洪工程及推行以工代赈的过程中发挥了重要作用。以此为开端，美国政府灾害救助体系开始建立。1950 年，美国出台《联邦灾害救援法》，这部法律的颁布表明，在美国政府的灾害救助得到了立法确认，成为政府工作的重要内容。随着美国灾害事件的增多，为了适应灾害应对需要，美国先后成立了联邦灾害援助局和应急管理署等专门负责灾害应对和救助的政府部门，逐渐形成了较为完善的政府灾害救助体系。

政府灾害救助体系不断完善的同时，美国民间社会组织参与灾害救助的程度也不断提高。参与灾害救助的社会力量由最初的教会、慈善组织逐步发展为多种社会公益组织、专业基金和居民自发的灾害救助。特别是在长期的社会救灾中，美国形成了成熟的志愿者救灾网络和组织系统。通过制度保障和组织建设，从志愿者的招募、培训、管理和留用多个环节，都形成了较为完善的管理模式，充分发挥了志愿者团体灾害救助的作用（喻尊平，2013）。

2. 政府救灾的职责划分与合作机制

作为联邦制国家，美国的政府灾害救助也体现着联邦制政体的特征。首先，联邦政府主要发挥指导协调的作用，并不能直接领导或者指挥地方州政府的灾害救助工作。因此，在具体的灾害救助中，联邦政府也不需要承担主要的财政支持和人员安排责任，各州政府在灾害救助的资金投入、灾民安置和灾后重建中扮演着主要角色。但这一职责划分也会受到灾害强度的影响。如果灾害强度过高，州政府自身的财政和救助能力难以实现有效救灾，州政府可以向上级联邦政府提出灾害救助请求。联邦政府需要对受灾地区的受灾程度进行考评，进而决定是否要将该州的灾害升级为国家级重大自然灾害。而一旦成为国家级重大自然灾害，联邦灾害救助局、联邦紧急事务管理署和军队等力量将会迅速参与到灾害救助中。可以发现，美国政府的灾害救助中明确区分了不同灾害程度时联邦政府和州政府的职责，这与很多国家存在明显差异。

联邦政府并不能对地方灾害救助形成直接领导和指挥，也就更无法通过政治命令的形式使得各州政府之间形成有效的灾害救助合作机制。从美国灾害救助的现实来看，各州、地方政府之间资源调动程序烦琐、缺乏有效沟通、协调指挥能力差（姚延婷等，2014），并未在地方政府层面形成有效的灾害救助合作机制。因此，美国的政府灾害救助体系在应对小型灾害时具有显著效率，但是在面临严重的特重大自然灾害时，往往会出现救灾资源调度混乱、救灾及时性不高等问题。

3. 法律体系和科学技术在灾害救助中的作用发挥

虽然受制于联邦政体的约束，美国的灾害救助难以形成中央和地方的高度统一。但是，美国在长期的灾害救助中建立起了完善的法律法规体系，为不同层级的政府部门、社会组织等参与灾害救助提供了详细的制度保障。从国家法律层面来看，1950 年通过的《灾害救助法》和《联邦民防法》是美国应急救灾体系的母法，随后有《国家洪水保险法》《沿海区域管理法》《联邦灾害法》《地震灾害减轻法》，1988 年形成了《罗伯特·斯坦福救灾与应急救助法》，2004 年制定了《国家事故管理系统》和《国家应急计划》等法规。除此之外，各州政府也结合本地区的灾害现状，制定了大量法律法规，形成了覆盖宽领域、多层次的灾害救助法律法规体系。

同时，美国的科学技术领先世界，这一点也充分体现在灾害救助中。特别是卫星遥感技术、信息监测和管理技术等的发展，使得美国在灾害救助中能够较为及时准确地掌握灾害信息，为灾害救助方案的制订和执行提供可靠依据。在洪水测控、地震监测等领域，科学技术的应用在美国的灾害救助中居于核心地位，通过技术分析，大大提高了实际救灾的效率（喻尊平，2013）。

13.5.2　日本灾害救助体系现状及作用

独特的地理位置和自然条件使得日本的灾害具有强度大、频率高的特征。地震、海啸和洪涝等自然灾害长期影响到日本的社会经济发展，近几年核泄漏等科技灾害也不断增多，灾害防御与救助已经成为日本政府的一项重要工作。由于自然灾害的频发性，日本的灾害救助体现出政府、社会组织和居民全方位参与的特征，特别是对于灾后重建，日本在城市规划、建筑物设计等方面都居于世界领先地位。因此，研究日本的灾害救助对于完善中国的灾害救助体系具有重要意义。

1. 中央到地方：集中与分权相结合的灾害救助体制

不同于美国的政府灾害救助体系，日本的政府救灾具有中央对地方统一领导的特征。灾害发生后，内阁政府会迅速组成灾害救助委员会，由内阁总理大臣担任灾害救助最高指挥官，来自内阁府防灾部门、内阁官房危机管理室和总务省消防厅、国土厅、气象厅等政府部门的负责人担任委员（郭剑平和邵国栋，2009）。中央政府部门组成的灾害救助会议是日本灾害救助的最高领导机构，对地方的灾害救助具有直接的领导权和指挥权，并且会为地方政府的灾害救助提供直接的财政支持。同时，日本的地方政府在灾害救助中又保留了相当的自主权，地方政府具有自己的灾害应急管理体系，可以根据地方灾害的实际情况，对中央政府的灾害救助方案提出建议，并且在执行过程中参照本地的灾害管理体系。日本的政府灾害救助体制一方面考虑到了中央统筹规划的好处，另一方面发挥了地方政府权责清晰的优点，形成了由中央、都道府、市町村分级负责的政府灾害救助权责体系，在三级政府间形成了灾害救助的协调合作，提高了政府灾害救助的能力和灾害救助的整体效率（熊贵彬，2011）。

2. 灾害救助与防灾部署相统一

由于灾害的频发，日本的灾害救助已经成为政府的日常工作之一，在日本的社会组织中，参与灾害救助也成为民间社会组织最主要的活动之一。在面临频发性的自然灾害时，仅仅从救助的角度出发难以降低灾害带来的社会经济损失。不同于其他国家的事前灾害防御，日本政府不仅建立了较为完善的灾害防御制度，同时在灾害救助过程中将具体的灾害防御计划纳入其中。例如，在灾害救助中，日本不仅重视对灾民的生活安置，同时更加强调对其进行相关灾害防御及应对知识的传播和教育。通过专家授课、媒体宣传、书刊报纸等形式，向受灾群众开展实地灾害教育，使得日本的社会民众形成了较为强烈的防灾和救灾意识。

从政府的灾害救助规划来看，日本政府在灾害救助过程中高度重视灾后的城市规划和建筑物防灾设计。为了实行有助于防灾减灾的灾后城市规划方案，日本政府对于受灾居民灾后的居住重建进行了大量补助，通过建设公共住房、提供受灾房屋修正补贴对受灾建筑物进行重新建设。对于灾害中没有受损的建筑物，政府也会提供相应的建筑物加固和维修补贴，提高建筑物的防灾应灾能力（周建高，2015）。通过灾害救助和灾害防御的结合，日本能够有效应对频发的自然灾害，使得国家的整体灾害风险应对能力有了显著提升。

3. 灾害救助文化体系的构建

相比于其他国家，日本灾害救助的典型特征在于其建立起了较为完善的灾害文化系统，并通过灾害文化使得社会公众具有清晰的灾害记忆，为灾害救助和下一期的灾害防御提供了良好的社会文化氛围。灾害文化作为人们对于灾害的总体感知，由地域共同体共有的价值、规范、信念、知识、技术、传承等诸要素所构成（王晓葵，2013）。完善的灾害文化体系有助于社会公众形成关于灾害认知的传承和社会共识，而这种共识的存在对于灾害救助过程中的救灾秩序和社会稳定具有重要作用。日本自然灾害的发生频率和灾害强度较高，但国家总体的灾害救助和灾后恢复能力较强，其中非常重要的原因就在于日本在长期的灾害救助和应对中形成了普遍存在的灾害文化体系，从而使得国家宏观层面的灾害救助与社会微观层面的灾害应对行为形成互动，提高了社会整体的灾害防御和救助水平。

13.5.3　中国、美国、日本灾害救助体系比较及启示

对比中国、美国、日本的灾害救助体系，可以发现，不同国家的灾害救助体系都存在着一定的优点，通过借鉴美国、日本灾害救助体系，有助于提升中国的灾害防御和救助水平。具体来说，对于完善中国灾害救助体系具有以下启示。

（1）建立完善的灾害救助和应急管理法制体系。与美国、日本的灾害救助法律体系相比，中国灾害应对的法律建设相对滞后，灾害应急管理的体系不完善。首先，进一步巩固和落实国家《防震减灾法》《突发事件应对法》《国家综合防灾减灾规划（2011—2015 年）》等基本法律法规。根据中国近几年的防灾减灾实践，不断修订上述法规的内容。第二，针对近几年发生频率不断增多的灾害事件，针对不同的灾害类型，借鉴日本《水灾防止法》《防止海洋污染及海上灾害法》等法律，将原有的部门性规章制度升格为国家层面的法律法规，完善灾害防御和救助的法律体系。第三，健全应急管理法律体系。在《突发事件应对法》的基础上，针对社会组织参与灾害应对、公众灾害应对的法律意识等问题，制定更加详细的法律制度，使得灾害救助过程的每一个环节都有明确的法律支撑，提高政府灾害救助与民间社会组织参与的综合救灾效率。

（2）积极探索防灾救灾中的高科技技术的应用。美国灾害防御和救助的典型特征就是充分发挥了高科技的作用，特别是对遥感技术、信息管理系统等的应用，中国应借鉴美国科技救灾的思路。第一，加大对于灾害防御与救助领域科技研发的投入。美国在 1977 年成立国家地震减灾计划，其后每年都有专款支持防震减灾技术的研发，促进了防灾救灾科技的发展。中国的灾害应对中应加强对高科技技术研发的支持，通过建立专业研究团队，瞄准具体领域的灾害问题，进行有针对性的技术和救灾设备研发。第二，应充分发挥专业性社会组织的作用。大量的专业性协会及社会组织是提高灾害救助专业化水平的重要资源，灾害防御和救助过程中应合理安排社会组织的介入，根据具体的灾害状况，及时招募民间专业协会等组织，发挥民间智库和群众智慧在灾害救助中的作用。第三，建立完善的灾害防御与救助科技系统。从信息监测和管理领域出发，完善国家灾害信息预警和监测系统。在此基础上，针对不同的灾害类型，以政府相关部委作为依托，建立本

领域内的灾害应对信息科技系统。

（3）培育公众灾害文化意识，确保灾害救助中的社会稳定。灾害救助关系到受灾群众的人身和财产安全，也会影响到社会稳定及国家长治久安。从中央政府、地方政府到受灾居民，每一个行为主体都必须具备良好的灾害文化，明确灾害救助的基本要义、执行环节和关键问题，保证灾害救助中各环节的有序和稳定开展。近年来，部分地区的灾害救助中出现过哄抢、斗殴和灾民冲突等问题，这是公众缺乏灾害文化的典型表现。通过长期的灾害宣传教育，灾害救助的各行为主体能够形成较为一致的灾害救助理念价值和知识。在面临灾害冲击时，受灾地政府和居民不会陷入混乱状态，为进一步的灾害救助和灾后恢复提供良好的社会环境。同时，培育灾害文化可以让人们树立起主动防灾减灾的意识，形成对灾害冲击的历史记忆，从而在日常生活中，始终保持对灾害事件的警惕和认知。灾害文化的培育和对灾害冲击的历史记忆，可以帮助人们对灾害有更清晰的认识，形成关于灾害救助的共同知识，这对于提升国家和民族的灾害防御与救助能力具有至关重要的作用。

第 14 章　中国应对灾害的政策体系

在长期的减灾救灾实践中，中国逐步建立了符合国情、具有中国特色的灾害应对政策体系。从新中国成立初期到社会主义建设时期、改革开放时期、现代化建设时期，我国的灾害政策经历了一个较为漫长的演变过程，在这一过程中，我国的灾害应对政策体系日趋完善，对防治灾害的政策重心也从灾后救助转向了灾前预防。

14.1　我国灾害政策的演变历程

14.1.1　新中国成立初期的灾害应对政策

从 1949 年新中国成立起，就立即展开了对灾害应对政策的建设和探索。新中国成立初期，百废待兴，国家经济状况较差，因此，此时对于灾害的应对主要集中于灾后对灾害的救治，实行生产救灾方针，在国家的支持下，依靠群众和集体的力量，生产自救，度过灾荒。

1949 年 12 月，中央人民政府政务院通过《关于生产救灾的指示》[①]，该指示中明确指出，"灾区各级人民政府及人民团体要把生产救灾作为工作的中心"，1949 年新中国刚刚成立，处于国民经济恢复阶段，国家缺乏强大的经济基础支援救灾工作，所以在这一阶段，发挥各阶层的力量，生产救灾，是最切合实际也最有效的政策选择。该指示中要求"组织生产救灾委员会，帮助灾民订立计划"，给予受灾地区有力的政策指导，同时"提供一部分贷款和救济粮，扶助灾民战胜灾荒"尽可能地对灾区进行经济扶持，并且根据实际国情，提出"号召开展节约互助运动，要求机关干部带头参加每人节约一两米运动"。

从 1949 年新中国成立起，到 1956 年，是我国由新民主主义社会走向社会主义社会的过渡时期，整个国家都处于重新建设的状态，对于灾害的应对政策也是刚刚起步，中共中央根据国家实际情况，选择了"生产自救"作为基本方针，逐步开展制定各方面的政策方针。1950 年 2 月 9 日，政务院副总理董必武在中央救灾委员会成立会上的报告中，就曾正式将救灾方针表述为"生产自救、社会互助、

[①]《湖南政报》1950 年 1 期。

以工代赈和辅之以必要的救济"①。

在这一时期，我国对于灾害应对政策的建设，以下主要从灾后救助方面和防灾备灾两个方面进行分析。

首先，在生产自救这个大方针的指导下，关于灾后救助的各项具体政策措施也都逐渐成形。

（1）灾害应对领导机构的逐步建立。新中国成立后，一般性的灾害救济工作主要由中央和地方各级民政部门负责，但为加强对灾害应对工作的领导，1950 年，政务院召集了由内务部、财政经济委员会、财政部、农业部、水利部、铁道部、交通部、贸易部、食品工业部、合作事业管理局、卫生部及中华全国妇女联合会等机关负责人员参加的会议，决定正式成立中央救灾委员会。随后在中央的指示下，各省份也陆续建立起了生产救灾委员会，领导救灾工作。

（2）军队救灾的政策性规定。自新中国成立起，中国人民解放军就活跃在灾害救助的第一线，在各项抢险救灾的斗争中，与人民群众齐心协力，发挥了举足轻重的作用。但在新中国成立初期，对于军队参与抢险救灾并没有明确具体的政策规定，缺少专门的规制。根据《共同纲领》的规定，中华人民共和国的军队在和平时期，在不妨碍军事任务的条件下，应有计划地参加农业和工业生产，帮助国家的建设。这一时期的救灾方针主要为生产自救，这个"生产"单靠受灾地区人民群众的力量难以完成，往往需要人民军队的大力协助；同时，1949 年 12 月，中央人民政府人民革命军事委员会发出了一个具体的政策文件——《关于一九五零年军队参加生产建设工作的指示》，人民革命军事委员会号召全军，除继续作战和服勤务者外，应当负担一部分生产任务，使我国人民解放军不仅是一支国防军，而且是一支生产军，借以协同全国人民克服长期战争所遗留下来的困难，加速新民主主义的经济建设。这一指示是有着历史原因和现实意义的，首先，新中国成立初期国家百废待兴，人民解放军作为一支有生力量，应当得到合理应用；其次，人民解放军大多数都来自人民群众当中，"有着高度的政治觉悟和各种生产技能，并曾在抗日战争最艰苦的年月，担负过生产任务，具有生产的经验与劳动的传统"②。在灾害发生后，人民解放军参与生产自救，不仅可以迅速有效地控制减缓灾情，同时也可以使人民解放军得到锻炼，军民合作。

（3）关于救灾物资管理的政策出台。救灾物资是灾害救助的后援力，灾害物资的合理供应和管理决定着抢险救灾斗争能否取得最终的胜利。在新中国成立初

---

①《建国以来中国共产党减灾对策研究》，原出处：《董副总理在中央救灾委员会成立会上的报告》（载于《人民日报》，1950 年 3 月 7 日）。

②《关于 1950 年军队参加生产建设工作的指示》（毛泽东，1949 年 12 月 5 日）。

期，国家整体各项物资均极匮乏，在抢险救灾斗争中，最重要的就是粮食的供应，1954 年我国在《关于粮食征购工作的指示》中明确表示，国家必须储备一定数量的粮食来应对灾荒等意外事件的发生。这部分用来应对灾荒的粮食被称为"甲子粮"，是构成中国粮食储备的重要部分。而关于物资募集，1950 年，中央人民政府内务部发布了《关于处理节约募集救灾物资的规定》[①]，指出华东、中南、西北、东北及华北五省所节约募集的救灾物资可用于支援各该区（省）灾民；西南募集的救灾物资，除留用于本区外，应酌量分出部分回寄支持华东区灾民，其分配比例应先报内务部备核；中央机关、直属机关及京津两直辖市所募集的节约救灾物资由内务部根据情况统一分配；节约募集的救灾物资由各级生产救灾委员会或民政部门统一收存，但必须经省救灾委员会或民政部门作适当分配，使其适时到达灾民手中，同时必须避免因物价波动而受损失的现象；各地对节约募集的救灾物资应着重用在支持灾民生产上，尽量少作或不作单纯放赈救济；捐募机关、数目、工作进行情况及群众反映应经常报告中央，并应分别于报端公布，使人们了解到所募集的粮款去向，也是对募捐机关的监督。

　　（4）受灾地区的税收减免。在灾害发生后，为了促使灾区尽快恢复生产，中央政府往往会采取税收减免政策，帮助和支持灾区恢复建设。新中国成立后，人民政府延续了这一传统。1952 年 8 月 14 日，中华人民共和国政务院通过《受灾农户农业税减免办法》，明确规定农作物因水、旱、风、雹、病、虫及其他灾害而致歉收的受灾农户，根据受灾情况分别减免农业税；1953 年 6 月 5 日，政务院第 181 次政务会议通过《关于 1953 年农业税工作的指示》，进一步明确了农业减免的范围，按不同性质分为两类：一类是"灾情减免"，即按自然灾害歉收成数减免受灾农户的负担，原则是"轻灾少减，重灾多减，特重全免"。另一类是"社会减免"，包括无劳动力或缺乏劳动力而生活困难的农户、遭受意外灾害或由于其他原因而交税确有困难的农户、遭受战争创伤或敌人摧残严重而生产尚未恢复的革命老根据地等，该指示要求各地"必须将减免办法布告周知，广为宣传，做到家喻户晓；在确定减免户时，应普遍采用'深入调查，群众评议，政府核定'的方法"[②]。之后，根据 1953 年较为严重的灾情，中央人民政府政务院又颁布了《关于安徽、河南、江苏、山东、山西等省遭受灾荒地区减免税收办法》，对灾区的副业税做了必要的减免；1956 年，农业合作化开展后，国务院批转财务部《关于 1956 年农业税收工作中几个问题的请示》指出农业税减免仍有重要意义，应当持续贯彻"轻灾少减，重灾多减，特重全免"的原则。

---

① 《建国以来中国共产党的减灾对策研究》（2012 年 6 月）。

② 财政部农业财物司《新中国农业税收史料丛编》（中国财政经济出版社，1987 年，第 5 册，第 397 页），转自《建国以来中国共产党的减灾对策研究》（2012 年 6 月）。

中央人民政府的这些政策规定对灾区的恢复和建设起到了重要的作用，大大减轻了地方及灾民的负担。

其次，虽然在新中国成立初期的这一阶段，由于国家薄弱的经济基础和当时落后的灾害防治理念的限制，中央人民政府出台的一系列灾害应对政策的主要着力点都在于灾后救助，但并不意味着防灾备灾方面政策的完全缺失，在这一时期，我国防灾救灾相关政策已初具雏形。

（1）对于水利工程的建设。从上古时代起，我国劳动人民就致力于水旱灾害的防御，在几千年的历史中，修建了大运河、都江堰等著名水利工程，在抵御水旱灾害方面发挥了重大作用。19 世纪后，由于帝国主义列强入侵，水利建设基本处于停滞状态，1930 年前后，才逐渐开始有了近代水利建设，但由于战乱不断，水利建设也没有太大的进展。直到 1949 年，新中国成立后，我国的现代水利建设才逐步走上正轨。1950 年 6 月 3 日，中央防汛总指挥部在北京成立；1950 年 6 月 15 日，水利部召开了全国防汛会议，除对各主要河流的防汛工作做出部署外，还对各地防汛的行政领导做出安排；1952 年 3 月，政务院通过了《关于一九五二年水利工作的决定》[①]，明确指出，从 1951 年起，水利建设在总的方向上是：由局部的转向流域的规划，由临时性的转向永久性的工程，由消极的除害转向积极的兴利；1953 年 12 月，水利部在全国水利会议上提出了水利建设的方针：从服务于国家工业化和农业的社会主义改造出发，逐步地战胜水旱灾害，以促进并保证农业的增产，特别是粮食和棉花的增产；1954 年 9 月，周恩来在第一届全国人民代表会议第一次会议上所作的政府工作报告中强调指出：“对自然灾害的斗争是我国人民一个长期的艰苦的任务。我们在水利方面必须做出更多更大的努力。”[②]在此之后，根据中央的各项政策指导，我国的水利建设有了很大的进步，逐渐展开了大规模的水利工程建设。

（2）对水土流失的防治。水土流失不仅会导致灾害频繁发生，还极大地制约了农业生产力的发展，给社会经济造成巨大的损失。因此，从新中国成立初期开始，我国就对水土流失的防治给予了足够的关注。1952 年，政务院发出《关于发动群众继续开展防旱、抗旱活动并大力推行水土保持工作的指示》[③]，指出“由于严重的土壤冲刷，及沟壑的增加，使山陵高原地带土壤日益瘠薄，耕地日益减少，生产日益衰退。由于以上情况，防旱、抗旱运动仍须继续开展并应大力推广水土保持工作，以逐步从根本上保证农业生产的迅速发展”。该指示中根据南、北方不同情况对水土保持工作做出了安排，并且强调“各级人民政府应本预防为主的

---

① 《党的文献》（1997 年）。

② 《建国以来中国共产党的减灾对策研究》（2012 年 6 月）。

③ 王瑞芳：《“大跃进”运动前后“三主”治水方针的形成与调整》，《当代中国史研究》，2013，第 1 期。

方针，拟定因地制宜的计划"，这是水土流失防治的核心，也是我国灾害应对政策当中关于"灾前预防"的较早体现。

（3）对灾害预警系统的建设。做好灾害预警，能更好地应对灾害的发生，减少经济损失，更好地为国家经济建设服务。在新中国成立初期，国家尚无能力建设系统性的灾害预警机制，在这一时期，主要体现在对气象预报工作的规定。1954 年 3 月，政务院发布《关于加强灾害性天气的预报、警报和预防工作的指示》（周恩来，1954），要求中央和地方各有关部门重视对大范围灾害天气的预报、警报，抓紧做好各项预防工作。1954 年 6 月，中央气象局在北京召开全国气象工作会议，确定了第一个五年计划期间气象工作的方针：气象工作必须为国防现代化、国家工业化、交通运输业及农业生产、渔业生产等服务，有计划、有步骤地满足各方面对气象工作日益增长的要求，以防止或减轻人民生命财产和国家资财的损失。与此同时，除了宏观上的、专业性的气象预报、警报以外，从 1956 年 6 月 1 日开始，报纸、电台开始公开向人民群众发布天气预报，进一步扩大了气象服务的范围。这一阶段的灾害预警虽然极为单一和局限，却是开新中国灾害预警之先河，不仅为当时的灾害防治做出了贡献，并且为日后的灾害预警系统的建设打下了良好的基础。

14.1.2　社会主义建设时期的灾害应对政策

在经历了新中国成立初期的建设和社会主义改造，1956 年之后，我国进入了社会主义建设时期。这是一个关于社会发展建设的探索时期，1956～1976 年，我国的政治环境几经变动，先后经历了"大跃进""人民公社化运动""文化大革命"等大事件，政治环境的动荡不仅影响了社会经济建设，对于灾害救治也产生了一定的副作用。

1963 年 9 月 19 日，周恩来在中央工作会议上再次强调了中国救灾的方针："救灾的方针，第一是生产自救，第二是集体的力量，第三是国家支持。这样三结合，才可以度过灾荒。"21 日中共中央国务院发布的《关于生产救灾工作的决定》指出："依靠群众、依靠集体力量、生产自救为主、辅之以国家必要的救济，这是救灾工作历来采取的必要方针。"与新中国成立初期相比，在这一时期，我国救灾政策仍然注重生产自救，但更加强调"集体的力量"，这是与当时的历史背景相关的，1956 年之后，我国经济被纳入计划经济的运行轨道，1958 年出现了人民公社化运动，合作社等集体组织成为灾害应对和救助的主要对象。总的来看，这样的救灾方针是符合当时国情的，可以集中力量抗灾救灾，同时也在一定程度上缓解了国家的财政负担。

但与此同时，政治运动的浪潮对灾害救助也产生了不良影响。"大跃进"

的错误思想也波及了救灾方针的变动，1956 年 1 月，中共中央政治局提出了《全国农业发展纲要（草案）》，提出 1956～1967 年，在 7～12 年内基本消灭普通的水灾和旱灾的目标；1958 年、1959 年、1960 年先后召开第四次、第五次、第六次全国民政会议，对灾害的认识上，会议提出"在全国大跃进中，灾区农业生产已经不是灾后如何恢复的问题，而是要把产量比在前翻上几番的问题"，强调"救灾工作必须为农业生产大跃进和消灭自然灾害服务，必须把灾区人民全部调动起来消灭自然灾害"。甚至有些人认为，"救济工作已完成了历史使命，农村人民公社化后，吃饭不要钱，不救济不会饿死人"等盲目乐观的思想（邓力群，1994）。

在这一时期，我国对于灾害应对政策的建设，由于混乱的政治大环境的影响，与新中国成立初期相比，并没有什么太大的进步。

同时，结合当时的国情，我们可以发现，在这一时期，无论是灾后救助还是防灾备灾政策，都着重于一点——粮食。灾害发生后，人民群众正常的生产生活遭到破坏，在应对灾害时，除了生产自救以外，国家对于受灾群众的粮食救济也是至关重要的，这关系着人民群众的生命安全。所以，无论是灾后的粮食分配调动，还是灾前的粮食储备，都是极为重要的问题。尤其是 1956～1976 年，"大跃进"和"人民公社化运动"对我国正常的农业生产产生了极为消极的影响，再加上"三年困难时期"，在这一时期，粮食一直处于较为紧缺的状态，粮食问题显得至关重要。

1962 年 9 月，中共中央做出《关于粮食工作的决定》，规定从 1962 年起，改变分级包干、差额调拨办法，进一步加强国家对粮食管理的集中统一，全国的粮食征购、销售、调拨由中央统一安排，实行分级管理。在当时粮食紧张的特殊形势下，虽然牺牲了地方的自主性和机动性，但一旦灾荒发生，由中央统筹调拨，能最大程度上整合资源，减少浪费，提高效率。

粮食问题的解决不仅在于调拨分配，更重要的是农耕生产，生产是粮食储备的首要前提。即使是在混乱的政治环境下，中共中央仍旧对于农业生产给予了足够的重视：1966 年 9 月 7 日，《人民日报》发表题为"抓革命，促生产"的社论，强调"一定要以无产阶级文化大革命为纲，一手抓革命，一手抓生产，保证文化革命和生产两不误"；1967 年初春，《人民日报》《解放军报》《红旗》杂志连续发表关于春耕生产的社论，指出农业是国民经济的基础；中共中央也发出《关于农村生产大队和生产队在春耕期间不要夺权的通知》。

在社会主义建设时期，我国虽然经历了政治经济环境的起伏动荡，但总的来说，国家对于农业生产和粮食问题一直都是很重视的，这保证了人民生产生活的基本运转，使得我国在经历了"三年困难时期"和"文化大革命"后，仍旧具备改善和重新规整的能力。

14.1.3　改革开放时期的灾害应对政策

1976 年"文化大革命"结束以后，国家进入拨乱反正的新时期，随后在 1978 年召开中共十一届三中全会，改革开放的历史进程正式启动。由于整个国家大的政治经济环境的变动，在这一时期，我国的灾害应对政策也有了进一步演化。

首先，确立了新的思想方针。一方面，救灾方针有所变动，1983 年第八次全国民政工作会议上提出了"依靠群众，依靠集体，生产自救，互助互济，辅之以国家必要的救济和扶持"的救灾方针[①]，肯定了无偿救济和有偿扶持相组合的做法；1988 年，第九次全国民政工作会议又增加了救灾工作要同扶持生产相结合、有偿和无偿救济相结合及救灾向社会保险方向过渡的内容。另一方面，改革开放之后，我国的灾害应对思想已经开始由单纯的救灾转向全面的减灾，1989 年，在联合国"国际减灾十年"的推动下，国务院同意成立中国国际减灾十年委员会（即国家减灾委员会的前身），其宗旨是响应联合国倡议，积极开展减灾活动，增强全民、全社会减灾意识，提高我国防灾、抗灾、救灾能力和工作水平，减轻自然灾害造成的生命财产损失。此后，灾害应对的思想方针逐渐由救灾转向了减灾。这是中国灾害应对历史上的一个里程碑，在这之后，各项减灾事业都有了更为长足的进步和发展。

其次，从具体的政策来看，包括以下几方面。

（1）对口支援模式的出现和应用。对口支援即经济发达或实力较强的一方对经济不发达或实力较弱的一方实施援助的一种政策性行为，大部分是由中央政府主导，地方政府为主体的一种模式。这种模式起初是作为一种经济发展模式出现的，但在救灾实践中得到了很好的应用，并逐渐形成惯例，在灾害救助过程中及灾后重建中都起到了重要的作用。

（2）灾害信息管理。在改革开放初期，对于灾害信息管理没有相关的政策规制，为了多要救济款，逃避工作责任等种种原因，各地存在严重的"虚报"现象[②]，为此，民政部多次发出通知，强调要核实灾情；同时，在这一时期，由于社会经济的快速发展和科技的进步，人们获取信息的手段越来越多，这时出现的问题就是广播电视等媒体获取的消息往往快于民政部收到的报告，并且灾害信息并不统一，为对应这种情况，1989 年 5 月，民政部发出《关于加强灾情信息工作及时准确上报灾情的通知》，对报灾问题做出了新的规定，要求各地从灾害发生之日起，每天都要向民政部报告，特别是向新闻单位提供的情况一定要先通知民政部；同

①　民政部政策研究室：《民政工作文件汇编》（一），北京：地质出版社，1984 年

②　民政部政策研究室：《民政工作文件汇编》（二），北京：地质出版社，1984 年。

时，为强化灾情的时效性，1990 年 6 月，民政部发出《关于加强灾情信息工作的通知》，针对灾情信息反映不及时的问题，进一步强化领导责任和体制；而在灾害预报信息的管理方面，中央更加强调统一口径，防止引起混乱，1992 年 7 月，国家气象局发布《天气预报管理暂行办法》，规定国家对公开发布的天气预报和灾害性天气警报实行统一发布制度，由国家气象局管辖的各级气象台站发布，同时还强调指出，其他组织和个人均不得向社会公开发布各类天气预报和灾害性天气警报。

　　（3）国内外灾害援助。在改革开放新时期，与前两个阶段相比较，最大的进步即在于此。首先，改革开放之后，我国对于国际社会的态度逐渐好转，开始审慎地接受国际救灾援助。1980 年 10 月，外经部、民政部、外交部向国务院呈送《关于接受联合国救灾署援助的请示》，请示中表示"我们欢迎国际社会向我灾区提供人道性质的援助"，国务院批准了这一请示。在此之后，我国与国际社会救灾关系日益密切，不仅接受国际社会的救灾援助，也逐渐开始参与到了国家救灾当中。其次，在改革开放之前，我国救灾主要依靠的就是国家拨款，在改革开放之后，不仅开始接受外来援助参与国际合作，同时也开始对内发动捐赠，1986 年 10 月，国务院同意转发了民政部《关于在全国大中城市募集多余衣被支援贫困地区的请示》[①]，虽然该请示中规定只限于大中城市党政机关、群众团体、企事业单位干部职工，且募集对象仅限于衣被，但以此为基点，捐助的社会化进程逐渐加快，1989 年 9 月，民政部办公厅发布《关于在国内募集衣被等物资支援灾区有关问题的通知》，就已经决定把募集活动作为救灾工作的一项补充措施，列入经常性的工作日程。

14.1.4　现代化建设新时期的灾害应对政策

　　1992 年十四大胜利召开之后，我国进入全面建设小康社会的现代化建设新时期。在新的时期，国家经济水平进一步提高，灾害事业也随之有了更进一步的发展，灾害应对政策也有了更多的进步。

　　首先，随着改革开放的深入和社会经济的进一步发展，我国灾害应对的思想方针也在逐渐进步当中。1998 年，中国国际减灾十年委员会提出的减灾规划中提出了灾害应对的五项方针[②]，指出经济的持续稳定发展和社会进步是深化减灾工作的基础，减灾工作的不断加强又为经济的发展和社会的进步提供有力保证，要特别重视处理好减灾与经济建设的关系，坚持减灾工作与经济建设一起抓的原则。

---

① 《建国以来中国共产党的减灾对策研究》（2012 年 6 月）。
② 《中华人民共和国减灾规划》（1998～2010 年）。

这五项方针为：①坚持以防为主，防抗救相结合。要进一步增强全民的减灾意识，在生产生活设施建设中，都要考虑到减灾，要运用多种手段和措施，大力开展减灾建设，发挥各种减灾工程的整体效益，积极推进综合减灾工作。②把握全局，突出重点。要解决好减灾工作中关系全局的重大问题，集中有限资源，加强重点减灾工程建设和重点地区的综合减灾工作，着重减轻对全局或区域发展影响较大的自然灾害，同时探索减轻其他自然灾害的有效途径。③充分发挥科学技术和教育在减灾中的作用。加强减灾基础和应用科学研究，加快现有科研成果转化为实际减灾能力的进程，促进综合减灾能力的提高。减灾教育要将普及教育和专业教育相结合，面向社会，提高全民的减灾知识水平。④调动一切积极因素。必须发挥中央、地方和各行各业的积极性，在政府统一组织和部署下，有关部门密切配合，企业和社会各界广泛参与，共同做好减灾工作。⑤加强减灾国际交流与合作。要积极开展多渠道、多层次的减灾国际交流与合作，不断改进和完善我国的减灾工作，提高我国在国际减灾领域的地位。

其次，在领导机构方面，随着社会主义市场经济体制的建立，中国确立了党和政府统一领导、部门分工负责、灾害分级管理、属地管理为主的减灾救灾领导体制。在国务院统一领导下，中央层面设立国家减灾委员会、国家防汛抗旱总指挥部、国务院抗震救灾指挥部、国家森林防火指挥部和全国抗灾救灾综合协调办公室等机构，负责减灾救灾的协调和组织工作。在减灾救灾过程中，注重发挥中国人民解放军、武警部队、民兵组织和公安民警的主力军与突击队作用，注重发挥人民团体、社会组织及志愿者的作用。

与此同时，在具体的政策当中，相比于前几个时期，也有着较大的进步和变动。

（1）军队救灾被正式纳入灾害救助政策体系。人民军队参与抢险救灾，保卫人民生命财产安全，是新中国成立以来就有的传统，但长期以来，这项工作缺少专门的法规进行规范。1997 年 3 月 14 日，《中华人民共和国国防法》做出规定：现役军人应该发挥人民军队的优良传统，热爱人民，保护人民，积极参与社会主义物质文明、精神文明建设，完成抢险救灾等任务。2007 年 8 月 30 日，十届全国人大第二十九次会议通过的《中华人民共和国突发事件应对法》规定："中国人民解放军、中国人民武装警察部队和民兵组织依照本法和其他有关法律、行政法规、军事法规的规定以及国务院、中央军事委员会的命令，参与突发事件的应急救援和处置工作。"在以上基础上，2005 年 6 月 7 日，国务院、军事委员会正式颁布《军队参加抢险救灾条例》，规定了军队在抢险救灾任务中的法律地位、职责任务、指挥协同、物资装备保障、费用承担、奖励抚恤等内容，是中国武装力量执行抢险救灾任务的具体法规依据。参加抢险救灾是国家和人民赋予军队和武警部队的重要使命。

（2）灾害应急体系的基本建立。灾害应急预案是政府对于灾害发生的紧急响应，合理的灾害应急预案有助于国家和政府对于灾害的应对，在灾害发生时最大限度地节约时间，迅速做出反应，减少灾害带来的损失。2003 年发生非典型性肺炎事件，我国逐渐开始尝试应急预案，2003 年 6 月 17 日，民政部颁布了《应对突发性自然灾害工作规程》，根据灾情大小，将突发性自然灾害工作设定为三个响应等级，明确各个等级响应工作规程。以此为基点，我国灾害应急体系逐步走上正轨。2005 年 5 月 14 日，国务院办公厅颁布《国家自然灾害救助应急预案》，明确了适用范围、启动条件、组织指挥体系及职责任务、应急准备、预警预报与信息管理、应急响应等。同年，国务院又发布了国家防汛抗旱应急预案、国家地震应急预案、国家地质灾害应急预案、国家处置重特大森林火灾应急预案，在此之后，我国灾害应急体系基本建立并日趋完善。

（3）慈善事业的发展和制度化。随着改革开放的深入和社会经济的不断发展，民间慈善组织逐渐发展起来，在协助灾害救助方面起到了一定作用。在这种社会大环境下，政府也对慈善事业给予了足够的关注，2005 年 3 月，国务院将"支持慈善事业发展"第一次写入政府工作报告；当年 10 月举行的十六届五中全会也提出"支持社会慈善、社会捐赠、群众互助等社会扶助活动"；2006 年政府工作报告重申要"积极发展社会福利事业和慈善事业"；2007 年政府工作报告再次强调"支持慈善事业发展"；此外，国家"十一五"规划中也提出了"鼓励开展社会慈善、社会捐赠、群众互助等社会扶助活动，支持志愿活动并实现制度化"的要求。2005 年 11 月，民政部在首届中华慈善大会上发布了《中国慈善事业发展指导纲要（2006—2010）》，首次明确了我国慈善事业发展的目标、原则和措施，公益慈善一步步走上了社会发展的前台。

14.2　我国灾害政策的利弊分析及政策建议

我国的灾害应对政策从新中国成立初期发展到如今，经历了一个较为漫长的沿革过程，并且在与社会政治经济大环境的适应和多次灾害救助实践中逐渐成长完善起来。但综合客观来讲，我国的灾害应对政策虽然有很多可取之处，但与此同时，也有很多不足之处，为求进一步完善和发展，将这两方面综合起来分析是极为必要的，本节就将对我国现行的灾害政策做出利弊分析并提出部分政策建议。

14.2.1　我国灾害政策的利弊分析

我国灾害应对政策的优势是显而易见的。

首先是面对突发灾害时的快速组织和应对能力。当突发性的紧急自然灾害发生时，尤其是大型灾难性质的自然灾害，需要政府迅速做出反应，对灾情予以控制和管理调度，这种情况下，常设领导机构通常不能满足需求，应急领导小组和指挥部等就起到了至关重要的作用。我国有着以国务院为首的一整套应急管理配置，一旦紧急灾害事件发生，能够迅速反应过来，指导抗灾救灾工作。以 2008 年发生的汶川特大地震灾害为例，汶川地震发生后，胡锦涛当即做出重要指示，要求尽快抢救伤员，确保灾区人民群众生命安全，5 月 12 日当晚，胡锦涛主持召开中共中央政治局常务委员会紧急会议，决定立即成立国务院抗震救灾总指挥部，并设立由有关部门，军队，武装部队和地方党委、政府主要负责人参加的国务院救援组、预报监测组、医疗卫生组、生活安置组、基础设施组、生产恢复组、治安组、宣传组 8 个抗震救灾工作组。而民政部、国家减灾委员会、财政部、解放军总参谋部、卫生部等国家部委和有关部门也迅速启动各自的应急预案，和国务院相互协调，采取相关保障措施，全力以赴保障抗震救灾工作顺利进行。

其次，人民军队在抢险救灾中发挥的重要作用也是我国灾害应对政策的优势所在，在历次抢险救灾中，人民解放军和武装警察部队忠实地履行全心全意为人民服务的根本宗旨，积极参加抢险救灾，与人民群众一道共同抵御自然灾害，为保卫国家经济建设成果和人民生命财产安全做出了巨大贡献，是我国救灾工作当中最为重要的有生力量。在 1998 年抗洪抢险中，中央军委一声令下，人民军队闻令而动，30 余万官兵火速开赴灾区前线；汶川地震发生仅 13 分钟，应急机制就全面启动，10 万救援大军 72 小时赶赴灾区最严重的 58 个乡镇，赢得了宝贵的“黄金救援时间”。2008 年，南方发生雨雪冰冻灾害，路面结冰，交通中断，救援部队果断采取“履带破冰法”，以最快的速度打通了京珠高速公路。人民军队往往在抢险救灾的关键时刻，以高水平的军事素养和训练水平，迅速集结，参与救灾工作。与其他国家相比，我国政府在灾害救治过程中对于人民军队的调动和应用水平是它们所难以达到的，当然，这取决于我国特有的社会体制，在一定程度上体现了中国特色社会主义的优越性。

与此同时，对口支援的政策实践也是极为成功的。我国长期以来经济发展水平并不均衡，存在南北差异、东中西部差异、省际差异等。在大型、巨型灾害发生后，单靠中央调度和单一地域的自救往往存在很大的难度，而且就实际而言，我国灾害多发的西北、西南地区，多为经济水平发展较为落后的地区，在这种情况下，实行对口支援政策就极具现实意义，可以更好地帮助灾区人民抢险救灾及灾后重建。以 2008 年的汶川地震为例，汶川地震后的灾后恢复重建是一项十分艰巨的任务。为举全国之力，加快地震灾区灾后恢复重建，并使各地的对口支援工作有序开展，经党中央、国务院同意，建立灾后恢复重建对口支援机制。考虑支援方的经济实力和受援方的灾情程度，兼顾安置受灾群众阶段已形成的对口支援格局，由国内经济较为发达充裕的省市地区分别对口支援各个受灾的县市，从救灾重建、经济、医疗、教育等方面对灾区予以援助。对口支援政策不仅使受灾地区可以得到有效帮助，迅速恢复生产生活，同时也大大减轻了中央政府的负担，这一政策在实践当中优化了资源配置，提高了经济效率，在我国的灾害事业中获得了广泛成功。

但这些成功和优势并不能掩盖掉我国灾害政策中所存在的问题。

首先，在计划经济时代形成的中央包办的灾害救助政策体系有着出于政治目的的考量，但其很多方面已不能适应现代市场经济和社会发展要求。这种体系客观上存在着公共应急资源不足、对地方政府授权和激励严重不足等缺陷。虽然在 1994 年的第十次全国民政会议上提出了一系列主动适应社会主义市场经济发展要求的改革措施，包括建立救灾工作分级管理新体制，但事实上，仅依靠民政部门推行这一体制困难重重，并且受灾情等级难以划分以致无法明确界定各级政府责任、地方财力不足以致救灾款预算无法保障落实等客观条件的限制。目前，中央政府仍处于灾害救助的绝对主导地位。地方政府和灾民应对灾害救助的积极性是有限的，甚至养成了对中央政府等靠要的思想。仍旧以汶川为例，该地区属于地震多发带，但当地的房屋建筑设计并没有达到相应的标准；同时，对地震相关知识缺乏系统的认识，而且在地震后才组织编写地震救灾手册（郭剑平和邵国栋，2009），由此可以看出，当地政府的防灾救灾意识比较薄弱。防灾救灾意识薄弱导致主动有效的防灾减灾行为不多，政府和民众对灾害的心理承受力和应变力也很差，从而影响到整个灾害防御和救助的效果。灾害现场最好、最有效的救助是自助，但这种救助是和平时的培训、平时的演练，包括预案、法规演练及装备操练紧密相关的，而这些恰恰是我们长期忽略的。

其次，灾害管理的职能部门包括民政、财政、农业、交通、水利、国土资源、教育、卫生、气象局、地震局等多部门。它们在自己相应的管辖范围内对某类自然灾害进行集中处理，各自管理和应对，其他部门只是极为有限的参与配合。职能分散的同时，职能交叉和职能缺位并存。虽然在中央层面上设立有负责减灾救灾的组织协调机构，如国家减灾委员会等，但这些部门履行综合协调职能的实权不够，无法充分动员和整合各部门的资源。灾害发生后实则主要还是依靠临时指挥部组织协调，但这种非常设的机构运行受到很多外在不确定因素的限制。当一次灾害救助告一段落后，临时指挥部也不复存在，这也不利于培养储备危机处理的人才、积累危机处理的经验、改进危机应对措施。总之，条块分割的体制，加之综合协调机制的欠缺，造成灾害救助效率低下、救灾资源浪费。

与此同时，虽然经过多年的演化和进步，对于灾前预防的关注，已经越来越积极，相关政策也在日渐成熟当中，但客观来讲，与整个国际社会相对比，仍显得不够完善。具体就我国目前灾前预防事业的发展而言，存在以下问题。

（1）灾害保险事业发展缓慢。我国自古以来是一个饱受自然灾害侵扰的国家。进入21世纪以来，各类重大自然灾害和事故频发，给人民生命和财产造成巨大损失，汶川地震、舟曲泥石流、玉树地震的伤痛至今犹在。2000~2010年，我国因灾害带来的直接经济损失约占GDP的2%（王浩，2013），这就是说，平均每年有1/5的GDP增长率因自然灾害损失而抵消。而通过灾害经济补偿保障民生正是现代保险业的重要功能之一。从13世纪出现世界上第一张保险单开始，保险业就扮演着损失分摊与补偿的角色。当前，发达国家保险赔付占灾害直接损失的比例高达50%，一般发达国家也可以达到30%（廉卫，2008）。保险经济补偿有助于灾后生产生活的重建和恢复，减少灾害对经济社会的冲击，稳定民生。我国的保险业目前发展得还很不健全，政府对于减灾保险的扶植主要集中在农业这一块。但即使只是在农业生产领域，我国的灾害保险事业仍旧显得力不从心，政府对于保险公司的扶持力度不够，人民群众对于保险的接受度也不够高，缺乏一个较为全面完善的灾害保险制度体系，在实际的灾害实践中，保险并没有起到"社会稳定器"的作用。

（2）城乡规划建设政策仍旧存在很大的弊病。合理的城乡规划政策能够有效地指导城乡建设，防患于未然，减少灾害带来的损失。我国灾害相关的各项法律法规都明确将各种专项防灾规划纳入到城乡规划的统筹内容。但与此同时，在城乡规划建设中，效率与公平的价值取向问题也一直是其预防灾害政策两难的选择。灾害预防政策涉及的投入产出大多不能够有效计量，而是通过灾害发生时的效果体现出来，正如齐默尔曼所强调的，灾变政策具有的一个显著特点就是不像其他一般政策投入一样，能够进行有效的效率评估。因此，在地方的城乡规划建设中，难免出现对于灾害预防政策的忽视，追求面子工程，追求快速的短期的经济效率，以人民群众生命财产安全隐患为代价追求经济建设，这一点在西部地区表现得尤为显著。以西部重镇西安为例，在城市规划中，提出要走"激活资源的跨越式发展"之路，借助城市自身的区位、历史文化、科技、军工等资源实现突围，同时有效集聚周边城市地区的资源与财富。西安市规划局2014年制定的《城市目标发展战略》中指出：提升城市品质，建设国际旅游城市；营造最佳创业环境，建设科技创新城市；结合山、塬、河、林自然地貌，建设依山抱水、环境优美的生态宜居城市；构建高效、便捷的交通网络体系，建设航空、铁路、公路交通枢纽城市；发挥优势产业和地区辐射能力，建设装备现代制造、高新技术产业基地；强化金融、商贸、信息、物流等区域功能，建设中国西部经济中心。这是西安市政府对于2014年以后的城市规划方向，可以看到，这一战略和方向的核心在于"经济发展"，对于防灾减灾的规划建设并未得到重视。

这个问题在广大农村和山区更为严重。农村地区一方面急切追求经济利益，破坏环境，容易引发灾害，另一方面，往往本身就是各项自然灾害的多发区域，防灾减灾切实地关系着人民群众的生命财产安全。以陕西省为例，新农村建设政策中就着重提到，强化农业基础设施建设，主要投入到一些重点水利工程，防汛抗旱设施建设，水土保持和农田防护林体系建设，防沙治沙工程、小型农田水利设施建设，病险水库加固、大中型水库末级渠系改造、节水灌溉工程、引汉济渭等重点工程建设。农村基础设施是新农村建设的基础工程，也是防灾减灾的重点工程。做好农村基础设施建设，不仅有利于新农村建设的发展和进步，更有利于农村地区防灾减灾能力的提升，而防灾减灾能力提升后，减少了不必要的经济损失，甚至可以促进循环经济的发展，进一步促进新农村建设。

14.2.2　对我国灾害政策的几点建议

第一，从灾害救助政策体系上来讲，要走出中央包办的不良模式。首先，地方政府及全社会各阶层应当戒除对中央政府等靠要的思想，对于灾害具备危机意识和独立应对的能力。救灾工作分级管理新体制的建立，也应当迅速推进，合理界定各级政府责任，在公共财政政策中对地方救灾款预算予以保障落实，使得地方政府能够与中央政府联动起来，共同应对灾害事件。其次，还应当在民间加强灾害宣传和教育，唤起群众的危机意识；与此同时，可以将民间组织参与救助真正纳入灾害救助的政策体系，虽然政府组织力强，专业化水平高，一般在抢险救灾中担任主要角色，但随着灾害对社会的影响日趋严重和复杂，社会力量在防灾救灾中也得到不断体现，灾害防治呈现多元化态势，因此，对民间组织力量的应用也越来越重要；而且民间组织来源于群众，具有广泛的社会基础，能够更深入、更有效率地参与灾害救助工作，给予政府极大的帮助。

第二，尽快完善灾害综合管理的组织框架，明确各部门的职能，尽快解决职能交叉和职能缺位的问题。灾害事件，尤其是大型灾害，往往牵扯到的不止一两个单一的部门，这就需要一个成熟完善的综合管理组织，合理调配资源，组织各部门联动。目前在应对突发事件时，主要依靠的是各地的应急管理办公室，这种非常设的机构不确定性太强，不利于灾害防治事业的发展，所以应当致力于一个综合完善的管理组织机构的设立，不仅可以在灾害发生时迅速应对，整合资源，提高灾害救助效率，还可以在灾害实践中积累经验，培养相关人才，有助于我国灾害事业的进一步完善和发展。

第三，建立完善政策性保险制度。保险作为防范自然灾害的一种积极有效的经济补偿手段，在各国的灾害补偿体系中都扮演着重要角色，西方国家在应对自然灾害时，首先是保险理赔，其次是国家救助和社会救济，相比之下，在我国，政府冲在最前面，保险理赔起到的作用很小。就我国目前的状况而言，首先，应加强对政策性农业保险的扶持，并且在国家政策层面对农业保险进行规制，目前主要依靠的只是相关中央文件里的零散规定，缺乏可操作性的条款和专门的农业保险政策。其次，将巨灾保险制度真正纳入我国的灾害救助政策体系；目前，我国还没有建立起巨灾保险制度，利用保险手段来分散巨灾风险的能力有限，但与此同时我国又是一个自然灾害频发的国家，发生大灾巨灾的可能性很大，灾后救助和重建往往又会产生巨大的资金缺口，因此只有建立巨灾保险制度，才能够建立起巨灾保险的长效机制，从而最大程度上减小巨灾风险对社会经济生活的冲击。

第四，加强政策设计的预见性。在灾害发生后，对于灾害的救治和灾区重建等实质上都是对于灾害的回应，这是消极被动的，如果想要更好地管理灾害，我们的政策设计必须由被动走向主动，即加强灾害政策设计的预见性。这种预见性设计体现在城乡规划当中就是防患于未然，加强基础设施建设，加强农田水利、防沙治沙等防灾工程的建设，提升城乡地区的防灾减灾能力；另外，应当持续加强对灾害预警系统的投入和政策扶持，加强对科技建设的政策性投入，这些都属于预见性的政策设计范畴。

14.3　我国现行灾害政策体系

在以上对自新中国成立以来的灾害政策演进及利弊进行分析之后，本节将对我国目前现行的灾害政策体系进行一个较为简单的系统梳理，主要从灾害应对领导机构和思想方针及灾前、灾中、灾后三部分展开梳理和介绍。

14.3.1　我国灾害应对的领导机构和思想方针

我国从 1950 年就开始了抗灾减灾领导体制的探索的建设，直到今日，逐步形成了由党委政府统一领导、综合协调、分级负责、属地管理为主的抗灾救灾领导管理体制。在中央层面，设立国家减灾委员会，作为常设机构，负责研究制定国家减灾救灾工作的方针、政策和规划，协调开展全国重大减灾活动和抗灾救灾工作；同时，设立应对紧急大灾巨灾抢险救灾的指挥机构，根据实际灾情需要，设立应急领导小组和指挥部。

最新修订的《国家自然灾害救助应急预案》规定：国家减灾委员会为国家自然灾害救助应急综合协调机构，负责组织、领导全国的自然灾害救助工作，协调开展特别重大和重大自然灾害救助活动。国家减灾委员会成员单位按照各自的职责做好全国的自然灾害救助相关工作。国家减灾委员会办公室负责与相关部门、地方的沟通联络，组织开展灾情会商评估、灾害救助等工作，协调落实相关支持措施。

1989 年 4 月，我国政府积极响应联合国关于开展国际减灾十年活动的号召，成立了中国国际减灾十年委员会，2000 年，根据我国开展减灾工作的需要和联合国有关决议的精神，更名为中国国际减灾委员会，2005 年，经国务院批准改为国家减灾委员会。目前我国国家减灾委员会的成员涉及各个部门和单位，截至 2010 年年底，河北、山西、内蒙古等 22 个省份和新疆生产建设兵团及青岛、宁波 2 个计划单列市已经成立了减灾委员会，上海、浙江、河南、广西、青海 5 个省（自治区、直辖市）和深圳市成立了减灾救灾综合协调机构①。295 个地市、2342 个县（市、区）成立了减灾委员会或减灾救灾综合协调机构，分别占全国总数的 88.6% 和 81.9%。各大流域防汛抗旱指挥协调职能进一步完善，浙江、福建、江西、山东、湖南、广东、重庆等省份进一步完善防汛抗旱组织指挥体系，防汛指挥机构延伸到乡镇。

但当突发性的紧急自然灾害发生时，尤其是大型灾难性质的自然灾害，需要政府迅速做出反应，对灾情予以控制和管理调度，这种情况下，常设领导机构不能满足需求，需要设立应急的响应组织机构，如应急领导小组和指挥部等。此类灾害一般属于突发事件的范畴。根据《中华人民共和国突发事件应对法》的规定，突发事件发生后，发生地县级人民政府应当立即采取措施控制事态发展，组织开展应急救援和处置工作，并立即向上一级人民政府报告，必要时可以越级上报。突发事件发生地县级人民政府不能消除或者不能有效控制突发事件引起的严重社会危害的，应当及时向上级人民政府报告。上级人民政府应当及时采取措施，统一领导应急处置工作。法律、行政法规规定由国务院有关部门对突发事件的应对工作负责的，从其规定；地方人民政府应当积极配合并提供必要的支持。国务院在总理领导下研究、决定和部署特别重大突发事件的应对工作；根据实际需要，设立国家突发事件应急指挥机构，负责突发事件应对工作；必要时，国务院可以派出工作组指导有关工作。

国务院是突发公共事件应急管理工作的最高行政领导机构，在国务院总理领导下，由国务院常务会议和国家相关突发公共事件应急指挥机构负责突发公共事件的应急管理工作；必要时，派出国务院工作组指导有关工作。国务院办公厅设国务院应急管理办公室，履行值守应急、信息汇总和综合协调职责，发挥运转枢纽作用；国务院有关部门依据有关法律、行政法规和各自职责，负责相关类别突发公共事件的应急管理工作；地方各级人民政府是本行政区域突发公共事件应急

---

① 民政部《2010 年全国自然灾害应对工作总结评估报告》。

管理工作的行政领导机构。同时，根据实际需要聘请有关专家组成专家组，为应急管理提供决策建议。

　　以 2008 年发生的汶川特大地震灾害为例，汶川地震发生后，胡锦涛当即做出重要指示，要求尽快抢救伤员，确保灾区人民群众生命安全，5 月 12 日当晚，胡锦涛主持召开中共中央政治局常务委员会紧急会议，决定立即成立国务院抗震救灾总指挥部，并设立由有关部门，军队，武装部队和地方党委、政府主要负责人参加的国务院救援组、预报监测组、医疗卫生组、生活安置组、基础设施组、生产恢复组、治安组、宣传组 8 个抗震救灾工作组。而民政部、国家减灾委员会、财政部、解放军总参谋部、卫生部等国家部委和有关部门也迅速启动各自的应急预案，和国务院相互协调，采取相关保障措施，全力以赴保障抗震救灾工作顺利进行。

　　在思想方针方面，我国灾害应对的思想方针自新中国成立起至今日，几经沿革，不断在实践中调整，适应时代和国情，形成了具有中国特色和时代特色的思想方针，指导防灾减灾工作的开展。就目前而言，随着改革开放的深入和社会经济的进一步发展，我国灾害应对的思想方针也在逐渐进步当中，新时代的防灾规划中，提出以邓小平理论和"三个代表"重要思想为指导，深入贯彻落实科学发展观，按照以人为本、构建社会主义和谐社会的要求，统筹考虑各类自然灾害和灾害过程各个阶段，综合运用各类资源和多种手段，努力推动防灾减灾与经济社会发展相协调、与城乡区域建设相结合、与应对气候变化相适应，充分发挥各级政府在防灾减灾工作中的主导作用，积极调动各方力量，全面加强综合防灾减灾能力建设，切实维护人民群众生命财产安全，有力保障经济社会全面、协调、可持续发展。

14.3.2　防灾抗灾政策

　　综合目前国际及国内对于灾害应对的相关理论和应对政策来看，对于灾害预防的关注，即事前防灾，成为一个主流趋势和导向。就我国当前而言，主要体现在对灾害保险的扶植政策、城乡规划建设政策和公共财政投入政策当中。这些政策的设计和执行中都贯彻了以预防为主的应对方针，积极防灾减灾，相关政策设计也在逐步完善当中。

　　第一，对保险经济补偿有助于灾后生产生活的重建和恢复，减少灾害对经济社会的冲击，稳定民生。我国的保险业目前发展得还很不健全，政府对于减灾保险的扶植主要集中在农业这一块。近年来，农业保险在各级政府政策的大力支持下保持了较快发展势头。2003 年，党的十六届三中全会通过的《中共中央关于完善社会主义市场经济体制若干问题的决定》明确提出"探索建立政策性农业保险制度"，这标志着我国农业保险的第三轮试验开始。此后从 2004 年到 2009 年，连续六年的中央一号文件均对农业保险的发展提出要求，其中 2009 年中央一号文件明确提出"加快发展政策性农业保险，扩大试点范围，增加险种，加大中央财政对中西部地区保费补贴力度，加快建立农业再保险体系和财政支持的巨灾风险分散机制，鼓励在农村发展互助合作保险和商业保险业务"（转引自王德宝，2009）。2008 年，中央财政在 2007 年基础上大幅增加对农业保险的补贴支持，保费补贴经费预算由 2007 年的 21.5 亿元增加到 60.5 亿元，对种植业政策性农业保险的保费补贴由 2007 的 25%提高到 35%，政策性农业保险试点已由 2007 年的 6个省份扩展至 16 个省份和新疆生产建设兵团。在鼓励人保、中华联合等全国性保险公司积极开展政策性农业保险的同时，自 2004 年以来，保监会先后批准了 5家专业经营农业保险的公司——黑龙江阳光农业互助保险公司、吉林安华农业保险公司、上海安信农业保险公司、法国安盟保险成都分公司、安徽国元农业保险公司，此外，浙江等地结合本地农业发展特点，在"政府推动+市场运作+农民自愿"原则的指导下。采用"共保经营"和"互助合作"两种方式，开展政策性农业保险试点工作。中国渔业互保协会也在积极开展渔业保险经营的探索。目前，经营政策性农业保险的保险组织形式主要有股份制的商业保险公司形式、专业农业保险公司、农业保险合作组织、政策性农业保险公司、外资或合资农业保险公司等，政策性保险经营主体日益丰富，并形成向多元化发展的态势，推动我国政策性农业保险稳步向前迈进。

第二，城乡规划建设政策。城乡规划建设政策是政府保障公共安全和公众利益的重要公共政策，合理的政策在对灾害的预防和控制上可以起到很好的作用。对城乡规划建设政策的分析和研究，有利于城乡各地的安全与防灾，保障人民生命财产安全，防患于未然。原建设部发布的《城市建设综合防灾"十一五"规划》提出，加强法律法规、应急预案和技术标准体系建设，加强城市综合防灾规划的编制和社区综合防灾的试点，建立城市综合防灾基础信息和灾害风险监测与评估体系，建立城市防灾技术支撑体系，大力发展城市综合防灾新技术。《中共中央关于制定第十二个五年规划的建议》中也提出要加强生态保护和防灾体系建设，建立地质灾害易发区调查评价体系、监测预警体系、防治体系、应急体系的要求。《中华人民共和国城乡规划法》中指出"制定和实施城乡规划，应当防止污染和其他公害，并符合区域人口发展、国防建设、防灾减灾和公共卫生、公共安全的需要"；"城市地下空间的开发和利用，应当与经济和技术发展水平相适应，遵循统筹安排、综合开发、合理利用的原则，充分考虑防灾减灾、人民防空和通信等需要，并符合城市规划，履行规划审批手续"。《中华人民共和国消防法》《中华人民共和国防震减灾法》《中华人民共和国人民防空法》《地质灾害防治条例》等法律法规条文中，都明确将各种专项防灾规划纳入到城乡规划的统筹内容。

第三，公共财政投入政策。《国家自然灾害救助应急预案》规定，民政部、财政部、国家发展和改革委员会等部门，要根据《中华人民共和国预算法》《自然灾害救助条例》等规定，安排中央救灾资金预算，并按照救灾工作分级负责、救灾资金分级负担，以地方为主的原则，建立与完善中央和地方救灾资金分担机制，督促地方政府加大救灾资金投入力度。首先来看我国的国家预算预备费，分为中央总预备费和地方总预备费。各级政府预算按本级政府预算支出额的2%～5%设置预备费，具体比例由各级人民代表大会自行确定；民族自治地区预备费的比例为 5%，少数民族人口较多的个别地区，国家批准比照民族自治地区的办法办理。各级设置的预备费，先由财政部门审核后提出意见，报经本级人民政府批准后方可动用。动用时间一般安排在下半年，根据情况追加使用。其次可以提供资金支持忽然平衡的就是预算稳定调节基金，也分为中央预算稳定调节基金和地方预算稳定调节基金。预算稳定调节基金本身起到的就是一个蓄水池的作用，在难以预测且具有突发性质的灾害发生后，可以迅速提供资金保障，不仅可以提高灾害应对能力，也保证了年度预算的收支平衡。就我国目前的政策，通常来讲，一般都是中央预算稳定调节基金和地方预算稳定调节基金共同发挥作用，以内蒙古为例，内蒙古是灾害频仍的地区，2007 年，内蒙古由灾害造成的直接经济损失就达 151.4 亿元，其中农牧业经济损失 127.1 亿元，而来自民政部和财政部的下拨的救灾资金，前 11 个月达到了 1.2444 亿元，12 月中旬，中央再次下拨了 5900 万元的东陵救灾资金。因此，更繁重的救灾任务还需要内蒙古自己解决。2007 年内蒙古总财力为 1260.8 亿元，总支出是 1083.6 亿元，结余达 177.2 亿元。《内蒙古自治区本级预算稳定调节基金管理暂行办法》规定，其中一部分资金按规定进入预算稳定调节基金，对于灾害应对起到至关重要的作用。再次是国家对于防灾减灾工程的公共财政投入。《国家综合"十一五"减灾规划》就已将综合减灾纳入到了国民经济和社会发展规划当中，"要求各地区、部门按照《规划》要求，优化、整合各类减灾资源，统筹确保《规划》重点项目和基础设施的落实；重点工程建设项目要与综合减灾密切结合，立足长远充分考虑防灾减灾因素，确保工程的安全运行，发挥最大的社会效益、经济效益和生态效益，并按建设项目审批程序和国家投资可能安排办理"。同时也指出，各级人民政府要根据减灾工作需要和财力可能，加大对减灾事业的投入，并按照政府间事权划分纳入各级财政预算。具体来看，根据《国务院关于进一步加强防震减灾工作的意见》的规定，"要把防震减灾工作经费列入本级财政年度预算，并引导社会各方面加大对各类工程设施和城乡建筑抗震设防的投入，建立与经济社会发展水平相适应的防震减灾投入机制。健全完善抗震救灾资金应急拨付机制。加大对地震重点危险区、中西部和多震地区防震减灾工作的支持力度"。

14.3.3　救灾减灾政策

第一，灾害紧急动员。当大型巨型灾害发生时，在中国特色的社会制度下，中共中央国务院会迅速行动起来，积极组织灾害紧急动员，统一部署，组织各部门联动，及时保护、挽救人民群众的生命财产安全。灾害后的紧急部署和动员虽然并没有具体的政策规定，但随着新中国成立以后应对灾害的经验不断丰富，也逐渐形成了较为系统完善的应急系统和机制。在大型灾难面前，党中央充分发挥组织能力，召开政治局常委会或扩大会议，根据灾情及时做出部署，与此同时，政治局常委分赴灾区视察和指导抢险救灾工作。例如，1998 年抗击洪灾的斗争、2003 年防治非典型性肺炎的斗争、2008 年的汶川地震中，党中央沉着应对，科学决策，中央政治局常委亲临一线，由总书记主持召开政治局常委会或政治局会议，积极领导部署，各部门联动，保卫群众生命财产安全。

第二，人民军队的作用。我国是世界上自然灾害最为严重的国家之一。新中国成立以后，党和政府十分重视减灾救灾工作，在历次抢险救灾中，人民解放军和武装警察部队忠实地履行全心全意为人民服务的根本宗旨，积极参加抢险救灾，与人民群众一道共同抵御自然灾害，为保卫国家经济建设成果和人民生命财产安全做出了巨大贡献。2005 年 6 月 7 日，国务院、中央军事委员会正式颁布《军队参加抢险救灾条例》，规定了军队在抢险救灾任务中的法律地位、职责任务、指挥协同、物资装备保障、费用承担、奖励抚恤等内容，给中国武装力量执行抢险救灾任务提供了具体的法规依据。

第三，救灾物资管理政策。在抢险救灾过程中，对于物资的管理关系着救灾的成败，因此，关于救灾物资管理，国家也出台了一系列的相关政策。距今最近的是 2008 年 5 月 30 日，汶川地震发生后，为防止救灾物资管理不当，中共中央纪委、监察部颁布的《抗震救灾款物管理使用违法违纪行为处分规定》，对各种抗震救灾款物管理使用违法违纪行为提出了纪律要求和惩戒措施；同时，除了国家调配的救灾物资以外，社会力量的积极参与也为抢险救灾做出了巨大贡献，而对于这些捐助物资的管理，国家也出台了相对应的政策，最新的应当是 2008 年国务院下发的《关于加强汶川地震抗震救灾捐赠款物管理使用的通知》，对捐赠款物的管理使用做出了规制；并且为保障捐赠款物的信息公开，加强社会监督，民政部还专门出台了《汶川地震抗震救灾资金物资管理使用信息公开办法》，使得对捐赠款物的使用管理更加公开透明，也提高了物资的使用效益。

14.3.4　灾后重建政策

第一，对受灾地区的扶持减免政策。在灾害发生后，为帮助受灾地区恢复生产，国家往往会根据实际情况对受灾地区进行各方面扶持，给予各种优惠政策。例如，汶川地震后，财政部、国家税务总局立即发出通知，要求各级财政税务机关采取有效措施，认真贯彻落实好现行税收法律、法规中可以适用于抗震救灾及灾后重建的有关税收优惠政策；中国人民银行、银监会决定，对四川、甘肃、陕西、重庆、云南等重灾省份实施恢复金融服务的特殊政策；国家工商总局提出对灾区企业"延期年检，免收年检费"等12条具体措施，帮助各类市场主体迅速恢复生产经营；国务院和各部委也先后出台相关法规，国务院相继下发了《关于地震灾区恢复生产的指导意见》《关于支持汶川地震灾后恢复重建政策措施的意见》《关于做好汶川地震灾后恢复重建工作的指导意见》，在各方面给予灾区政策扶持。

第二，对口支援政策。对口支援即经济发达或实力较强的一方对经济不发达或实力较弱的一方实施援助的一种政策性行为，体现在灾害救助体系中，就是在中央政府的安排和调配下，由经济较为发达的省、市、地区对受灾地区提供人力、物力、财力等各项支持，帮助灾区恢复重建，一般情况下，中央政府会根据实际情况制订对口支援方案。就目前而言，以汶川地震的对口支援方案为例，主要有三种模式，即全盘负责、向下分包和共同负责。具体视援助对象、援助内容及负责地区的经济水平而定。

第三，慈善事业的发展。改革开放后，我国经济社会建设取得了重大进步，社会急剧转型，社会利益也日益呈现多元化与复杂化的特征，在这样的大背景下，由于社会对民间慈善越来越强烈的现实需求，以及人们思想的日渐开放，中国慈善事业有了新的发展，各地相继建立起一批慈善组织，它们在灾害救助中发挥着重要作用。1996年，民政部在《民政部关于在社会救助工作中充分发挥慈善组织作用的通知》中指出，"随着改革开放的深入进行和社会主义市场经济体制的逐步建立，社会救济对象的范围、救助方式都发生了变化，社会救济的任务日益加重，工作难度加大。与此同时，各地相继建立了一批慈善组织。它们作为政府与群众之间的桥梁纽带，在调集社会资源、开展扶贫济困等方面具有一定的优势，发挥着重要作用"。该通知认为，"在政府履行社会救助职能的过程中，充分动员社会力量，特别是发挥各类慈善社团的作用，建立多层次、多渠道的社会救助体制，改变单一依靠政策包揽的局面，是一项紧迫的任务"。要求"要主动为慈善组织的工作提供必要条件，支援他们开展各种形式的社会救助活动，使他们更好地发挥自身的优势，协助政府推动社会救助工作社会化的进程"。这个通知及后续一系列会议、文件精神，都为慈善组织参与社会救助体系奠定政策法理依据，使得慈善行为有法可依。2007 年，民政部颁布《救灾捐赠管理办法》，对于慈善组织捐款捐物等事项也予以了具体规定。随着社会发展和进步，国家对于慈善组织和慈善事业的发展也越来越重视，民政部也设立了专门的社会福利和慈善事业促进司，指导和促进中国慈善事业健康发展。2011 年，民政部发布了《中国慈善事业发展指导纲要（2011—2015）》，在总结成果和经验的基础上，提出了 2011～2015 年中国慈善事业发展的指导思想、基本原则、主要目标和任务，指导慈善事业的发展。

参 考 文 献

安介生. 2007. 自然灾害、制度缺失与传统农业社会中的"田地陷阱"——基于明代山西地区灾害与人口变动状况的探讨. 陕西师范大学学报（哲学社会科学版），3：88-96.

蔡勤禹. 2003. 国家、社会与弱势群体：民国时期的社会救济（1927—1949）. 天津：天津人民出版社：252-253.

陈云霞，许有鹏，付维军. 2007. 浙东沿海城镇化对河网水系的影响. 水科学进展，（1）：68-73.

储小俊，曹杰. 2012. 天气指数保险研究述评. 经济问题探索，12：135-140.

崔云，孔纪名，吴文平. 2010. 地震堰塞湖灾害链成灾演化特征与防灾思路. 科技创新导报，30：221-223.

邓力群. 1994. 当代中国的民政（上）. 北京：当代中国出版社.

段华明. 2010. 城市灾害社会学. 北京：人民出版社出版：90.

段伟. 2008. 禳灾与减灾——秦汉社会自然灾害应对制度的形成. 上海：复旦大学出版社.

范子英. 2010. 关于大饥荒研究中的几个问题. 经济学季刊，（3）：1151-1162.

方福平，王磊，廖西元. 2006. 中国早稻生产波动及成因分析. 中国农村经济，（2）：11-17，26.

方印. 2014. 灾害法学基本问题思考. 法治研究，1：85-96.

冯瑶，李琰，赵昕弈，等. 2014. 近30年中国东部气温对土地覆被变化的敏感性. 北京大学学报（自然科学版），50（5）：942-950.

傅泽强，蔡运龙，李军. 2002. 我国农业水旱灾害的时间分布及重灾年景趋势预测. 自然灾害学报，（2）：7-13.

高懋芳，邱建军，刘三超，等. 2008. 我国低温冷冻害的发生规律分析. 中国生态农业学报，（5）：1167-1172.

高庆华. 2003. 中国自然灾害的分布与分区减灾对策. 地学前缘，（8）：258-264.

郭剑平，邵国栋. 2009. 完善我国自然灾害救助体系的对策探究——日本自然灾害救助体系对我国的启示. 科学管理研究，（9）：85-87.

郭跃. 2008. 自然灾害的社会学分析. 灾害学，2：87-91.

何爱平. 2000. 西部大开发中的环境灾害问题及其对策. 中国软科学，（6）：3-7.

何爱平. 2001. 西部地区的灾害经济问题与对策. 青海社会科学，（1）：43-46，121.

何爱平. 2002. 中国灾害经济：理论构架与实证研究. 西北大学博士学位论文.

何爱平. 2006. 区域灾害经济研究. 北京：中国社会科学出版社.

何德旭，饶明. 2008. 我国农村金融市场供求失衡的成因分析：金融排斥性视角. 经济社会体制比较，2：108-114.

胡鞍钢. 1997. 中国自然灾害与经济发展. 武汉：湖北科学技术出版社.

胡玉鸿. 2008. 法律主体概念及其特性. 法学研究, 3：3-18.

黄崇福. 2009. 自然灾害基本定义的探讨. 自然灾害学报, 5：41-50.

黄荣辉. 1999. 关于东亚气候系统年际变化研究进展及其需要进一步研究的问题. 中国基础研究, Z1：68-77.

黄荣辉. 2006. 我国重大气候灾害的形成机理和预测理论研究. 地球科学进展, (6)：564-575.

黄谕祥, 杨宗跃, 邵颖红. 1994. 灾害间接经济损失的计量. 灾害学, (3)：7-11.

蒋乃华, 张雪梅. 1998. 中国粮食生产稳定与波动成因的经济分析. 农业技术经济, (6)：41-45.

聚焦三农：农村改革发展新起点若干问题解析. 北京：红旗出版社：206.

李炳元, 李矩章, 王建军. 1996. 中国自然灾害的区域组合规律. 地理学报, (1)：1-11.

李宏. 2010. 自然灾害的社会经济因素影响分析. 中国人口·资源与环境, 20 (11)：136-142.

李克煌, 钟兆站. 1995. 论中国生态环境脆弱带. 河南大学学报 (自然科学版), (4)：57-64.

李茂松, 等. 2005. 50 年来我国自然灾害变化对粮食产量的影响. 自然灾害学报, (2)：55-60.

李香云. 2004. 干旱区土地荒漠化中人类因素分析. 干旱区地理, (2)：239-244.

李延涛, 王卫国, 陈建伟, 等. 2014. 地震复合灾害与应急救援对策. 世界地震, (1)：119-124.

李祎君, 王春乙, 赵蓓, 等. 2010. 气候变化对中国农业气象灾害与病虫害的影响. 农业工程学报, S1：263-271.

廉丽姝. 2005. 山东省气候变化及农业自然灾害对粮食产量的影响. 气象科技, (1)：73-76, 86.

廉卫. 2008. 保险业应成为抗击灾害的重要力量. 中国经济周刊, (44)：42-43.

廖云平, 李德万, 陈思. 2011. 重庆市山地地质灾害防治对策[J]. 重庆交通大学学报 (自然科学版), (S1)：619-623.

刘红, 赵忠良. 2003. 利用资本市场分散保险风险. 保险研究, 12：28-31.

刘金军, 王环. 2009. 农村地膜的污染及其治理对策研究. 山东工商学院学报, (6)：9-13.

刘青松. 2003. 农村环境保护. 北京：中国环境出版社：99-105.

龙方, 杨重玉, 彭澧丽. 2011. 自然灾害对中国粮食产量影响的实证分析——以稻谷为例. 中国农村经济, (5)：33-44.

陆铭, 张爽, 左宏腾. 2010. 市场化进程中社会资本还能够充当保险机制吗?——中国农村家庭灾后消费的经验研究. 世界经济文汇, 1：17-38.

吕国强, 赵文新, 王建敏, 等. 2009. 河南省农作物病虫害测报工作现状调查及对策思考. 中国植保导刊, (11)：36-39.

马德富, 刘秀清. 2007. 论自然灾害的社会属性及防灾减灾对策——兼论发展防灾减灾农业. 农业现代化研究, (5)：597-600.

马宇, 葛伟, 田敏爵, 等. 2011. 我国森林病虫害防治现状与对策. 陕西林业科技, (1)：51-53.

毛德华. 2010. 灾害学. 北京：科学出版社：54.

毛阳光. 2012. 唐代灾害救济实效再探讨. 中国经济史研究, 1：53-64.

孟甜. 2014. 非政府组织参与灾害救助的困境解读与制度重构——以汶川地震为例. 西南民族大学学报 (人文社会科学版), 2：87-91.

潘耀忠, 史培军. 1997. 区域自然灾害系统基本单元研究：理论部分. 自然灾害学, (4)：3-11.

彭红，吕国强，赵文新，等.2013.2012年河南省农作物主要病虫害发生特点及原因分析.农业与技术，（2）：94，106.

任保平.2008.西部地区生态环境重建模式研究.北京：人民出版社.

施建祥，邬云玲.2006.我国巨灾保险风险证券化研究——台风灾害债券的设计.金融研究，5：103-112.

宋豫秦，等.2003.西部开发的生态响应.成都：四川教育出版社.

孙绍骋.2004.中国救灾制度研究.北京：商务印书馆.

孙绍骋.2004.中国救灾制度研究.北京：商务印书馆.

谭艳.2009.浅谈我国荒漠化成因及治理措施.黑龙江科技信息，22：64，299.

陶正如.2013.巨灾债券市场新进展.防灾科技学院学报，1：56-61.

田钊平.2009.减灾防灾、政府责任与制度优化.西南民族大学学报（人文社会科学版），4：180-186.

童星，陶鹏.2012.灾害危机的组织适应：规范、自发及其平衡.四川大学学报（哲学社会科学版），5：129-137.

王长燕，赵景波，李小燕.2006.华北地区气候暖干化的农业适应性对策研究.干旱区地理，5：29.

王德宝.2009.我国权策性农业保险的现状.问题及对策建议.农业金融研究，（7）：6-12.

王国敏，郑晔.2007.中国农业自然灾害的风险管理与防范体系研究.成都：西南财经大学出版社.

王浩.2013.发挥保险在国家灾害管理中的作用.金融经济，（6）：196-197.

王家祁，骆承政.2006.中国暴雨和洪水特性的研究.水文，（3）：33-36.

王静爱，施之海，刘珍，等.2006.中国自然灾害灾后响应能力评价与地域差异.自然灾害学报，（6）：23-27.

王静爱，史培军，朱骊.1994.中国主要自然致灾因子的区域分异.地理学报，（1）：18-26.

王静爱，孙恒，徐伟，等.2002.近50年中国旱灾的时空变化.自然灾害学报，（2）：1-6.

王静爱，吴文斌，李文航.2002.中国农业雹灾灾情及其季节分区.自然灾害学报，（4）：30-36.

王绍武，董光荣.2002.中国西部环境演变评估（第一卷）.北京：科学出版社.

王晓葵.2013.灾害文化的中日比较——以地震灾害记忆空间构建为例.云南师范大学学报（哲学社会科学版），（6）：47-55.

王新新，高勇，齐娜.2013.军队参与国家抢险救灾行动的实践分析及策略选择.灾害学，（4）：171-175.

王振耀，田小红.2006.中国自然灾害应急救助管理的基本体系.经济社会体制比较，（5）：28-34.

巫丽芸，何东进，洪伟，等.2014.自然灾害风险评估与灾害易损性研究进展.灾害学，（4）：129-135.

吴吉东，李宁.2012.浅析灾害间接经济损失评估的重要性.自然灾害学报，（3）：15-21.

吴庆洲.1998.我国21世纪城市水灾风险及减灾对策.灾害学，（2）：89-94.

吴先华，宁雪强，周蒙蒙，等.2015.自然灾害后应对口支援多少——基于间接经济损失评估的视角.灾害学，（3）：10-15.

熊贵彬. 2010. 美国灾害救助体制探析. 湖北社会科学，（1）：59-62.

熊贵彬. 2011. 中日美救灾体制比较——以汶川地震、东海岸地震、卡特里娜飓风为例. 中国青年政治学院学报，（6）：115-118.

许炳南. 2000. 贵州主要农业自然灾害及其防御对策. 灾害学，（3）：62.

闫绪娴. 2014. 灾害损失与经济增长：基于中国 2002—2011 年的省际面板数据分析. 宏观经济研究，（5）：99-106.

闫绪娴. 2014. 中西部地区自然灾害社会易损性空间特征分析. 经济地理，34（5）：34-40.

闫章荟. 2013. 灾害应对中组织网络的适应性发展策略研究. 四川大学学报（哲学社会科学版），1：121-131.

严立冬. 1994. 农村灾害系统与农村灾害经济学. 中南财经大学学报，（4）：14-18.

杨月巧，李红，左兰丽，等. 2011. 经济发展对泥石流灾害形成的危险性分析——以舟曲 "8·8" 泥石流灾害为例. 生态经济，（8）：142-144，147.

姚延婷，陈万明，王胜利. 2014. 中美日应急救灾体系比较研究及启示. 山东社会科学，（8）：128-131，136.

殷克东，王辉. 2010. 风暴潮灾害损失评估的主成分模型研究. 统计与决策，（19）：63-64.

尹成杰. 2009. 粮安天下. 北京：中国经济出版社.

应松年. 2010. 巨灾冲击与我国灾害法律体系的完善. 中国应急管，9：20-23.

喻尊平. 2013. 美国灾害应急管理体系及社区志愿者队伍建设的启示. 中国减灾，（7）：55-58.

袁艺. 2009. 中国农村的自然灾害和减灾对策. 中国减灾，（3）：21-23.

张宝军，马玉玲，李仪. 2013. 我国自然灾害分类的标准化. 自然灾害学报，5：8-12.

张殿发，张祥华. 2002. 中国北方牧区草原牧业生态经济学透视. 干旱区资源与环境，（1）：37-42.

张继权，冈田宪夫，多多纳裕一. 2006. 综合自然灾害风险管理——全面整合的模式与中国的战略选择. 自然灾害学报，（1）：29-37.

张鹏，李宁，范碧航，等. 2011. 近 30 年中国灾害法律法规文件颁布数量与时间演变研究. 灾害学，（26）. 3：109-114.

张塞. 1995. 经济改革中的统计工作. 经济与管理研究，（6）：16-22.

张显东，梅广清. 1998. 西方灾害经济学研究的历史回顾. 灾害学，（4）：81-87.

张晓，王宏昌，邵霞. 2000. 中国水旱灾害的经济学分析. 北京：中国经济出版社.

张游，王绍强，葛全胜，等. 2011. 基于 GIS 的江西省洪涝灾害风险评估. 长江流域资源与环境，（S1）：166-172.

赵玲，赵冬至，张昕阳，等. 2003. 我国有害赤潮的灾害分级与时空分布. 海洋环境科学，（2）：15-19.

赵延东. 2007. 社会资本与灾后恢复——一项自然灾害的社会学研究. 社会学研究，5：164-187.

赵元，田艳天. 2013. 自然灾害救助视阈下的民间组织社会救济述评——以民国时期为例. 农业考古，（6）：162-164.

郑功成. 2010. 灾害经济学. 北京：商务印书馆.

钟蔚. 2012. 灾害社会救助中 NGO 及其与政府关系研究. 管理现代化，（6）：12-14.

周恩来. 1954. 关于加强灾害性天气的预报、警报和预防工作的指示. 气象学报，（2）.

周国强，董保华. 2007. 江西省自然灾害状况及减灾对策初探. 自然灾害学报，（4）：164-168.

周建高. 2015. 日本的灾民居住重建无偿救助制度研究. 武汉大学学报（哲学社会科学版），（2）：38-44.

周旭霞. 2009. 自然灾害对经济增长的影响综述. 灾害学，1：112-116.

朱靖，黄寰. 2014. 自然灾害与经济增长之辨析. 西南民族大学学报（人文社会科学版），（6）：135-140.

朱南军，翟建辉. 2014. 中国自然灾害与过密型人口——基于风险角度的模型. 保险研究，（3）：116-127.

祝新建，胡宝霞. 1999. 气候变暖对获嘉县农作物病虫害发生流行的影响. 河南气象，2：29.

《联合国防治荒漠化公约》中国执委会秘书处. 1999. 联合国关于在发生严重干旱和/或沙漠化的国家特别是在非洲防治沙漠化公约. 北京：中国林业出版社：480-495.

Aghion P，Howitt P，Penalosa C G. 1998. Endogenous Growth Theory. Boston：MIT Press.

Albala-Bertland J M.1993. Natural disaster situations and growth：a macroeconomic model for sudden disaster impacts. Journal of World Development，21（9）：1417-1434.

Alex Y L. 2013. The likelihood of having flood insurance increases with social expectations. Area，45（1）：70-76.

Beegle K，Dehejia R H，Gatti R. 2005. Child labor and agricultural shocks. Journal of Development Economics，81（1）：80-96.

Beggs J J，Haines V A，Hurlbert J S.1996. Situational contingencies surrounding the receipt of informal support. Social Forces，75（1）：201-222.

Benson C，Clay E. 2004. Understanding the economic and financial impact of natural disasters. World Bank WorkingPaper WD-WP-117.

Besley T.1995. Nonmarket institutions for credit and risk sharing in low-income countries. Journal of Economic Perspectives，9（3）：115-127.

Bhavnani R.2006. Natural disaster conflicts. Harvard University，Working Paper.

Brancati D.2007. Political aftershocks：the impact of earthquakes on intrastate conflict. Journal of Conflict Resolution，51：715-743.

Brannen T R.1954. Economic aspects of the Waco，Texas disaster of May11，1953. Texas：Department of Sociology.

Brown W M，Yokelson D. 1980. Postattack Recovery Strategies. Working Paper.

Browne M J，Hoyt R E.2000. The demand for flood insurance：empirical evidence. Journal of Risk and Uncertainty，20（3）：291-306.

Buhaug H.2010. Climate not to blame for African civil wars. Proceedings of the National Academy of Sciences of the USA，107（38）：16477-16482.

Carter M R，Castillo M.2011. Trustworthiness and social capital in South Africa. Economic Development and Cultural Change，59（4）：325-336.

Carter M R, Maluccio J A.2003. Social capital and coping with economic shocks: an analysis of stunting of South African children. World Development, 31 (7): 1147-1163.

Cavallo E, Noy I. 2010. The economics of natural disasters: a survey. IDB Working Paper Series IDB-WP-124.

Chetty R, Looney A.2006. Income risk and the benefits of social insurance: evidence from Indonesia and the United States. Fiscal Policy and Management in East Asia, NBER-EASE, 16: 99-121.

Chivers J, Flores N E. 2002. Market failure in information: the national flood insurance program. Land Economics, 78 (4): 515-521.

Cohen M J.1995. Technological disasters and natural resource damage assessment. Land Economics, 71 (1): 65-82.

Cuaresma J C.2010. Natural disasters and human capital accumulation. World Bank Economic Review, 24 (2): 280-302.

Dacy D C, Kunreuther H. 1969. The economics of natural disasters: implications for federal policy. New York: the Free Press.

Donner W, Rodríguez H. 2008. Population composition, migration and inequality: the influence of demographic changes on disaster risk and vulnerability. Social Forces, 82 (2): 1089-1114.

Drury A C, Olson R S. 1998. Disasters and political unrest: an empirical investigation. Journal of Contingencies and Crisis Management, 6 (3): 153-161.

Fischer C, Newell R. G. 2008. Environmental and technology policies for climate mitigation. Journal of Environmental Economics and Management, 55 (2): 142-162.

Fitzsimons E. 2007. The effects of risk on education in Indonesia. Economic Development and Cultural Change, 56 (1): 1-25.

Ganapati N E, Iuchi K.2012. In good company: Why social capital matters for women during disaster recover. Public Administration Review, 72 (3): 419-429.

Ganapati N E. 2013. Downsides of social capital for women during disaster recovery: toward a more critical approach. Administration & Society, 45 (1): 72-96.

Gottschang T R. 1987. Economic change, disasters, and migration: The historical case of Manchuria. Economic Development and Cultural Change, 35 (3): 461-490.

Griffin C. 2009. Gender and social capital: Social networks post-disaster. University of South Carolina, Working Paper.

Hallegatte S, Dumas P. 2009. Can natural disasters Have positive consequences? Investigating the role of embodied technical change. Ecological Economics, 68 (3): 777-786.

Harbaugh R. 2004. China's high savings rates. Prepared for Conference on the Rise of China Revisited: Perception and Reality, National Chengchi University.

Heylen F, Pozzi L. 2007. Crises and human capital accumulation. Canadian Journal of Economics, 40 (4): 1261-1285.

Hines R I. 2007. Natural disasters and gender inequalities: The 2004 tsunami and the case of India.

Race, Gender & Class, 14 (1/2): 60-68.

Jalan J, Ravallion M.1999. Are the poor less well insured? Evidence on vulnerability to income, risk in rural China. Journal of Development Economics, 58: 61-81.

Jalan J, Ravallion M.2001. Behavioral responses to Risk in rural China. Journal of Development Economics, 66: 23-49.

Kellenberg D K, Mobarak A M. 2008. Does rising income increase or decrease damage risk from natural disasters. Journal of Urban Economics, 63: 788-802.

Kim N. 2008. Impact of extreme climate events on educational attainment: evidence from cross section data and welfare projection. Working Paper.

Koubi V, Bernauer T, Kalbhenn A, et al. 2012. Climate variability, economic growth, and civil conflict. Journal of Peace Research, 49 (1): 113-127.

Krutilla J V. 1966. An economic approach to coping with flood damage. Water Resources Research, 2 (2): 183-190.

Kunreuther H. 1996. Mitigating disaster losses through insurance. Journal of Risk and Uncertainty, 12: 171-187.

Kunreuther H, Fiore E S. 1966. The A laskan earthquake: a case study in the economics of disaster. Arlington: Institute for Defense Analyses, Study S-228.

Lakdawalla D, Zanjani G. 2012. Catastrophe bonds, reinsurance, and the optimal collateralization of risk transfer. National Bureau of Economic Research, Working Paper.

Leiter A M, Oberhofer H, Raschky P A.2009. Creative disasters? Flooding effects on capital, labor and productivity with in European firms. Environmental and Resource Economics, 43 (3): 333-350.

Levhari D, Weiss Y. 1974. The effect of risk on the Investment of human capital. American Economic Review, 64 (5): 950-963.

Lewis T, Nickerson D. 1989. Self-insurance against natural disasters. Journal of Environmental Economics and Management, 16 (3): 209-223.

Naoi M, Seko M, Ishino T.2012. Earthquake risk in Japan: Consumers' risk mitigation responses after the Great East Japan Earthquake. Journal of Economic Issues, 46 (2): 519-529.

National Research Council. 1999. The Impacts of Natural Disasters a Framework for Loss Estimation. Washington D C: National Academy of Sciences Press.

Neumayer E, Plümper T. 2007. The gendered nature of natural disasters: the impact of catastrophic events on the gender gap in life expectancy, 1981-2002. Annals of the Association of American Geographers, 91 (3): 551-566.

Raschky P A, Schwindt M.2009. Aid, natural disasters and the Samaritan's dilemma. World Bank Policy Research Working Paper 4952.

Raschky P. A. 2008. Institutions and the losses from natural disasters. Natural Hazards and Earth Systerm Sciences, (8): 627-634.

Rasmussen T N. 2004. Macroeconomic implications of Natural disasters in the Caribbean. Washington D C: International Monetary Fund.

Rosenzweig M R. 1988. Risk, implicit contracts and the family in rural areas of low-income countries. Economic Journal, 98 (393): 1148-1170.

Skees J R, 1999. Opportunities for improved efficiency in risk sharing Using Capital markets. American Journal of Agriculture Economics, 81: 1228-1233.

Skidmore M, Toya H. 2002. Do natural disasters promote long-run growth? Economic Inquiry, 40 (4): 664-687.

Stewart F, Fitzgerald V. 2001. War and Underdevelopment. Oxford: Oxford University Press.

Strobl E. 2011. The economic growth impact of hurricanes: Evidence from U. S coastal counties. Review of Economics and Statistics, 93 (2): 575-589.

Thomas B.1954. Migration and Economic Growth: A Study of Great Britain and the Atlantic Economy. Cambridge: Cambridge University Press.

Townsend R M. 1994. Risk and insurance in village India. Econometrica, 62 (3): 539-591.